KB268130

# 사무엘상

어떻게 설교할 것인가

두란노 HOW주석 시리즈 08

# 사무엘상 어떻게 설교할 것인가

엮은이 | 목회와신학 편집부

펴낸곳 | 두란노아카데미
등록번호 | 제302-2007-00008호
주소 | 서울시 용산구 서빙고로 65길 38 두란노빌딩

편집부 | 02-2078-3484    academy@duranno.com  http://www.duranno.com
영업부 | 02-2078-3333    FAX 080-749-3705
초판1쇄발행 | 2009. 4. 17.   8쇄 발행 | 2019. 3. 25

ISBN  978-89-6491-058-0    04230
ISBN  978-89-6491-045-0    04230(세트)

책값은 뒤표지에 있습니다.

두란노아카데미는 두란노의 '목회 전문' 브랜드입니다.

# 사무엘상
## 어떻게 설교할 것인가

• 목회와신학 편집부 엮음 •

두란노 HOW 주석

HOW
COMMENTARY
SERIES
08

두란노아카데미

# 설교는 목회의 생명줄입니다

설교는 목회의 생명줄입니다. 교회 공동체를 향한 하나님의 음성입니다. 그래서 목회자는 설교에 목숨을 겁니다. 하나님의 말씀을 가감 없이 전하기 위해 최선을 다합니다.

이번에 출간한 「두란노 HOW주석 시리즈」는 한국 교회의 강단을 섬기는 마음으로 설교자를 위해 준비했습니다. 「목회와신학」의 별책부록 「그말씀」에 연재해온 것을 많은 목회자들의 요청으로 출간한 것입니다. 특별히 2007년부터는 표지를 새롭게 하고 내용을 더 알차게 보완하는 등 시리즈의 질적 향상을 추구하였습니다. 독자 여러분의 끊임없는 관심과 격려를 부탁드립니다.

「두란노 HOW주석 시리즈」는 성경 본문에 대한 주해를 기본 바탕으로 하면서도, 설교에 결정적으로 중요한 '적용'이라는 포인트를 놓치지 않았습니다. 또한 성경의 권위를 철저히 신뢰하는 복음주의적 관점을 견지하고자 노력했습니다. 또한 성경 각 권이 해당 분야를 전공한 탁월한 국내 신학자들에 의해 집필되었습니다.

학문적 차원의 주석서와는 차별되며, 현학적인 토론을 비껴가면서도 고밀도의 본문 연구와 해석이 전제된 실제적인 적용을 중요시하였습니다.

이 점에서는 목회자뿐만 아니라 성경공부를 인도하는 평신도 지도자들에게도 매우 귀중한 지침서가 될 것입니다.

오늘날 교회에게 주어진 사명은 땅 끝까지 이르러 예수 그리스도의 복음을 전파하는 것입니다. 사도행전적 바로 그 교회를 통해 새롭게 사도행전 29장을 써나가는 것입니다. 이 시리즈를 통해 설교자의 영성이 살아나고, 한국 교회의 강단에 선포되는 말씀 위에 성령의 기름부으심이 넘치기를 바랍니다. 이 땅에 말씀의 부흥과 치유의 역사가 일어나고, 설교의 능력이 회복되어 교회의 권세와 영광이 드러나기를 기도합니다.

바쁜 가운데서도 성의를 다하여 집필에 동참해 주시고, 이번 시리즈 출간에 동의해 주신 모든 집필자들에게 이 자리를 빌어 감사의 뜻을 전합니다.

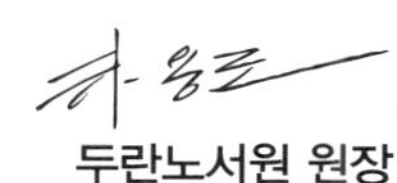

두란노서원 원장

**발간사**

# I. 배경연구

# II. 본문연구

# I. 배경 연구

# 역사서를
# 어떻게 이해할 것인가
### (보편사와 구속사로써의 역사 이해를 중심으로)

## 역사서는 '역사서'가 아니다?

힘센 장수 삼손과 여장부 드보라, '죽으면 죽으리라'는 결연한 신앙을 보여 준 에스더, 사울과 다윗의 숨 막히는 사건들은 어린 시절 우리의 신앙을 북돋아 주었던 이스라엘 역사의 중심 이야기였다. 이러한 이야기를 담고 있는 구약의 역사서 각 권들이야말로 우리에게 많은 동경과 꿈과 신앙적 이상을 품게 해 주었다. 그래서 기독교의 핵심을 이루는 예수님의 기적과 바울 선생의 가르침 못지않게, 이러한 이야기들이야말로 3000년이 지난 오늘날까지 우리 신앙의 한가운데 중요하게 자리하고 있다. 그러나 역사서의 이야기들이 갖는 풍부한 의미와 그들이 만들어 내는 값진 신앙적 이미지에도 불구하고, 보수 진영과 진보 진영 양쪽 모두로부터 제대로 평가를 받아오지 못한 것이 사실이다. 고대 이스라엘 백성과 현대 우리에게 던져진 역사서는 양 진영에게 더 이상 '역사 그 자체'로 받아들여지지 않는다. 동일하게 주어진 역사에 양 진영 모두 자기 나름대로 해석의 기교와 틀을 가미하여 역사서를 우선적으로 역사 자체로 보려 하기보다는 역사서에 대한 해석과 적용에 더 치중하고 있는 것이다.

금세기 들어 보수 진영에서는 구속사적 성경 해석이라는 틀로 역사서를 연구하려는 경향이 강하게 등장했다. 이들은 그리스도의 십자가가 갖는 구속의 의미와 창조, 타락, 구속, 재림이라는 가장 일반적인 구속사적 수레바퀴가 갖는 신학적 의미를 강조했다. 이처럼 구원 개념과 그 중요성을 과도하게 강조하다 보면, 자연스레 성경의 수많은 가르침이 인간의 타락과 그리스도의 구속 사역과 관련된 부분에 치중될 수밖에 없다. 그리스도의 구속과 직접 관련이 없어 보이는 구절을 아예 무시하거나, 그리스도의 구속 율법이라는 도식 아래 구약을 '실험 농장'(H. Berkhof)이나 '저급한 사상'(J. Collens)을 가진 책으로 폄하하기도 한다.

이러한 이론에 의해, 고대 이스라엘의 역사를 기반으로 하면서도 그 속에 하나님의 메시지를 담고 있는 구약의 역사서는 가장 큰 피해를 입었다. 보수 진영의 구속사적 성경 해석과 함께 진보 진영에 의해서도 푸대접을 받아 왔다. 역사 비평 방법을 주된 무기로 삼았던 실증주의자들의 경우, 역사서의 내용 연구를 통해 고대 이스라엘의 역사를 과학적으로 재구성하고자 했다. 그러나 그들은 이내 그러한 과학적 재구성이 불가능하다는 사실을 깨달았고, 역사서를 고대 이스라엘 민족의 신화나 설화 또는 동화로 격하시켰다. 자기들도 담보할 수 없는 과학적 엄밀성과 객관성을 고대인들의 역사적 산물에 강요함으로써 역사적 유산이 지닌 고대 인간들의 원초적 숨결과 맥박을 놓쳐 버린 것이다. 역사서에 대한 해석이 역사 그 자체를 눌러 버린 것이다. 이래저래 역사서는 주일학교 성경 공부용 메뉴 이상의 대접을 받아 오지 못했다.

역사서는 기본적으로 고대 이스라엘 민족의 삶의 얼개를 모티브로 삼는다. 이스라엘 백성의 삶과 사랑, 좌절과 죽음, 로맨스와 애절함, 가슴 설렘과 쓰라림을 담고 있는 역사적 족적 자체가 고대 이스라엘 백성과 우리 앞에 먼저 던져져 있다. 즉 우리의 손 안에서 해석이라는 요리 과정이 이루어지기 전의 상태로 우리 앞에 주어졌다. 따라서 역사서를 먼저 역사 그 자체로 읽어야 한다. 그렇지만 성경의 모든 말씀이 그러하듯이 고대 이스라엘의 역사를 신자들의 신앙적인 눈을 통해 해석해야 한다. 역사서는 하나님의 역사와 섭리를 담고 있을 뿐 아니라 하나님의 사람들을 통해 이스라엘의 원초적인 역사에 해석을 덧붙여 우리에게 전해 주고 있다. 그런 의미에서 역사서는 역사서가 쓰일 당시 이미 한 번 해석된 하나님의 말씀이며, 이 시대에 새롭게 복음적으로 재해석되어야 하는 역사적 산물로 우리 앞에 주어진 것이다. 그래서 역사서와 역사에 대한 바른 성경적 관점을 갖고 해석해 나가는 일이 중요하다.

또 한 가지 중요한 것은, 역사서를 어느 편향된 방향으로 소급시키지 않고 역사 그 자체의 살아 있음과 꿈틀거림을 밝혀내는 동시에 그 속에 배어 있는 하나님의 메시지를 드러내어 오늘의 신자들에게 보여 주는 것이다. 이런 맥락으로 볼 때, 역사서를 역사적 족적 그 자체로 읽어야 하며 이미 역사서이기를 멈춘 책으로 보아야 한다.


## 역사서와 역사 이해의 몇 가지 방법


시간과 공간을 초월해서 의미를 주는 시가서, 율법서, 복음서, 그리고 서신서와 달리, 역사서는 한 민족과 공동체의 역사적 실제 사실을 이야기의 큰 얼개로 사용한다. 이러한 역사서를 제대로 이해하고 평가해 내고, 그것을 구체적으로 말씀에 적용시키는 일은 사실 여간 어렵지 않다. 역사 연구 자체가 갖는 실증성과 객관성의 문제와 함께, 역사라는 것을 도대체 신앙과 어떻게 연결시켜 낼 것인가에 대한 고민이 우리를 짓누르기 때문이다.

사실 이러한 고민은 '역사를 기본적으로 어떻게 볼 것인가'라는 데서 시작된다. 역사란 원래 한 시대와 공간을 배경으로 인간들이 살고 누리고 만들어 내고 전수시킨 온갖 문화 덩어리들과 흔적 전체에 대한 기록을 의미한다. 그래서 역사를 이해한다는 것은 시간과 공간과 그 장(場) 속의 인간들이 만들어 낸 것의 의미나 교훈을 찾기보다, 과거 어느 시점에서 그네들의 있는 그대로의 삶과 흔적과 그에 대한 경험과 기록을 연구하고 이해하는 것을 뜻한다. 그래서 역사서를 연구하고 해석하는 출발점으로 과거라는 시간 축(軸), 고대 근동이라는 공간 축, 그 위의 이스라엘 백성이라는 역사 주체들에 대한 가능성 속에서 객관적 연구를 이루어 내야만 한다.

그러나 기독교적 역사 이해는 이러한 일반적인 역사 이해에 하나님의 간섭(providence)이라는 성령의 역사를 개입시킨다. 자연스레 이러한 성령의 역사라는 것은 역사 해석에 하나님의 섭리를 강조하고, 영적인 해석을 필수적으로 요구한다. 기독교적 역사 해석은 일반 사가들의 역사 해석과 그 출발점과 방법론의 적용 과정이 근본적으로 다를 수밖에 없고, 기독교적 역사 해석 내에서도 어느 정도 바른 신앙관과 성경관에 의해 역사를 해석해 내는 아주 중요한 출발점으로 등장하는 것이다. 사실 우리 신앙인들에게 있어서 인간이 지나온 모든 삶의 흔적이 아무리 고귀하다 할지라도 그것이 근본적으로 신앙과 연결되어 있지 않다면 아무런 의미가 없듯이, 아무리 그럴듯한 역사에 대한 전제와 해석의 틀도 기독교 중심적(복음주의적) 신앙 고백과 관련이 없다면 의미가 없다.


## 역사 비평적 방법

슐라이어마허(F. Schleiermacher) 이래 근대적인 신학 연구가 진행되어 오면서 신학자들은 크게 두 가지 방법으로 기독교 역사를 연구해 왔다. 첫째로, 근대적인 인간 이성과 계몽주의적 정신을 기독교 역사 이해에 적용하려는 진보적 시도가 나타났는데 가장 대표적인 것이 '역사 비평적 방법'이다. 역사 비평은 17~18세기의 합리주의와 19~20세기의 고등 비평이라는 보다 넓은 맥락 위에서 이해되어야 한다. 물론 이들의 주된 무기는 이성과 합리성에 의한 검증 가능성, 자료에 대한 엄밀성과 객관성이다. 때문에 이성과 자료에 의해 지지되지 않는 역사적 군더더기들과 물렁해 보이는 이야기들은 여지없이 비평과 공격의 대상이 되었다. 물론 이들 연구에 의해 신·구약 내의 많은 이야기들의 출처와 형성 과정이 새롭게 연구되면서 자료의 객관성과 출처가 새롭게 정리되기도 했다. 역사서에 대한 이해에 있어서도 뭉뚱그리거나 신앙 고백식의 이해를 하기보다 구체적인 정황과 자료에 대한 이해를 도모할 수 있게 되었다. 단순한 신앙 고백 차원에서 '더 잘 믿기 위해 더 잘 알자'라는 격문을 제시해 주기도 했다. 그렇지만 의심스러운 영역들은 전근대적인 발상으로 냉혹하게 내밀리게 되었다. 문서 비평과 편집 비평, 실증주의 역사 해석을 포함해 20세기 초까지 유럽을 뒤흔든 진보적인 역사 해석 방법들이 이러한 연구 성향들을 잘 보여 준다. 그리고 이들의 역사 연구 방법은 현대 많은 일반 사가들에게도 큰 영향을 미쳤다.

사실 이러한 역사 비평의 근저에는 보다 확실한 하나님의 말씀을 이질적인 말씀으로부터 구별해 내려는 긍정적인 의도도 있었다. 하지만 이들의 시도는 결과적으로 역사에 있어서 하나님의 개입과 간섭을 축소시키는 결과를 낳았다. 이들은 더 나아가 선포된 하나님의 말씀을 고대 근동의 신화와 동일시하고 때로는 근동 지역의 종교 문헌보다 질이 떨어지는 것으로 폄하하기도 했다. 즉 이스라엘의 역사를 하나님의 선포된 말씀으로 보기는커녕 사료적 가치를 담고 있는가에 대해서까지 심각한 의문을 제기했던 것이다.


## 보편사로써의 역사 이해

역사 비평 방법은 자연적으로 하나님의 간섭을 배제하거나 최소화시키면서 특수한 시간과 공간 위에서 인간의 삶의 의미 자체를 강조한 '보편사적 역사 이해' 방법으로 나아갈 수밖에 없었다. 보편사적 역사 이해란 구속사적 역사 이해에 반대되는 개념으로써 역사의 중심을 하나님보다 인간에게 둔다. 역사적인 흐름에 있어 하나님의 위치를 아예 무시해 버리거나, 이신론(deism)의 경우에서와 같이 기껏해야 아주 간접적이고 희미한 상태로 방치해 버리는 것이다. 이들은 하나님 존재의 구체적인 범위와 영향을 설정하는 데 있어서 마치 교회가 성경에 명확하게 드러나 있는 일반 계시에 대해서 그처럼 오랫동안 미지근한 태도를 보여 왔던 것과 같다. 기껏해야 애매한 입장을 취하는 데 머문다.

확실한 것은 위와 같은 역사 이해 방법들은 일단은 하나님을 간접적인 차원으로 보고 시간과 공간, 그리고 그 위에 인간의 상호 작용이라는 장 위에서 역사를 본다는 점이다. 그러나 역사 비평적 방법과 그 귀결적 연구 방법인 보편사로써의 역사 이해 방법은 결정적으로 이스라엘 역사 속으로 들고 들어온 하나님의 섭리적인 측면을 많은 부분 간과해 버렸다는 한계를 지닌다. 복음서가 단순히 예수님의 생애를 다루려고 기록된 것이 아니듯이, 구약의 역사서 자체는 구약 이스라엘의 역사적인 근거와 자료들을 제시해 주기 위해 기록된 공문서가 아니다. 역사 이야기들은 당장에는 고대 이스라엘이라는 선택된 백성들을 위한, 그리고 멀게는 그리스도의 백성들을 위한 하나님의 선포이며 설교이다. 즉 하나님의 해석이 가미되어 그의 백성들에게 전달된 메시지인 것이다. 이처럼 역사 비평 방법과 보편사적 역사 이해는 역사와 하나님의 메시지 가운데 있을 법한 신학적인 연결 고리를 놓치고 있다. 이들은 필시 모든 기독교적 역사 이해가들의 출발점인 '시간, 공간, 인간, 하나님의 섭리'라는 네 가지 구성 요소의 중요성을 놓치고 있는 것이다. '주어진 역사를 어떤 잣대로 해석해 낼 것인가'라는 문제를 웅변적으로 보여 주고 있는 것이다. 그래서 보편사로써의 역사 접근 방법은 역사서를 이해하는 데 많은 어려움을 던져 준다. 역사서에 대한 진지한 연구가 있기 이전 이미 이러한 접근법은 출애굽 기사의 객관성에 의구심을 제기하면서, 모세오경과 모세의 사역과 실제 근동의 역사적 자료들 사이에 있는 괴리를 파헤쳤다. 이스라엘의 역사를 담은 역사서에서 역시 동일한 의구심이 수없이 제기되었다. 이스라엘의 개국사는 정권 쟁탈 과정의 미묘한 요소들을 객관적으로 연구한다고 해서 결코 이해될 수 없다.

예컨대 솔로몬 이래 최고의 사회 경제적 부를 이룩하면서 이스라엘의 가장 위대한 왕 중의 한 사람인 여로보암 2세를 역사서는 무시한다. 기도나 신앙적인 결단보다는 능수능란한 정치 외교적 면모를 보여 준 북이스라엘 왕들에 대하여는 초라할 정도의 정보를 제공해 주는 데 반해, 남유다 왕들의 발걸음은 비교적 자세하게 다루는 역사 서술 방법도 인간 중심적인 보편사적 역사 연구 방법으로 보면 문제가 많다. 느헤미야와 에스라는 당대의 바빌로니아와 아시리아, 그리고 페르시아라는 강국의 객관적 정치·경제적인 판도 위에서 이스라엘의 문제를 다루기보다는 이스라엘의 민족적이고 종교적인 울분과 해결 방안을 기술해 놓고 있다. 이러한 연구 방법의 본질적인 문제는 이처럼 인간의 사회·경제적 배경과 인간들의 결정과 삶의 흔적들을 더욱 강조하는 보편사적 역사 이해 방법으로는 역사적인 괴리 저 너머에 있는 하나님의 오묘하신 뜻을 쉽사리 파악해 낼 수 없다는 것이다. 어떻게 보면 이것은 이들이 가지고 있는 태생적인 한계였는지도 모른다.

## 구속사로써의 역사 이해

보편사로써 역사를 이해하는 방법에 반대되는 개념으로는 구속사(salvation history)로써 역사를 이해하는 방법이 있다. 이것은 일정한 시간과 공간의 축 위에 인간이 주도권을 가지고 일궈 왔다는 보편적인 역사 개념과는 달리, 인류의 역사란 창조주 하나님과 구속주 예수 그리스도를 중심으로 한 '하나님의 인간 구속의 역사'라는 점을 강조한다.

하나님은 인간과 세상을 선하게 창조하셨다. 그러나 애초부터 인간이 타락하자 구약 시대에 인간의 지속적 타락에 대한 하나님의 끊임없는 구원 계획을 이스라엘의 역사를 통해 보여 주셨다. 그리고 예수 그리스도의 죽으심은 모든 인류를 구속하신 모범과 정점을 보여 주었다. 이러한 구원의 완성과 점진적 성취는 주님의 재림 때까지 지속된다. 이와 같은 인간의 타락과 구원이라는 도식이 구속사로써 역사를 이해하는 방법의 기본 틀이다.

물론 '구속사'를 어떻게 정의하느냐에 따라 의견이 나뉜다. 첫째로, 오토(Otto)의 '성스러움으로써의 역사 이해'나 바르트(K. Barth)의 '초자연성에 대한 과도한 강조'와 같이 구속사를 성육신이나 구원처럼 아주 거룩한 이야기로 받아들이려는 하나의 견해가 있다. 이들의 초역사적이고 초현실적인 역사 이해는 역사 비평 방법과 역사 실증주의의 공격으로부터 성경을 지켜 낼 수 있었지만, 결과적으로는 초월과 실재(reality)라는 이분법적인 역사 이해에 빠질 수밖에 없었다.

둘째로, 쿨만(O. Cullmann)은 본격적으로 구속사적 관점을 강조했다. 그는 기본적으로 그리스도의 신앙을 역사적 탐구에 의해 진행하지 않았다. 그러면서 바르트의 견해와도 같이, 신앙이야말로 성경에 기록된 역사적 내용을 바로 아는 데 필수적인 것으로 보았다. 그러나 바르트와 달리, 쿨만은 계시와 구원 역사는 현실 역사의 실제적 사건과 관련되어 있으며 그리스도는 바로 이 현실 역사의 중심이며 정점이라고 주장하였다. 그리스도에 대한 신앙을 여전히 강조하면서도 그러한 그리스도는 현실에서 분리된 것이 아니고 오히려 인간 현실이라는 역사 자체의 주인이라는 점을 강조한, 좀 더 적극적인 자세를 보인 것이다.

역사와 현실을 무시하든지, 역사적 실제를 어느 정도 인정하든지 간에 구속사적 관점은 기본적으로 그리스도 사건을 통한 하나님의 구원 계획과 구체적인 구원 행위를 강조한다. 아담 이래 이스라엘과 이방인 모두를 향한 하나님의 계획은 궁극적으로 그리스도를 통한 인간의 구원이었다. 그리고 그리스도의 구속 사건이야말로 기독교 태동의 뿌리였고 중심적인 가르침이다. 나아가 이는 주님의 재림 시까지 선포되어야 할 케리그마의 핵심이다. 구속사적 관점이 여러 성경 해석 방법 중 가장 중요시되는 이유도 그리스도의 구속 사건이 결코 타협할 수 없는 기독교의 핵심적인 가르침이기 때문이다. 이러한 구속사적 방법이 구약의 역사서를 이해하는 데 동일하게 적용된 것도 어쩌면 당연하게 보일지 모른다. 그렇지만 이들이 구약의 모든 사건을 그리스도의 구속 사건에 포함시키지 않았다는 점은 확실하다. 디그라프(DeGraff) 같은 경우, 약속과 성취라는 틀을 가지고 구약과 신약의 역사적인 의미를 그런대로 살려 내려고 했다.

그러나 좀 더 냉정하게 따지고 보면, 그리스도 중심의 구속 논리가 너무 과도한 지배력을 행사하고 있다는 사실을 눈여겨볼 필요가 있다. 너무나 순수한 구속사적 이해에는 문제가 있다. 우리에게 익숙한 일반적인 구속사적 이해는 성경이 의미하는 구속의 개념을 축소시킬 위험을 안고 있다. 신·구약의 통일성을 무시하고 구약을 율법과 다소 저급함이 지배하는 시대로, 신약을 빛과 명확함이 지배하는 시대로 보는 방법은 안타깝게도, 마르키온(Marcion)뿐만 아니라 수많은 복음주의 계열의 사람들도 지니는 견해이다. 이처럼 구속 논리의 우위는 구약성경, 그중에서 역사서에 대한 편견과 냉대에서 극명하게 드러난다. 역사서에서 그리스도의 구속 사건과 연결 지어 본문을 발췌해 내는 작업이 힘들다는 것을 아는 많은 목회자들이 역사서를 중심으로 하는 설교에 약하다는 사실이 이를 웅변적으로 반증해 준다.

좀 더 심하게 표현하면 구속사적 역사 이해는 역사서를 역사서로 보려고 하지 않는다. 대개의 경우 역사적 사건과 행위로부터 그리스도의 구속과 대속의 의미를 무조건 끄집어내려 한다. 사사 시대에서 왕정 개국에 이르는 혼탁한 시대에 위로로 다가온 룻을 생각하기 전에, 먼저 하나님께 대한 룻의 신앙 고백과 그리스도의 예표인 보아스만을 강조한다. 왕이 된 이후 실패의 역사를 지속하는 다윗의 생애에도 불구하고 그리스도의 승리를 빗대어 다윗의 승리에만 너무 많은 시간을 할애한다. 종국에는 그리스도와 연결되어 해석되어야 하겠지만, 역사서가 고대 이스라엘 민족에게 지녔던 의미와 역사 구성원들을 향한 의미의 다발들을 먼저 고려해야 한다. 역사서는 역사서이면서도 역사서가 아니라는 갈등과 긴장을 구속사적 역사 해석은 놓치지 말아야 한다. 역사 그 자체가 지니는 일차적 의미를 무시하고 해석만을 강조했을 때는 원 역사의 의미를 간과하거나 잃어버릴 수 있다는 의미이다. 어찌되었든, 과도한 구속사적 역사 이해는 다음과 같은 부작용을 낳을 수 있다.

첫째로, 보편사로써의 역사 이해가 하나님의 종교적인 관여 가능성을 봉쇄한 것처럼, 단순한 구속사로써의 역사 이해는 구약 이스라엘과 이후 교회의 역사에서 인간들의 다양한 면을 그려 낼 수 없다. 인간은 원초적으로 하나님을 찾고 영원을 사모하며 살 수밖에 없는 종교적 존재다. 그리고 도이베르트(H. Dooyeeberd)의 지적처럼 인간의 종교성이야말로 인간의 근본적인 존재 이유다. 그렇다고 인간을 종교적인 존재로만 설명해 낼 수만은 없다. 인간의 사회·경제적 요소는 종교적 동기보다는 못하지만 여전히 중요한 요소들이다. 기독교가 튼튼하게 서 있던 영국을 건드리지 못하고 유럽 대륙과 동구에서 인간의 사회·경제적 욕구를 자극해 공산주의 혁명을 유도한 레닌과 마르크스의 행적이 이러한 주장을 뒷받침한다. 개인과 집단의 정치적인 이기심의 발로와 일부 개인의 도덕감은 니이버(Reinhold Niebuhr)의 지적이 아니더라도 아주 중요한 인간의 존재 양식이다. 이처럼 구약 역사서들은 구속사로만은 설명될 수 없는 다양한 인간들의 살아가는 자태를 그려 내고 있다는 점을 신앙인은 잊어서는 안 된다.

둘째로, 이러한 접근은 구약 역사서 각 권의 독특성을 무시할 수 있다. 이는 역사서 각 권이 지니는 풍부함과 다양성이 소멸될 수 있다는 뜻이다. 모든 역사서가 그리스도의 구속만을 바라고 쓰여진 것이 아니다. 우리가 결과론적으로 구속사적 해석과 역사 이해 방법을 덧붙일 수는 있지만, 각 권의 역사서들이 원래부터 하나님의 구속하심을 바라고 쓰였다고만 말하는 것은 무리가 있다. 신·구약 전체가 하나님의 경륜과 섭리를 나타내고 있는 것은 확실하지만, 각 책은 자신만의 독특한 메시지들을 지니고 있다. 이스라엘의 역사적인 세워짐과 무너짐을 통해서, 이스라엘 역사의 다양한 등장인물을 통해, 그리고 상이한 위치에서 증언한 그들의 고백들을 통해 하나님이 선택한 백성들의 다층적이고 풍부한 의미와 신앙 고백의 세계를 우리는 만날 수 있는 것이다. 사무엘서와 열왕기서의 기록과 역대기의 기록이 다른 관점에서 기록되었듯이, 느헤미야와 에스라는 또 다른 관점에서 포로기 이후의 이스라엘 백성들을 묘사하고 있다. 그럼에도 그들이 결국에는 역사 가운데 주도적으로 침투해 들어오시는 하나님의 섭리를 똑같이 나타내고 있다는 것은 바른 역사 해석 방법이 지녀야 할 비(非)오만성과 비배타성을 잘 보여 주고 있다.

그러므로 다양한 환경과 시절에 선택받은 백성들이 필요와 여건에 따라 만들어 낸 좌절의 절규와 희망과 환희의 노래들을 그 무엇으로 환원시키지 말고 있는 그대로 먼저 읽어 내는 작업이 필요하다. 역사서가 먼저 그들 스스로 말하게 하는 것이 필요한 것이다. 이 길만이 하나님의 메시지의 풍요로움을 한껏 담아내는 최선의 방법이 될 것이다.

셋째로, 과도한 구속사적 역사 이해는 인간의 자율권과 역사적 책임의식을 설명하기 힘든 측면을 많이 가지고 있다. 물론 여기서는 '우리의 역사가 하나님의 역사인가, 인간의 역사인가'라는 원초적 질문을 제기하는 것이 아니다. 사무엘하 11장의 다윗의 방황은 이스라엘의 분리를 기정사실로 만들었고, 열왕기하 12장에 나오는 솔로몬의 아들 르호보암의 백성에 대한 폭압적인 태도는 왕국을 분리시키는 촉매 역할을 했다. 이러한 사항들은 왕국의 흐름이 하나님의 구속사적 회복이라는 강조점도 있겠지만, 인간의 책임과 역사에 대한 태도가 한 민족의 흐름에 어떠한 영향을 미치는가를 잘 보여 주고 있다. 사실 인간 개개인의 자유와 자율은 행위자의 개인적인 책임을 요구하고, 개인적인 책임은 집단적이고 민족적인 공동체적 책임과 그 공동체의 역사적인 책임으로 귀결되는 것이다. 그리고 이러한 인간들의 자유와 책임을 생각할 때 다시금 하나님의 주권을 고려하게 된다. 결국 접근하는 순서만 다를 뿐이다. 하나님의 주권을 분명하게 드러내면, 우리에게 주어진 역사적 상황 하에서 우리의 자유와 함께 하나님 앞에서 져야 할 우리의 책임까지도 생각하게 되는 것이다. 이것이 역사를 해석하는 인간 해석자의 책임 있는 자율적이고 자유로운 태도인지 모른다.


## 복음주의적인 이해의 잣대

지금까지 구약의 역사서를 염두에 두고서 도대체 역사를 어떠한 방법으로 이해하고 해석해 나갈 것인가를 살펴보았다. 역사 비평 방법으로부터 시작한 보편사로써의 역사 이해는 인간 삶의 다양한 측면을 보여 줄 수 있었지만 하나님과 역사가 지닌 매개 고리를 등한시하는 결과를 가져왔다는 사실을 지적했다. 또한 역사서를 단순히 보편사로써만 이해할 때, 전체 이스라엘 역사를 통해 말씀하시는 하나님의 통일적인 메시지를 놓치고, 결국에는 역사서 각 권이 지니는 정경성과 동시에 그런 정경들이 신앙의 담지체라는 고백도 잃어버리고 만다는 사실을 지적했다.

다음으로 구속사로써의 역사서 이해는 비록 기독교의 핵심 진리인 구속의 개념으로 각 역사서를 읽어 내지만, 역사서 자체가 지니는 생동감과 꿈틀거림을 놓칠 수 있다는 점을 강조했다.

그러면서 역사란 지나간 시간과 공간 위에 인간에게 던져진 것이며, 기독교의 고대 이스라엘의 역사란 하나님의 영감을 받은 이들에 의해 일차적으로 해석된 역사요 이 시대에 새롭게 해석되어야 할 과제로 우리에게 또다시 던져졌다는 사실을 지적했다.

주어진 역사 내용물과 기독교적인 해석, 바로 여기서부터 우리의 고민은 시작된다. 역사를 읽어 내고 해석하는 데는 우리의 신앙적인 자세와 신학적인 틀이 더불어 요청되기 때문이다. 그러면서 앞에서 논의한 역사 이해 방법을 어떻게 조합시켜 우리들의 신앙적이고 복음주의적인 방법으로 융화시켜 낼 것인가가 과제로 주어졌다. 더군다나 개혁주의적인 복음주의를 선봉하는 추리는 장점과 함께 단점이 명확하게 드러난 이론을 이전처럼 개혁이나 변화를 무시하고 계속 안고 있을 수만도 없다.

인간 역사에 담긴 하나님의 메시지를 분석해 내서 살아 있는 메시지로 변환시켜야 한다. 그래서 개혁주의적인 복음주의의 근본 원리에 충실하면서도 보다 낫고 설득력 있는 역사 이해를 만들어 내기 위해 고민할 수밖에 없다. 보다 나은 역사서 이해를 위해, 이제 몇 가지 예비적인 다짐을 하고 나서 역사서 이해의 자세를 제시하고자 한다.

## 1. 비배타성

'역사서를 어떻게 이해하느냐'에는 다양한 방법이 존재할 수밖에 없다. 성경 해석사와 역사학의 전개는, 신앙 고백이 아닌 하나의 이론이 절대적으로 군림할 수 없다는 것을 보여 주었다. 역사서를 이해하는 방법으로 여기서도 동일한 원리가 적용된다. 보편사와 구속사로써의 역사 이해는 서로의 단점을 보완해 줄 수 있다. 보편사로써의 역사 이해는 역사적 흐름과 알맹이들에 사료의 객관성과 자료의 엄밀성을 제공해 줄 수 있다. 그리고 구속사로써의 역사 이해는 보편사적 역사 이해가 간과하는 신학적 매개 고리를 제공할 수 있다. 여기서 중요한 것은 서로의 한계를 보완해 줄 수 있는 여지를 남겨 두는 것이다. 다른 이론과 작업 과정을 배타적으로 여기지 않는 자세가 무엇보다 필요하다.

## 2. 지적이고 신앙적인 겸손함

'숨겨진 일들은 하나님께 속했다'(신 29:29)라는 말은 이스라엘의 역사를 보다 깊게 연구하려는 사람들에게 깊은 시사점을 던져 준다. 때로 주제나 논의되고 있는 내용들 자체가 성격상 역사의 표면에 드러나서 우리 인식의 범위 안으로 다가오지 않을 수도 있기 때문이다. 이때 우리의 이성적인 한계와 신앙 고백의 범주를 넘어서 있는 것들에 대하여는 하나님 자신이 대답하실 수 있도록 우리가 겸손하게 마음을 비울 필요가 있다.

이성의 한계를 넘어서 무리한 답을 하려고 하거나 완고한 신앙 고백적 표현으로 모든 것을 미리 제단해 버리는 자세는 역사서가 가진 풍부함을 읽어 낼 수가 없다. 이때 우리에게는 지적인 겸손과 함께 신앙적인 겸비함이 필요하다. "하나님의 오묘한 섭리는 역사가들이 알아차리지 못한 채 역사의 심층부에서 일어난 사건처럼 일어났다"는 역사가 도슨(C. Dawson)의 말을 다시 한 번 음미해 볼 필요가 있다.

## 역사와 해석

역사 이해라는 자질구레한 논의를 거쳐 이제 다시금 '역사서를 어떻게 읽어 나갈 것인가'라는 원론적인 문제로 돌아 왔다. 그러나 우리가 글을 시작하면서 제기했던 고대 이스라엘과 우리 앞에 던져진 역사와 이에 대한 성경적 해석이라는 원론적인 틀을 제시할 수밖에 없다. 즉 '역사서를 어떻게 규정할 것인가'라는 문제에서 출발해야 한다. 이스라엘의 역사는 구속사를 근간으로 하여 보편사와의 긴장을 유지하면서 성경 역사를 이해해야 한다.

이스라엘의 역사는 개개인과 집단에 대한 단순한 역사가 아니다. 그리고 우리도 단순한 인간의 역사로만은 볼 수 없다. 우리에게 던져진 역사서는 하나님의 입장에서 개인들과 한 공동체를 만들어 나가는 여정을 담고 있으며, 그들을 향한 설교이며 선언이며 케리그마다. 실제적이고 역사적인 사실과 사건을 매개로 했지만 그 속에 하나님의 살아 있는 메시지를 집어넣은 것이다. 그러므로 역사서이지만 이미 역사서가 아닌 것이다.

그렇다면 '우리가 역사서를 어떻게 해석할 것인가'가 더 중요한 문제로 다가온다. 그런데 이스라엘이라는 개인과 공동체의 삶의 흔적을 담고 있는 역사서는 이미 하나님의 사람들에 의해 해석된 역사이다. 그럼에도 불구하고 역사서는 오늘의 신자들에 의해 사실적이고도 상징적으로 다시금 해석되기를 요청하고 있다. 이때 가능한 방법은 리꾀르(Paul Ricoeur)의 지적처럼 '두 번째 순진성'(second naivete)의 자세로 임하는 것이다. 일차적 해석의 메커니즘을 분석하고 갈라내고 다시금 사실과 일차적 해석 사이의 연결 고리를 봉합하면서 새롭게 우리 시대에 읽어 내려는 자세가 아주 유용할 것이다. 이러한 과정을 통해 고대 이스라엘의 역사를 우리 앞에서 말하고 있는 하나님의 선언과 케리그마로 살려 내야 한다.

그러면서 우리들은 역사적 분석과 해석의 차원을 넘어 그 앞에 우리의 순종과 믿음을 바쳐야 한다. 바로 이 단계에서 즉각적인 순종이 요구되고 무조건적으로 우리에게 침투해 들어오는 하나님의 계시를 수용해야 하는 것이다. 우리는 가장 그럴듯한 역사에 대한 해석을 지녀야 하는데, 구체적으로 어떤 입장을 가질 것인가를 물어야 한다. 우리에게는 하나님의 계시와 구원의 비밀이 담지된 구속사로써의 역사 이해에 주안점을 둘 수밖에 없다. 인간의 모든 시도와 노력 뒤에 결국 돌아갈 곳은 하나님의 구속사의 노정이기 때문이다.

그러나 보편사적 역사 이해라는 보조적인 수단이 요구되는 것임에는 두말할 나위가 없다. 보편사적 역사 이해는 고고한 구속사적 역사 이해를 넘어지지 않도록 받쳐주고, 구속사적 접근의 한계를 스스로 넘어서도록 도와줄 수 있기 때문이다. 그래서 구속사적 접근이 주도권을 갖되, 끊임없이 보편사적 접근과 긴장 관계를 유지하면서 새로운 균형 맞추기를 할 필요가 있다. 에덴동산 이래 우리에게 부여한 하나님의 구속사적 이야기와 인간들의 발버둥거림을 담아내는 보편사로써의 이야기가 갖는 갈등과 긴장을 우리는 명심해야 한다. 적절한 긴장과 내적인 갈등은, 위험하기보다는 우리의 신앙을 더욱 살지고 풍요롭게 할 것이기 때문이다.

02

# 사무엘상의 구조와<br>신학적 주제

## 사무엘상의 특징

수천 년 동안 사무엘, 사울, 다윗과 요나단의 이야기는 남녀노소를 막론하고 듣는 이와 읽는 이의 마음을 사로잡으며 정신적, 신앙적 상상력을 자극하고 영적 교훈의 자양분을 제공해 왔다. 이들의 이야기가 담겨 있는 사무엘서는 히브리 성경 내러티브(narrative)의 정수라고 말할 정도로 뛰어난 문학성을 지니고 있다. 등장인물의 묘사, 이야기의 전개, 배경과 대화, 인간의 욕망과 신적 섭리의 아우러짐이 실로 절묘하다.

사무엘상은 궁극적으로 하나님의 이야기이다. 하나님의 구원 역사이자, 이야기로 된 설교요, 신학이다. 이 이야기는 3000년 전의 이야기이지만, 늘 새롭게 읽고, 그 진리 가운데 살며, 언제라도 다른 사람들에게 들려주어야 할 영원한 하나님의 말씀이다.

## 사무엘상의 구조

사무엘상은 구성상 건축물이기보다 유기체에 가깝다. 역사와 문학(이야기), 그리고 신학이 서로 얽히고 섥켜 하나의 유기체를 이루고 있다. 이 내러티브의 유기체적 특성이 사무엘상 구조 분석의 잣대를 제공해 준다. 즉 사무엘서의 역사적 성격은 시간(연대기)적 구분 방식을, 문학적 특성은 문학적 단락 구분 방식을, 그리고 신학적 특성은 신학적 주제에 따른 구분 방식을 잣대로 사용하게 해 준다(사무엘상·하는 원래 한 책이므로 이 글에서는 사무엘서 전체 구조의 조망을 염두에 두고 사무엘상의 구조를 밝히고자 한다).

## 1. 시대에 따른 연대기적 구조 분석

시대에 따른 연대기적 구조 분석은 사무엘서를 사무엘, 사울 그리고 다윗의 통치 시대로 구분한다. 사무엘 시대(삼상 1~12장), 사울 시대(삼상 13~31장), 다윗 시대(삼하 1~24장)의 구분은 사울의 등극(삼상 13:1) 및 죽음(삼하 1:1)의 기록과 일치하며, 사무엘서를 자연스럽게 나누는 장점이 있다. 이에 기초하여 사무엘상을 시대적으로 분석하면 아래 구조를 얻을 수 있다.

> **사무엘 시대**(1~12장)
>> 사무엘의 탄생과 소명(1~3장)
>> 엘리 시대의 종말(4~6장)
>> 사무엘 시대의 언약 갱신과 승리(7장)
>> 왕정의 시작과 사울의 즉위(8~12장)
> **사울 시대**(13~31장)
>> 사울의 통치(13~15장)
>> 다윗의 흥기(16~31장)

## 2. 문학적 구분 방식에 의한 구조 분석

이번에는 문학적 구분 방식에 의한 구조 분석의 예를 살펴보자. 사무엘서에는 단락 구분 표시(division markers)로 인정된 네 구절이 있다. 첫째는 사무엘 사역 요약(삼상 7:15~17)이고, 둘째는 사울의 통치 요약(삼상 14:47~52)이고, 셋째는 다윗의 통치 요약(삼하 8:15~18)이고, 넷째는 다윗의 관리(삼하

20:23~26)다. 이 네 요약은 자연스럽게 사무엘서를 5등분한다. 그 외에 구분 표시로 사용될 수 있는 것으로는 사무엘의 즉위(삼상 13:1), 사무엘의 죽음(삼하 1:1), 다윗의 세 번 기름 부음 받음(삼상 16장; 삼하 2, 5장), 중요한 역사적 전환기에 과거를 해석하고 미래를 조망하는 말씀(삼상 7, 12장; 삼하 7장)이 있다. 이것을 감안하여 사무엘상의 구조를 분석하면 다음과 같다(제목은 독자의 관심사에 따라 달라질 수 있을 것이다).

> 마지막 사사 사무엘(1~7장)
>
> 왕정의 시작(8~12장)
>
> 초대 왕 사울의 통치(13~15장)
>
> 사울의 쇠망과 다윗의 흥기(16~31장)

### 3. 신학적 주제에 의한 구조 분석

이제 신학적 주제에 의한 구조 분석의 예를 살펴보자. 사무엘서의 중심 주제를 '왕정'(kingship)으로 정하고 이 주제의 역사적·논리적 발전을 고려하여 구조를 분석하는 것이 좋은 예이다. 이 방법은 한 주제를 중심으로 사무엘서를 총체적으로 바라보게 한다. 사무엘서 전체의 구조를 왕정 중심으로 분석해 보면 아래와 같다.

> 왕정 설립의 배경(삼상 1~7장)
>
> 왕정의 설립(삼상 8~12장)
>
> 사울의 왕정(삼상 13~15장)
>
> 사울 왕정의 쇠망과 다윗의 흥기(삼상 16:1~삼하 5:5)
>
> 다윗의 왕정(성취와 영광)(삼하 5:6~9:12)
>
> 다윗의 왕정(약점과 실패)(삼하 10~20장)
>
> 다윗 왕정의 반성(삼하 21~24장)

# 사무엘상의 신학적 주제와 그 적용

앞서 언급한 대로 사무엘서는 역사일 뿐만 아니라 신학이다. 사무엘서는 선지자적 관점에서 쓰인 '전선지서'의 일부로 신명기 신학의 영향을 크게 받았다.

## 1. 하나님의 주권

사무엘상의 근원적 주인공이신 하나님은 이스라엘의 역사에 주권적으로 개입하신다. 그 결과 부자와 빈자, 강자와 약자, 그리고 엘리와 사무엘, 사울과 다윗의 운명이 전복된다. 역사는 하나님 중심적, 그리스도 중심적으로 전개될 것이다(2:1~10).

하나님의 주권이 가장 의미 있게 나타나는 경우는 다윗의 선택일 것이다. 아무도 기대하지 않았던 다윗이 좋은 조건을 가진 형들을 제치고 이스라엘 왕으로 기름 부음을 받는다. 그렇기 때문에 하나님의 종은 어떤 상황에서도 하나님의 주권을 신뢰하여야 한다. 사울은 자기 권리에 집착하여 여호와의 명령을 거절함으로써 자신의 생명과 왕국과 아들을 잃는다. 반면에 다윗은 자기에게 주어진 왕위를 스스로 취하려 하지 않고 여호와의 손에 맡김으로써 영원한 나라를 약속으로 받는다.

하나님의 백성은 영원한 하나님 나라를 바라보는 안목을 가져야 한다. 여건이 좋지 않다고 안달하며 사람들을 탓하기보다, 고난 중에서도 주권자이신 하나님을 바라보고 그분의 능력과 선하신 뜻을 신뢰하는 믿음을 가져야 한다.

## 2. 하나님의 통치─신정(theocracy)의 원칙

신정은 하나님이 다스리는 정치(polity)이다. 하나님이 왕이시라는 신정의 원칙은 이스라엘 역사의 대명제이다. 모세와 여호수아 시대에는 하나님이 왕이시라는 신정의 원칙이 잘 지켜졌다. 사사 시대에도 대체로 이 원칙이 받아들여졌으나, 기드온에게 왕위를 제시한 백성들에 의해서 그리고 스스로 왕이 된 아비멜렉에 의해서 심각한 도전을 받는다. 사무엘의 시대에는 백성이 하나님께 돌아감으로 신정이 새로워지고 승리가 주어진다(7장). 이러한 신정의 문맥에서 사무엘은 왕을 요구하는 백성을 책망하기도 하고, 하나님의 명령에 따라 왕정을 허락하기도 한다(8, 12장). 신정은 이스라엘 왕정의 신학적 전제이다.

여기에서 중요한 사실은, 이 땅을 살아가는 그리스도인은 자신이 어느 나라의 백성인지를 분명히 해야 한다는 것이다. 이스라엘이 열국 중 하나가 아니듯, 그리스도인도 이 세상에 속한 백성이 아니다. 그리스도인은 그리스도가 선포하고 이루신 하나님 나라의 백성으로 살아가야 한다. 삶의 모든 영역에서 하나님만이 왕이심을 분명히 하는 것이 하나님 나라 백성의 기본적인 도리이자, 생활 원리이다.


### 3. 왕정(kingship, monarchy)

사무엘상의 가장 큰 쟁점 중 하나는 이스라엘 왕정의 신학적 정당성이다. 사사기에는 왕정에 대한 부정과 기대가 공존하다가, 사무엘 시대 종반에서 백성들이 왕을 요구한다. 사무엘은 그들의 요구를 여호와에 대한 반역으로 간주하고 받아들이지 않는다(8장). 이스라엘 백성들은 당면한 현실적 정치적 필요성은 민감하게 인식했으나, 이스라엘 정체의 신정적 기반에 대해서는 무관심했다.

왕정 문제의 신학적 해결책을 신명기 17:14~17에서 찾을 수 있다. 모세는 이스라엘에 왕정이 불가피하게 도입될 때를 예상하고 왕의 자격과 의무를 규정했다. 신명기 17장은 여호와의 율법이 이스라엘 왕의 통치 기반이 되어야 함을 밝힌다. 왕도 백성과 같이 하나님의 법에 순종해야 한다. 신정 체제 안에서 왕은 하나님의 부왕(副王)이자 백성의 '형제'이므로 자신의 뜻을 백성에게 강요하는 것이 아니라 자신이 먼저 하나님의 뜻에 굴복해야 한다. 군사력과 재력을 의지하지 말고 하나님만 의지해야 한다. 왕이라도 하나님의 자리에 앉아서는 안 된다.

이스라엘의 왕에 대한 기사는 오늘날 교회 지도자에 대한 교훈을 담고 있다. 지도자는 하나님의 자리에 앉아도 안 되고 어떤 사람이나 어떤 것을 하나님의 자리에 앉혀도 안 된다. 오직 하나님만이 보좌에 앉으시도록 해야 한다. 지도자는 자기가 지도하는 사람들을 '형제'로 섬겨야 한다. 또한 자신이 먼저 왕이신 하나님의 뜻대로 살아야 한다. 하나님 나라는 지도하는 이와 지도받는 이가 함께 하나님을 믿고 그분의 뜻에 순종하는 곳에서 이루어진다.

### 4. 언약

여기에서는 왕정의 신학적 원리로써 기능하는 언약에 초점을 맞추어 사무엘상에 나타난 몇 가지 관련 주제를 살펴본다.

#### 1) 순종과 불순종

언약의 의무 조항은 언약 당사자에게 순종을 요구한다. 왕이라도 여호와께 순종하고 율법을 지켜야 한다. 초대 왕 사울의 실패는 순종의 실패였다. '순종은 제사보다 낫고 거역하는 것은 사술의 죄와 같다'(15:22~23). 다윗 언약에 참여한 자에게도 순종이 요구된다.

하나님의 은혜가 아무리 커도 순종의 의무를 없이하지는 않는다. 순종은 맹종이나 굴종이 아니라 전심으로 하나님을 믿고 사랑하며 그의 뜻을 따르는 것이다. 이것이 중심을 보시는 하나님의 마음에 합한 순종이다. 다윗과 솔로몬, 그리고 후대 왕들의 역사는 순종의 요구가 얼마나 엄중한 것임을 잘 보여 준다.

순종은 현대인이 가장 듣기 싫어하는 말 가운데 하나다. 결혼식 서약에서도 '복종'이란 말이 사라졌다. 사람들은 사울처럼 하나님의 말씀을 곧이곧대로 순종하기를 꺼리고 자기에게 유리하도록 '재해석'해서 선택적으로 순종한다. 이것은 순종이 아니다. 전적으로 순종하는 자에게만 하나님의 통치가 은혜 가운데 임한다.

### 2) 축복과 저주

'하나님은 순종하는 자에게 복을 내리시고 불순종하는 자를 저주하신다.' 이 원리는 사무엘서에 적용된 신명기 언약의 기본 명제다. 하나님은 "나를 존중히 여기는 자를 내가 존중히 여기고 나를 멸시하는 자를 내가 경멸히 여기리라"(2:30)고 말씀하신다. 사울이 하나님을 거절할 때 하나님도 사울을 거절하신다. 다윗은 순종함으로 복을 받는다. 그러나 밧세바의 일로 죄를 지었을 때에는 사함을 받았을지라도 "칼이 네 집에 영영히 떠나지 아니하리라"(삼하 12:10)는 징계를 피할 수 없었다. 다윗은 그의 통치 후기에 이 징계의 지배를 받았다고 해도 과언이 아니다. 물론 택하심을 받은 자에게 심판은 최후의 말이 아니며, 영원한 나라와 후손의 약속이 취소되는 것은 아니다.

사무엘상, 따라서 신명기가 말하는 축복 사상은 전래의 기복 신앙과는 전혀 다르다. 또한 '부요와 건강의 복음'과도 거리가 있다. 성경적인 복은 성도가 하나님께 순종함으로 전인적으로 누리게 되는 하나님의 은혜이다. 징계에 대해 오늘날 교회가 겸손히 기억해야 할 것은 '심판은 하나님의 집으로부터' 시작된다는 사실이다. 특권은 책임을 수반하며 책임은 그 수행을 결산할 날이 있다.

### 3) 다윗 언약—영원한 왕국의 약속

하나님께서 다윗에게 영원한 왕조와 후손을 약속하신 다윗 언약(삼하 7장)은 사무엘서의 핵심이요 구약의 중심으로써, 막중한 구속사적, 성경신학적 중요성을 갖는다. 하나님의 '은총'(חֶסֶד헤세드)에 근거한 이 언약은 근본적으로 무조건적이다. 하나님께서 약속의 성취를 보장하신다.

그러나 왕이 언약을 지키지 않는다면 하나님이 약속하신 복이 어떻게 이루어질 수 있을 것인가? 역사는 다윗 언약이라도 은혜와 율법의 긴장을 피할 수 없음을 보여 준다. 그리스도의 인격과 사역 안에서만 이 긴장이 해소될 것이다.

그런데 이 영원한 왕조의 약속은 사무엘하 7장에서 처음으로 나타나는 것이 아니다. 다윗 언약에 내포된 하나님의 은총은 사무엘하뿐만 아니라 사무엘상을 지배하는 원리이다(13:13~14; 16:18; 18:14; 20:15; 24:20; 25:28).

하나님의 약속은 역사의 원동력이자 믿음의 모판이다. 과거에 주신 약속은 오늘의 믿음을 자라게 하고, 오늘의 믿음은 미래에 대한 소망을 불러일으킨다. 불확실한 시대를 살아가는 오늘날의 성도들에게 있어서, 변치 않는 언약의 성취인 그리스도 안에 거하는 것보다 더 확실한 보장은 없다.


## 4) 선지자—하나님의 말씀

사무엘서에서 선지자는 하나님 말씀의 권위 있는 대변자이자 언약의 수호자이다. 따라서 하나님께 대한 순종은 선지자의 명령에 대한 복종을 의미한다. 사울은 선지자 사무엘의 명령을 어김으로써 이스라엘 왕으로 적합하지 않음을 드러냈지만, 다윗은 선지자의 명령에 순종함으로써 이상적인 왕의 본을 보였다. 이러한 선지자의 역할은 왕정에서도 계속된다. 선지자 사무엘은 왕정을 수립한 후, 왕과 백성을 위하여 "기도하기를 쉬는 죄를 여호와 앞에 결단코 범치 아니하고 선하고 의로운 도로 너희를 가르칠 것"(12:23)을 다짐한다. 이렇게 사무엘은 왕정 안에서 활약할 선지자의 역할 패러다임을 확립했다. 선지자의 이러한 대언적 역할 때문에 이스라엘과 유다의 멸망 원인은 다름 아닌 선지자의 말씀에 대한 불순종으로 돌려진다(왕하 17:13).

하나님의 말씀이 희소한 것이 심판의 표지라면, 하나님의 말씀을 풍성하게 누리고 전파하는 것은 하나님의 축복이다. 전하는 자는 하나님의 말씀만을 바로 전하고, 듣는 자는 그대로 순종해야 할 책임이 있다. 이 점에서 오도된 예배는 강단 연출 또는 설교 감상으로 전락할 위험을 안고 있다.


## 5) 하나님의 임재

하나님은 다양한 방법으로 자신의 백성과 함께하시며 자신을 나타내신다. 하나님의 임재를 상징하는 언약궤가 그중 하나이다. 엘리 시대 이스라엘 백성은 하나님의 임재를 자동적, 마술적인 것으로 오해하였다. 언약궤의 물

리적 소유가 하나님의 임재와 전쟁에서의 승리를 보장할 것으로 생각하였
으나, 결국 비참하게 패배하였다. 그러나 사무엘은 언약궤가 없는 상황에서
도 하나님의 초자연적인 도움을 힘입어 이스라엘에게 승리를 안겨 주었다.
이 같은 대조는 하나님의 임재의 성격을 뚜렷이 보여 준다. 하나님의 임재는
언약규정의 기계적 준수에서 도출되는 것이 아니라, 하나님의 자유와 주권
을 인격적으로 신뢰할 때 누리게 되는 은혜이다.

하나님이 함께하시지 않는데도 함께하신다고 착각하는 것처럼 위험하고
비극적인 일은 없다. 언약궤가 하나님의 임재를 보장하지 않는 것처럼, 교회
의 어떤 가시적인 표지가 하나님의 인격적인 임재를 보장하지는 않는다. 참
된 회개와 진실한 믿음만이 하나님께서 기쁘게 거하시는 거룩한 임재의 자
리를 마련해 줄 수 있다.

## 5. 도망자 다윗-의인의 고난

사무엘상 16장 이하에서 펼쳐지는 사울과 다윗의 이야기는 다윗의 흥기
에 초점이 맞춰져 있다. 그러나 다윗의 부상(浮上)은 값비싼 대가를 치러야
했다. 사울의 시기를 산 다윗은 기름 부어 택함 받은 왕임에도 불구하고 도
망자 신세가 되어 죄 없이 온갖 고초를 겪는다. 그리고 많은 고난을 통과한
후에야 유다와 이스라엘의 왕으로 등극하여 믿음의 승리를 증명해 보인다.
고난을 통한 영광의 길은 복음서에 나타난 그의 후손이자 만왕의 왕이신 의
인 예수가 밟아야 할 길이기도 하다.

인스턴트 시대에 욕망의 지연이란 생각하기도 싫은 고역이다. 그러나 '그
리스도인은 영광의 때를 기다리며, 그리스도와 함께 영광을 받기 위하여 고
난도 함께 받아야 한다'(롬 8:17). '애매히 고난을 받아도 하나님을 생각함으로
참는 것은 하나님의 은혜이다'(벧전 2:19).

# 맺는 말

사무엘상의 구성 원리와 신학적 주제는 신정적 왕정의 확립이며, 그 핵심에는 여호와의 '마음에 합한' 다윗이 있다. 이스라엘의 왕정은 하나님 나라의 지상 모델로써 오늘날의 교회에 해당된다. 다윗 언약의 궁극적 성취인 예수 그리스도는 교회의 머리로서 지금도 왕권을 행사하고 계시며, 만왕의 왕으로서 오늘도 당신의 백성에게 지속적으로 인격적 사랑과 언약적 헌신을 요구하신다. 하나님을 믿고 사랑하며 그 뜻에 순종하는 자는 다윗처럼 하나님의 다스림을 풍성하게 경험하게 될 것이다.

# 03

# 사무엘상에 대한 배경 연구

사무엘서는 이스라엘의 역사 가운데 사사 시대 말기로부터 다윗 왕까지의 역사를 다룬다. 그중에서도 사무엘상은 선지자 사무엘의 출생부터(주전 약 1100년) 이스라엘의 초대 왕 사울의 죽음까지의 역사를 기록하고 있다. 따라서 사무엘서는 성경 가운데 대표적인 역사책이다. 이 역사책의 저자에 대해서는 우리가 확실하게 아는 바가 없다. 다만 역대상 29:29의 "다윗 왕의 시종 행적이 선견자 사무엘의 글과 선지자 나단의 글과 선견자 갓의 글에 다 기록되고"라는 구절을 통하여 유추해 볼 때 사무엘도 저자 중의 한 사람일 가능성이 있다. 따라서 이 책의 이름을 사무엘이라고 칭한 것은 그가 이 책의 저자이거나 아니면 적어도 이 책의 전반부에서 그가 주인공 노릇을 하기 때문일 것이다.

사무엘서는 열왕기와 내용적으로 나누어 생각할 수 없다. 따라서 70인역은 사무엘상·하와 열왕기상·하의 네 권을 합하여 '왕국서'(books of the kingdoms)로 칭하고, 사무엘서는 제1, 제2 왕국서, 열왕기서는 제3, 제4 왕국서로 부르고 있다. 우리가 보통 사무엘상·하로 부르는 것은 히브리 성경을 라틴어로 번역했던 제롬의 전통을 따른 것이다.

# 정치적 배경

사사 시대의 이스라엘은 왕정을 갖춘 이웃 나라들에게 지속적으로 압제 당하고 억눌림을 당하며 살아왔다. 그래서 그들은 왕의 필요성을 인지하고 그것을 갈구했다. 그 대표적인 예가 그들을 미디안 사람들로부터 구원해 준 기드온에게 자손 대대로 그들을 다스려 달라고 요청한 것이다(삿 8:22). 그러나 기드온은 "여호와께서 너희를 다스리시리라"(삿 8:23)고 말하며 그들의 요청을 거절한다. 왕정을 요구하는 백성들에게 기드온은 신정을 주장한 것이다. 그럼에도 사사기는 '그때에 이스라엘에 왕이 없으므로 사람이 각기 자기의 소견에 옳은 대로 행하였더라'는 말로 끝맺음으로써(삿 17:6; 18:1; 19:1; 21:25) 왕정 출현의 불가피성을 드러낸다. 사사들의 지도력으로는 외적에게서 이스라엘의 영토를 안전하게 보전할 수도 없을 뿐 아니라 이스라엘 내에 잠재한 분파적이고 지역주의적인 갈등이나 도덕적·종교적·정치적 혼란을 극복할 수 없었다. 즉 새로운 형태의 지도력이 요구되는 시대였다.

사무엘상은 이러한 배경 속에서 이스라엘 나라에 왕을 세우는 역사이다. 이스라엘 백성들은 선지자 사무엘에게 "모든 나라와 같이 우리에게 왕을 세워 우리를 다스리게 하소서"(8:5 개역개정)라고 요청한다. 또한 "우리도 다른 나라들같이 되어 우리의 왕이 우리를 다스리며 우리 앞에 나가서 우리의 싸움을 싸워야 할 것이니이다"(8:20 개역개정)라고 말한다. 왕정은 당시 모든 나라나 민족의 공통적인 정치 형태였으며, 왕의 임무는 백성들을 대신하여 전쟁을 치르고 백성들의 생명과 재산을 보호하는 역할을 하는 것이었다. 이스라엘 역시, 보이지 않게 그들 가운데 왕 노릇하는 하나님보다 자기들을 다스리고 보호해 주는 눈에 보이는 왕을 필요로 했다.

이스라엘 백성들에게 왕을 세우는 일에 주도적 역할을 한 인물이 사무엘이다. 이미 그는 백성들 사이에 하나님이 세우신 지도자로서 권위를 인정받고 존경받는 사람이었다. 그러나 그는 점점 나이가 많아졌고, 그를 이을 후계자로서 그의 아들들은 만족스러운 인물이 되지 못했다. 그래서 백성들은 사무엘에게 왕을 세워 달라고 요청한다.

이스라엘 사람들 위에 왕을 세우는 일은 결코 쉬운 일이 아니었다. 왜냐하면 지금까지 하나님께서 친히 그들의 왕 노릇을 해 왔기 때문이다. 하나님의 동의가 필요했다. 말하자면 하나님을 대신하여 백성을 다스리던 종교 지도자와 백성들 앞에 서서 전쟁을 지휘하고 백성들에게 안정된 생활 터전을 확보하고 보호해야 하는 정치 지도자 사이의 역할 분담과 이들 상호 간의 관계성에 대한 합의가 필요했던 것이다. 하나님과 이스라엘 사이에 이미 존재하는 언약 관계의 틀 속에서 어떻게 왕이 그 입지를 확보할 수 있으며, 이스라엘은 하나님의 왕 되심을 인정하면서 어떻게 인간 왕을 섬길 수 있겠는가 하는 점들은 사무엘상에서 끊임없이 제기되는 문제이다.

하나님을 대신한 사무엘의 입장에서는 백성들이 왕을 구하는 것을 받아들일 수 없었다. 그러나 하나님은 "백성이 네게 한 말을 다 들으라 이는 그들이 너를 버림이 아니요 나를 버려 자기들의 왕이 되지 못하게 함이니라"(8:7 개역개정)고 말씀하신다. 성경은 이미 아브라함 때부터 이스라엘의 왕정을 예견하고 있다(창 17:6; 35:11; 49:10, 민 24:7, 17~19). 모세도 이미 약속의 땅에 들어가서 그들이 세우게 될 왕의 조건을 기술해 놓고 있다(신 17:14~20; 28:36).

그러나 지금은 왕을 세우는 일이 하나님이나 선지자 사무엘에게 다같이 내키지 않는 일이었다. 따라서 이러한 상황 속에서 사울은 왕으로 세움을 받지만 그가 왕으로 인정받기란 결코 쉬운 일이 아니었다. 왕으로 세움을 받기 전의 사울의 모습은 고작 아비의 잃어버린 암나귀를 찾아다니는 것이었다. 온 민족이 왕을 구하지만 그는 그러한 민족적인 일에는 관심이 없었고, 심지어 그의 사환이 가진 만큼의 종교심도 없었다. 그의 겉모양 이외는 왕이 될 만한 자격이나 기품이 없었다. 왕으로서 첫째 할 일은 전쟁에서 백성보다 앞서 나아가 그들이 싸워야 할 싸움을 대신하는 것이었다. 암몬 사람과의 전쟁에서 사울은 승리함으로 왕으로 인정받지만, 이어서 블레셋 사람, 아말렉 사람들과의 전쟁에서는 왕으로서의 문제점이 노출되기 시작한다. 블레셋과의 전쟁에서는 백성들에게 금식을 선포하고, 스스로 제사를 드려 제사장 노릇을 하는가 하면(13:8~15), 전쟁 영웅이자 그의 아들인 요나단을 죽이려 하다가 백성들의 저항에 부딪히게 되며(14:39~46), 아말렉과의 전쟁에서는 '헤렘'(םרח 진멸)을 범하여 사울 스스로가 헤렘이 되고 만다(수 7:12). 즉 여호와의 버림을 받게 되는 것이다(13:13~14; 15:22~26).

여호와께서는 이새의 아들 다윗을 이스라엘의 왕으로 점지하시고 사무엘의 손을 빌어 그를 기름 부으신다. 사무엘상 16:13~14에서는 여호와의 영이 사울을 떠나 다윗에게 임했다고 말한다. 이후 사울은 미치광이가 되고, 다윗은 점차 사울의 경쟁자로서의 입지를 굳혀 간다. 그는 블레셋의 골리앗을 단신으로 나아가 물리침으로 민족적인 구원자로 등장하여 많은 백성의 사랑과 존경을 받게 된다. 사울은 다윗을 한편으로는 사위로 삼지만, 다른 한편으로는 경쟁자로 보고 시기하여 죽이려고 한다. 사울은 말년에 다윗을 추격하여 다니다가 국방을 게을리하여 블레셋의 침략을 받고 결국은 전장에서 아들 요나단과 함께 죽고 만다. 이스라엘의 초대 왕 사울은 왕다운 왕 노릇도 못해 보고 악령에게 시달리다가 멸망해 버린 것이다. 이스라엘에서는 고대 근동 세계에서처럼 왕이 하나님이 아니다. 왕도 일반 서민과 마찬가지로 하나님의 율법을 지켜야 하고 하나님께 순종해야 했다.


## 종교적 배경

사무엘의 출생시 이스라엘의 종교적 중심지는 여호와의 언약궤가 있는 실로였다. 사무엘서는 그 시작부터 무능하고 늙은 제사장 엘리를 등장시킨다. 그는 기도하는 한나를 술 취한 불량배로 오인하여 술을 끊으라고 말할 정도로 백성들의 사정과 애환을 이해하지 못하는 목자였다. 불량배였던 그의 아들들은 회막에서 수종 드는 여인과 동침하며, 백성들이 여호와께 제사하려고 가져온 고기 중에서 제일 좋은 것을 강탈해 갔다. 그들은 백성들 위에 군림하며, 하나님의 제사를 멸시한 것이다. 그들은 제물로나 예물로도 속죄할 수 없는 죄악을 저지른 것이다. 그래서 하나님께서는 엘리의 가문에서 그 제사장직을 박탈하고, 자기에게 충실하며 마음에 맞는 제사장을 일으키려고 하신다(2:35).

여호와께서는 이 일을 실행하기 위하여 이스라엘과 블레셋 사이에 전쟁을 일으키시고, 제사장 엘리와 그의 두 아들 홉니와 비느하스가 한날에 죽게 하신다. 전쟁 초반에 패배한 이스라엘 장로들은 홉니와 비느하스 두 제사장에게 언약궤를 메고 전장에 나가도록 한다. 이스라엘 사람들이 살아계신 하나님이 아니라 언약궤가 그들을 구원할 수 있으리라고 믿고 그것을 메고 전장에 나가는 것을 보면 그들이 언약궤에 대한 미신적인 신앙을 가지고 있는 것을 볼 수 있다. 그러나 여호와께서는 엘리 가문의 제사장직을 박탈하기 위해 여호와의 언약궤가 그 집을 빠져 나와 블레셋 진영을 거쳐 이스라엘의 아비나답의 집으로 가게 하신 것이다. 사울이 도엑을 통하여 놉의 제사장 85명을 죽인 사건도 결국은 하나님의 엘리 가문에 대한 심판이다(2:30~36; 22장). 여호와의 궤는 결국 다윗이 그의 성으로 옮겨 그의 관리 아래 두게 된다. 사사 시대를 마감하고 새로운 왕국을 열며, 새로운 제사장과 새로운 종교 중심지가 서서히 역사의 무대에 떠오르는 것을 볼 수 있다.

7:15~17은 사무엘의 활동을 기록하고 있는데, 그는 각 성읍을 순회하며 이스라엘을 다스렸고 여호와께 제사를 드렸다. 9:13에서는 사무엘이 산당에 올라가 제물에 축사를 해야 사람들이 먹는 것을 통해, 산당의 행사에 그가 깊숙이 연루되어 사실상 그것을 주도하는 것을 볼 수 있다. 또한 사무엘 당대에 선지자의 무리가 많이 언급되고 있다. 특히 사울이 하나님의 신에 감동하여 선지자들 가운데 예언을 하거나 사울의 종자들이 선지자들의 무리에 섞여서 예언하는 것을 보면 사무엘과 이 선지자들의 무리와는 서로 깊은 관계가 있어 보인다. 28:9에서 사울이 신접한 자와 박수를 멸절시키고 점치는 것을 금지했는데, 이는 가나안 종교 청산 작업이라 할 수 있고, 이들을 대항하는 세력으로 사무엘이 중심이 되어 선지자 무리들을 양성했으리라 생각된다. 이러한 여호와 중심의 신앙이 결국은 다윗 왕조를 견고하게 하는 데 일조했다.

## 문화적 배경

사울의 몰락과 다윗의 등장을 가져다준 배경은 둘 다 전쟁이었다. 사무엘서를 이해하는 데 있어 '거룩한 전쟁'에 대한 지식은 필수적이다. 흔히 '성전'(聖戰)이라고 불리고, '여호와의 전쟁'(YHWH War), 또는 '신적 전쟁'(The Divine War)이라고도 한다. 이것은 하나님께서 직접 인간들의 전쟁에 개입하여 그의 백성들을 위하여 싸우시는 전쟁이다. 따라서 여호와께서 전쟁을 주도하고, 여호와께서 그의 백성을 위하여 싸우기 때문에, 승리의 영광은 모두 여호와께 돌려져야 한다. 여호와의 전쟁에서 가장 중요한 요소는 '헤렘'이다. 헤렘을 개역개정에서는 '바친 것'으로 번역하고, 영역본에서는 'taboo'(금기), 'devoted thing'(바쳐진 물건)으로 번역하고 있다. 여호와의 전쟁에서는 점령한 성읍의 모든 물건은 여호와의 것이다. 따라서 사람이 그것을 손대서는 안 된다. 그러기 위해 남김없이 진멸해야 한다. 이것이 헤렘이다. 헤렘을 범한 사람은 그가 헤렘이 되는 것이다(수 6:18). 즉 헤렘을 범한 자는 하나님의 영광을 가로채고 스스로 자신이 하나님임을 천명하는 것이나 다름없는 신성모독 행위이다. 불행하게도 사울은 마음이 너무 착하고 동정심이 많은 인본주의자였다. 그러나 그것이 하나님을 반역하는 일임을 심각하게 생각하지 못했다.

반면에 다윗은 골리앗과의 전투에서 그의 대적에게 "여호와의 구원하심이 칼과 창에 있지 아니함을 이 무리로 알게 하리라 전쟁은 여호와께 속한 것인즉 그가 너희를 우리 손에 붙이시리라"(17:47)고 말한다. 그리고 그는 자기가 이스라엘 군대의 하나님의 이름으로 골리앗을 대항하러 나간다고 말한다. 여호와 하나님을 위하여, 하나님을 대신한 전쟁을 자기가 수행하고 있음을 천명한 것이다. 그래서 다윗은 '여호와의 싸움을 싸우는 자'(18:17; 25:28)로 지칭되고 있다.

## 문예적 배경

사무엘서에는 다른 책에서 찾아볼 수 없는 문예적 기교를 많이 사용하고 있다. 따라서 사무엘서를 이해하고, 그 안에 담긴 저자의 의도나 신학을 파악하기 위해서는 문예적 기교를 간과해서는 안 된다. 사무엘서는 역사를 다루고 있다. 따라서 기본적으로 이야기체(narrative)다. 그러나 사무엘서에는 두 편의 시가 삽입되어 있다. 한 편은 한나의 기도(삼상 2:1~10)로 사무엘서의 시작 부분에, 다른 한 편은 다윗의 노래(삼하 22:1~23:7)로 사무엘서의 끝 부분에 수록되어 있다. 이 두 노래는 다음과 같은 공통된 주제를 다룬다. 즉 원수로부터의 구원을 즐거워함(삼상 2:1; 삼하 22:3~4), 하나님이 반석 되심을 노래함(삼상 2:2; 삼하 22:32), 음부에 대한 언급(삼상 2:6; 삼하 22:6), 흑암 속에서 하나님의 진동하심(삼상 2:10; 삼하 22:14, 29), 충성스러운 자를 보호하심(삼상 2:9; 삼하 22:26), 여호와의 기름 부음 받은 자에 대한 변함없는 사랑(삼상 2:10; 삼하 22:51; 23:1) 등이 서로 공통점이다. 특히 한나의 노래는 사무엘서 전체에 흐르는 주제를 예언적으로 요약한 시라고 할 수 있다. 한나의 예언적 시는 앞으로 왕의 출현을 예상하며, 다윗의 등장과 승리를 내다본다. 아울러 여호와의 기름 부음 받은 자에 대한 성별과 보호 역시 이 책의 중요한 주제이다.

사무엘서는 이처럼 전체적인 큰 틀 속에서 짜임새 있게 구성되어 있을 뿐 아니라 중심 어휘(key words), 인물 대비(comparative characteriazations), 반복 서술 및 변화(repetition and variation), 유추(analogy) 등의 여러 다양한 수사학적이며 미적 기교를 동원하고 있다. 예를 들어 히브리어 ‘카보드’(כבד)는 ‘무겁다’(heavy), ‘영예롭고 비중 있게 여긴다’(consider weighty and honor), ‘영광’(glory)이라는 의미로 쓰인다. 제사장 엘리는 그의 아들들이 하나님께 드릴 백성들의 제물을 강탈한다는 비행을 듣고도 조치를 취하지 않는다. 그래서 그는 하나님보다 그의 아들들을 더 중하게 여긴다(카보드 2:29)고 책망 받는다. 하나님께서는 “나를 존중히 여기는 자(카보드 honor)를 내가 존중히 여기고(카보드 honor) 나를 멸시하는 자를 내가 경멸히 여기리라”(2:30)고 말씀하신다. 본문을 통해 엘리가 비둔하여 넘어져 목이 부러져 죽었음을 알 수 있다(4:18). 여기서 비둔하다는 말은 '무겁다'는 뜻의 히브리어 '카보드'를 번역한 것이다. 엘리의 아들 비느하스의 아내는 언약궤가 빼앗기고 남편과 시아버지 엘리가 죽었다는 말을 듣고 그의 아들 이름을 '이가봇'이라고 짓는데, 이는 '영광이(כבוד) 이스라엘에서 떠났기' 때문이라는 것이다. 이처럼 '카보드'라는 말은 엘리 가문의 사람들을 묘사하는 데 특징적으로 사용될 뿐 아니라 그들의 문제점을 이해하는 열쇠이다.

한나는 그를 술 취한 여자로 취급한 엘리에게 "당신의 여종을 악한 여자로 여기지 마옵소서"(1:16)라고 말한다. 여기서 '악한 여자'는 '바트 벨리알'(בַּת־בְּלִיַּעַל)을 번역한 것이다. '불량한 여자'(worthless woman)라는 뜻이다. 그런데 아이러니하게도 백성들의 제물을 강탈한 엘리의 자식들을 향하여 성경은 "엘리의 아들들은 불량자(בְּנֵי בְלִיַּעַל 베네 벨리알)라 여호와를 알지 아니하더라"(2:12)고 소개하고 있다. 여호와 앞에 나아와 자기의 심정을 토하며 기도하는 한나를 '불량한 여자'로 여기는 제사장 엘리는 하나님의 제물을 강탈하고, 회막의 여인과 동침하는 '베네 벨리알'을 자기 아들로 둔 사람이었다. 절묘한 아이러니다.

여호와께서 사울을 왕 삼은 것을 후회하시고, 사무엘이 다윗에게 왕으로 기름을 붓자 "이날 이후로 다윗이 여호와의 신에게 크게 감동되니라"(16:13)고 기술하는 반면, 바로 다음 절인 14절에서는 "여호와의 신이 사울에게서 떠나고 여호와의 부리신 악신이 그를 번뇌케 한지라"고 기록한다. 버림받은 사울과 선택받은 다윗을 여호와의 임재 여하로 절묘하게 대조하고 있다.

사무엘서는 이러한 수사학적 기교로 가득 차 있다. 따라서 이러한 문예적 기교에 대한 이해 없이는 저자의 강조점이나 신학, 나아가서는 본문의 통일성 등을 파악하기는 어려울 것이다. 사무엘서는 다른 어떤 성경보다 문예적 접근을 요구하는 책이다.

# 구속사적 배경

사사기의 사사들은 모든 면에 있어서 불완전한 지도자임을 보여 준다. 그들은 영적인 면은 말할 것도 없고, 정치적으로도 이스라엘 모든 지파를 연합하여 이끌어 가는 데 역량이 부족했고, 도덕적으로도 흠이 많아 하나님의 백성을 바로 지도하는 데 한계가 있었다. 그러나 사사들의 이러한 불완전성에도 불구하고 여호와께서는 이들의 역사에 직접 간여하여 그들을 보호하고, 그들을 친히 다스렸다. 여호와께서 이스라엘에게 왕을 세우시려는 뜻은 이미 아브라함 때부터 의중에 두신 일이다. 아브라함과 이삭과 야곱에 이어 유다의 후손 가운데 왕을 세우시겠다는 것은 창세기에 계속적으로 흐르는 하나님의 약속이다(창 49:8~10).

이윽고 때가 차서 왕을 세워야 할 상황이었다. 그런데 이스라엘 백성들이 요구하는 바는 자기들이 이웃 나라들과 같이 되기 위해 왕을 달라는 것이었다(8:5). 하나님께서 거룩하게 구별하시고 훈련시켜 약속의 땅에 정착시킨 이 백성들이 구별된 여호와의 백성으로 살고자 한 것이 아니라 이방인들과 같이 되고 싶은 것이다. 왕을 구하는 동기가 여호와의 뜻과는 정반대되는 것이었다. 그래서 여호와께서는 그들이 원하는 왕을 주셨다. 그는 그의 조상들이 약속받았던 왕은 아니었다. 여호와께서는 호세아의 입을 통하여 사울에 대하여 "내가 분노하므로 네게 왕을 주고 진노하므로 폐하였노라"(호 13:11)고 말씀하신다. 하나님께서 주시고자 했던 왕은 베냐민 자손인 사울이 아니라 유다 자손이었다.

따라서 구속사는 유다와 다말 사이에 낳은 베레스의 계보, 곧 보아스와 이새, 그리고 다윗으로 이어진다. 룻기는 창세기와 사무엘서를 잇는 역할을 하며, 사무엘서의 이야기가 다윗을 중심으로 전개될 것임을 암시한다. 그러므로 사무엘서는 창세기에 여호와께서 이스라엘의 조상들에게 그들의 후손 가운데 왕을 주시겠다고 약속하신 약속이 성취되어 가는 과정을 보여 주고 있다. 이러한 사실을 염두에 둔다면 다윗이 왕으로 등장하도록 길을 예비하고 준비하는 것이 구속사에 있어서 사울의 역할이라고 할 수 있다. 사울의 어리석음과 연약함과 포악함, 그리고 불신앙, 불순종 등의 모든 부정적인 요소가 다윗과 대비되고, 결국 다윗이 백성들의 신임을 얻게 된다. 다윗은 사울의 실패를 딛고 일어선 왕이었다. 사울은 다윗을 역사의 무대에 등장시키는 데 있어 세례 요한과 같은 역할을 한 사람이다.

한편 다윗은 앞으로 출현하게 될 메시아의 모형이 된다는 점 역시 우리가 사무엘서를 읽을 때 간과해서는 안 될 것이다.

# 04

# 한나의 기도

(삼상 1~2장)

사사기 저자는 '그때에 이스라엘에 왕이 없으므로 사람이 각각 그 소견에 옳은 대로 행하였더라'고 거듭 탄식한다(삿 17:6; 21:25). 사사기의 증언대로 사사 시대에 이스라엘에 혼란과 고난이 가득했는데, 그 모든 불행은 이스라엘에 왕이 없었기 때문에 생겨난 것이다. 따라서 하나님의 통치가 바르게 실현되고 질서와 평화 그리고 번영이 도래하기 위해선 왕이 필요했다. 즉 하나님께서 왕이 되시려면, 반드시 인간 왕이 있어야 했다.

따라서 이스라엘이 왕 제도를 받아들인 것은 구속사의 필연적인 요청이었다. 그리고 그 일을 위해 하나님께서 선택하신 사람이 사무엘이었다. 그는 하나님의 섭리에 따라 모태에서 조성된 후, 죽을 때까지 오직 여호와와 그분의 백성을 위해 헌신했다. 사무엘상 1:1~2:11과 2:18~21은 사무엘의 출생에 대해 언급하는 동시에 그의 어머니 한나의 신앙과 기도에 대해서도 기록했다.

사무엘의 아버지 '엘가나'(하나님께서 창조하신 자)는 '에브라임 산지 라마다임소빔에 거주하는 에브라임 사람'(1:1)이었다. 성경 전체를 통해 여기에서만 '라마다임소빔'이라는 지명을 볼 수 있다. 다양한 현대 성경들은 이름의 일부인 '소빔'을 지명의 한 부분이 아니라, 씨족의 한 명칭으로 간주해 '숩 사람'이라고 번역하기도 한다(공동번역, 표준새번역, NIV, NRS). 하지만 '소빔'이 엘가나의 조상인 '숩'과 관련돼 있다고 하더라도, '라마다임소빔' 전체가 지명으로 사용되었을 것이다. '라마다임' 또는 '라마다임소빔'의 정확한 위치를 알수 없지만 텔아비브의 동편 25km 지점에 위치했을 가능성이 크며, 신약성경의 '아리마대'에 해당하는 것으로 생각된다(막 15:43). '라마다임소빔'의 짧으면서도 보편적인 이름은 '라마'(1:19, 2:11)다.[1]

엘가나는 지리적으로는 에브라임 사람이었으나, 혈통적으로는 레위 지파의 고핫 계열에 속하며, 그중에서도 엘르아살의 후손이다(대상 6:25~27, 33~38).[2] 엘가나는 부유했을 뿐 아니라 매우 경건한 사람이었다. 그는 해마다 만군의 여호와께 제사하기 위해 가족을 데리고 실로에 올라갔다(참고 신 12:5~7).[3] 그것은 초막절 제사이거나 또는 절기들과 무관한 엘가나 가족을 위한 제사일 수도 있다. 그는 가장으로서 가족의 신앙을 이끌었는데, 이런 점에서 아들들을 바르게 지도하지 못한 엘리 대제사장과 큰 대조를 이룬다. 사무엘상 1~4장은 엘리 가족의 쇠락과 엘가나 가족의 번영을 대조시키고 있다.

실로는 벧엘에서 북쪽으로 약 15km 지점에 위치하며, 여호수아 시대 이후 초기 예배의 중심지였다(수 18:1; 삿 18:31). 실로에는 회막이 있었다. 이스라엘 백성들은 그곳에서 해마다 절기를 지켰으며, 전쟁을 위한 사령부를 설치하기도 했다. 엘리 시대에도 그곳에 회막이 있었지만, 좀 더 영구적 구조물인 '여호와의 전'(היכל יהוה헤칼 아도나이)을 설치해 그 안에 법궤를 두었다(1:9, 3:3).


## 하나님의 개입

엘가나에게 두 아내가 있었는데, 첫째 부인은 한나('은혜를 받은 여자' 또는 '사랑스러운 여자')이며, 둘째 부인은 브닌나('진주' 또는 '다산')였다. 엘가나는 한나가 아이를 낳지 못하자 자식을 얻기 위해 브닌나를 후처로 맞이했을 것이다. 브닌나는 욕심이 많고, 질투심이 강했다. 그녀는 여인으로서 가장 귀중한 자식을 가졌지만, 그것으로 만족하지 못했다. 엘가나가 자신보다 한나를 더욱 사랑했기 때문이다. 아내에게 남편의 사랑은 매우 중요한 것이다. 그러나 브닌나가 한나를 미워할 이유가 없는 것은 그녀는 한나에게 없는 귀중한 자식을 소유하고 있었기 때문이다. 브닌나의 잘못은 자신에게 없는 것에만 유의하고, 자신에게 있는 것을 보지 못했다는 점이다.

우리도 브닌나처럼 많은 것을 소유하고도 만족하지 못한다. 성도들은 많이 소유하려고 하지 말아야 한다. 잠언 기자는 "나로 가난하게도 마옵시고 부하게도 마옵시고 오직 필요한 양식으로 내게 먹이시옵소서"(잠 30:8)라고 기도하고 있다. 왜냐하면 부자로 살며 '하나님을 모른다'고 부인할 수 있고, 가난하게 살며 도적질하고 하나님을 욕되게 할 수 있기 때문이다. 그것이 성도의 기본 윤리이지만, 신약에서 예수님은 더 높은 이상을 우리에게 가르쳐 주신다. 즉 우리에게 있는 모든 것들을 팔아 가난한 사람들에게 나눠 줘야만 주님을 따를 수 있는 자격을 얻게 된다(눅 18:25~30). 하박국 선지자도 가진 것이 없었지만 여호와로 인한 성도의 기쁨을 노래했다(합 3:17~19). 따라서 성도들은 자신의 마음에 여호와께서 두신 기쁨이 물질적인 풍요로 인해 얻는 기쁨보다 훨씬 더 크다고 고백할 수 있다(시 4:7).

그러나 브닌나는 이런 기쁨을 소유하지 못했다. 그녀는 하나님께서 주신 것을 깨닫기보다 자신에게 없는 것을 느끼고 그로 인해 고통스러워하는 일에 익숙했기 때문이다. 브닌나는 자신의 것 또는 자신이 욕심내는 것을 적극적으로 찾아 소유하는 사람이었다. 없으면 있게 하려고 노력하는 사람이었다. 이런 사람들은 흔히 남들로부터 빼앗아서라도 소유하려고 한다. 자신에게 없는 것을 항상 느끼고 불만과 원망을 갖고 있다.

반면 한나는 남편의 사랑을 받았지만 자식이 없었다. 하나님께서 한나에게 아이를 주시지 않았기 때문이다(1:5, 6). '여호와께서 한나의 태를 닫으셨다'는 선언을 두 번이나 반복하는 것은 한나의 불임이 우연이나 육체적 요인에 의한 것이 아니라 하나님의 개입으로 인한 것임을 보여 준다. 이는 만일 한나에게서 아기가 태어난다면, 그것도 역시 우연이나 육체적 요인에 의한 것이 아니라 여호와 하나님의 섭리에 의한 것임을 분명히 암시한다.

한나의 불임은 엘가나로 하여금 브닌나를 취하게 했고, 결국 한나에게 대적(괴롭히는 자)을 만들어 주었다. 또한 무방비 상태에서 질투심으로 불타는 브닌나의 맹렬한 공격을 받게 했다. 가까운 사람으로부터 받는 고통이 가장 무서운 것이다. 원수는 멀리 있는 게 아니라, 자신의 품 안에서 자라고 있다. 성도를 실족시키는 가장 큰 이유는 교회 밖에 있지 않다. 오히려 교회 안에 있는 한 지체 된 다른 성도이다. 브닌나의 괴롭힘은 매년 제사 때 더욱 심해졌다. 왜냐하면 엘가나가 한나에게 제물의 분깃을 갑절로 주고, 갑절의 사랑을 나타냈기 때문이다.[4]

그러면 브닌나는 갑절로 한나를 괴롭혔고, 한나는 큰 슬픔으로 인해 음식도 먹지 못한 채 울기만 했다. 비록 엘가나가 한나를 사랑했지만, 오히려 엘가나로 인해 한나는 더욱 괴로움을 겪어야 했다. 엘가나는 한나의 심정을 충분히 이해하지 못했다. 라헬이 불임으로 있는 동안 야곱이 가졌던 열 명의 아들을 연상시키면서, 엘가나는 "나의 사랑이 열 명의 아들보다 낫지 않느냐"며 위로했다. 하지만 남편의 사랑으로도, 물질의 풍족함으로도 메우지 못하는 고통이라는 이름의 구멍이 한나에게 있었다.

거머리처럼 만족을 모르는 브닌나가 이렇게 한나를 괴롭혔다면 어떤 일이 벌어졌어야 할까? 잠언은 싸움이라고 단정한다. "대저 젖을 저으면 뻐터가 되고 코를 비틀면 피가 나는 것같이 노를 격동하면 다툼이 남이니라"(잠 30:33). 한나와 브닌나의 관계는 레아와 라헬의 관계와 비슷했다. 라헬은 아이를 낳지 못했지만 남편의 사랑을 받았고, 레아는 아이를 많이 낳았지만 남편의 사랑을 받지 못했다. 고통을 받는 쪽은 레아였고, 투기하고 격동시키는 쪽은 라헬이었다. 라헬의 투기는 레아와의 싸움과 야곱과의 싸움을 낳았다. 라헬은 자식이 있는 레아를 투기해 남편 야곱을 찾아가 자신도 자식을 낳을 수 있도록 하라고 요구했다(창 30:1). 그러자 야곱이 라헬에게 화를 내면서, 자신은 하나님을 대신할 수 없다고 소리쳤다(창 30:2). 이와 같은 관계에서는 싸움이 일어날 수밖에 없다.

## 슬픔을 하나님에게로

그러나 한나는 조금 특이했다. 그녀는 라헬과 비슷한 입장이면서도, 라헬이 레아를 괴롭힌 것처럼 브닌나를 괴롭히거나 질투하지 않았다. 오히려 브닌나의 질투의 희생양이 되어 일방적으로 괴롭힘을 당했다. 무엇보다 한나는 자신에게 없는 것을 적극적으로 소유하려는 노력을 할 줄 모르는 사람이었다. 흔히 이런 사람을 '바보'라고 말한다. 실속을 챙기지 못한다는 뜻이다. 자신의 당연한 권리조차 누리지 못하는 사람이다. 그런 사람은 마음이 착해서 남에게 싫은 소리 한마디 못한다. 남에게 무엇인가 요구한다는 것은 성격상 어림도 없는 일이다. 자신의 것을 빌려 주고 받아낼 줄도 모른다. 자신의 사정이 아무리 급해도 빌려간 사람이 알아서 주기만을 기다린다. 그런 사람은 자신에게 없는 것으로 불평하기보다 지금 있는 것으로 감사한다.

한나는 자신이 괴롭힘을 당했을 때, 사람들에게 불평하거나 원망하지 않았다. 엘가나가 브닌나를 미워하고 한나를 사랑한 것이 마치 한나의 잘못인 양 괴롭히는 브닌나는 한나에게 증오와 원한을 나타냈다. 한나에게는 억울한 고통이다. 잘못한 게 없이 받는 설움이고 이유 없이 당하는 푸대접이다. 곧 마음의 고통인 것이다. 한나의 불임이 여호와께로 인한 것이기 때문에, 그녀의 고통과 슬픔 역시 하나님으로 인한 것이다. 한나가 받은 고난은 그녀의 죄에 대한 형벌이 아니었다. 한나의 불완전한 성품을 연단시켜 고매한 인격으로 성숙시키기 위해 교육적 차원에서 주어진 것이 아니었다. 죄인에게 주어지는 고난이 아니라, 의인에게 주어지는 고난이었다. 성숙한 신앙인으로 사명을 감당할 준비가 된 하나님의 일꾼에게 주어지는 고난이었다. 한나의 고난은 사무엘을 낳기 위한 '산고'(産苦)였다. 사무엘을 생산해 하나님의 일을 이룰 수 있도록 하기 위한 고난이었다. 그러므로 한나의 고난은 주님의 영광을 위한 것이며, 고난 자체가 하나님의 일을 이루는 과정이었다.

이런 고통 속에서 한나는 사람들을 원망하기보다 하나님께 나아가는 것을 택했다. 그녀는 너무 고통스럽고 억울한 나머지 눈물이 흐르는 것을 주체할 수 없었고 음식마저 먹을 수 없을 정도였지만, 따지거나 대항하거나 항의하거나 싸움을 걸지 않았고 악으로 악을 갚지 않았다. 다만 하나님 앞에 무릎을 꿇었을 뿐이다.

보다 못한 남편 엘가나가 한나를 위로하고 한나와 브닌나 사이를 중재하려고 나섰지만, 사람의 중재는 한계가 있는 법이다. 문제를 발생시킨 당사자이면서도 그 문제를 해결할 수 없는 것이 사람이다. 신앙의 눈으로 이런 사실을 잘 알고 있는 한나는 남편에게 고마워하면서도, 남편에게서 해결책을 구하기보다 하나님께로 나아가는 방법을 택했다. 시편 109:1~4은 "나의 찬송하는 하나님이여 잠잠하지 마옵소서 대저 저희가 악한 입과 궤사한 입을 열어 나를 치며 거짓된 혀로 내게 말하며 또 미워하는 말로 나를 두르고 무고히 나를 공격하였나이다 나는 사랑하나 저희는 도리어 나를 대적하니 나는 기도할 뿐이라"고 고백한다.

사실 브닌나의 질투와 그로 인한 고통만 아니었다면, 한나는 열 아들보다 더 나은 남편의 사랑만으로 만족하며 살았을지도 모른다. 그러나 브닌나를 통해 하나님께서 한나로 하여금 기도할 마음을 갖게 하셨다. 그 결과 한나는 구약성경 중 성전에 올라가 기도한 유일한 여인, 여호와께 서원하고 또 그 서원을 실천한 여인이 되었다. 브닌나로 인한 고통을 겪으면서도 한나는 겸손하고 가정적이며, 경건하고 희생적인 모습을 분명하게 나타낼 수 있었다. 그녀가 여호와께 기도하면서 자신에 대해 '당신의 여종'이라고 네 번이나 밝히고 있는 점에서 잘 알 수 있다. 하지만 한나를 소극적이고 수동적인 여인으로 생각지 말아야 한다. 그녀는 자신의 신념에 따라 행동하는 강한 어머니요, 적극적인 신앙인이었다(참고 1:22, 23).

하나님 앞에 무릎 꿇고 엎드린 한나는 이렇게 기도했다. "만군의 여호와여 만일 주의 여종의 고통을 돌아보시고 나를 생각하시고 주의 여종을 잊지 아니하사 아들을 주시면 내가 그의 평생에 그를 여호와께 드리고 삭도를 그 머리에 대지 아니하겠나이다"(1:11).[5] 한나가 드린 기도의 특징을 정리해 보면 다음과 같다.

## 하나님께로 향한 기도

첫째, 하나님께 구하는 기도다. 한나는 그녀의 불행이 하나님께서 주신 것임을 잘 알았다. 그러나 그녀는 하나님을 신뢰했으므로 그분께 간구했다. 사람들에게 아쉬운 소리를 잘하는 사람이 더러 있다. 그들은 부탁도 잘하고 남들의 도움도 잘 얻어낸다. 윗사람에게 잘 보여 항상 혜택을 받고 지낸다. 하지만 그런 것을 못 하는 사람도 많이 있다. 그들은 하나님께만 구한다.

한나는 남편에게도 문제의 핵심을 털어놓지 못했다. 남편은 한나의 마음을 짐작으로만 알고 있었을 뿐이다. 한나는 브닌나의 나쁜 점을 그녀에게 직접 따지지 못했다. 그런 사람은 하나님께만 기도할 뿐이다. 그리고 하나님께 구하는 자야말로 참으로 '잘 구하는 자'다(참고 시 73:25). 하나님께 구하는 자는 자신의 싸움을 하나님께 맡긴다. "여호와여 나와 다투는 자와 다투시고 나와 싸우는 자와 싸우소서"(시 35:1).

둘째, 마음의 고통을 털어놓는 기도다. 한나는 마음의 고통이 너무 심해 마치 속으로 신음하는 것처럼 소리 내지 않고 기도했다. 그때 엘리 대제사장은 여호와의 전 문설주 곁 의자에 앉아 있었다. 그 의자는 권위의 상징으로, 비록 엘리가 늙어 예배를 직접 주관하진 못 하지만 여전히 예배의 보호자이고 백성들의 재판관(사사)임을 보여 준다. 엘리는 한나의 기도하는 모습을 보고, 그녀가 술주정하는 것으로 생각하고 술을 끊으라고 충고했다. 엘리가 그렇게 생각한 것은 절기 때 많은 여인들이 자유롭게 술을 마시고 취하곤 했기 때문이다. 그러자 한나는 자신이 술을 마신 게 아니라 여호와께 자신의 심정을 '털어놓았다'(쏟아 부었다)고 대답했다. 마치 사무엘이 미스바에서 물을 길어 여호와 앞에 부은 것처럼, 한나가 자신의 영혼을 여호와 앞에 쏟아 부었다. 그리고 자신은 '악한 여자'(בַּת־בְּלִיַּעַל 바트 벨리알 벨리알의 딸)가 아니라고 했다. 이것은 '벨리알의 아들들' 즉 '난봉꾼'이라고 부르는 엘리의 두 아들과 대조를 이룬다(2:12).

고통이 있다 할지라도, 사람들 앞에서 울기엔 너무 나이가 많다고 생각할 수 있다. 그러나 하나님 앞에선 얼마든지 울 수 있다. 시편 6:8에서는 "행악하는 너희는 다 나를 떠나라 여호와께서 내 곡성을 들으셨도다"라고 기록하고 있다. 기도에는 아름다운 수식어가 필요 없다. 장황한 설명도 필요치 않다. 하나님께서는 아무리 말주변이 없는 기도라도 모두 들으신다. 벙어리조차 할 수 있는 것이 기도다.

셋째, 서원 기도다. 한나는 자신의 아들로 하여금 평생 나실인이 되게 하겠다고 서원했다(참고 민 6:1~21). 지키지도 못할 것을 함부로 서원하지 말라는 것이 교회에서 가르치는 일반적인 교훈이다. 전도서에서도 "서원하고 갚지 아니하는 것보다 서원하지 아니하는 것이 나으니"(전 5:5)라고 말씀한다. 그러나 서원이 있는 기도가 아름답다. 하나님께 믿음과 감사의 마음으로 서원하고 그에 맞춰 자신을 연단시켜 나가는 것이 영적으로 큰 유익일 뿐 아니라, 하나님께 영광이 되며 하나님의 일을 이뤄나가는 하나의 방법이 된다.

넷째, 제사장의 축복을 받는 기도다. 엘리가 한나에게 평안을 선포하면서, 하나님께서 그녀의 기도에 응답해 주실 것을 기원했다(1:17). 그러자 한나는 엘리의 축복이 그대로 이뤄지기를 바라면서, 마치 자신의 이름처럼 "엘리로부터 은혜 받기를 원합니다"라고 대답했다. 이에 따라 엘리의 축복이 한나에게 주어졌다. 이것이 제사장의 역할이다. 하나님께서는 기름 부음을 받은 제사장을 통해 백성들에게 복을 주신 것이다. 성도의 직접적인 기도가 중요한 것은 두말할 나위가 없다. 동시에 하나님께서는 제사장의 기도를 통해 성도들에게 복을 주신다.

엘리는 눈이 어두웠다(3:2, 4:15). 더욱 심각한 것은 영적인 눈마저 어두웠다는 것이다. 그는 아들들의 잘못을 미리 깨닫지 못했다(2:22~25). 그는 한나의 간절한 기도를 술주정으로 보았다. 그러나 하나님께서 엘리의 기도를 통해 한나에게 복을 주셨다. 이것은 엘리의 인격이나 도덕성과 별개의 문제다. 엘리는 하나님께서 세우신 제사장이었다. 그러므로 하나님께서 엘리의 기도를 통해 역사하신 것이다. 한나는 제사장의 축복의 말을 들은 뒤, 마음에 근심을 떨쳐버릴 수 있었고 음식을 먹을 수 있었다.

## 성도의 눈물을 보시는 하나님

다섯째, 응답받는 기도다. 여호와께서 한나의 기도대로 그녀를 '생각하셨다'(זכר자카르 기억하다). 히브리인에게 있어서 기억은 단순한 두뇌 활동이 아니라, 즉각적인 행동을 수반하는 것이다. 하나님께서 한나를 기억하시고 곧 그녀의 태를 여셨다. 그러므로 한나가 아들을 낳아 그 이름을 사무엘이라 했다(1:19~20).[6] 성도의 눈물을 달아보시는 하나님께서 한나에게 큰 기쁨을 주셨다. 마치 시인의 노래처럼 '그분의 노여움은 잠깐이지만 그분의 은총은 평생이며, 저녁에 울음이 찾아와 머물지라도 아침에 기쁨이 오는 것 같다'(시 30:5). 한나가 받은 기쁨은 이전의 모든 고통을 말끔히 잊어버리기에 충분했을 뿐 아니라, 오히려 감사를 드릴 만큼 컸다. 성도가 하나님을 기다리면서 그분께 기도하면 그분께서 그 기도를 들으시고 웅덩이와 수렁에서 끌어내시며, 성도의 발을 반석 위에 두시고 발걸음을 견고하게 하신다. 따라서 성도는 새로운 노래로 여호와를 찬양하게 된다(시 40:1~3).

여섯째, 서원을 실천하는 기도다. 하나님께 서원한 것을 신속히 실천하라는 전도자의 권면대로, 한나는 아이가 젖떼기를 기다렸다가(대략 3년 뒤) 사무엘을 데리고 엘리에게로 갔다(참고 전 5:4). '내가 여호와께 구하였더니 내가 구한 아들을 그분께서 내게 주셨고, 그러므로 나도 이 아들을 그분께 드리며 그의 평생을 드립니다'(1:27~28). 한나는 자신의 신앙을 단순하게 잘 표현하고 있다. 한나의 고백에서 '구하다'(שאל사알)라는 말이 네 번 사용된다.[7] 이는 한나가 '(여호와께) 구하는 것'으로 인해 아들을 얻게 되었음을 분명히 알았기 때문이다.

그리고 이와 같은 언어 유희에서 사무엘이라는 이름이 유래했을 것이다. 하나님께 아들을 드린다는 것은 쉽지 않은 일이다. 그 아들을 얻기 위해 오랜 세월을 눈물로 보냈다면 더욱 그럴 것이다. 그러나 하나님께 서원한 것을 갚는 일은 하나님의 사랑을 받는 비결이다. 하나님께 신뢰를 얻음으로써 하나님의 복을 받을 뿐 아니라, 하나님의 일에 쓰임을 받게 된다. 하나님께서 한나에게 아들을 주셨고, 한나는 그 아들을 하나님께 드렸다. 경솔히 서원했던 입다는 자신의 딸을 번제로 드렸으나, 한나는 자신의 아들을 산 제물로 하나님께 드렸다. 그때부터 사무엘은 여호와께 경배했다(1:28).[8]

한편 엘가나는 한나의 서원을 무효화시킬 수 있는 권리를 소유하고 있었다(민 30:10~15). 하지만 그는 사랑하는 아내로부터 얻은 첫 아들을 포기하면서까지 한나의 결심과 실행을 지지하고 도와주었다. 엘가나의 배려는 그리스도인 가정에서 가장에 대한 모범을 제시하고 있다. 그는 사무엘을 하나님의 전으로 데려가면서 세 마리의 수소와 한 에바의 곡식 그리고 한 가죽 부대의 포도주를 제물로 드렸다. 이것은 대략 율법에 규정된 분량의 세 배에 해당한다(민 15:8~10).[9] 엘가나가 많은 제물을 드린 것은 여호와를 경외하는 그의 신앙 때문이기도 하지만, 동시에 자신의 아들인 사무엘의 평생을 하나님께 맡기면서 그분의 은혜를 구하는 간절한 믿음 때문이기도 하다.


## 민족을 구원하는 기도

일곱째, 구한 것 이상으로 받는 기도다. 한나는 서원을 실천함으로써 더 큰 복을 받았다. 엘가나와 한나는 그 후로도 해마다 제사를 드렸고, 계속 사무엘을 돌보았다. 이제 더 이상 브닌나는 성경에 등장하지 않는다. 브닌나와 그녀의 아들들은 한나를 괴롭혀 한나로 하여금 기도하게 만드는 것으로 자신들의 역할을 다한 것처럼, 한나가 여호와의 전에서 기도할 때부터 완전히 사라져 버렸다. 성도가 겪는 고난이란 이와 같은 것이다. 의도한 바가 이뤄지면 흔적조차 없이 사라지고, 여호와로 인한 기쁨만 남게 된다.

브닌나와 그녀의 아들들은 한나에게 더 이상 아주 작은 괴로움거리도 되지 못했다. 한나는 여호와로 인해 즐거워하며, 자신의 뿔이 여호와로 인해 높아진 것을 알았다(2:1). 이제 더 이상 슬픔이나 고통을 찾아볼 수 없게 되었다. 하나님께서 그녀의 삶에서 쓴 뿌리를 제거하셨기 때문이다. 한나의 모든 소원이 충족되고, 한나는 그 상태로도 부족함이 없었다.

그러나 하나님께서 더 좋은 것, 더 큰 것을 주셨다. 엘가나와 한나의 변함 없는 헌신에 감동한 엘리가 하나님의 뜻에 따라 그들에게 축복했다. 한때 한나의 태를 닫으셨던 하나님께서 한나를 권고하셔서(찾아오시다), 세 아들과 두 딸을 더 주셨다. 한나가 구하지 않은 아들과 딸을 주신 것이다. 마침내 한나는 자신의 이름처럼 '은혜를 받은 여자'가 되었다.

여덟째, 나아가 민족을 구원하는 기도다. 비록 한나는 자신의 슬픔을 해결하기 위해 기도했지만, 그녀의 기도는 이스라엘 민족을 구원하는 통로가 되었다. 한나는 시골에 거주하던 무명의 불임 여성이었고, 거창한 애국심이나 비전을 품고 있지 않았다. 하지만 그녀가 지극히 개인적인 문제를 해결하기 위해 올바른 신앙과 태도로 기도하고 헌신했을 때, 하나님께서 그녀의 기도를 통해 이스라엘 민족을 구원하셨고, 세계 역사를 변화시키셨다.

# 엘리의 몰락 사건이 외치는 메시지

### (삼상 1~3장)

사무엘상에서 엘리는 그리 중요하지 않은 인물이다. 사무엘, 사울, 다윗이 가장 핵심 인물이다. 엘리는 단지 처음에 하나님께 순종치 않아 버림받은 존재로밖에 알려져 있지 않다. 주석서들은 대개 그를 본받지 말아야 할 대상으로 잠깐 다룬다. 그러나 성경신학적 관점에서 본다면 그에게도 하나님께서 역사하셨다는 것과 그를 통하여도 우리에게 주시는 하나님의 뜻이 있음을 발견하게 된다.

## 하나님을 기다려야 하는 이스라엘

사무엘서는 기다림으로 시작한다. 가장 작은 구조 속에서 본다면, 한 여인이 아들로 상징되는 축복을 기다리는 것으로부터 시작한다. 사무엘서 전체를 고려한다면, 이스라엘 백성들의 기다림은 처음부터 내포되어 있다. 모압 평지에서 모세를 통하여 이미 하나님께서는 이스라엘이 가나안 땅에 들어가면 왕을 주겠다고 약속하셨다(신 17:14~20). 그러나 그들이 가나안 땅에 들어가서도 한동안 왕을 세우라는 하나님의 뜻은 보이지 않았다. 대신 사사들이 이스라엘을 다스렸다. 그들의 다스림은 왕의 그것과 비교할 때 통제력이 그리 크지 않았다. 주로 전쟁 때의 용사로서 이스라엘을 구원하는 일에는 비교적 두드러졌지만 평상시 그들의 역할은 뚜렷하지 않았다.

사사기는 여호수아 이후로 이스라엘의 지도자들이 점점 타락하는 장면을 우리에게 보여 준다. 그리고 사사기는 '그때에 이스라엘에 왕이 없으므로 사람이 각각 그 소견에 옳은 대로 행하였더라'(삿 17:6; 18:1; 19:1; 21:25)는 말로 끝난다. 사사기의 역사는 이스라엘이 점점 그들의 참된 지도자를 고대하지 않을 수 없게 한다는 것을 미루어 짐작할 수 있다. 이에 비해 룻기는 하나님께서 이스라엘의 참된 왕을 세우기 위해 작은 마을 베들레헴에서 이미 모종의 계획을 준비하고 계신다는 것을 보여 준다.

하지만 사무엘상에 와서도 하나님께서는 이스라엘에게 곧바로 왕을 주시지 않는다. 먼저 왕을 세울 선지자(제사장)인 사무엘을 세우신다. 그런데 사무엘도 기다림 없이 등장하지 않았다. 그는 아이를 낳지 못하는 한 여인의 고통과 기도, 그리고 기다림을 통해 태어나게 된다. 이와 같은 새로운 시대를 여는 하나님의 경륜에 있어 사무엘에 대한 반대 역할(antagonist)로 엘리가 등장한다.


## 엘리의 재난은 영적 감각의 상실

사무엘상 1~3장은 엘리에 대해, 하나님의 제사장임에도 하나님과의 교통이 전혀 없음을 그린다. 예컨대 엘리는 한나가 하나님께 기도하는 장면을 보고 그녀가 술에 취했다고 오해한다. 그녀의 말을 듣기도 전에 포도주를 끊으라고 권면한다(1:12~14). 이 같은 엘리의 판단은 한나의 설명 앞에서 오해요 무지였음이 명백하게 드러난다. 제사장의 수치가 아닐 수 없다.

엘리의 영적 무감각은 자녀 양육 문제에서도 드러난다. 엘리의 두 아들 홉니와 비느하스도 제사장의 직분을 수행했다. 제사장들은 여호와께 드린 성물의 일부를 가질 권리가 있었다(레 7:28~36; 신 18:3). 그러나 홉니와 비느하스는 여호와께 바치기도 전에 미리 갈고리에 걸리는 것을 무엇이든 가져

갔다(2:13~14). 또 제사로 드려지는 제물의 기름은 전부 하나님의 것인데도 불구하고 그들이 가져갔다(레 7:23~25, 31; 17:6).

제사는 하나님과 다시 화목하게 되는 도구이며 하나님과 교제할 수 있는 유일한 통로였다. 그렇다면 엘리의 아들들의 행위는 하나님께 나아갈 수 있는 유일한 길을 멸시한 것이다. 죄를 용서받는 수단 그 자체를 멸시한 것이다. 모든 죄는 하나님을 향한 죄이므로 하나님과의 관계에서 회복되어야 한다. 그런데 하나님께 나아갈 수 있는 제사를 멸시하면 어떻게 되겠는가? 이것이 홉니와 비느하스의 죄의 큼이다. 구약의 제사는 그리스도를 상징한다(히 9장). 오직 그분을 통하여 하나님과 화목을 이룰 수 있고 하나님께 나아갈 수 있으며 하나님의 축복과 생명의 은혜를 얻을 수 있다. 그러므로 제사를 무시하는 행위는 결국 예수 그리스도의 용서의 능력을 무시하는 것이 된다. 이러한 죄를 그들이 범한 것이다.

엘리는 이런 사실을 익히 알았음에도 그 아들들을 막지 못했다. 말로는 아들들의 죄가 크다고 한다(2:23~25). 그러나 그 이상의 조치가 없다. 하나님의 뜻에 대한 진정한 이해가 부족한 것이다. 하나님보다 아들을 더 사랑한 증거다(2:29).

엘리의 무감각은 하나님의 뜻이 더 이상 그에게 임하지 않는 데서도 나타난다. 사무엘상 3장에서 하나님은 제사장 엘리를 제쳐 두고 어린 사무엘에게 말씀을 주신다.

이와 같은 엘리의 영적 어두움은 이스라엘 백성에게 참된 지도자, 곧 왕을 고대하는 마음을 더욱 갖게 한다. 또한 제사장으로서의 그의 어두움은 이스라엘의 어두움을 상징한다. 이러한 어두움을 오직 하나님께서 해결하신다. 모든 것을 변하게 하시고 이스라엘에 빛을 허락하신다. 이 하나님의 빛은 엘리 가문의 몰락과 사무엘의 부상(浮上)으로 나타난다.

## 엘리에 대한 심판은 언약의 완성을 향한 과정

이러한 엘리에게 하나님은 두 번에 걸쳐 심판을 선포하신다. 여호와께서는 먼저 한 선지자를 통하여 엘리와 그의 가족에게 임했던 은혜에 대하여 말하고, 거기에 적절한 반응을 하지 않는 엘리 가족을 멸망하겠다고 선포하신다. 아이러니하게도 엘리는 이 경고의 음성을 자기에게 시중드는 어린 사무엘을 통해 들어야 했다. 엘리 가문에 대한 하나님의 경고가 두 번 반복된다. 성경에서 이 같은 반복은 하나님의 계획이 확정적임을 암시한다. 그 대표적인 예로 요셉의 꿈을 들 수 있다. 그는 부모와 형제들이 자신에게 머리를 조아릴 것임을 두 번의 꿈을 통해 확인받는다. 또 바로가 흉년에 대한 하나님의 뜻을 두 번 꿈으로써 확증받는다(창 41:32). 이 심판의 선포에 대해 좀 더 살펴보자.

첫째, '하나님의 사람'의 선포를 통해 엘리 집안의 멸망을 예언하실 때 하나님은 새로운 신정 왕국에 대하여 말씀하신다. 즉 하나님이 뜻에 맞는 새로운 제사장을 세우시고, 그를 통하여 '여호와의 기름 부음을 받은 자'를 세우실 것을 말씀하신다(2:35). 이는 사독 계열이 새로운 제사장의 반차를 시작함으로써 이루어진다. 이렇게 엘리 집안의 몰락은 새로운 왕국이 세워지는 것과 대비적 긴장 관계를 가진다. 엘리의 집안은 원래 아론 계통의 제사장 후손이다. 출애굽 이후 계속 이 집안에서 제사장직을 담당해 왔다. 그런데 사무엘상에서 그 제사장 집안의 몰락을 말하고 있는 것이다. 실제로 엘리의 증손 아히멜렉은 다윗을 도운 일 때문에 에돔 사람 도엑에게 살해당하고, 그의 아들 아비아달만이 도망하여 다윗 왕 때에 제사장 직책을 수행한다(21, 22장, 비교 14:3). 그러나 그도 솔로몬이 왕이 될 때 그 반대편에 섰다가 제사장직에서 쫓겨난다. 그런데 성경은 바로 이것이 엘리에게 하신 하나님의 말씀이 응한 것이라고 한다(왕상 2:26~27).

결국 솔로몬의 왕권 쟁탈전 때 제사장의 직책은 사독의 계열로 넘어간다. 예수님이 오시기 직전까지, 정확히 말하면 안티오코스 4세 에피파네스

(Antiochus IV Epiphanes) 때까지 사독 계열에서 제사장이 나온다. 우선 구약 안에서 생각한다면 엘리의 뒤에 올 '충실한 제사장'은 사독 계열에서 이루어 졌다고 볼 수 있다. 그러나 언제나 그렇듯이 인간 제사장은 완전하거나 영원 할 수 없다(히 7장). 이와 같은 이스라엘 지도자의 불완전함을 이미 백성들조 차 알고 있었다. 그래서 백성들은 사무엘에게 왕을 세워 달라고 요구한다. 구약의 이스라엘 백성들은 결국 더 나은 제사장, 완전한 제사장을 더욱 고대 하게 된다. 아론의 몸에서 난 제사장이 아니고 영원한 멜기세덱의 반열을 좇 은 제사장 예수님이 오실 것을 역사는 더욱 바라게 된다.

참으로 우리를 대표하여 우리를 위하여 하나님께 고할 수 있는 분, 우리 의 모든 연약함조차 체험하시고 고통 속에서 하나님의 들으심을 얻으신 예 수님이 우리의 대제사장 되셔서 우리를 위해 완전한 제사를 드리셨다. 그러 므로 우리가 담대히 하나님께 나아갈 수 있다. 우리의 대제사장은 대를 따라 이어가야 하는 죽는 제사장도 아니다. 이런 면에서 아론의 계열은 결국 다 실패한다. 즉 엘리의 아들, 사무엘의 아들, 사독 계열도 결국은 죄를 짓는다. 하나님께서 직접 택하시고 죽기까지 순종하신 예수님만이 우리를 위한 진 정한 대제사장이 되신다.

둘째, '여호와께서 전에 엘리의 집안에 영원한 제사장의 언약을 하셨다' (2:30)는 점을 생각해 보아야 한다. 하나님께서 영원한 언약을 하셨는데, 엘 리와 그 자녀들의 잘못으로 인해 이제 그 언약을 바꾸시겠다는 것이다. 이 것을 과연 어떻게 해석할 것인가? 하나님의 영원한 언약과 인간의 책임과 는 어떠한 관계가 있는가? 근본적으로 하나님의 언약은 일방적인(unilateral) 것이다. 구원이 일방적인 것처럼 언약도 일방적인 것이다. 성경에 나타나 는 대부분의 언약은 구출의 행위(deliverance)가 있은 뒤에 따라 나온다. 구원 을 통해 하나님께서 자기 백성을 축복하시는데, 이것이 언약의 형태로 주 어지는 셈이다. 예컨대 창조 후에 아담에게 축복의 말씀으로 언약을 주신 다(창 2:16~17). 노아를 홍수에서 구출하신 후에 노아와 언약을 맺으신다(창 9:8~17). 하나님께서 다시는 이 세상을 물로 멸망시키지 않으시겠다는 일방

적 언약이다. 아브라함을 갈대아 우르 땅에서 이끌어 내신 후에 언약을 주신
다(창 15, 17장). 아브라함과 그 후손을 축복하시겠다는 일방적 언약이다. 모
세의 언약도 구출이라는 하나님의 일방적 행위 뒤에 이스라엘 백성들의 축
복을 위해 언약을 주신다. 구원도, 언약도 하나님의 일방적 은혜를 나타내는
것이다.

그런데 그 일방적인 구원의 우산 속에 조건성(conditionality)이 들어 있다.
모든 언약이 일방적인 은혜로 주어지는 것이지만, 이 언약은 동시에 조건적
인 면도 언제나 내재되어 있다. 아담의 언약에서도 아담은 선악과를 먹지 말
아야 했다. 노아의 언약에도 조건성은 있다. 그가 의인이었다고 성경은 말한
다(창 6:9). 그가 드린 제사는 여호와 앞에 향기로운 것이었다(창 8:20~21). 또
한 물로 멸망치 않으리라는 하나님의 일방적 언약도 전우주적인 면에서는
변치 않는 하나님의 약속이지만 일시적으로 또는 지역적으로는 조건적일
수 있다.

아브라함의 언약도 일방적 언약이지만 그 언약 속에 조건적인 면을 볼 수
있다. 앞에서, 언약이 하나님의 구출이 있은 뒤에 주어진다고 하였는데 아브
라함의 언약도 이미 존재하는 하나님과 아브라함과의 영적 관계를 전제로
하고 있다. 하나님의 일방적 약속도 이미 이루어진 서로의 관계 속에서 존
재하는 것이다. 일방적 약속이라고 하여 무조건 새로운 관계가 시작되는 것
이 아니다. 하나님의 약속의 축복을 누리는 사람도 하나님께 대한 책임이 있
다. 언약에는 전형적으로 '나는 너의 하나님이 되고 너는 나의 백성이 되리
라'는 형식이 나온다. 이것은 쌍방 간의 관계가 결혼 관계와 같은 것임을 말
해 준다. 아브라함의 예를 보면 할례를 해야 했다. 그래야 아브라함은 하나
님이 주도적으로 주신 그 언약 속에 있게 된다. 하지만 이 할례는 이미 구약
안에서 진정한 할례, 마음의 할례를 상징한다(신 10:16; 30:6). 모세의 언약도
마찬가지이다. 이미 구출 받은 백성들에게 그들의 주인이 되시는 하나님의
축복 가운데 계속 있도록 하기 위해 율법의 형태로 언약을 주신다. 이 축복
속에 계속 있기 위해서는 영적인 연합이 이루어져야 한다.

이와 같이 하나님의 영원한 언약에 대해서도 개인의 믿음으로 합해야 한다. 사무엘은 믿음으로 합했다. 이와 반대로 엘리는 믿음으로 합하지 않았다. 그러므로 영원하신 하나님의 약속이 그에게는 임하지 않는 것이다. 그는 자식들을 확실히 나무라지 않았다. 그는 하나님께서 주신 권위를 쓰지 않았다. 특히 엘리의 위치가 그의 죄를 특별히 두드러지게 한다. 제사장으로서 하나님의 제사의 거룩함을 지켜야 할 직분에 있으면서 그것을 소홀히 했다. 이를 통해 엘리는 가장 존경받고 영광스러운 자리를 소홀히 한 것이다. 결국 비참한 결과가 그에게 임했다. 그는 하나님을 모시면서도 하나님의 음성을 들을 수가 없었고, 하나님이 주시는 이상을 볼 수가 없었다. 오직 사무엘을 통하여 심판의 소리만 들어야 했다.

하나님의 영원하신 언약과 개인의 책임에 대해서는 에스더서가 잘 보여 준다. 특히 모르드개가 위험에 처해 있을 때 에스더에게 한 말을 생각해 보자. "너는 왕궁에 있으니 모든 유다인 중에 홀로 면하리라 생각지 말라 이때에 네가 만일 잠잠하여 말이 없으면 유다인은 다른 데로 말미암아 놓임과 구원을 얻으려니와 너와 네 아비 집은 멸망하리라"(에 4:13~14). 하나님의 뜻은 인간이 어찌하든 이루어진다. 단지 그 안에서 개인의 참여에 대한 면을 보여 주고 있다.

성경에는 엘리의 경우처럼 하나님께서도 자신의 결정이나 계획을 바꾸시는 것으로 표현된 구절들이 있다. 하나님께서 후회하고 변개하신다. 하나님께서 사울을 택하신 것도 후회하신다(15:11, 35). 그런데 사무엘은 하나님이 변개치 않으시는 분이라고 한다(15:29). 이것을 어떻게 이해할 것인가? 이런 문제는 언약의 조건성이라는 측면에서 설명할 수 있다. 언약 속에서 인간에게 주신 하나님의 명령이 있다. 그리고 그 순종 여부에 따라서 하나님께서 반응하신다. 이것은 관계의 문제이다. 이때 하나님의 반응을 인간적인 관점에서 표현할 때 후회하신다고 표현하는 것이다.

이런 면은 사울이나 엘리에게만 나타나는 문제가 아니다. 이스라엘 백성 전체에 대한 하나님의 반응도 마찬가지이다. 바로 뒤에 이스라엘 백성이 블레셋과 전쟁할 때 법궤를 빼앗기는 장면이 나온다(4장). 법궤는 하나님의 임재를 상징한다. 광야에서 이스라엘 백성은 어디를 가든지 법궤와 함께했고, 그때마다 그들은 승리할 수 있었다. 그래서 이 블레셋과의 전쟁에도 법궤를 가져가면 승리할 것이라고 믿었다. 그러나 그들은 패배했다. 하나님은 인간이 마음대로 조종할 수 있는 그런 분이 아니라는 것을 보여 준다. 또한 이스라엘 백성이 하나님을 배반하고 떠날 경우에는 오히려 하나님께서 이스라엘을 대적하여 싸우실 수도 있음을 말한다. 블레셋과의 전쟁은 작은 싸움이지만 나중에 하나님은 앗수르와 바벨론을 사용하셔서 이스라엘과 대적하여 싸우신다. 결국 하나님께서는 이스라엘과 유다를 멸망시킨다. 이것은 하나님이 이랬다저랬다 하시는 것이 아니라 인간이 하나님을 떠날 때 그 반역과 죄에 대한 하나님의 반응인 것이다. 어떤 때는 백성들의 편이 되었다가 다른 때는 백성들의 적이 되신다. 이를 통해 하나님은 약속을 지켜 나가시고 이스라엘을 변화시키신다. 새로운 이스라엘로 만드신다.

이와 같은 현상은 다윗의 언약에서도 볼 수 있다. 하나님은 다윗에게 영원한 왕권의 약속을 일방적으로 하신다. 그러나 그 아들 솔로몬과 이후의 왕들의 죄로 인하여 결국 유다가 멸망한다. 그렇다면 다윗에게 주어졌던 그 영원한 언약은 어떻게 된 것인가? 그 언약이 없어진 것이 아니다. 결국 이 언약도 예수님에게 와서 완성된다. 하나님은 약속을 지키신다. 처음에 계획하신 대로 그것은 영원한 언약이다. 일시적으로나 지엽적으로는 아닌 것처럼 보이지만 결국 하나님은 그 약속을 이루신다. 여기에 하나님의 심판의 의미가 있다.


## 심판 중에도 아직은 소망이 있다

여기서 언약의 영원성과 관련해 우리가 주목해야 할 대목은 사무엘을 통해 엘리에게 두 번째로 멸망의 예언이 임했을 때 엘리가 그 말씀에 순종하는 장면이다. 엘리의 행동에서 우리가 어떻게 하나님의 징계를 받아야 할지를 본다. 우리의 죄에 대하여 천지와 성경이 선포하는 것을 받아들일 마음이 필요하다. 왜냐하면 이것이야말로 예수님께 나아가는 지름길이기 때문이다. 엘리의 순종은 영원하신 하나님의 언약을 믿고 마지막 참된 제사인 예수님의 희생을 멸시하지 않는 행위이다. 구약의 모든 제사가 엘리의 집안을 구하지는 못한다 해도 예수님을 기대하는 마음조차 깨뜨리는 것은 아니다. 엘리의 순종은 그것에 겸손히 무릎 꿇는 행위이다.

성경에 보면 수많은 하나님의 백성들이 죄를 지어서 병들고, 전쟁에서 또는 사고가 나서 죽는다. 그러나 이것을 구원의 문제로 생각지는 말아야 한다. 즉 광야에서 죽은 이스라엘 백성들이 다 구원받지 못했다고 생각지는 말아야 한다. 구약의 이러한 면들은 전부 상징적인 행위들이다. 불순종 때문에 가나안 땅에 들어가지 못함은 믿음을 확실히 가질 때만 천국에 들어갈 수 있음을 상징적으로 보여 주는 것이다. 만일 광야에서 죽은 사람들이 다 천국에 들어가지 못했다고 말한다면 광야에서 죽은 아론이나 모세의 경우는 어떤가? 모세가 천국에 못 갔는가? 그런 문제가 아니다. 이것들은 다 모형적이고 상징적인 의미를 지니는 것이다.

신약에서는 바울 서신에 귀를 기울여보자. 바울이 고린도 교회에 음행하는 자들을 사탄에게 내어 주었다고 말한다(고전 5:5). 그들의 육신은 멸하고 영은 주 예수의 날에 구원 얻게 하려 한다고 한다. 여기서 사탄에게 내어 주었다는 것은, 먼저 교회에서 내쫓는 것을 말한다. 그리고 궁극적으로는 병이나 죽음까지도 올 수 있다는 것을 말한다. 또한 고린도 교인 중에서 잘못된 자세로 성찬에 참여하는 사람 중에는 그 죄 때문에 죽은 사람도 있다는 것을 말한다(고전 11:28~30). 이 고린도전서 문맥에서 심판은 영원한 구원에 참여하지 못하는 것이 아니라 현 세상에서 병이나 죽음을 맛보는 것을 말한다.

이처럼 구약에서 하나님의 백성들도 심판받기도 한다는 것을 고려해야 한다. 비록 수많은 사람들이 죄를 짓고 광야에서 죽어 가지만 그것이 꼭 영원한 구원의 측면에서 심판을 받았다고 보기는 어렵다. 가나안 땅이 천국의 모형이듯이 가나안 땅에 들어가지 못하고 죽음을 맛보는 것도 모형적인 면에서 해석해야 한다.

이렇게 본다면 이 세상적인 면에서 육신적으로는 심판을 받아서 일찍 죽을 수도 있다. 그러나 그것이 곧 구원받지 못했다는 의미는 아니다. 여기에 엘리의 소망이 있다. 이처럼 궁극적인 면에서의 하나님의 은혜를 믿기 때문에 당장 그와 그의 가족에게 임한 하나님의 심판에 대하여 받아들이는 자세를 취할 수 있다. 예수 그리스도를 통한 구원의 믿음이 그의 심령에도 있는 것이다. 엘리도 이러한 궁극적인 소망을 버리지 않았다. 그의 며느리, 비느하스의 아내에게서도 이러한 믿음이 보인다. 절망이 그들의 가문에 임하면서도 끝까지 하나님의 영광을 인정하고 고대한 것이다. 스스로의 잘못 때문에 심판을 당하면서도 그 하나님의 의로움을 인정하는 곳에 소망이 있다.

이와 같은 측면은 다윗 왕국이 끝날 때를 미리 연상시킨다. 계속된 하나님의 경고에도 불구하고 죄 가운데 행하여 결국 바벨론에 포로로 잡혀 가게 되는 이스라엘 백성의 모습을 엘리에게서 미리 보는 것 같다. 이런 점에서 지금 엘리의 자세가 포로기의 이스라엘 백성들이 취해야 할 자세다. 이것을 예레미야도 말하고 있다. 하나님께서 이스라엘 백성들을 이미 느부갓네살 왕에게 붙이시기로 작정하셨으니 그들은 반항하지 말고 그 땅에 가서 근신하며 살면 70년 뒤에는 돌아오게 하시겠다는 말씀이 선포되었다(렘 27~29장). 죄악 때문에 환란을 당하는 중에도 곰곰이 생각해 보면 여호와의 자비와 긍휼로 인해 오히려 소망이 있다고 고백한다(애 3:19~39). 그러므로 '사람이 여호와의 구원을 잠잠히 바라는 것이 좋다'(애 3:26).


## 엘리의 몰락 사건은 오직 그리스도를 바라게 한다

이스라엘은 왕으로 상징되는 여호와의 구원을 기다리고 있다. 이러한 구원 역사 가운데서 구원의 빛이 떠오르기 직전의 어두움을 말하는 것이 엘리의 몰락이다. 왕국의 여명기 직전의 어두움을 상징하는 것이 엘리와 그 집이다. 이러한 구원 역사 앞의 어두움은 구원의 역사 전체를 놓고 볼 때도 반복적으로 나타난다. 특히 신약에 들어와서 그리스도가 이 세상에 오시기 직전의 어두움을 말할 수 있다. 구약의 마지막 시대에 계속해서 메시아에 대한 소망과 약속이 나오는데 그때가 바로 어두움의 시대였다. 이러한 어두움을 뚫고 그리스도가 이 땅에 오시는 것이다.

또한 이러한 면은 오늘날에도 볼 수 있다. 예수님이 다시 오실 때가 가까워지면서 세상은 점점 더 어두워진다. 물론 구원의 역사는 하나님이 의도하신 방향대로 도도히 흐른다. 그렇더라도 우리는 개인적인 측면에서 엘리의 길을 가지 말아야 한다. 엘리의 몰락 사건은 이와 같은 경계의 말씀을 선포하고 있다.

그러나 이러한 도덕적인 면보다 더욱 중요한 것은 여기에 나오는 하나님의 은혜이다. '신명기적 역사서'에서는 이스라엘 백성들의 죄를 고발하고 있다. 하나님께서 그들을 심판하실 수밖에 없는 이유를 말한다. 그러나 그 와중에도 결국 하나님께서 그들을 그냥 멸망 가운데 두지 않고 살리신다는 면이 간간이 나온다. 엘리와 그 가문의 멸망을 통하여 하나님께서는 이스라엘 백성들에게, 더 나아가서는 신약 백성들에게 이러한 면을 보여 주신다. 바로 이 이유 때문에 하나님이 세우시는 왕이 이 땅에 임해야 한다는 것이다. 참된 제사장이 인간들에게 필요하다는 것이다. 이것이 구약에서는 다윗과 사독 계열의 제사장들을 통해 이루어진다. 하지만 이것도 결국 모형적인 의미만 있다. 우리의 진정한 왕이며 대제사장 되시는 예수님이 오실 때 비로소 이스라엘의 소망이 이루어지는 것이다.

# 06

# 언약궤에 대한 신학적 이해

(삼상 4:1~7:2)

## 언약궤, 증거궤, 법궤

사무엘상 4:1~7:2은 흔히 사무엘서에서 '언약궤 이야기'(ark narrative)로 불리는 본문이다. 이 본문은 이스라엘이 블레셋과 싸우고자 에벤에셀 곁에 진 치는 이야기로 시작한다. 여기에 나오는 에벤에셀이 사무엘상 7장에 나오는 에벤에셀과 같은 곳인지에 대해서는 논란의 여지가 있다. 그러나 사무엘상 4:1은 정녕 이스라엘이 '도움의 돌'이라는 뜻의 '에벤에셀 곁'에 블레셋에 대항하는 진을 쳤다고 말한다. 이것은 이스라엘이 블레셋을 격파할 수 있는 전략적 요충지로 에벤에셀을 선정했다는 뜻이 된다.

언약궤는 이스라엘이 세웠던 광야 시대의 성소에서 가장 중요한 자리를 차지한다. 이 언약궤는 예루살렘 성전에 안치되기 전까지 이스라엘과 함께 하고, 이스라엘의 이동을 앞장서서 인도하는 중요한 상징이다. 특히 여호수아가 이끄는 가나안 정복 기사에서 제사장들이 메고 앞장서 나가는 언약궤의 이동은 하나님께서 이스라엘의 이동을 진두지휘하고 계심을 상징적으로 드러내고 있다(수 3:3, 6, 8, 11, 14, 17; 4:9, 18; 6:4, 6, 8; 8:33). 가나안 땅 정착 후에도, 아니 이스라엘이 나라를 세운 이후에도 큰 싸움을 할 때에는 언약궤가 이스라엘의 군사들과 함께 벌판의 장막에서 지내게 된다(삼하 11:11).

그러나 사무엘상 4장의 언약궤 이야기에서는 이스라엘이 아무런 준비 없이 그냥 나가서 블레셋 사람과 싸우려고 에벤에셀 곁에 진을 쳤다. 이들의 행동이 얼마나 무모한지는 훗날 사무엘과 그 군대가 전쟁터에 나서기 전 하나님께 "우리를 블레셋 사람의 손에서 구원하시게 하소서"(7:8)라고 부르짖었던 것과 비교해 보면 쉽게 알 수 있다. 하지만 그때 이스라엘 백성들은 그냥 에벤에셀 곁에 군대의 진을 쳤을 뿐이다.

본문의 에벤에셀은 어쩌면 '도움의 돌'이라는 이름에 걸맞게 그 지형이 전략적으로 중요하게 생긴 곳일 수 있다. 이스라엘은 그곳에 전쟁의 막사를 치면서 맞은편 아벡에 진을 친 블레셋을 쉽게 물리칠 수 있으리라고 생각했을 것이다. 그러나 전략적 지형을 이용하려고만 했지 하나님의 인도하심을 비는 어떤 간구나 기도도 없었다. 에벤에셀이라는 가장 상징적인 장소에 둥우리를 틀면서도, 그 내면에 충만해야 할 하나님의 인도하심(언약궤)에 대한 신앙이 없었다. 거기에는 하나님도, 사사도, 하나님의 사람도 없었다. 이스라엘의 군사들이 토로하는 어떤 모양의 기도나 신앙 고백도 없었다(비교 7:5~6). 다만 무작정 전쟁터로 나서는 군인들만 버티고 있었다.

'언약궤'에서 '궤'는 히브리어로 '아론'(אֲרוֹן)이며, 구약에서 모두 202회 사용되었다. 이 말은 세속적으로는 관 모양의 상자(창 50:26)나, 돈 같은 것을 보관하는 함(函)을 가리킨다(왕하 12:11; 대하 24:8, 10, 11). 그러나 성소에 안치해 둔 궤를 가리킬 때는 언약궤(민 10:33; 신 10:8; 31:9; 수 3:3), 하나님의 궤(3:3; 4:11, 13, 17; 삼하 6:2, 3, 4, 6, 7), 증거궤·법궤(출 25:22; 26:33, 34; 30:6), 여호와의 궤(수 3:13; 4:5, 11; 삼상 4:6; 5:3), 주의 능력의 궤(대하 6:41; 시 132:8) 등으로 다양하게 쓰였다. 히브리어 '아론'을 수식하는 말들이 이처럼 여러 가지인 것은 언약궤의 의미가 복합적이기 때문이다.

그러나 그 의미가 얼마나 다양하든, 그 생김새가 어떠하든, 중요한 것은 언약궤에 담긴 내용물이다. 언약궤에는 모세가 시내산에서 받은 두 돌판과 이스라엘이 광야에서 먹었던 만나와 아론의 지팡이가 보관되어 있다. 그렇기에 이스라엘 신앙은 언약궤를 하나님께서 이스라엘과 맺은 언약을 확인하는 증언(testimony)으로 삼는다. 곧 하나님께서 이스라엘과 언약을 맺으셨으며(시내산에서), 이스라엘의 생존을 책임지셨고(광야에서), 이스라엘 제사장 직제를 주셨다는 것이다(아론을 통해서). 그런 까닭에 구약의 말씀은 언약궤를 보관해 놓은 장막을 증거막이라고도 부른다(출 38:21, 참고 16:34; 26:33, 34; 30:6, 26). 언약궤를 통해서 이스라엘은 하나님께서 자기 백성에게 무엇을 베푸셨는지를 구체적으로 깨닫게 되는 것이다.

언약궤는 하나님이 이스라엘을 구체적으로 인도하심을 드러내는 상징이다. 하나님이 이스라엘과 함께하신다는 것을 가시적으로 표현하는 종교적·정치적·실존적 상징이 바로 언약궤이다. 언약궤와 함께하는 이스라엘! 바로 거기에서 이스라엘은 하나님의 백성다운 질서와 기개, 신앙과 소망을 이 땅 위에 펼쳐갈 수 있다. 그러나 사무엘상 4:1의 전쟁터에서 만나게 되는 이스라엘은 그런 이스라엘이 아니었다. 문제의 원인은 바로 거기에 있었다.

## 언약궤에 대한 오해 그리고 이해

우리는 흔히 엘리를 제사장으로 기억한다. 엘리가 제사장 역할을 한 것은 사실이다. 그렇지만 엘리가 처음부터 이스라엘 역사의 무대 위에 제사장으로 등장한 것은 아니다. 엘리는 본래 사사로서 이스라엘을 40년 간 다스렸다(4:18). 문제는 그런 엘리가 부패한 제도 속에 파묻힌 제사장으로만 머물고 말았다는 데 있다(1:12~17, 27~29). 사사 시대에 이스라엘은 강력한 한 사람의 지도 아래 단결하며 생존하였다. 이스라엘이 죄를 짓고 고난을 당할 때는 하나님께 부르짖었고 회개하였다. 그러나 엘리가 이스라엘을 다스리는 동안에는 그런 탄식이나 부르짖음이 없었다. 한나의 탄식(1:10~11)이 있었지만, 그것은 이스라엘 민족이 당하고 있는 신앙적 위기와는 아무 상관이 없었다. 그 때문인지 블레셋이 이스라엘에게 싸움을 걸어왔을 때 그들을 맞으러 나가는 이스라엘 군대의 행렬에는 사사가 없었다. 엘리는 선배 사사들이 그랬듯이 전쟁터에 참여하지도, 앞장서지도 않았다. 그렇게 하기에는 그의 육신이 너무 쇠잔해 있었다(4:15). 그래서 그는 그냥 실로에 머물러 있었다.

사사 시대의 전쟁을 흔히 '거룩한 전쟁'이라 부른다. 하나님의 인도하심과 하나님의 함께하심을 가르치는 현장에서 사사들은 전쟁 용사가 되어야 했다. 그러나 그렇게 되기 위해서는 사사들이 하나님의 신에 사로잡혀 있어야 했다(옷니엘 삿 3:10; 기드온 삿 6:34; 입다 삿 11:29; 삼손 삿 13:25; 14:6, 19; 15:24). 온 지파들이 힘을 모아 싸우러 나갈 경우에는 하나님의 언약궤 앞에서 '금식하고 제사하면서' 하나님께 전쟁에 대한 뜻을 먼저 물어야만 되었다(삿 20:27; 삼상 7:5~9). 하나님의 능력으로 사사들은 전쟁을 승리로 이끄는 용사가 되었고, 이스라엘은 하나님이 이루시는 구원의 역사를 증언하는 증인이 되었다.

그러나 엘리 시대의 이스라엘에게는 그런 신앙이나 경건이 없었다. 엘리가 사사로 재직하는 기간 중 벌어진 블레셋과의 싸움에서 이스라엘은 결코 하나님의 도우심이나 인도하심을 바라는 어떠한 신앙 고백이나 간구도 하지 않았다. 그 결과가 바로 이스라엘의 패전으로 나타난다. 사무엘상 4장은 그것을 이렇게 증언한다. "이스라엘이 블레셋 사람 앞에서 패하여 그들에게 전쟁에서 죽임을 당한 군사가 사천 명 가량이라"(4:2하).

이스라엘이 패전했다는 소식은 진영에 남아 소식을 기다리던 이스라엘의 장로들에게는 큰 충격이었다. 백성들이 진으로 돌아올 때 이스라엘 장로들이 소리쳤다. "여호와께서 어찌하여 우리로 오늘 블레셋 사람 앞에 패하게 하셨는고"(4:3중). '어찌하여 야웨가 우리로 패하게 하셨는고.' 그러나 본문을 자세히 들여다보면 그들은 소리만 질렀지 탄식하지 않았고, 패전한 이유에 대해 묻지도 않았으며, 이미 하나님의 말씀을 전하고 있던 사무엘(3:21; 4:1)을 붙들고 하소연하지도 않았다. 단지 서둘러 백성들을 실로로 보내 거기에 있던 야웨 하나님의 언약궤를 가져오게 하는 조치만 취했을 뿐이다(4:3하, 4).

에벤에셀에 모인 패잔병들에게 이스라엘 장로들이 "여호와의 언약궤를 실로에서 우리에게로 가져다가 우리 중에 있게 하여 그것으로 우리를 우리 원수들의 손에서 구원하게 하자"(4:3하)라고 말한 것은 어쩌면 패전에 대한 정당한 처방일 수 있다. 하나님 없이 싸움터에 나섰다가 패전의 쓰라림을 맛

보고 나서야 하나님을 찾고 있는 것으로 생각되기 때문이다. 하지만 사정이 꼭 그렇지만은 않다. 그들이 내린 조치는 실로에 가면 야웨 하나님의 언약궤가 있기에 그것을 가져오게 하라는 것이었을 뿐, 그들은 진정 언약궤가 무엇인지를 잘 모르고 있었다. 장로들의 말(4:3) 바로 뒤에 이어지는 사무엘상 4:4의 해설이 장로들의 문제가 무엇이었는지를 정확하게 지적하고 있다. 이스라엘 장로들이 그냥 '여호와의 언약궤'라고 불렀던 언약궤를 여기서는 "그룹 사이에 계신 만군의 여호와의 언약궤"(4:4)라고 정정해서 부르고 있는 것이다.

'그룹 사이에 계신 만군의 여호와의 언약궤'란 설명은 언약궤의 실체를 가장 잘 드러내는 해설이다. 그것은 언약궤란 하늘에 계신 하나님이 지상에 앉아 계시는 보좌이거나, 아니면 그룹 사이에 좌정해 계시는 하나님이 그 발을 두시는 발판이라는 소리이다(비교 삼하 6:2). 그룹들은 속죄소와 함께 언약궤를 구성하는 중요한 요소다. 속죄소는 언약궤를 덮는 일종의 덮개이고, 그룹들은 언약궤를 지키는 금으로 만들어진 생물들로써 그 날개를 펴서 속죄소를 덮고 있다(출 25:17~21).

이스라엘 신앙은 바로 이 그룹 사이에 앉아 계신 만군의 하나님의 언약궤가 있는 곳에서 "거기서 내가 너와 만나고 속죄소 위 곧 증거궤 위에 있는 두 그룹 사이에서 내가 이스라엘 자손을 위하여 네게 명할 모든 일을 네게 이르리라"(출 25:22)는 말씀을 들었다. 하늘의 하나님이 이 땅 위에 머물러 계시는 바로 그곳에서 속죄와 화해, 구원과 계시의 역사가 펼쳐진다. 이런 까닭에 언약궤는 광야 시대의 성소인 회막에서 하나님의 현존(現存)을 표시하는 가장 중요한 상징이 된다.

'그룹 사이에 계신 만군의 여호와의 언약궤'는 결코 고대 메소포타미아의 종교에서 흔히 보았던 신상 같은 것이 아니다. 언약궤가 하나님의 현존(presence)을 나타내는 것은 사실이지만, 그것은 엄밀히 말해서 하나님이 앉아 계시는 의자를 상징하거나 그 발을 두시는 발등상에 지나지 않는다. 그것은 결코 신상(神像) 같은 것이 아니다. 그것은 하늘에 계신 하나님이 이스라엘의 죄악과 부정을 벗겨 내시고자 이스라엘과 만나는 장소일 뿐이다. 그러나 에벤에셀의 장막 속에 머물러 있던 이스라엘의 장로들은 그렇게 생각하지 않았다. 그들은 이 언약궤를 철두철미 '전쟁의 수호신'(war palladium)으로 간주하였다. 하나님의 다스리심이나 하나님의 뜻에 대해서는 아랑곳하지 않은 채, 또한 자기들의 부정함이나 부패함에 대해서는 전혀 개의치 않은 채, 무작정 여호와 하나님의 언약궤를 실로에서 가져다가 자기들 중에 있게 하려고 하였다. 그렇게 하면 그 언약궤가 이스라엘을 블레셋의 손에서 구원할 줄로 알았다(4:3). 이른바 승리의 담보물로 언약궤를 가져온 것이다. '그룹 사이에 계신 만군의 여호와의 언약궤'를 이스라엘의 수호신으로 격하시키고 말았던 것이다. 그 결과 이스라엘은 블레셋 사람 앞에서 더욱 처참하게 패하게 된다(4:10, 비교 4:2).

## 전쟁터의 언약궤

언약궤를 자기들의 진영에 갖다 놓았음에도 이스라엘은 블레셋에게 무참히 패했다. 본문에서 '패했다'(4:10, 참고 4:2)는 말은 문법상 수동태이다. 이 동사는 이스라엘이 힘에 부쳐 블레셋과의 싸움에서 졌다는 의미일 수도 있고, 아니면 하나님께서 이스라엘에게 패전의 아픔을 일부러 안겨 주었다는 의미일 수도 있다. 구약의 말씀에 예민한 독자라면 이스라엘의 패전이 스스로 무너진 패망이 아니라 하나님께서 그렇게 되도록 인도하신 심판이라는 것을 알아챌 수 있을 것이다.

그러나 패전의 쓰라림을 알리는 '베냐민 사람'의 보고(4:12~18)에는 자기가 도망쳐 살아난 것, 이스라엘이 참패한 것, 그리고 엘리의 두 아들이 죽임을 당한 것과 하나님의 궤마저도 빼앗기고 말았다는 구술만 있을 뿐 패전에 따른 참회나 탄식은 전혀 없다. 전령 노릇을 한 베냐민 사람이 자기 옷을 찢고 그 머리에 티끌을 뿌리고 실로로 왔다는 기록이 본문에 없는 것은 아니지만(4:12), 그것은 슬픔을 알리는 전형적인 동작이었을 뿐 신앙적 안타까움을 표시하는 동작과는 상관이 없는 것이다.

그것은 이스라엘 백성도 마찬가지이다. '이스라엘이 블레셋 사람 앞에서 패했다'는 소식을 듣고도 그들은 천연덕스럽게도 그 이유를 묻지 않았다. 이스라엘 사회가 하나님의 언약궤를 블레셋에게 **빼앗기게** 되면서 '이가봇'('영광이 없다'는 뜻) 시대로 **빠져들게** 되지만, 본문에서 이스라엘 백성들은 정녕 어떠한 통곡이나 탄식도 하지 않았다.

이스라엘 신앙에서 언약궤는 원래 그곳을 찾은 이스라엘의 지도자들에게 전쟁에 대한 하나님의 뜻을 묻고 깨닫게 하는 계시의 장소였다(삿 20:26~27; 삼하 5:19, 23). 하나님의 뜻을 묻고, 깨달으며, 하나님의 말씀을 듣고 배우는 역할이 언약궤가 감당했던 신앙 교육적인 기능이었다. 하지만 에벤에셀의 진영에 있던 이스라엘의 지도자들은 그렇게 하지 않았다. 그들은 배우려고 하지 않고 이용하려고만 하였다. 그래서 전쟁의 수호신을 찾는 심정으로 길갈에서 벧엘을 거쳐 실로에 머물러 있었던 언약궤를 서둘러서 전쟁터로 가져오게 한 것이었다(참고 삿 2:1; 20:27; 수 18:1; 삼상 1:3; 3:3).

이스라엘 신앙 전통에서 언약궤를 전쟁 진중에 모시는 것은 그렇게 틀린 일은 아니다. 민수기 10:35~36에는 이른바 '언약궤의 노래'(Song of Ark)가 있다. 이 노래는 여호와의 전쟁을 상기시키는 전형적인 가사 두 절로 이루어졌으며, 세속적인 노래가 아니라 예배 때 일정한 격식에 맞춰서 부르는 노래이다. 이 언약궤의 노래는 일종의 군가이자 기도문이다. "궤가 떠날 때에는 모세가 가로되 여호와여 일어나사 주의 대적들을 흩으시고 주를 미워하는 자로 주의 앞에서 도망하게 하소서 하였고 궤가 쉴 때에는 가로되 여호와여 이스라엘 천만 인에게로 돌아오소서 하였더라"(민 10:35~36).

전쟁터의 언약궤는 하나님의 전쟁을 시사한다. 이때 이스라엘 백성들은 언약궤를 메고 나가면서 '하나님이여 일어나소서'라고 부르짖는다. '일어나소서'라는 말은 '공격하소서, 돌격하소서'라는 뜻이다(시 68:1; 시 10:12; 17:13, 비교 삿 5:12, 참고 출 15:7). 여호와 하나님이 공격하시면, 하나님께 대항하는 자들은 뿔뿔이 흩어질 수밖에 없다. 하나님이 공격하시면, 이스라엘의 적들은 '흩어지고 도망치게 될 것이다.' 이처럼 언약궤는 하나님의 병거 역할을 한다. 특히 민수기 10:36의 "여호와여 이스라엘 천만 인에게로 돌아오소서"라는 기도는 '수많은 군사들로 이루어진 군대(myriads, 창 24:60)를 수호하소서'라는 기도이기도 하다. 언약궤와 함께 행군하는 이스라엘 백성들의 자세가 여기에 있다. 즉 하나님의 진군을 바라며 간구해야 하는 것이지, 하나님의 진군을 사람들의 이기적인 욕구에 따라서 조종하겠다고 덤벼서는 안 된다.

그럼에도 에벤에셀의 이스라엘은 그렇게 하지 않았다. 그들은 철두철미 "언약궤를… 우리 중에 있게 하여 그것으로 우리를 우리 원수들의 손에서 구원하게 하자"(4:3하)고만 다짐했다. 그들은 언약궤의 힘을 사유화하여 전쟁에서 이겨 보겠다는 발상이다. "우리를 우리 원수들의 손에서 구원하게 하자"에서 '구원하게 하자'라는 동사(ושענו 이쉬에누)는 문법상 사역형이다. 이 단어에는 사람이 하나님을 시켜서 자기들을 구출하게 만들겠다는 오만이 도사리고 있다. 성소에 있는 언약궤를 자기들이 필요한 곳에 가져다 놓고 하나님의 능력을 자기들 뜻대로 조종하겠다는 것이다! 언약궤가 구원의 병거가 되는 것은 사실이다. 하지만 그것은 어디까지나 신앙으로 하나님을 섬기는 자들의 경험이지 언약궤를 주술적으로, 미신적으로, 이교도적으로 대하는 사람들의 경험이 될 수 없다. 하나님과 이스라엘 사이에 맺은 언약 관계의 깊은 뜻을 되새기지 않는 자들에게는 언약궤를 안치한다는 것이 곧 하나님의 임재를 보장하는 보증물이 되는 것은 아니다.

이스라엘이 하나님의 전쟁을 수행할 때 그들이 흔히 부르는 하나님 명칭은 '만군의 여호와'이다. 이 명칭은 '이스라엘의 하나님'(사 21:10; 습 2:9), '이스라엘의 전능자'(사 1:24), '이스라엘 군대의 하나님'(17:45)과 더불어 자주 사용된다. '만군의 여호와'란 말은 태양과 달과 별을 포함한(신 4:19) 천체나 군대(수 5:14~15)를 하나님이 직접 지휘하신다는 것을 말한다. 하나님은 이처럼 큰 용사이시다. 그러니 에벤에셀에서 패전 소식을 접한 이스라엘의 장로들이 실로의 언약궤를 서둘러 가져오게 한 처방은 결코 틀린 것은 아니었다.

하나님의 언약궤가 구원의 병거요, 언약궤와 함께 계시는 하나님이 만군의 여호와인 것을 기억한 것이다. 그러나 그 처방의 내용이 틀렸다. 자기들이 필요한 곳으로 하나님을 모시고 와서 자기들이 조종하겠다는 생각으로는 언약궤의 진실을 결코 체험할 수 없다. 하나님의 보좌 앞에 나가서 하나님의 뜻을 듣고 배우며 깨닫겠다는 자세가 아니라 하나님의 보좌를 자기들의 수호신이나 부적으로 삼겠다는 생각으로는 하나님의 임재를 결코 온몸으로 느낄 수 없다.

## 언약궤와 언약궤를 섬기는 사람

야웨의 언약궤가 실로에서 진에 들어올 때 이스라엘은 큰 소리로 환호하였다(4:5). 땅이 울릴 정도로 언약궤가 자기들과 함께 있게 된 사실을 기뻐하고 외쳤다. 얼마나 큰 환호성이었는지 상대편에 있던 블레셋 사람들이 두려워하면서 "우리에게 화로다 누가 우리를 이 능한 신들의 손에서 건지리요"라고 소리를 질렀다(4:8). 여기서 주목할 것은 이스라엘은 야웨의 언약궤를 우리 곁에 두자고 말하고 말지만, 정작 블레셋 사람들은 언약궤를 통해서 표현되는 하나님의 위대하신 능력을 언급하고 있다는 점이다. 언약궤의 신학적인 의미를 역설적으로 블레셋 사람들이 공개적으로 토로하고 있다.

블레셋이 두려워한 것은 이스라엘이 지른 큰 소리 때문이 아니다. 이스라엘 진영에 언약궤가 돌아왔다는 사실을 확인해서도 아니다. 블레셋이 두려워한 것은 언약궤가 표시하는 '신들'의 힘에 있었다. 이런 힘에 대한 언급이 이스라엘 사람들에게는 없었다.

언약궤는 하나님의 말씀과 함께 생각해야 한다. 구약의 신명기는 특히 언약궤를 전쟁 수호신과는 무관한 모습으로 설명하고 있다. 언약궤는 결코 사람들을 죽음으로 내모는 신비한 힘을 지닌 상자가 아니다(삼상 6:19; 삼하 6:6~8; 레 16:1~2). 신명기에서는 언약궤가 보통 언약의 토판을 보관하고 있는 용기로 나타난다. 신명기가 강조하는 것은 언약궤가 하나님이 말씀하신 것을 기록하여 보관하고 있는 나무상자라는 것이다(신 10:1, 3, 5). 그렇기 때문에 언약궤는 하나님의 말씀을 증거 하는 상징이다. "이 율법책을 가져다가 너희 하나님 여호와의 언약궤 곁에 두어 너희에게 증거가 되게 하라"(신 31:26).

언약궤 곁에는 모세나 제사장들이 있었는데(민 14:44; 대상 16:6, 37) 거룩하게 구별된 사람만이 하나님의 현현을 체험할 수가 있었다. 언약궤는 아무나 함부로 접근해서 다룰 수 있는 상자가 아니었고 아무나 섬겨서도 안 되었다. 그런데 이스라엘이 블레셋을 징벌하고자 실로의 성소에 있던 언약궤를 에벤에셀의 전쟁터로 가져왔을 때 그 언약궤 곁에는 엘리의 두 아들 홉니와 비느하스가 있었다(4:4하). 본문을 자세히 읽어보면 이때 엘리의 두 아들은 결코 제사장으로 불리지 않는다. 그냥 엘리의 두 아들 홉니와 비느하스라고만 불릴 뿐이다. 엘리의 두 아들인 홉니와 비느하스도 '여호와의 제사장'이란 명칭으로 불릴 때가 있었지만(1:3) 사무엘상 4장의 언약궤 이야기에서 홉니와 비느하스는 제사장이란 명칭으로 결코 불리지 않는다. 그들은 이미 하나님을 섬기기에는 부적격한 자들로 낙인찍혔기 때문이다(2:12). 홉니와 비느하스는 거룩한 언약궤를 지키며 섬기기에는 너무나 부정한 자들이었다.

이스라엘 장로들이 실로에 있는 여호와 하나님의 언약궤를 에벤에셀로 가져오게 할 때 그들은 언약궤만을 가져오게 하였고 사무엘을 불러오지는 않았다(4:3~4). 이미 사무엘이 사사로 부르심을 받아서 활약하고 있었는데도 말이다(3:19~4:1상). "여호와께서 실로에서 다시 나타나시되 여호와께서 실로에서 여호와의 말씀으로 사무엘에게 자기를 나타내시니 사무엘의 말이 온 이스라엘에 전파되니라"(3:21~4:1)고 증언하고 있는데도 전세가 불리하다고 판단한 이스라엘의 장로들은 사무엘을 불러올 생각을 전혀 하지 못했다.

엘리 이야기이기도 한 사무엘상 4:1~7:2의 언약궤 보도에서 사무엘이 침묵하고 있는 것은 아주 중요하다. 이 본문 전후로 하나님의 말씀을 이스라엘에게 전하고 있는 자가 다름 아닌 사무엘인 것을 주목하라. 그런데 사무엘상의 언약궤 이야기에서만은 사무엘의 활약이 의도적으로 빠져 있다. 이것은 사무엘서의 언약궤 이야기가 역설적으로 하나님의 언약궤를 누가 어떻게 모셔야 되는지를 심각하게 다루고 있다는 뜻이다. 그렇기 때문에 결국 언약궤가 있는 자리는 성소이며 언약궤를 섬기는 사람은 거룩하게 구별된 자인 것이다. 성소가 거룩한 이유, 성소에서 언약의 말씀을 듣는 이유, 성소에서 하나님의 통치를 깨닫게 되는 이유, 나아가 성소에서 신앙공동체의 얼과 정신을 배우게 되는 이 모든 이유가 바로 그곳에 언약궤가 있기 때문이었다.

이스라엘의 기대와 달리 하나님의 언약궤가 에벤에셀의 이스라엘에게 구원을 가져다주지 않았다. 사무엘상 4장은 이스라엘의 패전과 함께 엘리 가문이 몰락하게 되는 과정을 순차적으로 보도한다(4:12~22). 엘리 집안에 대한 하나님의 심판이 그의 두 아들 홉니와 비느하스의 죽음, 엘리의 사망, 엘리의 며느리의 죽음으로 이어지면서 이스라엘 땅에 '하나님의 영광이 없는 시대', 곧 '이가봇'(אִיכָבוֹד이카보드)의 시대가 이어진다(4:21). 이스라엘이 빼앗긴 하나님의 궤가 블레셋 땅을 배회하고 있을 때 이스라엘은 암흑기를 살고 있었다(5:1).


## 언약궤, 성소, 이스라엘의 신앙

언약궤가 블레셋 사람들의 땅에 머물게 되었지만(5:1~6:21) 블레셋이 언약궤를 모실 수 있는 성소는 아니었다. 부정(不淨)한 이스라엘에게 패전을 안기신 하나님께서 이번에는 불신앙의 블레셋을 언약궤가 블레셋 지방에 있던 일곱 달 동안(6:1) 결연히 심판하시게 된다(5:1~12). 이제부터 본문은 이스라엘에 대해서는 한마디도 언급하지 않는다. 본문은 오로지 아스돗의 다곤 신전을 쳐부수고, 블레셋 사람을 엄히 징계하는 하나님의 역사(役事)에 대해서만 주목하고 있다. 언약궤 이야기의 후반부는 바로 이 다곤 신전에서부터 시작된다.

착각하기는 블레셋 사람들도 마찬가지였다. 그들은 이스라엘로부터 빼앗은 언약궤를 자기들의 신 다곤 곁에 두고(5:2) 다곤의 힘과 이스라엘의 하나님의 힘이 합쳐져서 놀라운 능력이 자기들의 신전에 충만하기를 바랐다. 이것은 고대인들의 종교관에서 흔히 볼 수 있는 전형적인 혼합주의(syncretism)다. 사람의 몸과 짐승의 머리를 가진 신상이 흔히 고대 서아시아의 종교에 등장하는 것도 이런 이유 때문이다. 그러나 이스라엘의 신앙은 이런 식의 혼합주의를 단호히 배격한다. 사무엘상 5장에서 하나님은 블레셋의 착각과 오만을 단호히 심판하신다. 이 하나님 이야기를 통해서 본문은 이스라엘이 행여 품을 수 있는 이교도적인 여호와 신앙을 크게 잘못된 것이라고 가르친다.

이때 블레셋의 신 다곤이 야웨의 궤 앞에 엎드러져 그 얼굴이 땅에 닿는 사건이 두 번이나 일어나는데(삼상 5:3, 4, 비교 삿 16:23; 대상 10:10) 두 번째 사건은 첫 번째보다 사정이 훨씬 심해서 다곤이 야웨의 궤 앞에 엎드러져 얼굴이 땅에 닿았을 뿐만 아니라 "그 머리와 두 손목은 끊어져 문지방에 있고 다곤의 몸뚱이만 남"(5:4)게 되는 일이 벌어졌다. 하나님의 능력이 다곤 신을 무력화시킨 것이다. 다곤 신은 하나님의 보좌(언약궤)를 섬기는 시종이 될 수 없었다. 하늘의 하나님이 지상에 머물러 계시는 보좌가 되기에는 블레셋 땅이, 아니 다곤 신전이 너무나도 부정하고 부당했다.

하나님의 언약궤가 다곤 신을 친다는 것을 블레셋 사람들이 깨닫게 되면서(5:7) 이제 숨 가쁘게 진행되는 언약궤의 이동이 본문 안에 등장한다(5:8~12). 블레셋 사람들이 언약궤를 아스돗에서 가드로 옮기고 그러다가 다시 에그론으로 옮긴다. 하지만 하나님의 손을 블레셋 사람들이 지탱하기에는 너무나 무겁다는 것을 깨닫는다. 하나님의 손이 성읍 사람들도 쳐서 독종이 나게 했기 때문이다. 그래서 그들은 '하나님의 손이 엄중하시다'는 것을 뼛속 깊이 느낀다. 얼마나 힘들었으면, 블레셋 성읍의 부르짖음이 하늘에 사무쳤다고 쓰고 있겠는가(5:12).

에벤에셀에서 패전한 이스라엘은 하나님의 언약궤를 자기들 진중에 갖다 놓으면 언약궤의 주술적인 힘으로 승리할 줄 알았으나 역설적으로 블레셋 사람들은 언약궤의 위력 앞에서 하나님의 손이 엄중하시다는 것을 깨닫게 된다. 언약궤가 자동적으로 주술적인 힘을 발휘하는 것이 아니라 하나님의 손이 그렇게 하도록 작용한다는 것을 깨달은 것이다.

## 언약궤와 그리스도

결국 하나님의 손이 언약궤의 피난살이(exile)를 마감하게 하신다(6:1~7:2). 블레셋 사람들이 언약궤를 속건 제물과 함께 벧세메스로 가는 수레에 실어 이스라엘에게로 보냈지만 벧세메스 사람들도 언약궤가 무엇인지를 바로 헤아리지 못하여 언약궤를 들여다보다가 스스로 자멸하고 만다(6:19~20). 기럇여아림 사람들이 와서 그것을 아비나답의 집에 들여 놓고 그 아들 엘리아살을 거룩히 구별하여 여호와의 궤를 지키게 하고서야 언약궤는 비로소 이스라엘 땅에 안치될 수 있었다(7:1~2).

언약궤는 반드시 성소에 안치되어야 한다. 혹 이스라엘 진영과 함께 장막 중에 거하게 될 때에도 언약궤가 배치된 곳은 거룩한 곳으로 간주해야 했다(삿 20:27; 왕상 6:19; 8:1, 6; 대상 6:31; 15:25, 26, 28, 29; 대하 5:2, 7). 이스라엘 왕 다윗이 기럇여아림에 있던 언약궤를 예루살렘으로 운반해 와서 예루살렘 장막에 안치하게 되는 과정은 이렇게 해서 생겨난다(삼하 6:17; 7:2; 대상 16:1). 솔로몬이 성전을 지어 그곳에 언약궤를 보관하게 될 때까지 이 언약궤는 다윗의 장막에 머물러 있었다.

그런데 솔로몬의 성전이 무너지면서 언약궤는 홀연히 사라지고 만다. 포로생활을 마치고 귀환한 유다 백성들이 두 번째로 성전을 지어서 봉헌하게 되지만 더 이상 그 성전 안에는 언약궤가 없었다. 밧모섬의 요한이 바라본 새 하늘과 새 땅의 환상에서 "하늘에 있는 하나님의… 성전 안에 하나님의 언약궤"(계 11:19)가 있는 것을 보게 될 때까지 언약궤는 이스라엘 신앙인들의 눈과 귀에 결코 보이지 않고 들리지 않게 된다.

초대 교회가 제2의 성전기(주전 515~주후 70년)로 대변되는 유대 신앙을 헐고 그 자리에 예수 그리스도의 오심, 죽으심, 부활하심에서 하나님의 임재(臨在)와 현존을 새롭게 깨닫게 된 것은 이 때문이다. 바로 하늘의 하나님이 이 땅을 찾아와 거하시면서 자기 백성 이스라엘과 함께하시는 사건을 예수 그리스도 안에서 찾게 된 것이다(요 1:14, 18; 13:33; 고전 11:25; 고후 6:16; 히 8:10).

# 하나님의 왕적인 이름 '쩨바오트'

'나는 쩨바오트 야웨의 이름으로'(삼상 17:45)

## 구약성경에 나타난 '쩨바오트'

### 1. '쩨바오트'의 용례

구약성경에서 하나님에 대한 호칭의 수식어로 사용되는 '쩨바오트'(צְבָאוֹת 만군)는 흔히 '만군의 야웨', '만군의 하나님'으로 나타난다. 이런 용례로 구약 성경에서 280회 이상 쓰이고 있다.

그러나 특이한 점은 예언서 본문인 스가랴, 학개, 말라기, 이사야 1~55 장, 예레미야서에서 '쩨바오트'라는 용어가 자주 언급되는 것과는 달리 창세 기에서 사사기까지는 이 '쩨바오트'가 나타나지 않는다.[1] 또한 이 '쩨바오트' 라는 용어는 에스겔, 이사야 56~66장, 그리고 포로 이후 문헌인 역대하, 에 스라-느헤미야, 다니엘서에서도 나타나지 않는다.

'쩨바오트'가 자주 언급되는 비예언서 본문으로는 사무엘상·하, 열왕기 상·하, 역대상, 시편 정도밖에 되지 않는다.

70인역에서는 이 '쩨바오트'라는 용어를 통상적으로 '판토크라토르' (παντοκρατωρ)로 번역하고 있으며, 대략 120회 정도 사용되었다. 그런데 구약 성경에 나타나는 히브리어 '쩨바오트'가 70인역의 본문과 불일치하는 경우 가 많다. 예를 들면, 70인역 예레미야서에서는 약 69회 정도가 히브리어 구 약 본문과 불일치하며, 히브리어 '쩨바오트'가 사용되지 않는 곳에 그리스어

'판토크라토르'가 사용되는 경우도 있다(렘 30:12; 32:19 등). 역으로 히브리어 '쩨바오트'가 사용되는 곳에 70인역에서는 '판토크라토르'가 삭제된 경우들이 있다(사 3:15; 9:18; 14:23, 27; 24:23; 암 6:8; 슥 1:3; 13:2 등).

또한 70인역에서는 히브리어 '쩨바오트'를 '판토크라토르' 외에 '사바오트' (σαβαωθ)와 '두나메온'(δυναμεων)으로 각각 번역한다. 히브리어 '쩨바오트'가 70인역 이사야서에서는 히브리어를 음역한 고유명사 '사바오트'로 42회나 사용하고 있고(사 1:9, 24; 2:12; 3:1; 5:7, 9, 16, 24 등), 그 밖에 사무엘상 1:3, 11; 15:2; 17:45; 예레미야 46:10에서도 볼 수 있다. 그리고 히브리어 '쩨바오트'가 사무엘하 6:2, 18; 열왕기상 18:15; 열왕기하 3:14; 19:31; 예레미야 33:12; 스바냐 2:9; 스가랴 7:4에서 그리고 시편의 본문들(시 23:10; 45:8, 12; 47:9 등)[2]에서 '두나메온'으로 사용되고 있다.

아이스펠트(O. Eissfeldt)는 '두나메온'으로 번역되는 본문을 후대 본문으로 생각한다. 왜냐하면 오리겐(Origen)의 헥사플라(Hexapla)에 소개된 테오도션 (Theodotion) 역본이 70인역에 나중에 들어간 것으로 보기 때문이다.[3] 이처럼 70인역에서는 히브리어 '쩨바오트'에 대한 다양한 번역의 가능성이 있다. 통계적으로 시편에서는 '두나메온'으로, 이사야서에서는 '사바오트'로, 그리고 예언서에서는 '판토크라토르'로 주로 번역되고 있는데, 이는 히브리어 '쩨바오트'에 대한 70인역 번역자들의 '다양한 언어사용'으로 보는 것이 좋을 듯하다.

하지만 이 그리스어 용어들이 어떤 단계를 거쳐 발전되어 왔는지를 밝히기란 매우 힘들다. 우리가 알 수 있는 것은 70인역의 번역자들이 히브리어 '쩨바오트'에 대해 생각할 수 있는 모든 가능성은 '쩨바오트'가 고유명사와 연계형으로 연결되거나 또는 고유명사를 수식하는 보통명사로써 '쩨바오트'의 사용법 밖에는 알 수 없다.

'쩨바오트'는 하나님의 호칭에 대한 수식어로써 단독적으로 사용되지는 않는다. 예를 들면, '야웨 쩨바오트'(만군의 야웨)가 구약성경에서는 240회 정도 사용되며, '아도나이 야웨 쩨바오트'(만군의 야웨 주)가 15회, '야웨 엘로헤 쩨바오트'(만군의 하나님 야웨)가 14회, '하아돈 야웨 쩨바오트'(만군의 야웨 주)가 5회, '야웨 엘로힘 쩨바오트'(만군의 하나님 야웨)가 4회, '엘로헤 쩨바오트'(만군의 하나님)가 2회, '야웨 엘로헤 하쩨바오트'(만군의 하나님 야웨)가 2회, '아도나이 야웨 하쩨바오트'(만군의 야웨 주)가 1회, '아도나이 야웨 엘로헤 하쩨바오트'(만군의 하나님 주 야웨)가 1회, '야웨 엘로헤 쩨바오트 아도나이'(나의 주 만군의 하나님 야웨)가 1회 사용된다. '야웨 엘로힘 쩨바오트'(만군의 하나님 야웨)는 시편 59:6; 80:5, 20; 84:9에서 사용되고, '엘로힘 쩨바오트'(만군의 하나님)는 시편 80:8, 15에서 사용되며, 특히 엘로힘 시편에서만 쓰이고 있다. '엘로힘 쩨바오트'(만군의 하나님)라는 표현은 본래 '야웨 쩨바오트'(만군의 야웨)에 대한 후대의 변형된 형태로 보인다.[4]

## 2. '쩨바오트'에 대한 다양한 해석

학자들은 '쩨바오트'를 다음과 같이 다양하게 해석한다.

첫째, '쩨바오트'를 명사 '차바'(צָבָא)의 여성 복수 형태로 보는 것이다. 이에 대한 설명을 제공해 주는 구약성경의 유일한 본문은 다윗이 골리앗에게 했던 말에서 볼 수 있다. "너는 칼과 단창으로 내게 오거니와 나는 만군의 여호와의 이름 곧 네가 모욕하는 이스라엘 군대의 하나님의 이름으로 네게 가노라"(17:45). 여기서 '군대'에 해당하는 히브리어 표현은 '마아르코트'(מַעַרְכֹת)로써, '전투 대형으로 배치한 군대' 또는 '항오를 벌인 군대'라는 의미이다. 사무엘상 17:45에서는 '쩨바오트'를 '군대'와 일치시킨다.

그러나 '야웨 쩨바오트'라는 표현은 두 개의 명사가 문법상 연계형(cons.)과 절대형(abl.)으로 연결된 것으로 볼 수 있다. 이는 70인역 '퀴리오스 톤 두나메온'(κυριος των δυναμεων 왕상 18:15)에서 유추해 볼 수 있는 것으로, 그렇다면 '야웨 쩨바오트'의 뜻은 '군대의 야웨'가 된다. 또 다른 문법적인 설명도 가능하다. '쩨바오트'를 하나님의 이름으로 보는 해석과, '야웨 쩨바오트'를 명사 문장으로 해석하는 경우다. 즉 '야웨는 쩨바오트다'나 '야웨는 군대다'로 해석할 수 있다. 또한 '야웨 쩨바오트'를 동사 문장으로 '(하늘의) 군대들을 창조하신 야웨'로 해석하기도 한다.[5] 그러나 이러한 동사 문장일 가능성은 희박하다. 왜냐하면 '짜바'라는 단어는 동사나 분사 형태가 아닌 명사형이기 때문이다.

둘째, 슈발리(F. Schwally)는 '야웨 쩨바오트'를 법궤와 관련하여 '전쟁의 신'으로 이해했다.[6] 그러나 구약성경에서 야웨 전쟁에 대해 본문들에는 히브리어 '쩨바오트'라는 야웨의 호칭이 나오지 않으며, 예언서 안에서는 예언의 해석과 함께 이 '쩨바오트'가 나온다는 점에서 '야웨 쩨바오트'를 전쟁의 신으로 보는 것은 타당하지 않다.

셋째, '쩨바오트'를 '천상의 군대'로 보는 해석이 있다.[7] 즉 '야웨 쩨바오트'를 '천체의 주권자'[8] 또는 '천상 회의의 주관자'[9] 또는 '하늘 신'[10] 또는 '천사 군단의 주'[11]로 이해하는 시도이다. 그러나 구약성경에는 천사 사상이 매우 약하게 나타나며, 일반적으로 천상 회의 의장 역할은 '엘리욘'(עֶלְיוֹן)이 맡게 된다(참고 신 32:8).[12]

넷째, 마악(V. Maag)은 '쩨바오트'를 '가나안에서 기원된 신화적 힘들'로써 이해한다.[13] 그러나 문제는 구약성경에서 가나안의 자연신들이 '쩨바오트'로 불려지는 그 과정을 입증할 수 없다는 점이다.

그밖에 스멘트(R. Smend)는 '쩨바오트'를 '세상의 모든 권세들의 주권자'로[14], 벨하우젠(J. Wellhausen)은 '세상과 세상 안에 있는 모든 것, 아마도 본래 사탄들의 군대들'로써 해석한다.[15] 프리젠(Th. C. Vriezen)은 '쩨바오트'를 '하늘과 땅 위에 있는 모든 권세들을 포함하고 있는 것'으로 보았다.[16] 아이스펠트는 '쩨바오트'에서 야웨의 전능(全能)을 표현하고 있다고 보았다.[17] 학자들의 이러한 제안은 '쩨바오트'가 시대에 따라 다양한 의미로 사용되었기 때문이라고 본다. 계속해서 '쩨바오트'의 성경적 기원과 그 예를 살펴보자.

# '쩨바오트' 명칭의 성경적 기원

## 1. '쩨바오트'의 기원

'쩨바오트'의 명칭이 예루살렘 야웨 제의에 속한다는 것은 시편에 있는 시온 시들을 통해, 그리고 이사야서를 통해 알 수 있다. 그러나 '쩨바오트'의 명칭이 기원론적으로 법궤와 함께 예루살렘으로 입성하는 이스라엘의 하나님께 속했는지는 의심스럽다. '쩨바오트'의 신이 법궤와 함께 예루살렘으로 입성하는 전승은 아마도 고대 가나안의 여부스 전승에서 나온 것이거나 또는 에브라임의 성읍이었던 실로에서 법궤의 하나님인 야웨와 함께 성장된 명칭이 예루살렘으로 이전(移轉)된 것으로 보인다.

실제로 '야웨'와 '실로에 있던 법궤'가 연결된 칭호인 '그룹 사이에 계신 만군의 야웨' 또는 '그룹들 사이에 좌정하신 만군의 야웨'(삼상 4:4; 삼하 6:2)라는 호칭은 왕조 초기인 솔로몬 성전의 이해와는 아주 다른 것으로, 이는 예루살렘 성전에 대한 과거의 투영으로 볼 수 있다. 본래 구약성경은 예루살렘 성전의 제의적 언어 사용에서 '쩨바오트'와 '그룹 사이에 계신 이'라는 명칭이 본래 함께 사용되지 않기 때문에 열왕기하 19:15에서는 '쩨바오트'가 빠진 '이스라엘의 하나님 야웨'가 그룹들 위에 계신다고만 묘사한다.

그러나 열왕기하 19:15보다 후대의 표현인 시편 80:2은 다르다. 시편 80편에는 '쩨바오트'라는 표현이 전체 네 번 나오는데, '엘로힘 쩨바오트'(만군의 하나님)가 '그룹에 좌정하신 이'와 함께 연결되고 있다. 이는 시편 80편이 북이스라엘의 시(참고 80:3)라는 점에서 본래 '그룹에 좌정하신 이'에 대한 북쪽 전승을 후에 '쩨바오트' 전승과 함께 혼합하여 예루살렘 제의에서 받아들이게 된 것으로 본다.

'쩨바오트'라는 명칭이 구약성경 전승에서 처음으로 사무엘상 1:3, 11과 4:4에 나온다. 그러나 특이한 것은 이 본문들에는 '야웨 쩨바오트'라는 칭호가 실로에 있는 야웨 성전과 함께 연결되어 나타난다는 점이다. 1:3, 11에서는 엘가나가 매년 실로에 올라가서 '야웨 쩨바오트'에게 제사를 드린다.

그리고 실로 성전에서 한나의 기도는 '야웨 쩨바오트'를 부름으로 시작한다 (1:3, 11). 그리고 4:4에서는 실로에서 가져온 '그룹에 계신 야웨 쩨바오트'의 법궤가 이스라엘의 패배로 끝나게 되는 블레셋과의 전쟁에서 중요한 역할을 한다.

이후에 다윗이 유다에 있는 바알라(Baala)로부터 법궤를 가져올 때 이 명칭이 다시 한 번 사용된다. "그 궤는 그룹들 사이에 좌정하신 만군의 여호와의 이름으로 이름하는 것이라"(삼하 6:2). 그러나 바알라에서 처음으로 법궤에 대한 '야웨 쩨바오트'의 명칭이 사용되었을 가능성은 희박하다. 왜냐하면 이 명칭은 이미 이전에 실로에 있는 법궤에 대한 명칭에서 사용되었기 때문이다.

'야웨 쩨바오트'의 명칭이 실로 땅에서 법궤와 밀접한 연결을 통해 생겨났다고 하는 스퇴베(H. J. Stoebe)의 주장이 현재 많은 학자들이 지지하는 견해이다.[18] 실로 법궤 전승 이전에 '쩨바오트'라는 명칭이 구약성경에는 나오지 않기 때문에 이 '쩨바오트'라는 명칭은 실로에서 처음으로 법궤에 적용되었고, 이후 구약성경 예언서 안에서 성장된 것으로 보인다(참고 사 37:16).

이 '쩨바오트'라는 명칭이 이스라엘적 기원을 두는지 아니면 가나안적 기원을 두는지에 대해서는 확실히 알 수 없다. 그러나 우리가 아는 바는 실로에 있던 법궤는 분명 가나안 성소에 보관되고 있었으며, 사무엘하 6:2에서는 새로운 법궤의 신인 야웨를 명명하는 축제적인 법적 공식 행위로 이미 실로에서 알려져 있었고, 실로 성소의 새로운 주인으로 위임되는 신의 호칭으로써 이 '쩨바오트'를 사용하게 된 것으로 보인다. 그래서 마악은 '쩨바오트'를 야웨 종교와 가나안 종교의 결합으로 이해했다.[19]

그러나 이 '쩨바오트' 연구에서 중요한 것은 법궤 이야기의 저자이며 동시에 전승자들이다. 이들은 분명 제사장적−제의적 의도 가운데 이 '쩨바오트'를 기록한 것으로 보인다.

## 2. 그룹에 좌정하시는 '쩨바오트'

'쩨바오트'의 개념에 대한 정확한 이해를 위해 '그룹에 좌정하시는 쩨바오트'라는 명칭에 대해 알아보는 것이 중요하다. '그룹에 좌정하신 이'라는 명칭은 신적인 왕권을 암시한다. 왕위에 앉은 야웨께서 왕으로서 경배를 받으시는 것이다. 솔로몬 성전에서는 '그룹들'(כרובים케루빔)이 왕위 계승자와의 관계 속에서 어떤 특별한 기능을 행하지 않았기 때문에 그룹들은 가나안 제의와 문화 안에서 기원되었다고 볼 수 있다. 그리고 실로 성전에서 그룹들 위에 좌정하는 '왕위'(Kerubenthron)는 실로 성전의 제의 목록에 속했던 것이라고 볼 수 있다. 야웨에 대한 새로운 칭호인 '그룹들 위에 좌정한 왕 쩨바오트'는 법궤의 하나님에 대한 새로운 칭호이기 때문에 왕위에 대한 사상이 실로에서 법궤에 적용된 것으로 볼 수 있다. 드보(R. de Vaux)는 제의 대상물인 법궤와 왕위를 서로 연결시켜 "그룹들의 자리와 법궤의 발판은 야웨의 왕좌"라고 말한다.[20]

그러나 문제는 '과연 실로의 야웨가 이스라엘의 하나님과 일치할 수 있을 것인가'이다. 로스(J. P. Ross)는 실로의 야웨가 바알(Baal)을 지칭하는 것이라고 제안한다. 왜냐하면 실로는 가나안의 풍요제의와 연결시킬 수 있기 때문이다.[21] 그러나 바알 제의에서는 바알을 '쩨바오트'라고 부르지 않았다. 드보는 바알보다는 우가릿의 '엘'(El)과 '쩨바오트'를 연결시킨다. 왜냐하면 '그룹에 좌정하신 이'와 '왕좌에 앉은 왕'의 사상이 우가릿에서는 엘 신이 왕으로서 인정받았기 때문이다. 그러나 이러한 가능성은 추측할 수는 있으나 우가릿의 엘 신 숭배의 모습이 정확히 어떤 경로를 통해 구약성경 안에 '야웨 쩨바오트'로 이전되었는지는 말할 수 없다.

## ‘쩨바오트’의 의미

### 1. 실로에서 ‘쩨바오트’의 의미

알트(A. Alt)는 이사야서가 기록되기 이전에 ‘법궤’, ‘야웨 쩨바오트라는 특별한 호칭’, ‘왕권’, 이 세 가지가 이미 함께 연결되었다고 주장한다.[22] 반 데어 우데(A. S. van der Woude)는 실로와 연결되어 있는 ‘쩨바오트’라는 명칭이 ‘왕적인 통치의 능력’을 의미한다고 보았다. 이러한 주장들은 야웨를 ‘법궤’를 통해 ‘전쟁의 신’으로 보고, 왕으로서 야웨를 이해하려는 설명이다. 아이스펠트는 ‘쩨바오트’의 명칭이 야웨 종교의 초기 단계인 야웨의 권위와 위엄에서 출발하여 야웨의 힘을 상징하는 새로운 단계로 발전된 것으로 본다.[23] 이는 타당하다고 본다. 그렇다면 ‘쩨바오트’와 ‘법궤’의 관계는 야웨 전쟁의 측면에서 야웨의 왕적인 위엄을 말하는 것이라고 규정할 수 있다. 이런 맥락에서 실로에 있는 야웨 성전은 ‘헤칼’(היכל 궁궐 또는 성전, 1:9)로 불려지고 있다는 사실에 주목해야 한다. 이 ‘헤칼’의 개념은 무엇보다도 왕의 궁궐들과 관련되어 있기 때문에 ‘쩨바오트’의 해석을 ‘헤칼’, 즉 ‘왕권’ 안에서 찾을 수 있다.

### 2. 예루살렘 제의에서 ‘쩨바오트’의 의미

일반적으로 법궤와 연결된 전승들과 법궤와 연결된 하나님의 말씀들은 특별히 다윗의 도시인 예루살렘으로 법궤가 이동함과 함께 시작되며, 이 법궤는 야웨와 새로운 수도 예루살렘에 있는 야웨 성전과 함께 용해된다. 이는 본래 각기 개별적으로 발생했던 것이어서 더 자세하게 밝힐 수는 없으나 그 결과는 알 수 있다. 즉 ‘야웨 쩨바오트’는 실로에서 이스라엘 하나님의 이름이 되었으며, ‘야웨 쩨바오트’는 예루살렘에서 또한 하나님의 호칭으로 불려지게 되었다. 그리고 ‘쩨바오트’라는 호칭은 실로에서 제의적으로 사용되었고, 예루살렘에서도 제의적으로 사용되었다. 그러나 ‘쩨바오트’라는 호칭이 법궤와 너무 단단히 결합되어 법궤와 함께 예루살렘 성전 안으로 들어왔지만 ‘쩨바오트’ 호칭이 법궤로부터 너무 빨리 분리되어서 그 본래의 의미를 알아차릴 수 없게 손실되었다. 법궤가 솔로몬 이후로 침묵하고 있다는 것이 또한 원인이 될 수 있다.

시편에서 다음의 것들을 추론할 수 있다. '쩨바오트'가 나오는 본문들인 여덟 편의 시편 중에, 네 편은 찬양시(시 46, 48, 84, 89편), 세 편은 탄원시(시 59, 69, 80편), 한 편은 제의시(시 24편)에 해당된다. 이 시편들 가운데 예루살렘 제의 언어가 반영되어 있다. 시편 46:8, 12(한글성경에서는 11절); 84:9에는 '야웨 쩨바오트'와 '야곱의 하나님'이, 시편 69:7에는 '이스라엘의 하나님'이 나란히 나온다. 이 두 가지 호칭들을 통해 '야웨 쩨바오트'의 전승 자료가 북쪽 기원임을 추측할 수 있다. 시편 84:4에는 개인적인 경건의 모습으로 '나의 왕, 나의 하나님'이라는 표현이 나온다. 여기서 '야웨 쩨바오트'를 야웨 왕권과 관련된 신앙으로 볼 수 있다. 시편 24편에서는 '영광의 왕이 누구냐?'는 질문에 대해 시인은 '야웨 쩨바오트, 그가 영광의 왕이다'라고 대답한다(시 24:10). 특히 시편 24:8에서 시인은 '야웨는 강한 자'이며, '야웨는 전쟁에 능한 자'로 대구를 이룬다. 즉 시편 24편에서는 '야웨 쩨바오트'를 야웨 전쟁과도 관련시키고 있음을 보게 된다. 이는 실로에서 이미 야웨 전쟁과 법궤, 야웨 전쟁과 '쩨바오트'가 연결되었기 때문에 이전 오래된 자료들의 영향으로 볼 수 있다. 그러나 시편 24편의 시인이 말하고자 하는 것은 예루살렘 제의 언어로 이스라엘의 전쟁과 이스라엘의 전쟁 신이 아닌, 특별히 예루살렘 도시와 예루살렘 성전으로 들어가 거주하는 '영광의 왕'을 주제로 삼고 있다.

'야웨 쩨바오트'가 거하시는 예루살렘에 대한 모습을 또 다른 시편에서도 볼 수 있다. 시편 48:9에서 예루살렘은 '야웨 쩨바오트의 성읍'으로, 84:2에서는 '사랑스런 장막들'로, 84:4에서는 '제단들'로 불린다. 또한 하나님은 '야웨 쩨바오트'로써 다른 신들의 아들들과 비교할 수 없으며(시 89:7, 9), 역사를 주관하는 창조자이시다(시 89:10이하). 그는 신들의 회합 가운데 서 계시며, 가장 높으신 하나님이시고, 하늘의 왕이시다. 따라서 시편의 시인은 '야웨 쩨바오트'의 항상 보호하심에 대한 신뢰와 함께하심을 노래한다. '야웨 쩨바오트가 우리와 함께하시고', '야곱의 하나님은 우리의 성(城)이다'(시 46:4, 8, 12).

## 3. 예언서에서 '쩨바오트'의 의미

구약성경의 예언서에서는 '쩨바오트'에 대한 사용 빈도가 눈에 띌 정도로 자주 나타나지만, 북왕국의 예언자 호세아는 이 표현을 좀처럼 사용하지 않는다. 예외적으로 호세아 12:6에 '쩨바오트'의 표현이 나오지만, 학자들(H. W. Wolff, J. Jeremias)은 후대의 것으로 본다.[24] 이것은 '쩨바오트'라는 호칭이 적어도 북이스라엘의 호세아 시대에 없었거나 또는 더 이상 호세아 시대에는 사용되지 않았던 것을 의미한다. 그리고 이 '쩨바오트'의 호칭이 북쪽 전승 자료일지라도 북이스라엘의 엘리야-엘리사를 경유했다고 보지는 않는다. 오히려 '쩨바오트'의 전승이 예루살렘 제의에서 직접 영향을 받아 남왕국의 이사야와 아모스에게 전승되었다고 보는 것이 좋을 듯하다. 그 이유는 '쩨바오트'의 호칭이 엘리야-엘리사 이야기의 중심 요소가 되지 못하기 때문이다.

예언서에서 '쩨바오트' 사용의 형식적 변형들을 보면 다음과 같다. 예언자의 예언 양식인 '야웨께서 이같이 이르시되'(כֹּה אָמַר־יְהוָה 코 아마르 야웨)와 함께 '쩨바오트'라는 용어가 이사야 1~39장에 2회, 아모스에 1회, 예레미야에 54회, 이사야 40~55장에 1회, 스가랴에 18회, 학개에 5회, 말라기에 1회 나온다. '쩨바오트'의 확장된 예언자의 연설 양식인 만군의 '야웨의 말씀'(נְאֻם־יְהוָה 네움 야웨)이라는 표현이 이사야 1~39장에 7회, 아모스에 3회, 예레미야에 11회, 스가랴에 10회, 학개에 6회 나온다. 그리고 '쩨바오트'와 '야웨께서 이르시되'('이렇게'라는 히브리어가 빠진 형식)가 아모스에 1회, 나훔에 2회, 스바냐에 1회, 이사야 40~55장에 1회, 학개에 2회, 스가랴에 4회, 말라기에 20회 나온다. '쩨바오트'의 이런 확장된 형식들은 늦은 후기 포로 시대의 것이며, '야웨 쩨바오트'라는 간단한 형식은 오래된 예언자의 표현법으로 볼 수 있다.

그 밖에 '쩨바오트'는 내용적인 면에서 다양한 모습으로 나온다. '만군의 야웨의 입이 이같이 말씀하시니라'(미 4:4)와 같이 본문에 방향 전환을 가져오거나, '만군의 야웨의 말씀을 들으라'(사 39:5)고 하는 히스기야에 대한 요구에서, 그리고 스가랴 7:4에 나오는 '만군의 야웨의 말씀이 내게 임하여'(슥

8:1, 18)라고 하는 예언의 도입부에서도 나타난다. 또한 '야웨 쩨바오트는 그의 이름'이라는 표현을 이사야(사 47:4; 48:2; 51:15; 54:5), 아모스[암 4:13; 5:27; (9:6)], 예레미야(렘 10:16; 31:35; 32:18; 48:15; 50:34; 51:57)에서 볼 수 있다. 아모스 4:13과 9:6은 아모스서에 들어온 창조 찬양시들에 속하며, 아모스 5:27은 확장된 표현이다.[25] 그래서 '야웨 쩨바오트'의 변형된 형식은 포로기-포로 이후 공동체의 사상이라고 본다.

### 1) 이사야에서 '쩨바오트'의 사용

이사야에 '쩨바오트'가 56회 나오지만, 단지 9회만이 확실한 양식을 가지고 있을 뿐이다. 이것은 이사야가 이 '쩨바오트'라는 단어를 자유롭게 사용했음을 의미하며, '쩨바오트'라는 호칭을 의식적으로 받아들여 계속 사유했음을 암시한다. 이사야는 예루살렘의 성전 신학의 칭호에서 이 '쩨바오트'라는 용어를 차용했다. 이사야는 예루살렘 성전과 관련된 소명 이야기를, 제의를 연상케 하는 이사야 6:3의 세 번 반복되는 말씀("거룩하다 거룩하다 거룩하다")과 연결시켰고, 시온산에 거하는(8:18, 비교 31:9) '야웨 쩨바오트'의 제의적 형식을 결합시켰다(사 18:7에서 시온산은 '야웨 쩨바오트'의 이름이 거하는 곳이다).

이사야 6장에서는 독특한 특징을 보게 된다. 하나는 '야웨 쩨바오트'의 거룩성이며, 다른 하나는 '왕'으로서(5절)의 서술이다. 이는 '야웨 쩨바오트'에 대한 평행 호칭들로, 이사야에서는 '거룩하신 하나님'(5:16), '이스라엘의 거룩한 자'(5:24, 비교 10:20), '이스라엘의 강한 자'(1:24), 또는 아주 간단하게 '이스라엘의 하나님'(21:10; 37:16)으로 소개된다. 이사야서에는 '야웨 쩨바오트'의 거룩성이 특별히 중요하다. 이 용어는 제의적 범주에 해당하는 것으로 '야웨 쩨바오트'는 '거룩하다 일컬음'을 받게 되고(5:16), 이스라엘이 '야웨 쩨바오트'를 '거룩하다'고 하며, 그를 '두려워하고' 그를 '무서워한다'(8:13, 비교 10:24). 게다가 이스라엘은 '야웨 쩨바오트'를 '찾을 것이다'(9:12). 또한 이사야는 '야웨 쩨바오트'의 왕적인 측면을 강조한다(1:24; 3:1; 10:16; 19:4, 비교 3:15). 이사야 5장에 나오는 포도원 노래는 '야웨 쩨바오트'가 포도원과 농장의 소유자이시며, 이스라엘과 유다의 주인이심을 알려 준다(5:7). 또한 '야웨 쩨바오트'와 속격(genetiv)으로 연결되는 명사들은 '손'(19:16), '모략'(19:17), '열심'(9:6; 37:32), '진노'(9:18; 13:13), '날'(2:12; 22:5)이다. 이러한 명사들은 심판과 관련된 용어들이다. 이는 '야웨 쩨바오트'를 주어로 하는 동사들의 쓰임에서도 마찬가지이다. 즉 '야웨 쩨바오트'가 이사야의 귀에 계시하시고(22:14, 비교 5:9), '야웨 쩨바오트'가 들려주시며(21:10; 28:22), 맹세하시고(14:24), 제하여 버리시고(3:1), 살진 자들을 파리하게 하시며(10:16), 진멸하시며(10:23), 채찍으로 치시고(10:26), 꺾으시며(10:33), 군대를 검열하시며(13:4), 악을 끝내시고(14:27; 19:12; 23:9), 이스라엘을 찾으시며(29:6), 통곡의 날을 선포하시고(22:12), 전쟁하기 위해 시온에 강림하신다(31:4). 또한 '야웨 쩨바오트'는 예루살렘을 축복하기도 하시고(19:25), 보호하기도(31:5) 하시는데, 이는 구원의 말씀으로 '야웨 쩨바오트'의 모략은 기묘하며, 그의 지혜는 광대하고(28:29), 그 남은 백성에게 영화로운 면류관이 되시며, 아름다운 화관이 되실 것이다(28:5). 그리고 '야웨 쩨바오트'가 왕으로서 시온산을 통치하시고(24:23), 이 산에서 만민을 위하여 풍성한 잔치를 베푸실 것(25:6)이라는 표현은 묵시적 표현으로 모든 세상을 통치하신다는 종말론적인 왕권과 관련된다.

'쩨바오트'라는 용어가 이사야서에서 의미하는 바는 무엇일까? 학자들은 이사야 6장의 암시에서 그 의미를 찾고자 하여, 6장에 전제된 야웨께서 '통치하시는 위대한 이'로서 이 '쩨바오트'를 본다. 그러나 야웨는 쩨바오트의 왕일뿐 아니라, 그의 백성의 왕이시다. 그래서 야웨께서는 이스라엘을 벌주시고, 이스라엘을 재판정으로 이끄시는 것이다. 따라서 '쩨바오트'라는 호칭은 '초월 세계의 전능(Allmacht)과 장엄(Erhabenheit)'[26] 또는 '야웨의 모든 권위'(die ganze Machtfülle)[27]와 연결된다. 그러나 이사야에서는 '쩨바오트'가 '법궤' 전승과 연결되지는 않는다. 왜냐하면 법궤는 솔로몬 이후로 침묵하고 있기 때문이다.

### 2) 아모스에서 '쩨바오트'의 사용

아모스서에는 '쩨바오트'가 총 9회 나온다. 약간 변형된 형식을 포함하기는 하지만 예언자의 선포 양식과 함께 4회(3:13, 5:16; 6:8, 14), 선포의 종결과 함께 2회(4:13; 5:27), 예언자의 선포 내용 중에 3회(5:14, 15; 9:5) 언급된다. 이처럼 아모스가 다양한 형식으로 '쩨바오트'를 사용하고 있다는 것은 그만큼 쩨바오트 야웨, 쩨바오트 엘로힘을 잘 알고 있었다는 증거이기도 하다. 특별히 '쩨바오트'가 예언 선포 내용 가운데 언급될 때는 '정의'와 관련되어 나타난다. 즉 하나님의 백성들은 선을 구하고 악을 구하지 말 것이며(5:14), 또한 하나님의 백성은 성문에서 정의를 세워야 한다(5:15). 이는 아모스가 자신의 예언 선포에서 줄곧 말해온 내용으로, 아모스는 사회 정의를 외치면서 '쩨바오트'의 하나님 야웨가 하신 말씀이라고 예언의 기원을 삼고 있다. 또한 '쩨바오트'가 예언 선포의 내용 가운데 언급되면서 야웨의 '심판'과 관련하여 나타난다. 이 심판의 주제는 주전 8세기 예언자들에게 있어서 공통적인 주제이기도 하다. 아모스 역시 '쩨바오트' 야웨가 땅에 손만 대도 녹아나서 거기 거주하는 자가 애통해 하고, 그 온 땅이 이집트의 나일강처럼 불었다가 낮아졌다가 할 것이라고 선포한다(9:5).

### 3) 미가에서 '쩨바오트'의 사용

미가서에 나오는 유일한 '쩨바오트' 본문(4:4)은 평화의 나라에 대한 선포를 결론적인 형식으로 표현하고 있는 부분이다('만군의 야웨의 입이 이같이 말씀하시니라'). 이 형식은 평행 본문인 이사야 2:1~4에는 **빠져** 있고, 이사야 1:20; 40:5; 58:14에는 '쩨바오트' 없이 쓰이고 있다. 미가 4:4은 내용적으로는 포로기 또는 포로 이후의 모습을 반영한 것으로 보인다.

### 4) 그 밖의 예언서에서 '쩨바오트'의 사용

나훔서에는 '네움 야웨 쩨바오트'라는 하나님의 선포 양식이 나온다(2:14; 3:5). 이는 니느웨에 대한 위협적 선포에 속하며, 야웨를 온 세상의 통치자로서 이해하는 표현이다.

하박국 2:13상은 민족들과 나라들에 대한 '쩨바오트' 야웨의 선포이며,[28] 스바냐 2:9의 모압에 대한 위협 선포는 '이스라엘의 하나님, 야웨 쩨바오트의 선포'로, 스바냐 2:10에서는 이스라엘을 '야웨 쩨바오트의 백성'으로 부르고 있다.

이사야 40~55장에서는 '쩨바오트'라는 호칭이 확장되어 나타난다. '쩨바오트'가 '이스라엘의 왕 야웨'라는 표현과 평행을 이루며, '이스라엘의 구속자 야웨 쩨바오트'(사 44:6)로 불린다. 또한 그의 이름이 '야웨 쩨바오트'이신 이가 '구원자'와 '이스라엘의 거룩한 자'로 소개된다(사 47:4). 여기서 메시지 선포자의 존재에 대해 주목해야 한다. '왕', '구원자', '이스라엘의 거룩한 자'는 한편으로는 이사야가 이전의 '쩨바오트'라는 호칭을 이어받은 것으로 보이며, 다른 한편으로는 '야웨 위엄'의 차원에서 '쩨바오트'를 사용하고 있는 것으로 보인다.[29]

예레미야는 기존의 예언자들이 '쩨바오트'를 사용하는 것과 크게 다를 바 없다. 예레미야서에서는 '쩨바오트'가 하나님의 선포에 대한 도입부에서 나오며 하나님의 장엄함에 대한 표현으로 사용된다. '너를 심었던'(렘 11:17) 분 또는 "공의로 판단하시며 사람의 마음을 감찰하시는"(렘 11:20 개역개정) 분과 같은 종속 문장으로 나오거나, "이스라엘의 거룩하신 자"(렘 51:5) 또는 "왕"(렘 51:57)과 같은 표현으로, 그리고 '만물의 창조자'(렘 51:19)와 같이 하나님에 대해 신앙 고백적 형식들이 이스라엘 하나님의 위엄과 하나님의 변하지 않는 권위를 강조한다. 예레미야는 자신이 하나님의 완전한 소유물임을 고백하는 표현을 '쩨바오트' 사용을 통해 알린다. '만군의 하나님 야웨시여 나는 주의 이름으로 일컬음을 받는 자라 내가 주의 말씀을 얻어 먹었사오니 주의 말씀은 내게 기쁨과 내 마음의 즐거움이오나'(렘 15:16).

학개와 스가랴와 말라기에는 '쩨바오트'에 대한 통일된 사상이 나온다. 예루살렘 성전은 '야웨 쩨바오트'의 산 위에 세워지고(슥 8:3), '야웨 쩨바오트'의 집이라고 불린다(학 1:14; 슥 7:3; 8:9; 14:21). '야웨 쩨바오트'는 또한 예루살렘의 하나님이시다(슥 8:21~22, 비교 말 3:14). 여기서 '야웨 쩨바오트'는 "왕"(슥 14:16~17)으로, "큰 임금"(말 1:14)으로 소개된다. '야웨 쩨바오트'가 유대인들에게 특별한 방식으로 행하셨으며(슥 9:15; 10:3; 12:5), 그는 모든 세상의 주시요(슥 1:12, 14~15), 그의 도시는 거룩한 도시가 될 것이다(슥 14:21). 이 하나님에 의해 보냄 받은 자는 인정을 받을 것이다(슥 2:13, 15; 4:9; 6:15). 포로 이후 시대에는 '야웨 쩨바오트'가 인과응보 신앙의 보증으로(슥 1:6), 그리고 제사장들은 '야웨 쩨바오트'의 사자(말 2:7)라는 사상이 새롭게 등장한다.[30]


## 맺는 말

'쩨바오트'라는 표현은 구약성경에서 자주 언급되는 하나님의 호칭이다. 이 '쩨바오트'는 구약성경의 하나님 사상에 대한 특징들을 나타내고 있다. 이 호칭이 본래 성전 제의에서 야웨 전쟁의 승리를 위한 호칭으로 사용되었을지라도, 예언자들의 협력이 없었다면 이후에 아마도 다양한 평가를 받지 못했을 것이다. 특별히 예언자 이사야는 구약성경 안에서 하나님의 호칭 '쩨바오트'를 받아들여 오랫동안 구약성경의 후대 본문들에 그 영향력을 미치게 된다. '쩨바오트'를 야웨의 '집결된 군사력'(K. Galling) 또는 야웨의 '능력'(O. Eissfeldt) 또는 '모든 신들의 압도적인 위엄'(O. Eissfeldt)으로 보는 다양한 견해들이 있다. 하지만 이 '쩨바오트'는 가장 장엄하고, 가장 뛰어나신 하나님의 왕적인 이름을 의미한다고 본다.

# 08

# 왕정과 선지자 제도에 관한 신학적 이해

신정 통치를 지향하던 이스라엘의 왕과 선지자는 그들의 정치 구조 안에서 목자와 그의 지팡이처럼 하나의 팀을 이루어 백성들, 하나님의 양들을 바른길로 인도하는 역할을 담당하도록 설계되었다. 그러나 이러한 팀 사역은 그야말로 희망 사항이었고 그들의 이상에 부합되지는 못하였다. 이스라엘의 역사 속에서 이 제도는 끊임없는 갈등과 대립을 경험했다. 그렇다면 무엇이 이들로 하여금 팽팽한 긴장감을 지속적으로 유지하게 하였는가? 이 글은 먼저 사무엘서를 중심으로 왕정과 선지자 제도에 대한 정의를 내리고 이 제도가 왜 대립 관계일 수밖에 없었으며 그러면서도 그 관계를 유지할 수밖에 없는 이유를 살펴보면서, 21세기 한국 교회에 어떠한 신학적 의미를 제시해 주는가를 생각해 보고자 한다.

## 왕정의 시작

이스라엘은 사사 시대를 지나면서 왕의 필요성을 절실히 느끼게 되었다 (삿 17:6; 18:1; 19:1; 21:25). 그들의 이웃은 날이 갈수록 소규모 도시 국가 형태(체제)를 탈피해 연합 국가 형태를 갖추기 시작했고, 팔레스타인 지역의 이러한 정치적 분위기는 이스라엘을 그냥 두지 않았다. 더구나 급변하는 국제 정세의 소용돌이 속에서 그들의 자주적인 독립을 유지하려면 강력하고 효율적인 정치 체제가 필요했던 것도 사실이다. 즉 이스라엘도 한 국가로써 존재하기 위해서는 왕을 중심으로 하는 강력한 중앙 집권 체제를 지향해야 했던 것이다.

더욱이 명맥이나마 유지되어 오던 사사의 통치도 막이 내려지고 말았다. 물론 사무엘이 이스라엘의 마지막 사사였던 것은 확실하지만 사무엘서는 사무엘을 사사보다는 선지자로 여겨 왕정 성립 과정에서 매우 독특한 위치를 부여하고 있다. 이러한 사실은 히브리어 '킷세'(אסכ), 즉 '의자'(또는 보좌)라는 단어 사용을 통하여 발견할 수 있다. 책의 서두에서 저자는 제사장 겸 사사 엘리가 늙어 몸이 비대하며 영적 분별력이 전혀 없는 모습으로 킷세에 앉아 있는 모습을 묘사한다. 초라하다 못해 처량하기까지 한 엘리의 모습에 대한 묘사는 당시 이스라엘의 리더십의 상황을 가장 적나라하게 표현하고 있다. 사무엘상 4장에서 엘리는 블레셋과의 전쟁에 아들들을 통해 법궤를 떠나 보낸 다음, 킷세에 앉아 초라하게 전쟁 소식을 기다린다. 그러나 법궤를 빼앗기고 아들들이 죽었다는 비보에 엘리는 킷세에서 떨어져 목이 부러져 죽었다(4:18). 엘리가 죽는 순간부터 그가 앉았던 이스라엘의 통치를 상징하는 의자 또는 보좌는 공석이 되었고, 독자들은 그 자리에 앉을 인물을 대망하게 된다. 엘리의 대를 이어 사무엘이 이스라엘의 사사로서 사역했지만 그와 연관되어 킷세가 사용되지는 않는다. 사울이 40여 년 동안 왕으로 군림했지만, 그 또한 엘리 이후 비어 있던 킷세에 앉지는 못했다. 결국 이 킷세는 다윗과 그의 후손들에 의해 채워지게 되었다(삼하 3:10; 7:13, 16; 14:9). 저자는 이렇게 킷세라는 단어를 전략적으로 사용함으로써 사무엘과 사울 시대는 사사 시대(엘리)와 왕정 시대(다윗)의 전환기였음을 역설할 뿐만 아니라 이 과정에서 사무엘은 사사보다 선지자로서 더 중요한 역할을 감당했음을 강조한다(이 내용에 대해서는 뒷부분에서 좀 더 언급할 것이다).

심사숙고 끝에 이스라엘 백성들은 그들의 마지막 사사이자 선지자였던 사무엘에게 장로들을 보내어 왕을 세워 달라는 요청을 하기에 이르렀다(8

장). 하나님께서는 이미 아브라함과 사라에게 왕들을 약속하셨으며(창 17:6, 16), 야곱에게 재확인까지 하셨다(창 35:11). 또한 모세를 통해서도 왕의 규례를 이미 주셨기에(신 17:14~20), 그들은 사무엘에게 때가 찼으니 왕을 세워 달라고 한 그들의 요청이 별 문제가 없을 것이라고 여겼다. 그러나 사무엘과 하나님의 반응은 매우 뜻밖이었다. 사무엘은 마음이 상하여 하나님께 기도했고, 하나님께서는 사무엘에게 '그들이 너를 버린 것이 아니라 나를 버린 것이니 그들이 원하는 대로 왕을 세워 줘라' 하고 말씀하셨다(참고 8:6~7; 12장).

만일 하나님께서 이스라엘에게 왕을 주실 것을 계획하셨다면 '왕을 세워 달라'는 장로들의 요구는 어디에서 무엇이 잘못되었단 말인가? 왜 하나님께서는 외형상 정당해 보이는 그들의 요구에 이런 반응을 보이셨는가? 장로들의 발언을 자세히 들여다 보면 그들의 표현 속에서 그 실마리를 찾을 수 있다. 장로들은 이스라엘에 왕을 세움으로써 두 가지 목적을 달성하고자 했다. 먼저는 사무엘이 세운 이스라엘의 사사들인 사무엘의 아들들의 횡포를 막고자 했으며(참고 8:5, 1~3), 다음은 왕을 세워 열방처럼 되기를 원했다.

이스라엘이 열방처럼 된다는 것은 무엇을 의미하는가? 열방처럼 왕이 우리를 다스리고, 왕이 우리를 이끌고 나가서 전쟁에서 싸우는 것(8:19~20)이라고 장로들은 말하고 있다. 표면적으로는 간단하고 소박한 이들의 염원이 실제로는 매우 심각한 신학적 문제가 내포되어 있었다. 그들은 더 이상 보이지 않는 하나님의 통치 아래 사는 것을 원치 않았으며 오히려 그들과 호흡을 같이하는 인간 왕의 군림을 선호한 것이다. 그러나 하나님께서는 이스라엘을 이전에 이미 구별하셨고 뭇 백성들과 다르게 그분 자신이 직접 통치하시는 신정 국가로 그 이념을 삼으셨다. 그런데 이제 와서 이스라엘은 더 이상 열방과 다르게 살고 싶지 않다고 호소하고 있는 것이다. 그들은 자신들의 정체성을 거부하고 만 것이다. 지금 이스라엘이라는 한 나라가 출범했을 때의 신학적 기반이 무너져 내리고 있는 것이다.

사무엘은 이스라엘이 하나님의 반대에도 불구하고 왕을 세운다면 훗날 그 일을 후회하게 되더라도 하나님께서는 더 이상 그들의 부르짖음을 들어 주시지 않을 것을 경고했다(18절). 하나님과 이스라엘이 시내산에서 맺은 언약의 가장 기본적인 메커니즘은 이스라엘의 부르짖음과 하나님의 응답이었다. 이 메커니즘이 아주 이상적으로 작동되었을 때가 사사 시대였다(참고 사사기). 사무엘이 새로운 왕으로 취임한 사울에게 권력을 이양한 순간까지도 이 원리는 순조롭게 이행되었다(참고 12장). 그러나 선지자는 더 이상 이 메커니즘이 작동되지 않을 것을 경고했다. 이스라엘이 하나님의 통치를 거부하고 왕의 지배를 원했기 때문이었다. 지금부터는 왕이 이스라엘을 구원해야만 한다. 만약 왕이 이스라엘을 구원하지 못할지라도 더 이상 하나님의 도움을 바랄 수 없는 처지가 되고만 것이다.

따라서 새로이 형성될 왕정 제도와 시내산 언약은 과연 상부상조하며 공존하는 관계로 이룩될 수 있을 것인가? 아니면 왕정 제도가 시내산 언약을 대처할 것인가? 하는 질문을 야기하게 된다. 성경 기자는 이 문제에 대해 사무엘상 12:14~15을 중심으로 그의 논리를 전개하며, 아주 재치 있고 명쾌하게 풀어 나간다. 이 텍스트는 성경에서 찾아 볼 수 있는 언약에 관한 언급 중 가장 정교하고 확실하게 정의된 것들 가운데 하나이다(Brueggemann). 다음의 구조를 생각해 보자.

> 만일 너희가 여호와를 경외하고 그를 섬기고
> 그의 음성을 듣고
> 그의 말씀을 거역하지 않으며
> 여호와 너희 하나님을 좇으면
> 그러면 좋으리라(12:14).

> 만일 너희가… 듣지 아니하고
> … 거역하면
> 그러면 너희와 너희 왕을 치시리라(12:15).

여기서 '너희 왕'(15절)이란 문구는 맛소라 사본에는 포함되어 있지 않다. 그러나 70인역에는 '그리고 너희의 왕 위에'(καὶ ἐπὶ τὸν βασιλέα ὑμῶν카이 에피 톤 바실레이아 휘몬)라는 문구가 포함되어 있다. 어느 쪽이 설득력이 있는가? 증거들을 살펴보면, 14절 마지막 부분에 이미 왕이 포함되어 백성들과 함께 취급되고 있음을 볼 수 있다. 그리고 15절은 14절과 평행을 이루므로 당연히 왕에 대한 언급이 포함되어야 한다. 또한 12장의 끝절인 25절에서도 왕과 백성이 함께 취급되고 있다는 점을 감안할 때 15절의 왕의 언급은 당연하다 할 것이다. 따라서 맛소라 사본을 필사하던 사람의 실수로 이 문구가 빠진 것이 아닌가 하고 추측해 볼 수 있다.

사무엘은 이스라엘의 왕정 도입을 언약파기 행위로 해석하고 있지 않다. 오히려 왕을 이스라엘의 언약 공동체의 한 일원으로 끌어들이고 있다. 즉 구(舊)제도(신정)가 신(新)체제(왕정)를 수용할 뿐만 아니라 과거의 언약은 앞으로도 유효한 것으로 간주하겠다는 것이다. 여기에서 신·구의 합의점으로는 구제도는 왕정의 정당성을 인정하고, 신제도의 우두머리인 왕은 구제도의 권위에 복종하는 것으로 이루어진다. 하나님께서는 그의 통치를 거부하고 반역하는 백성들을 끝까지 버리지 않으시며 그들의 새 요구라는 패러다임을 껴안으신 것이다.

그러나 이스라엘의 왕정 요구는 단지 그들의 정체성을 흔든 신학적인 차원에서만 머물지 않는다. 왕을 세운다는 것은 현실적으로 많은 부담과 위험을 안게 된다. 사무엘은 왕에 대한 가장 기본적인 이미지를 '취하는 자'로 묘사하고 있다. 왕은 세금, 압수, 징병 등을 통하여 백성들로부터 히브리어로 '라카크'(לקח)라고 하는 끊임없이 '취하게'(8:11, 13, 14, 16)될 것임을 경고하고 있다. 더욱이 사무엘은 그의 고별 설교(12장)에서도 자신은 평생 동안 한번도 다른 누구의 것도 취한 적이 없다고 회고함으로써 이 점을 다시 한 번 상기시키고 있다. 사무엘의 일생처럼 하나님의 통치는 끊임없이 주는 것이었다. 그러나 이제 이스라엘은 왕을 세움으로 인해 끊임없이 왕을 위해 바쳐야 하는 입장이 되고 말았다. 그렇다면 왕과 백성의 관계는 근본적으로 어떠한 것이란 말인가? 사무엘은 분명히 '너희는 그(왕)의 노예들이 될 것이다'(8:17)고 경고하고 있다.

만일 왕정이 계속되면서도 하나님의 언약이 유효하다면 왕이 이스라엘 공동체의 우두머리로서 하나님이 허락하신 권위로 공동체를 통치해야 할 것이다. 무엇이 왕으로 하여금 위임받은 권력을 남용하지 않고 자신의 위치에 걸맞은 정치를 하도록 보장할 수 있을 것인가? 다시 말해 이스라엘의 왕이 하나님 행세를 할 수 없도록 하는 어떠한 안전장치가 있는가? 또한 왕이 근본적으로 취하는 자라면, 어떻게 그가 지나치게 취하는 것을 방지할 수 있을 것인가? 하나님께서는 이 안전장치 역할을 하도록 선지자 제도를 설계하셨고, 선지자들에게 그 역할을 담당시키셨다.


## 선지자 제도의 시작

성경은 인류 최초의 선지자로 에녹을 천거하고 있다(유 1:14). 이스라엘의 역사에는 아브라함 이후 많은 사람들이 선지 사역을 수행했다. 그러나 선지자들과 그들의 사역이 전문화되고 제도화되기 시작한 것은 사무엘 시대부터였다.

사무엘은 사무엘서의 시작부터 이스라엘의 선지자로 자리매김하였다(3:20; 9:9). 사무엘로부터 왕으로 기름 부음을 받은 사울은 사무엘의 예언대로 귀가 길에서 선지자들의 행렬을 만났다(10:10~12, 참고 5절). 선지자들이 무리를 지어 다니는 모습이 성경에서 최초로 기록되어 있다. 훗날 다윗을 추적하던 사울은 다시 한 번 선지자 무리들을 접하게 된다(19장). 사무엘서는 사무엘과 이 선지자 무리와의 관계를 명확하게 설명하고 있지는 않지만, 사무엘이 이들의 지도자로 묘사되고 있는 점을 감안한다면 제도화된 선지 사역의 창시자는 바로 사무엘일 가능성이 높아진다. 한 가지 확실한 것은 사무엘 시대를 즈음하여 선지자들이 모여 단체 생활을 했던 선지 동산이 시작되었다는 점이다.

사무엘 시대에 선지자들의 사역이 전문화되기 시작한 것을 계기로 그들의 권위도 새로운 위치에 오르게 되었다. 사무엘 이전의 이스라엘 역사에서 선지자들의 출현은 산발적이었으며, 그들의 사역과 권위 역시 그에 따라 지극히 제한적일 수밖에 없었다. 그러나 선지자들의 사역이 제도화되기 시작하면서 종교적, 정치적으로 선지자의 역할 비중은 자연히 커지게 되었다. 이러한 분위기는 이미 사무엘상 2장에서 하나님의 사람 선지자가 행한 엘리 집안의 저주 예언 선포에서 예시되고 있다. 사울에게 쫓겨 아둘람 광야를 방황하고 있던 다윗은 선지자 갓이 선포한 하나님의 메시지를 듣고는 위험 부담이 더 컸던 유다 땅으로 돌아갔다(22장). 밧세바와 간음하고 심지어 그녀의 남편마저 살해하고도 태연했던 다윗 왕을 회개케 한 것은 선지자 나단의 사역이었다. 뿐만 아니라 나단의 한마디는 다윗 통치의 가장 큰 업적이 되었을 성전 건축 계획을 취소시키는 위력을 지녔었다.

위의 사례들도 선지자들의 위엄을 잘 드러내고 있지만 그들의 권위가 더욱 절정으로 묘사되는 곳은 사무엘과 이스라엘의 왕들과의 관계에서였다. 이스라엘의 첫 왕이었던 사울이 누구로부터 임명장을 받았던가?(9~10장). 이스라엘의 두 번째 왕이었던 다윗은 또한 누구로부터 왕으로 세움을 입었는가?(16장). 그리고 하나님께 버림받은 사울의 왕복을 벗김으로써 그의 폐위를 상징적으로 세상에 드러낸 사람은 누구인가?(19:20~24). 사무엘은 선지자로서 사람을 왕으로 세우는 '킹 메이커'(king maker)이면서 동시에 폐위도 시키는 '킹 브레이커'(king breaker)였던 것이다. 이처럼 이스라엘의 왕들은 선지자를 통하여 하나님께 정당성을 인정받아야 했다. 선지자의 정당성은 곧 하나님의 인정을 의미했으며, 선지자의 인정 없는 정권은 하나님의 인정을 받지 못한 서자 정권에 불과했다. 이러한 선지자와 왕과의 관계는 지속되었고, 열왕기 안에서도 그러한 사례들은 잘 묘사되어 있다(왕상 19:15, 16, 참고 왕하 8:13).

## 왕정과 선지자 제도의 필연적인 갈등

선지자가 왕에게 정당성을 부여한다고 하여 왕이 선지자를 절대적으로 따르고 그 권위에 순복한 것은 아니었다. 상당수의 선지자들이 왕에게 하나님의 말씀을 전하다가 순교를 당했다고 성경과, 유대인들의 전통을 담은 책인 위경에 기록되어 전해지고 있다. 비록 선지자들이 하나님의 권위를 위임받아 말씀을 선포했지만, 하나님을 경외하지 않는 자들에 있어서는 아무런 위력이 발휘되지 않은 것이다. 선지자들은 세속화된 권력에 의하여 아주 쉬운 희생물이 될 수도 있는 자들이었다.

그러므로 선지자 나단이 다윗을 향해 밧세바와의 간음을 지적한 것은 쉽게 생각할 수 없는 것임을 알아야 한다. 적어도 나단은 다윗과의 만남을 위하여 오랜 기간 금식기도도 했을 것이다. 마침내 다윗을 만나러 가던 날에는 새벽기도 후 가족들을 불러 모았을 것이며, 걱정스런 눈으로 바라보는 아내에게 말했을 것이다. "여보, 가난한 선지자에게 시집 와서 고생 많았소. 그저 고맙고 미안할 뿐이오. 오늘 내가 나가면 영영 못 돌아올지도 모르오. 아이들과 잘 살기를 바랄 뿐이오." 그리고 자녀들을 향해서는 "혹시 내가 살아서 돌아오지 못한다 할지라도 어머니 모시고 잘 살아야 한다. 그동안 아비로서 아무것도 해 준 것이 없어 미안하구나. 너희 어머니는 나를 만나 고생만 하셨단다. 이제 너희들이 잘 좀 모시도록 하려무나"라는 내용의 유언을 남기고 집을 나섰을 것이다. 물론 이러한 시나리오는 필자의 가상이지만 선지자와 왕의 권력을 비교해 보면 충분히 있을 법하지 않은가! 비록 선지자에게는 하늘의 권세가 위임되었지만, 그들은 세상 권세의 무력(武力) 앞에서는 쉬이 희생될 수도 있었던 것이다.

선지자 제도와 왕정의 관계를 이해하는 데 있어서 한 가지 인식해야 할 것은 이 둘은 본질적으로 공존할 수 없다는 점이다. 선지자의 기본적인 역할은 청중들의 마음속에 그들이 속한 사회의 중심을 형성하고 있는 문화 의식(consciousness)과 자각(perception)을 대처할 수 있는 대처 의식(alternative consciousness)과 대처 자각(alternative perception)을 불러일으키고 이것들을 육성, 성장시키는 것이다.

따라서 왕이 제아무리 여호와 하나님을 경외하는 자로서 이상적인 정치를 펼치고 개인적으로는 성경의 원리를 따라 이루어 내는 경건한 통치를 한다 할지라도, 선지자는 이 통치가 빚는 의식과 자각에 동조할 수 없을 뿐만 아니라 그의 소명의 본질상 동조해서도 안 된다. 왜냐하면 선지자는 항상 선지적 상상력(prophetic imagination)을 사용하여 현세에 드러나 있지 않은 하나님의 이상과 가능성을 선포해야 하기 때문이다. 따라서 구약의 선지자들은 이스라엘의 왕들과 항상 최소한의 거룩한 거리감을 유지하고 있었음을 알 수 있다.

그렇다면 선지자들은 과연 어떻게 그들의 세상에 휘말리지 않고 하나님의 대처 의식과 자각을 추구하며, 또한 육성이 가능했을까? 그것은 무엇보다도 그들의 삶이 하나님과의 꾸준한 동행으로 말미암았음이 가장 중요한 요소일 것이다. 또한 자신들이 생명을 걸고 지켜야 할 가이드 라인(guide line)이 있었을 것이며, 그 속에는 결코 기득권자들과 합세하거나 그들의 녹을 먹지 않는다는 요소도 포함되었을 것이다.

만일 선지자가 왕을 비롯한 특권층의 사람들과 어울린다면, 그만큼 사역이 어렵게 되는 것은 당연한 결과였다. 즐길 것을 즐기고, 누릴 것을 다 누리는 선지자의 시야는 안락과 평안으로 가려져 서민들의 고충이 안중에 있을 리 만무한 것이다. 또한 구린 데가 있는데 어떻게 이 특권 계급의 사람들에게 전해야 할 경고와 징계의 메시지를 올바로 선포할 수 있겠는가? 선지자로서 특권 계급의 녹을 받고 함께 먹고 마시며 그들의 환락을 같이 즐긴다면 이 기득권자들의 애완견으로 전락하고 말 것이다. 그러므로 선지자들은 결코 정권자들과 합세해서는 안 된다. 구약 안의 선지자들의 이러한 모습들을 수없이 봐 오지 않았던가(이사야와 히스기야, 예레미야와 시드기야, 아합과 엘리야 등등의 관계를 생각해 보라)!

왕들과 선지자들의 사이에는 언제나 일정의 거리가 존재하고 있던 것이다. 선지자들은 세력가들에게 경제적 도움을 받을 수 없었으므로 언제나 가난하게 살아가는 모습으로 구약성경은 묘사하고 있다. 먹을 것이 없어 들에 나가 나물을 잘못 뜯어 먹고서는 떼죽음을 당할 뻔한 이야기(왕하 4:38~41)와 한 선지자의 죽음으로 인해 온 가족이 노예로 팔려갈 위험에 처했던 이야기(왕하 4:1~7) 등은 얼마나 많은 교훈을 후세들에게 전하고 있는가! 이처럼 이들은 자신들의 메시지의 순수성을 보존하기 위하여 고독과 고난을 자처한 자들이었다.

이미 서두에서 언급한 것처럼 왕정과 선지자 제도는 사무엘 시대를 기점으로 함께 출범하고 있으며, 거기에는 하나님의 깊으신 뜻이 포함되어 있다. 비록 이스라엘의 왕은 그들의 하나님 여호와의 권위를 위임받아 통치자의 위치에 있다 하더라도 하나님을 경외하지 않는 왕이 보좌에 오르게 되면 변할 수밖에 없는 상황이었다. 폭군과 독재자를 견제할 제도적 장치가 없었던 것이다. 이러한 상황에서 만일 왕이 잘못되면 온 나라가 소용돌이에 휘말릴 것이고, 심지어는 온 나라, 온 민족에게 영적 몰락이 임할 것임은 충분히 예측되는 일이다.

그렇다면 잘못된 왕에게 누가 하나님의 진정한 뜻을 선포할 수 있을 것인가? 제사장들이라고 누가 감히 말할 수 있는가? 제사장 제도는 본질적으로 상류층과 연루되어 있었기 때문에 그러한 역할을 기대하기는 사실상 어려운 국면이었다. 생명을 걸고라도 왕에게 하나님의 말씀을 권면하고 경고하는 것은 선지자들의 몫이었다.

이 두 제도를 동시에 출범시킨 하나님의 의도하심이 바로 이것이었다. 선지자 제도의 기본적인 사명은 왕정을 꾸준히 견제하는 일이었다. 그러다가 왕이 행여 잘못된 길로 나아가면 선지자는 가차없이 하나님의 말씀을 선포했고, 심지어는 목숨을 잃는 한이 있어도 그 일은 감당해야만 했다. 이렇게 선지자 제도는 이스라엘의 왕정의 부패와 타락을 미연에 방지하고자 하신 하나님의 최종적인 경고 장치였다. 선지자 제도와 왕정은 처음부터 대립과 긴장의 관계로 설계되었던 것이다.

# 맺는 말

구약의 제도들 중 교회의 목회자 개념에 가장 많이 반영된 부분은 선지자 제도이다. 그래서 신학교를 두고 일명 선지 동산이라 부르기도 한다. 그럼에도 상당수의 목회자들이 삶의 방식에 있어서는 선지자들을 따르고 있지 않은 것은 왜인가? 아직도 예수 믿는 사람들은 물질적으로 잘살 권리가 있고, 목회자들은 이 세상의 최고의 것들을 즐길 특권이 있다고 가르치는 목회자들을 주변에서 종종 볼 수 있다.

이들의 숫자가 많지 않음이 다행이지만, 그러나 이들에게 질문하고 싶은 것이 있다. '굶주린 배를 움켜쥐면서도 끝까지 부와 권력에 굴하지 않고 청렴결백하게 살며, 때론 구슬픈 노래를 부르다 세상에서 사라져 간 선지자들과 지금의 목사들과는 어떤 관계가 있다고 생각하는가?' 하고 말이다.

# 09

# 사무엘상에 나타난 선지자의 역할

구약성경의 예언 운동은 오로지 이스라엘에서만 나타났던 현상은 아니었다(민 22:5; 왕상 18:19). 이스라엘의 예언이 정확히 언제부터 시작되었는지는 알 수 없다. 그러나 대체적으로 사무엘의 등장을 본격적인 예언 활동의 시작으로 본다. 이 글은 사무엘상에 나타난 선지자의 역할에 대하여, 특히 사무엘을 중심으로 그의 선지자적 기능에 대하여 기술할 것이다.

## 사사에서 왕과 예언자로

사사 시대는 영웅(사사)들이 하나님의 영에 의해서 부름을 받았다. 그들은 하나님의 결정을 선포하고 전쟁을 이끌었다(삿 3:26~30). 따라서 영적인 카리스마와 세속적인 통치, 즉 영의 부으심과 정치적인 행동이 통합되어 있었다. 그런데 사사 시대가 끝나고 왕정 시대가 시작되면서 이러한 통합적인 지도력은 서로 나뉘게 된다.

사사 시대에서 왕정 시대로 넘어가는 과정을 좀 더 살펴보자. 사실 '사사'(שׁוֹפֵט쇼페트)의 개념은 '재판관'(judge)보다 더 포괄적 의미인 '통치자'(ruler)에 더 가깝다. 이 통치자는 당시 두 가지 기능을 담당했던 것으로 보인다. 하나는 카리스마적이고 종교적인 역할이고, 다른 하나는 정치적이고 군사적인 역할이다. 전자는 특수한 상황에서만 일어났다. 예를 들면 기드온 같은 경우이다. 이스라엘이 미디안의 억압을 받고 있을 때 카리스마가 기드온에게 임한다. 이때 그는 이스라엘의 구원자로 활동한다. 이스라엘의 해방이라는 구원이 이루어지자 기드온은 본래의 자기 위치로 돌아간다. 이렇듯 위기의 상황에서만 카리스마에 사로잡혀 민족을 구원하는 역할을 수행한 사람들을 이른바 대사사(옷니엘, 에훗, 삼갈, 드보라, 기드온, 삼손, 입다 등)라고 한다. 이에 비해 후자는 종신적인 직책이었다. 사사기 10:1~15과 12:7~15에 나오는 사사들은 이렇다 할 영웅적인 행적이 언급되지 않고 죽음을 맞이할 때까지 지속적으로 사사직을 수행한다. 이들을 이른바 소사사(돌라, 야일, 입다, 입산, 엘론, 압돈 등)라고 한다. 사무엘은 마지막 사사였으며(7:15~17), 그 이후 생겨난 왕은 아마도 소사사의 기능을 계승한 것으로 보이며 대사사의 기능은 예언자에게로 이어진 것 같다. 따라서 예언자는 카리스마에 입각하여 '하늘의 왕'이신 하나님의 대언자가 되어 '지상의 왕'인 종신직 왕을 견제하고, 그 왕에게 하나님의 뜻을 전해 주었다.


## 예언자의 역할

### 1. 중보기도

예언자들은 두 가지 역할을 감당했다. 첫째, 하나님 앞에서 행한 백성들의 대변자로서의 기능이다. 다시 말하면 예언자는 백성을 위해 하나님께 기도하는 중재자 또는 중보기도자였다. 이러한 중보기도가 예언자에게 주어진 가장 중요한 임무였다. 구약성경에서 최초로 '예언자'(נָבִיא나비)라는 명칭을 부여받은 자는 아브라함이었다. 아브라함은 중보기도를 한다는 의미에서 예언자로 불리웠던 것이다(창 20:7). 출애굽기 5:22~23에 나타난 예언자의 원형으로 알려진 모세의 첫 역할도 중보기도였다.

## 2. 메시지 전달

예언자의 두 번째 역할은, 백성 앞에서 행한 하나님의 대변자로서의 기능이다. 즉 예언자는 백성들에게 하나님의 뜻, 의지, 결정을 알리는 메신저이다. 이스라엘 백성들은 특별한 상황에서 하나님의 뜻을 깨닫기 위해 예언자를 찾아가 물어보아야 했다. "옛적 이스라엘에 사람이 하나님께 가서 물으려 하면 말하기를 선견자에게로 가자 하였으니"(9:9). 하나님은 예언자의 입에 당신의 말씀을 넣어 주어 이를 선포하도록 하신다. "내가 그들의 형제 중에 너와 같은 선지자 하나를 그들을 위하여 일으키고 내 말을 그 입에 두리니 내가 그에게 명하는 것을 그가 무리에게 다 고하리라"(신 18:18). 예언자는 하나님과 백성 사이에 끼여 있는 자로 그의 첫 번째 역할은 아래에서 위로, 두 번째 역할은 위에서 아래로 향하는 구조를 보여 준다. 이를 그림으로 그려 보면 다음과 같다.

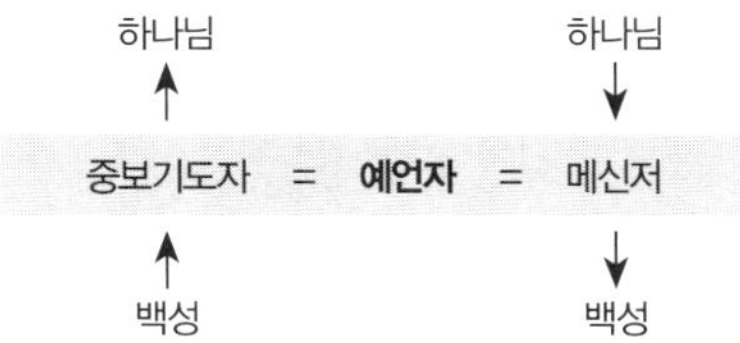


## 사무엘의 예언자적 역할

구약성경은 사무엘에게 제사장이라는 명칭을 부여하지 않는다. 그러나 그는 출생부터 실로의 성소와 긴밀한 관계를 맺고 있으며 그의 삶에는 제사장으로서의 성격이 강하게 배여 있다(참고 2:11, 18; 7:9; 9:13 등). 따라서 그가 제사장의 일을 했다고도 볼 수 있다. 또한 그는 예언자이기도 했다. '단에서 브엘세바까지의 온 이스라엘이 사무엘은 야웨의 선지자로 세우심을 입은 줄을 알았더라'(3:20). 뿐만 아니라 사무엘은 사사이기도 했다. "사무엘이 사는 날 동안에 이스라엘을 다스렸으되”(7:15, 히브리어 שפט샤파트는 '사사'라는 뜻의 쇼페트의 동사형이다). 그는 이스라엘의 사사 시대를 마감하는 마지막 사사였다. 그가 사울에게 기름을 부어 이스라엘의 초대 왕으로 세우면서 드디어 왕정 시대가 열리기 시작한다. 위에서 언급했듯이 왕의 등장과 더불어 본격적인 예언자 시대도 함께 시작된다.

여기에서는 예언자로서의 사무엘에 주목해 보자. 위에서 언급한 바와 같이 예언자의 역할은 '중보기도'와 '메시지 전달'이다. 7:8~9; 12:19; 15:11은 사무엘의 중보기도 활동을 기록하고 있다. 또한 8:10~18; 10:17~19; 13:13~14에 따르면 사무엘은 백성들에게 하나님의 말씀을 전달하고 있다. 사무엘은 예언자의 두 가지 역할을 모두 감당한 셈이다. 먼저 사무엘의 중보기도에 대하여 살펴보자.

## 1. 사무엘의 중보기도

### 1) 국가의 위기를 극복하게 하는 중보기도(7:3~11)

이스라엘 백성들은 블레셋의 지속적인 위협에서 시달리고 있었다. 이를 극복하기 위해 백성들은 사무엘의 권고에 따라 베냐민 지파의 성소인 미스바에 모여서 참회의 예배를 드림으로 하나님께로 되돌아왔다. 이스라엘이 하나로 뭉치고 새로워지자 블레셋은 이스라엘을 공격하기 시작했다. 이스라엘 백성들은 두려워하며 사무엘에게 중보기도를 요청한다. “사무엘에게 이르되 당신은 우리를 위하여 우리 하나님 여호와께 쉬지 말고 부르짖어 우리를 블레셋 사람의 손에서 구원하시게 하소서”(8절).

사무엘은 이스라엘이 국가적 위기에 처하게 되자 제단을 쌓고 하나님께 간절히 기도한다. “사무엘이 젖 먹는 어린 양을 취하여 온전한 번제를 여호와께 드리고 이스라엘을 위하여 여호와께 부르짖으매 여호와께서 응답하셨더라”(9절). 하나님은 예언자 사무엘의 중보기도를 들으시고 블레셋의 공격을 무력화 시켰다. 예언자의 중보기도는 군사적 공격도 무력화 시켜서 국가의 위기를 극복하게 하는 하나님의 능력을 불러들이는 동인(動因)이 될 수 있다.

### 2) 중단이나 쉼을 죄로 여기는 중보기도(12:16~25)

사무엘은 노년에 이르자 스스로 공직에서 은퇴하려 했다. 이때 남긴 '은퇴 설교'(또는 '고별 설교')가 사무엘상 12장의 내용이다. 마지막 사사인 사무엘은 자신이 기름 부은 왕에게 최고 지도자의 자리를 내주고 본인은 사사직에서 물러난다. 이는 사사의 직무가 왕의 직무로 대체되는 일종의 시대적 전환점을 보여 준다. 사무엘은 그동안 자신이 잘못한 일이 있었는지 소상히 묻고 이에 대하여 백성은 그런 일은 없었다고 답한다. 사무엘은 자신이 사리사욕을 채운 적이 없었다는 것이 확증된 다음에, 출애굽으로부터 사무엘 당대까지의 백성들의 책임을 추궁한다.

사무엘은 이 백성의 죄가 크다고 하는 사실을 보여 주기 위해 하나님께 기도하여 여름(밀 베는 때)에는 보기 힘든 뇌우 현상이 일어나게 한다. 이 징조는 사무엘의 전권을 보여 줄 뿐만 아니라 백성들의 악을 분명히 드러내 준다. 백성들은 크게 두려워하고 사무엘에게 중보기도를 부탁한다. "당신의 종들을 위하여 당신의 하나님 여호와께 기도하여 우리로 죽지 않게 하소서"(19절). 이러한 간청은 사무엘이 자신들을 위해서 중보기도하는 예언자직만큼은 계속해서 맡아달라는 것이다. 사무엘은 백성들의 간청을 수락하며 다음과 같이 약속한다. "나는 너희를 위하여 기도하기를 쉬는 죄를 여호와 앞에 결단코 범치 아니하고 선하고 의로운 도로 너희를 가르칠 것인즉"(23절).

드디어 사사직이 소멸되고 그 기능이 왕과 예언자로 분화된다. 사무엘은 자신이 세운 왕에게 왕권을 계승하게 하고 백성들의 간청에 의해 자신은 예언직을 계속해서 떠맡게 된다. 그는 자신이 이 백성을 위하여 중보기도를 게을리하거나 중단하면 하나님께 죄를 범하는 것이라고 공개적으로 다짐한다. 지도자가 그 공동체의 구성원을 위해서 기도하기를 쉬거나 중단하는 것은 하나님께 죄를 범하는 것이다.

### 3) 기도의 대상과 공동 운명체를 이루는 중보기도(15:1~23)

사무엘상 15장은 사울 왕이 하나님께 버림받는 사건을 보도한다. 이 본문은 예언자들이 전한 하나님의 뜻을 따르지 않는 왕의 모습을 보여 준다. 여호와 하나님은 아말렉을 진멸하라고 명령하셨다. "지금 가서 아말렉을 쳐서 그들의 모든 소유를 남기지 말고 진멸하되 남녀와 소아와 젖 먹는 아이와 우양과 약대와 나귀를 죽이라"(3절). 이러한 진멸 개념은 이른바 '거룩한 전쟁'(성전)과 관련된 것이다. 이는 전쟁으로 획득한 일체의 전리품은 일절 사람이 쓰지도 못하고 맘대로 처분하지도 못하며 실제 최고 사령관이신 하나님께 속한다는 사실을 뜻한다. 이는 모든 전리품을 불태우고 제거함으로 실행된다. 그러나 사울은 하나님의 명령을 어기고 좋은 것은 남기고 가치 없고 낮은 것만 진멸한다(9절). 사울은 하나님의 명령을 절반만 따른 것이다.

하나님은 사울을 거부하겠다는 심중을 사무엘에게 드러내신다. "내가 사울을 세워 왕 삼은 것을 후회하노니 그가 돌이켜서 나를 좇지 아니하며 내 명령을 이루지 아니하였음이니라"(11절). 이후 사무엘의 추궁이 이어지자 사울은 가장 좋은 짐승을 남긴 것은 사리사욕을 위한 것이 아니라 하나님께 제물로 바치려고 그리한 것이라고 해명한다. 사무엘은 이 말의 진실 여부를 문제삼지 않는다. 다만 사울의 문제는 이 일에 대하여 제멋대로 판단할 권리가 없다는 것이다. 사울의 거듭되는 변명에 사무엘은 "순종이 제사보다 낫고 듣는 것이 수양의 기름보다 나으니"(22절)라 하며 하나님께 대한 불순종은 우상 숭배에 버금가는 죄라고 단정한다(23절). 이러한 죄 때문에 하나님께서 결국 사울을 버리시리라는 재앙이 선포된다.

사무엘은 왕직에서 사울을 추방할 것이라는 하나님의 뜻을 처음 알게 되었을 때 개인적으로 이를 받아들이려고 하지 않는다. 사무엘은 근심하며 온 밤을 여호와께 부르짖었다(11절). 그는 사울에게 임할 재앙을 돌이키기 위하여 자신에게 주어진 중보기도의 기능을 동원한다. 그러나 아무 소용이 없었다. 이러한 몸부림은 사무엘이 사울의 고난에 상당할 정도로 인간적으로 동참하고 있음을 가리킨다. 사무엘은 사울의 불행한 운명에 대하여 계속해서 가슴 아파한다(15:35; 16:1). 중보기도는 기도의 대상과 공동 운명체라는 기반 위에서 행해지는 것이다.

사무엘이 활동하던 시기로부터 약 400년이 지난 후 예언자 예레미야가 등장했다. 그는 동족 유다의 죄로 말미암아 그들에게 내려질 하나님의 심판을 미리 간파하고 도래할 심판을 돌이키기 위해서 중보기도를 하려 하였으나 하나님에 의해서 일언지하에 거부당한다. 그는 하나님의 돌이킬 수 없는 확고한 심판의지만을 확인하게 된다. "여호와께서 내게 이르시되 모세와 사무엘이 내 앞에 섰다 할지라도 내 마음은 이 백성을 향할 수 없나니 그들을 내 앞에서 쫓아 내치라"(렘 15:1). 여기에서 중보기도자의 대명사로 모세와 사무엘이 언급된다. 하나님이 그들의 중보기도만큼은 물리치지 않았던 모세와 사무엘, 이제는 그들이 기도한다 할지라도 이미 때는 늦었다는 것이다. 지금까지 살펴본 사무엘의 중보기도가 사무엘을 모세와 같은 위대한 중보기도자의 반열에 오르게 한 것이다.

## 2. 사무엘의 메시지 전달

### 1) 듣든지 듣지 않든지 선포해야 하는 메시지 전달(8:10~18)

사무엘이 늙어서 그 아들들이 사사직을 계승하였다. 그러나 그들은 아버지와는 달리 사사직을 남용하였다. 이스라엘의 장로들이 라마에 모여 사무엘은 늙었고 그의 아들들은 행위가 바르지 않다는 이유를 들어 주변 국가들처럼 왕을 요구한다. 사무엘은 이러한 제안을 기뻐하지 않았다. 그런데 왕을 세우고 싶어 하는 이들의 희망은 일견 정당해 보인다. 주변 국가들의 계속되는 공격에 효과적으로 대응하기 위해서는 불가피한 측면도 없지 않기 때문이다. "우리도 열방과 같이 되어 우리 왕이 우리를 다스리며 우리 앞에 나가서 우리의 싸움을 싸워야 할 것이니이다"(8:20).

그러나 사무엘의 반대는 이러한 현실적인 측면이 아니라 신학적인 이유에서 비롯된 것이다. 왕의 요구는 그들의 실제적인 왕이신 여호와 하나님의 왕권을 거부하는 것이기 때문이다. "그들이 너를 버림이 아니요 나를 버려 자기들의 왕이 되지 못하게 함이니라"(8:7). 그들은 '신적인 왕'이 아닌 '인간적인 왕'을 원하는 것이다. 따라서 사무엘의 반대는 하나님의 도우심보다 인간의 힘을 더 의지하려는 것에 대하여 경계하는 것이다.

사무엘은 하나님의 뜻을 알기 위해 기도한다. 이는 자신의 입장이 없지 않지만 예언자란 자신의 뜻대로만 사는 자가 아니라 하나님의 뜻을 받들어 사는 자이기 때문이다. 하지만 하나님의 대답은 뜻밖이었다. 하나님은 '그들의 말을 들어 왕을 세우라'는 말씀을 세 번이나 하신다(8:7, 9, 22). 그리고 왕권 제도가 가져올 폐해들을 소상히 알려 줄 것을 명하신다. 사무엘의 메시지 전달은 "그날에 너희가 너희 택한 왕을 인하여 부르짖되 그날에 여호와께서 너희에게 응답지 아니하시리라"(18절)는 재난선포로 끝맺는다. 그러나 하나님이 사무엘을 통해서 무슨 말씀을 내려도 백성들은 듣지 않는다(8:19). '백성들의 요구를 들어주시는 하나님'과 '하나님의 말씀을 거절하는 백성'이 너무나 대조적이다.

사무엘은 백성이 듣지 아니할지라도 선포한다. 메시지 전달자로서의 예언자의 사명은 청중이 들을 수 있는 말만 전하는 것이 아니다. 그들이 듣든지 아니 듣든지 선포해야 한다. 청종(聽從)의 여부와 이에 대한 책임은 선포자의 몫이 아니다(참고 겔 2:7; 33:1~9). 메신저에게는 청중의 반응보다 자신에게 주어진 메시지를 올바로 전달하는 것이 더 중요하다.

## 2) 청중이 듣고 싶은 말이 아니라 들어야 할 말을 선포해야 하는 메시지 전달 (10:17~19)

사무엘상 10장은 사울이 왕으로 인정받는 사건을 그려 주고 있다. 앞 장인 9장에서 하나님은 아주 우연하게 보이는 놀라운 방식을 통하여 사무엘과 사울을 서로 만나게 하신다. 사울은 아버지 기스의 암나귀를 찾으러 갔다가 찾지 못하자, 그의 갈 길을 묻기 위해 하나님의 사람 사무엘을 찾게 되었다. 사무엘은 사울을 만나기 하루 전에 그에게 기름을 부어 이스라엘의 지도자로 삼으라는 하나님의 명령을 받는다. 사울은 잃어버린 암나귀를 구하는 것보다 훨씬 더 중요한 일을 맡게 된다. 사무엘은 사울의 사환을 앞서게 하고 사울에게만 은밀하게 하나님의 말씀을 전한다. 그리고 그에게 기름을 붓고 이스라엘의 지도자로 삼는다. "이에 사무엘이 기름병을 취하여 사울의 머리에 붓고 입 맞추어 가로되 여호와께서 네게 기름을 부으사 그 기업의 지도자를 삼지 아니하셨느냐"(10:1).

여기에서 왕의 임명은 사무엘과 사울 두 사람만 아는 비밀스러운 일로 치루어지고 다른 사람들에게는 감추어진다. "사울의 숙부가 가로되 청하노니 사무엘이 너희에게 이른 말을 내게 고하라 사울이 그 숙부에게 말하되 그가 암나귀들을 찾았다고 우리에게 분명히 말하더이다 하고 사무엘의 말하던 나라의 일은 고하지 아니하니라"(10:15~16). 사울은 여호와 앞에서는 왕이지만 이스라엘 백성 앞에서는 아직 왕이 아니라는 것이다. 하나님에 의한 임명은 백성이 보는 앞에서 행해져야 한다. 사무엘상 10장에서 이것이 실시된다.

사무엘은 이스라엘 백성들을 미스바로 불러 여호와 앞으로 모은다. 이스라엘의 모든 지파들을 왕 선출에 참여시키고 이들 중에서 왕을 뽑는다. 옛날에는 제비뽑기가 단순히 우연적인 결정이 아니었다. 그 안에는 하나님의 뜻이 표현되어 있었다(참고 수 7:14~18; 14:40~42). 이런 방법으로 사울이 선출된다. 사무엘은 "너희는 여호와의 택하신 자를 보느냐 모든 백성 중에 짝할 이가 없느니라"(10:24) 하며 백성들에게 사울의 왕 됨을 공포한다. 모든 백성들은 왕의 만세를 외쳐 부르며 사울의 왕 됨을 지지하며 환호한다.

이러한 과정에서 특이한 점을 발견하게 된다. 이는 왕을 선출하기 직전에 사무엘이 취한 행동이다. 그는 백성들의 왕권 설립 요구가 애굽에서부터 지금까지 그들을 구원해 주신 하나님을 저버리는 배신행위라는 것을 분명히 선포한다(18~19절). 이미 사울이라는 인물은 하나님에 의해서 은밀하게 왕으로 기름 부음을 받았고 이제는 백성들의 공인 절차만 남겨둔 시점이었다. 이러한 상황에서 사무엘의 선포 내용은 대세를 거스르는, 마치 찬물을 끼얹는 말씀이었다. 사무엘의 입장은 분명하다. 백성들의 요구로 이방 국가와 같이 왕을 세우지만 이는 하나님의 뜻이 아니라는 것이다.

사무엘은 청중들의 요구에 편승하지 않는다. 또한 인기 발언에 신경 쓰거나 현혹되지도 않는다. 인간의 말을 하나님의 말씀처럼 말하는 것은 거짓 예언자들이나 하는 일이다(참고 렘 6:13~14). 메시지 전달자인 참 예언자는 청중이 듣기 원하는 인간의 말이 아니라 그들이 들어야 할 하나님의 말씀을 선포한다.

### 3) 최고 권력자의 잘못도 과감하게 책망해야 하는 메시지 전달(13:13~14)

사무엘상 13장은 이스라엘과 블레셋의 전쟁을 다루고 있다. 사울의 장성한 아들 요나단이 점령국 블레셋에 맞서 전투를 개시했다. 사울도 병력을 모으고 블레셋도 힘을 모았다. 당시 블레셋의 군사력은 막강하였다. 블레셋의 군대는 나름대로 전문 분야를 갖고 있는 숙련된 직업 군인들로 구성되었다. "블레셋 사람이 이스라엘과 싸우려 하여 모였는데 병거가 삼만이요 마병이 육천이요 백성은 해변의 모래같이 많더라"(13:5). 이에 비하면 주로 농부들로 구성된 이스라엘의 민병대는 상대가 될 수 없었다. 이스라엘은 군사의 질적인 면은 말할 것도 없고 수적인 면에서도 상대가 안 될 정도로 열세에 놓여 있었다. 따라서 이스라엘 백성들이 은신처로 도망하고 그들 중 일부는 아예 위험이 직접적으로 미치지 않는 요단 지역으로 피신하기도 하였다. 사울의 소집에 응한 이스라엘 군인조차도 적 앞에서 떨고 있었다.

전쟁을 앞둔 이스라엘 군대의 사기가 말이 아니었다. 사울은 지금 신속하게 대처해야 했다. 그러나 그는 7일 동안 사무엘을 기다렸다. 사무엘상 10:8에서 사무엘은 사울에게 자신을 만날 때까지 한 주간을 기다리라고 하였기 때문이다. 이러한 요청은 사울에게 아무리 급한 상황이라 할지라도 자기 의지에 따라 곧바로 행동하지 말고 사무엘을 통해 전달되는 하나님의 뜻에 모든 것을 맡기라는 명령이었다. 그런데 일주일을 기다려도 사무엘이 오지 않자 군인들은 두려워 떨었고 하나둘 사울 곁을 떠나기 시작했다. 사울은 기다리다 못해 번제와 화목 제물을 가져오게 하여 번제를 드렸다. 바로 그때 사무엘이 도착했다. 그는 사울이 한 일을 추궁한다. 어떻게 보면 사울의 변명도 일리는 있어 보인다(13:11~12).

그러나 그의 변명에도 암시되어 있듯이, 사울 자신도 스스로 제사를 드린 것을 불법적인 것으로, 그가 관여해서는 안 되는 일을 침범한 것으로 느끼고 있는 것으로 보인다. 이스라엘 사람들은 고대 근동의 관습을 따라 전쟁에 나가기 전에 하나님께 제사를 드리고, 하나님의 허락을 구하였다(7:9; 14:37 등). 그런데 이런 일은 전투의 우두머리인 왕의 소관이 아니라 제사장의 일이었다. 사울의 잘못은 바로 여기에 있었다. 그는 제사장도 아니면서 제사장의 고유 권한을 침범한 것이다. 그러나 더 큰일은 사무엘이 제사를 드릴 때까지 기다리라는 단호한 하나님의 명령을 위반했다는 점이다.

사무엘은 이 점을 책망하고 있다(13~14절). 여호와의 명령을 따르지 않는 사람은 저주를 받게 된다. 사무엘은 사울의 왕권이 길지 못할 것이라고 심판을 예언한다. 사무엘은 감히 당시의 최고 권력자를 책망하고 그의 종말을 고한다. 메시지 전달자인 예언자는 인간의 권력에 눈치를 살피기보다는 하나님의 권능을 더 두려워하는 자들이다(참고 암 7:10~17).

## 맺는 말

고대 이스라엘의 예언자에게 주어진 역할은 중보기도와 메시지 전달이었다. 흔히 예언자를, 심판을 선포하는 메신저라고만 알고 있다. 그러나 아브라함이 '예언자'(나비)라는 명칭의 최초 수혜자가 된 것은 그의 중보기도 때문이었다(창 20:7). 예언자의 일차적인 임무는 백성을 위해서 중보기도하는 것이다. 예언자들은 자기 백성을 위해서 먼저 기도하는 자이기 때문에 하나님의 말씀으로 그들을 책망할 수 있는 자격과 권한이 주어졌던 것이다. 본격적인 예언 활동의 효시라고 할 수 있는 예언자 사무엘이 보여 준 중보기도 사역과 메시지 전달 사역은 예언자적 사명을 계승하고 있는 오늘의 목회자들

에게 진정한 중보기도의 필요성과 참 메신저의 중요성을 다시 한 번 일깨워

준다.

# 다윗과 사울의 갈등

사울과 다윗의 갈등은 주로 사무엘서에서 전하고 있다. 사울과 다윗의 갈등은 하나님께서 사울을 버리고 다윗을 선택하는 사건에서부터 시작하여, 사울의 죽음과 그의 장례에까지 지속된다.

사무엘상 13장은 야웨께서 사울을 버리는 사건을 보도한다.[1] 블레셋과의 전투에 앞서 사울은 사무엘이 늦게 오자 직접 제사를 드렸다. 이 일로 인하여 사울은 버림을 받는다(삼상 13:14).

다윗은 사울이 죽었다는 소식을 듣자 매우 슬퍼했고 그의 죽음을 애도하며 금식하였다(삼하 1:11~12). 이는 사울이 생애 내내 다윗을 추격하여 죽이려 했던 모습과는 대조적이다.

## 다윗과 사울의 갈등을 다룬 이야기의 문학적 특징

사울과 다윗의 갈등은 주로 다윗 등극/상승 역사에서 다룬다. 이 역사는 다윗이 사무엘에게 기름 부음을 받았다는 이야기(삼상 16:1~13)에서 시작하여, 다윗이 유다와 예루살렘에서 왕이 되어 예루살렘을 수도로 정하였다는 보도로 끝난다. 다윗이 점점 더 강해지고 만군의 야웨가 그와 함께 계셨다는 문장이 이 역사의 결론적 문장이다(삼하 5:10).

사무엘상 16장부터 사무엘하 5장은 다윗 등극/상승 역사를 이야기하며, 사무엘하 9장부터 열왕기상 2장은 다윗의 후계자 솔로몬이 왕위에 오르는 과정을 그리는 역사, 즉 다윗 왕위 계승 역사를 기술하고 있다. 전자는 사울 시대의 다윗을 보도하는데, 사울의 패망과 다윗의 성공이 극명하게 대조를 이루는 역사 기술이다. 초기에 사울은 다윗을 적대시하였으며, 점차 죽이려 하였다. 그러나 다윗은 모든 장벽을 넘어서서 최고점에 도달한다는 점을 보여 준다. 후자는 다윗이 이스라엘의 왕이 된 이후의 통치에 대한 기록으로 왕국의 성장과 발전, 그리고 솔로몬에 이르는 왕위 계승의 역사적 주제들을 생생하게 그리고 있다.

다윗 등극/상승 역사의 가장 두드러진 특징은 사울의 자손이 왕이 되는 것보다 다윗이 왕이 되는 것이 더 정당함을 보여 주는 것이다. 이 역사는 첫째, 하나님이 다윗을 선택했다는 것을 보여 준다(Gottes Designation). 둘째, 백성들이 다윗을 더 좋아했을 뿐 아니라 다윗이 왕이 되는 것을 동의했음을 보여 준다(Volkes Akklamation). 셋째, 다윗은 사울의 딸과 결혼하여 합법적인 왕위 계승자가 되었다. 넷째, 사울과 비교하여 다윗이 전투적 능력, 인격적 신의도 및 모든 측면에서 더 훌륭하다는 점을 보여 준다.


## 다윗과 사울의 갈등의 내용

다윗과 사울의 갈등은 야웨께서 사울을 버리고 다윗을 선택하는 신학적 내용에서 출발한다. 사울은 다양한 형태의 실패의 길을 걷는데 반하여, 다윗은 항상 성공의 길을 걷는 대비적 모습을 보였다. 사울의 가족들은 다윗을 좋아하나, 이와 달리 사울은 다윗을 미워하여 죽이려 한다. 그 후 사울의 박해를 피해 시작된 다윗의 망명은 다윗에게 새로운 권력을 형성하는 기회를 제공하기도 하였다. 마침내 사울의 죽음과 함께 갈등이 종결된다. 다윗은 사울의 죽음에 대해서도 충성스러운 모습을 보여 주었다.

## 1. 태생적 갈등

야웨 하나님께서 사울을 버렸다는 기사가 13장과 15장[2]에 언급되며, 그리고 여기에 이어 16:1~13에서 사무엘은 야웨의 명을 따라 다윗에게 기름을 부어 왕으로 선택한다.[3] 28장에서는 야웨께서 사울을 세 번째로 버린 사건을 보도한다.

9:1~10:16에서 왕의 선택을 보도하며 뒤이어 그의 전승기를 보도한다. 그러나 그는 야웨의 지시를 따르지 아니하여 첫 번째 버림을 받고, 그 결과 사양길에 접어든다(13~14장). 그리고 다시금 사울은 야웨의 말씀을 거역하여 야웨의 두 번째 버림을 받는다. 그래서 이제 몰락의 길을 걷는다.

### 1) 야웨께서 사울을 버림 1(13장)

13장에서는 사울이 이끄는 이스라엘과 블레셋과의 전투를 볼 수 있다. 블레셋 군대는 전차 부대와 기마병과 무수한 보병으로 이루어졌다(5절). 블레셋 군대의 전투력을 다소 과장하는 측면이 있으나 막강한 힘을 가졌음을 설명한다.[4] 그러므로 이스라엘 사람들이 보인 반응은 이해할 만하다. 그들은 은신처로 도망하거나 위험이 미치지 않은 지역으로 퇴각하면서, 사울에게서 흩어지기 시작했다(6~8절).

이스라엘 사람들은 군대의 소집에 응했으나, 지금 막강한 적 앞에 두려워 떨고 있다. 사실 사울은 신속하게 대처하지 않으면 안 된다. 그럼에도 사울은 사무엘의 지시에 따라(10:8) 정한 기한(7일)을 기다렸다. 이로써 상황은 극도로 긴장 상태에 놓인다. 그러나 사무엘이 길갈로 오지 않자, 사울은 자기 힘으로 출정에 필요한 준비를 갖추는 일에 착수했다. 사울은 거룩한 전쟁을 위해 직접 번제를 드렸고, 번제를 드리자마자 사무엘이 왔다(9~10절).

사무엘의 질책을 받고 사울은 자신이 드린 제사가 불법적이라는 것을 느끼고 변명한다(11~12절).

사울은 야웨의 질서 수립 이후에 그에게 금지된 영역을 침범했다. 무엇보다도 그는 사무엘의 지시 즉 하나님을 기다리라는 지시를 위반했다. 이 본문은 예언이 왕권보다 우위에 있다는 것을 상정한다. 예언자는 야웨의 뜻과 계명을 전달하고 왕은 순종할 의무가 있다.[5]

사무엘은 사울이 야웨의 명령을 지키지 않았기 때문에 사울의 왕국이 길지 못할 것이라 생각했고, 야웨께서는 그의 마음에 맞는 사람을 다시 구하여 그를 그의 백성의 지도자로 삼겠다고 결심하셨다(13~14절).

### 2) 야웨께서 사울을 버림 2(15장)

15장에서는 앞서 사울이 야웨께 버림받는 사건(13:7중~15상)을 상기시키면서, 왕이 취해서는 안 될 행동이 어떤 것인지를 예증적으로 보여 준다. 이 장은 특히 예언자들이 전한 야웨의 뜻을 따르지 않는 왕의 모습을 잘 보여 주고 있다.[6]

사무엘은 사울에게 아말렉과의 전투를 명한다. 이는 아말렉과의 전투를 야웨께서 주도하고 있음을 말해 준다.[7] 야웨 하나님은 아말렉의 모든 것들을 진멸하라고 명하셨다(1~3절). 그래서 사울은 야웨 하나님의 명령에 따라 아말렉 사람들을 모두 진멸하였다.[8] 그러나 동물들 중에는 하찮은 것들만 진멸하고 값진 것들을 진멸하지 않고 남겨 놓았다(9절). 사울은 두 번씩이나 야웨의 명령을 위반했다.

이에 야웨께서는 사울을 왕으로 세운 것을 후회한다고 말씀하셨다. 왜냐하면 사울이 야웨 하나님을 따르지 않고, 또 그의 명령을 행하지 않았기 때문이다(11절, 참고 9절).

하나님께 불순종하는 것은 우상을 숭배하는 일과 버금가는 죄이다(23절). 이것이 '순종이 제사보다 낫다'(22절)라는 교훈으로 발전되었다. 이러한 죄 때문에 하나님도 사울을 버려 왕이 되지 못하게 할 것이라는 징계가 선포되는 것이다(23절, 참고 26, 28, 35절).

### 3) 다윗에게 기름 부음(16:1~13)

야웨께서 사울을 버리고 다윗을 선택한다. 이로써 사무엘서의 세 번째 주인공이 등장한다. 먼저 야웨께서 사무엘에게 베들레헴 사람 이새의 한 아들을 왕으로 기름 부으라고 명한다.

사무엘이 베들레헴에 온 것을 그 도시의 장로들이 보고 두려워하였다. 장로들의 두려움은 새로운 정치적 변화를 예고하는 사건[9]이나, 하나님의 심판을 알리는 사건[10]에 근거한 것 같다. 사무엘은 그들을 안심시키고, 제사 축제를 알린다. 그리고 이새의 아들들을 초청한다.

이새의 아들들이 차례차례로 사무엘 앞을 지나갔다. 야웨께서는 사람의 외모를 보지 않고, 그의 중심을 보고 판단하신다. 사람들은 세상을 관찰하고, 어떤 것이 모범적인 삶인지 묻고, 사물을 배열하고, 그렇게 파악된 세계 질서 속에 인간을 위치시키는 특정한 방법을 가리켜 '지혜'라고 부른다. 이 모든 것은 질서 잡힌 세계의 배후에는 결국 하나님이 계시다는 사실을 전제하고 있다.

마침내 사무엘에게 다윗을 데려왔다. 그는 막내아들이며, 그의 외모는 아직 미성년자이며, 그래서 가족을 대신하여 양을 지키고 있어 여기 제사 축제에 참여할 수가 없었다. 야웨께서 다윗에게 기름을 부으라고 명하였다. 가장 비천하고 가장 약한 사람이 하나님의 도구가 된다는 말이다(고전 1:27). 사무엘이 다윗에게 기름을 부으니, 이날부터 야웨의 영이 그와 함께하였다. 이제부터 다윗은 야웨의 임재와 야웨의 도움 아래에서 살아간다.

사울은 야웨 하나님의 버림을 받았으나, 다윗은 야웨 하나님의 선택을 받았다. 여기에서 분명하게 하나님의 지명된 자(Gottes Designation)가 누구인지를 보여 준다.


## 2. 애정의 길과 증오의 길

야웨께서 사울을 버리고, 다윗을 선택하는 신학적 진술 이후에 사울의 실패의 길(16:14~23)과 다윗의 성공의 길(17장)을 묘사한다.

1) 요나단은 다윗을 좋아하나, 사울은 다윗을 죽이려 함(18장)

다윗은 주변 사람들로부터 호감을 샀다. 사울의 아들 요나단도 그에게 매혹되었다. 요나단의 마음이 다윗의 마음과 하나가 되어 다윗을 자기 생명같이 사랑하였다. 그리하여 요나단과 다윗은 언약을 맺고, 형제의 의무를 지게 되었다. 요나단은 다윗에게 자신의 갑옷, 군복, 칼, 활, 띠를 주었다. 또 사울이 다윗을 죽이려고 할 때마다 다윗을 도와 위기를 면하게 하였다(19, 20, 23장).

다른 한편 사울과 요나단이 블레셋과의 전투에서 전사하였을 때, 다윗은 물론 온 백성들이 그들의 죽음을 슬퍼하며 금식하였다. 뿐만 아니라 다윗은 슬픈 노래를 지어 사울과 그의 아들 요나단을 추모하였다(삼하 1:26).

그러나 사울은 다윗의 성공을 질투하였다(5~9절). 다윗은 전투에 출정하여 큰 성공을 거두었다. 따라서 사람들은 다윗을 인정하였을 뿐 아니라 호감을 가졌다. 사울 신하들도 그에게 호감을 가졌다. 그리고 일반 백성들 사이에서는 이미 다윗의 성공을 더 크게 노래했다. "사울의 죽인 자는 천천이요 다윗은 만만이로다"(7절).

하나님은 인간을 축복하여 인간은 자신의 의대로 행동할 수 있고 자신의 일에 책임을 지게 되었다. 그러므로 성공과 실패는 오직 하나님의 축복에 대한 인간의 책임 있는 순종에 달려 있다. 야웨께서 함께하셨으므로 그는 모든 일에 있어서 성공하였다(14절).

이러한 '기울어짐'은 사울을 불쾌하게 만들었다. 뿐만 아니라 사울이 다윗의 성공을 보고 다윗을 왕권을 넘보는 자로 여겨 그를 불안하게 주목하고 두려워하게까지 하였다(15절).

마침내 하나님의 악령이 사울에게 내려 사울은 마치 광인과 같이 정신없이 떠들어댔다. 한번은 사울이 광기를 억제하지 못하고 갑자기 창을 다윗에게 던져 벽에 박고자 하였다. 그러나 다윗은 두 번이나 피하여 위기를 모면하였다(10~16절).

사울은 끊임없이 다윗을 죽이려 하였으나, 주인에 대한 다윗의 충성심은 변함없다. 일련의 사건 배후에 놓여 있는 야웨의 주권은 사울 자신도 인정하듯이, 명백하게 이스라엘의 참된 왕이 누구인가를 보여 준다.

### 2) 미갈은 다윗을 사랑하였으나, 사울은 다윗을 죽이려 함(19:11~17)

다윗이 사울의 궁중에 있는 동안에도 사울은 다윗을 죽이려고 계획하였으나, 요나단의 도움으로 위기를 모면하였다(19:1~7). 이미 도망친 다윗이 요나단의 중재로 다시 사울에게로 돌아갈 수 있었다. 그러나 그 후 사울은 악령에 사로잡혀 다윗을 죽이려 했다(19:9~10). 그래서 다윗은 그 밤에 도피하였다. 다윗과 사울은 최종적으로 결별하게 된다.

사울은 이제 다윗을 추격하는 자가 되었고, 다윗은 도망하는 자가 되었다. 그 첫 번째 사건으로, 사울은 그의 전령을 밤중에 다윗의 가택으로 보내어 아침에 집을 나설 때 살해하라는 명을 내렸다. 이 사실을 안 사울의 딸이자 다윗의 아내인 미갈은 밤에 다윗이 도망갈 수 있도록 도와주었다. 다윗은 창문으로 도망갔다. 창문을 통하여 도망가는 것을 도운 사례는 여호수아 2:15에서도 볼 수 있다(참고 행 9:23).

다윗은 목전에 닥친 위험에서 벗어났다. 이제 사울이 가는 길과 다윗이 가는 길이 완전히 달라졌다. 사울은 몰락의 길로, 다윗은 상승의 길로 갔다.

### 3. 망명의 길

다윗은 망명자 신세가 되었다. 처음에는 사무엘에게(19:18이하), 다음은 요나단에게(20장), 그리고 놉에 있는 제사장 아히멜렉에게(21:2~10) 도망하였다.

이러한 추격 과정에서 분노에 찬 사울의 모습은 어리석은 자의 표상처럼 보이며, 주인에게 끝까지 충성심을 보이는 다윗의 모습은 복수심을 피하는 관용과 지혜로운 자의 표상으로 나타난다.

### 1) 사무엘에게로 간 다윗과 사울(19:18~24)

다윗이 사무엘을 찾아 라마 나욧으로 갔다. 사울은 다윗이 라마 나욧에 도망하여 살고 있다는 소식을 전해 듣는다. 그래서 사울은 다윗을 잡으러 전령들을 보냈다. 전령들은 사무엘이 예언자들의 무리의 수령으로 있으며 그들이 다 함께 예언하는 것을 보았고, 하나님의 영이 임하여 예언하게 되었다. 결국 사울의 전령들은 그들의 임무를 수행하지 못했다. 한마디로 하나님의 영에 의해 무장이 해제된 것이다.

사울이 계속하여 전령들을 보낸다. 두 번째 전령들과 세 번째 전령들 모두 소용이 없었다. 왕이 예언자들의 위력과 맞서 싸우려고 세 번씩이나 시도했으나 모두 실패하였다. 이는 엘리야를 체포하기 위하여 세 번 군사를 보낸 것과 유사하다(참고 왕상 1:9~18).

마침내 사울 자신이 직접 찾아 나섰다. 갈등이 최고조에 달하였다. 사울이 라마 나욧으로 가는 도중, 즉 그가 황홀경에 빠진 예언자들을 보기도 전에 하나님의 영이 그를 엄습하여 그가 라마 나욧에 이르기까지 걸어오면서 예언을 하였다. 사울이 그곳에 도착했을 때, 그의 광기는 극에 달했다. 그는 도착하자마자 옷을 벗어 던지고 땅에 드러누워 황홀경에 빠졌다. 심지어 사무엘 앞에서도 예언을 하였다. 그래서 '사울도 예언자 중에 있었느냐' 하는 속담이 생겨나게 되었다. 사울은 완전히 예언자 집단과 하나가 되었다. 다윗을 잡아 살해하려는 목적을 완전히 잊어버렸다. 왕은 하나님의 권능에 완전히 굴복했다.

사울의 아들 요나단과, 사울의 딸 미갈의 도움으로 다윗은 목숨을 구할 수 있었다. 그럼에도 궁극적으로 다윗의 목숨을 구한 분은 야웨 하나님임을 보여 준다. 이 사건을 통하여 하나님께서 다윗을 보호하시므로 결코 사울이 그의 생명을 해할 수 없음을 독자들에게 알린다.


### 2) 다윗이 놉 제사장 아히멜렉에게로 도망감(21:2~10)

다윗은 본격적으로 망명의 길에 오른다. 다윗은 사울을 피해 도망하고, 사울은 다윗을 쫓아 추격한다. 다윗은 라마에 있는 예언자 부락에서 나와 놉의 제사장 아히멜렉에게로 찾아갔다. 다윗은 항상 주의 종을 찾아가 그의 생명을 의탁한다.

다윗이 놉에 있는 제사장 아히멜렉에게 갑자기 찾아가자, 아히멜렉은 두려워 떨면서 다윗을 영접하였다. 제사장 아히멜렉은 조심스럽게 다윗에게 묻는다. "어찌하여 당신 홀로 있고 함께하는 자가 아무도 없습니까?" 다윗은 왕명에 의하여 군사 작전을 수행 중이므로, 비밀리에 임무를 수행하는 특사임을 주장하여 위기를 모면한다. 다윗은 사울을 피하여 망명 중이라는 사실을 숨겼다.

그리고 다윗은 가장 중요한 주제, 먹을 것을 아히멜렉에게 요구한다. "당신의 수중에 무엇이 있습니까? 떡 다섯 덩이나 무엇이나 있는 대로 주십시오!" 제사장은 두 가지로 답한다. 첫째, "보통 떡은 없고, 다만 거룩한 떡이 있습니다." 둘째, "당신의 병사들이 여자와 잠자리를 하지 않았다면 먹을 수 있습니다."

다윗은 그의 병사들이 깨끗하다고 주장하였고, 제사장 역시 그들이 진설병을 먹도록 내어 주었다. 그리고 아히멜렉은 다윗에게 골리앗이 사용하던 칼을 내주었다. 이제 다윗은 도망하는데 없어서는 안 될 가장 중요한 것, 즉 식량과 무기를 가지고 떠나갔다.

### 3) 사울이 놉의 제사장들을 살해하다(22:6~23)

이 단락은 21:2~9과 연결되어 있다. 놉의 제사장들이 다윗을 도와주었다는 이유로 불행을 당한 일을 보도한다. 사울은 다윗을 도운 놉의 제사장들을 잔인하게 살해했다.

왕이 비난도 하고 호소도 하면서 경쟁자를 없앨 수 있도록 도와달라고 해도 신하들은 아무런 반응을 하지 않았다. 다만 한 사람만이 다윗에 대하여 적대적이었다. 그는 21:7에 간단히 언급된 도엑이었다. 그는 놉의 제사장들을 살해하는 데 중요한 역할을 한다. 사울의 신하인 그는 아히멜렉이 다윗에게 빵과 칼을 주었음을 사울에게 고한다. 여기에 덧붙여 아히멜렉이 하나님께 다윗의 일에 대하여 회답을 구했다고 고한다. 그는 에돔 사람으로, 후에 이스라엘의 원수가 되었다. 따라서 후대의 독자들은 사울을 도운 자는 이스라엘의 원수였다고 이해할 수 있다.

사울은 사람을 보내어 아히멜렉과 놉에 있는 모든 제사장들을 소환하였다. 그리고 아히멜렉에게 추궁하였고, 놉에 있는 제사장들과 다윗이 공모하여 자기를 대적하였다고 몰아붙였다. 그래서 떡과 칼을 주고, 또 그를 위하여 하나님께 묻기도 하였으며, 자신을 칠 수 있는 방법을 일러 주었다고 몰아쳤다.

이에 대하여 아히멜렉은 자신의 결백을 주장한다. 먼저 다윗은 사울의 충실한 신하였으므로 아무런 의심을 하지 않았으며, 그가 다윗을 위해 하나님께 물었던 것은 과거에도 있었던 통상적 일이었다고 주장한다. 또한 사울과 다윗 사이가 최근에 적대 관계로 변하게 된 것에 대하여 알지 못했다고 해명한다.

그러나 여기에서 다시 한 번 사울은 제정신이 아닌 사람으로 묘사된다. 그는 반역했다는 생각에만 사로잡혀 아히멜렉과 그의 제사장들을 사형으로 다스리려고 한다. 사울은 그의 좌우 호위병들에게 놉의 제사장들을 죽이라고 명령했으나, 그들은 왕의 명령을 따르려고 하지 않았다. 그러자 사울 왕은 도엑에게 "제사장들을 죽여라!" 하고 명령한다. 에돔 사람 도엑은 즉각 그 명령을 시행하여 85명의 제사장들을 죽였다. 그리고 놉에 거주하는 사람들, 심지어 아이들과 젖먹이까지 살해하고, 소와 나귀와 양 등의 가축들도 칼로 쳤다. 마치 전쟁의 상황과 같았다. 사울은 하나님의 제사장들도 함부로 살해하는 무모한 자임을 여실히 보여 준다.

제사장들 중에서 아히둡의 손자, 아히멜렉의 아들 아비아달만이 이 살해의 현장을 피하여 도망하여 다윗에게로 가서 이 사실을 알렸다. 다윗은 이러한 변고가 자신으로 말미암아 일어났다고 한탄하면서, 아비아달에게 자신이 생명을 안전하게 지켜 줄 것을 약속하면서 그를 위로했다.

21, 22장에 묘사된 사울과 다윗은 신앙 인격적인 면에서 분명한 대조를 이루고 있다. 한 사람은 하나님의 종을 함부로 대하며 자신의 권위로 제사장

들의 생명을 **빼앗았으나**, 다른 한 사람은 이 모든 것을 자신의 책임으로 돌리며 그의 생명 보호에 최선을 다하겠다고 약속한다.

### 4. 사울의 다윗 추격

다윗과 사울이 결별한 후에 다윗에게는 두 가지 일이 벌어졌다. 먼저 사울이 다윗을 토벌하기 위하여 유다 남부의 여러 지방들을 원정하였으나, 야웨 하나님은 사울의 다윗 추격 길을 성공할 수 없도록 하셨다. 다른 한편 다윗이 사울과 결별하면서 그는 새로운 운명의 길을 걷는다. 다윗은 이제 권력을 형성하며 점차 상승해 갔다. 그리고 마침내 헤브론에서 유다 남자들에 의해 왕으로 추앙되며(삼하 2:1~4) 예루살렘에서 이스라엘의 왕이 되면서 다윗 상승/등극의 길은 완성된다(삼하 5:1~10).

다윗은 사울을 피하여 유다의 남부 아둘람으로 와서 민병대를 조직했다(22:1~5). 이로써 다윗과 사울은 각기 다른 길을 걷게 된다. 사울은 본격적으로 다윗을 토벌하고자 하였다. 그래서 다윗은 사울의 추격을 피하기 위하여 먼저 모압으로 건너갔다. 아마도 사울이 다윗을 보호하고 있는 모압을 위협하자, 모압은 다윗을 더 이상 보호할 수 없었다. 그래서 다윗은 유다로 건너와서 유다 남부 지방을 떠돌아다녔다. 사울은 다윗이 있는 곳에 대한 정보를 들을 때마다 그를 추격하였다. 십 광야(23:14~28), 엔게디(24:1~23) 그리고 마지막으로 기브아 하길라(26:1~25)에서 만났다. 마침내 다윗은 가드의 아기스에게로 망명하였다(21:11~15; 27:1~28:2). 다윗은 블레셋의 치하에서 시글락을 그의 통치 구역으로 할당받아 분봉왕으로 활동한다. 다윗이 유다 남부 지역과 네게브 지역에서 성공적으로 도적 떼들의 침략을 막아 냈다. 이러한 과정에서 다윗은 점차 큰 권력에로 상승했다.


#### 1) 십 광야의 다윗(23:14~28)

사울로 말미암아 다윗의 위협은 점차 커진다. 그일라에서는 추격 계획만 세웠으나(23:1~13), 지금은 다윗과 사울이 마주치기 직전이다.

성곽 도시 그일라에서 빠져 나온 다윗은 광야가 더 안전한 도피처라고 생각했다. 그래서 다윗은 광야의 요새에도 머물렀고, 또 십 광야 산골에도 머물렀다. 십 광야는 유다의 산악 지대이다(수 15:55). 그래서 사울은 매일 다윗을 찾았으나, 하나님께서 그를 사울의 손에 넘겨주지 않으셨다.

이 도망 이야기는 고난당하는 사람을 구출하여 명예를 얻게 해 주는 하나님의 행동을 보여 준다. 고난당하는 자의 적이자 하나님의 적인 사울은 망한다.

그일라의 사람들과 마찬가지로 십 사람들도 다윗의 행방을 사울에게 고발한다. 그들은 기브아에 있는 사울에게 가서 "다윗이 여시몬 광야 남쪽 하길라 산 수풀 요새에 숨었다"고 밀고한다. 그들은 밀고했을 뿐 아니라, 사울이 오면 다윗을 넘겨주겠다고까지 약속한다. 사울은 계속 정탐하여 자세한 정보를 알려 줄 것을 당부한다.

그 사이에 다윗은 위치를 바꾸어 여시몬 광야 남쪽 마온 지방으로 갔다. 사울은 다윗을 추격하여 둘은 여기서 만난다. 다윗은 위험을 느끼고 도망치려 하지만 사울에 의해 도피로가 차단되었다.

그러나 결정적인 순간에 뜻밖의 구원자가 나타난다. 전령이 와서 블레셋 사람들이 침공하여 위태해졌다고 전한다. 이에 사울은 다윗 쫓기를 그치고 블레셋 사람들을 치기 위해 전열을 정비했다. 독자들은 이 모든 사건의 배후에 하나님의 보이지 않는 손길을 감지한다. 하나님은 다윗의 모든 어려움을 해결해 주신다. 사울의 다윗 추격은 결코 성공할 수 없다.


### 2) 엔게디의 다윗(24장)

다윗은 마온 지방에서 올라와 엔게디 요새에 머물렀다. 마침내 사울은 목적지에 이른다. 그는 다윗과 만나게 된다. 사울은 블레셋 사람을 몰아내고, 여유를 갖게 되었다. 그러자 사울은 다시금 다윗을 쫓아 엔게디 광야로 갔다. 엔게디는 사해 서쪽 해안에 있는 한 촌락이다. 다윗은 급경사면에 있는 동굴이나 협곡에 도피처를 마련하였다. 엔게디의 사람들도 사울에게 다윗에 관한 정보를 알려 주었다.

사울은 대규모 병력을 거느리고 다윗을 찾으러 들염소 바위로 갔다. 그때 사울은 용변을 보기 위하여 혼자 어떤 굴속으로 들어갔다. 그 굴은 다윗과 그의 병사들이 숨어 있는 곳이다. 다윗의 신하들은 사울을 죽일 것을 간언했다. 사실 사울을 죽이고자 한다면 못할 것도 없는 상황이었다. 하나님께서는 아주 뜻밖의 상황을 이번에도 예비해 주셨다.

그러나 다윗은 사울이 하나님께서 기름 부어 세우신 자임을 내세워 그를 죽이지 않고(6절), 용변을 보고 있는 사울의 겉옷자락만을 가만히 베어 굴을 나왔다.

사울은 끊임없이 다윗을 죽이려 하였으나, 다윗은 사울 왕에게 그의 충성심을 보여 주었다. "왕은 내 생명을 찾아 해하려 하시나 나는 왕에게 범죄한 일이 없나이다"(11절) 자신이 사울을 죽이려고 했다는 소문은 중상모략임을 입증했다. 이번 사건으로 자신의 충성스러운 태도를 확인시켜 준 셈이다. 다윗은 궁극적으로 지혜의 말로 자신의 입장을 변호한다. "악은 악인에게서 난다 하였으니 내 손이 왕을 해하지 아니하리이다"(13절). 악인은 망하나, 의인은 성공한다고 잠언은 가르치고 있다(잠 11:3, 5 등).

사울도 순간적으로는 울며 뉘우쳤다. 사울도 다윗의 왕재(王才)를 알아보았던 것이다. "보라 나는 네가 반드시 왕이 될 것을 알고 이스라엘 나라가 네 손에 견고히 설 것을 아노니"(20절).

### 5. 다윗의 상승

사울과 결별한 다윗은 새로운 운명의 길을 걷는다. 그는 본격적으로 권력의 형성과 상승의 길을 걸을 수 있는 기회를 얻는다. 다윗은 무엇보다도 살아남기 위하여 몸부림쳤다. 그는 먼저 망명 중에 민병대를 조직했다. 그리고 그의 길은 야웨 하나님께서 함께하시는 길이었다. 다윗은 그의 길을 야웨께 항상 묻고, 그의 해답을 따라 행동하였다. 그의 성공은 언제나 야웨 하나님과 동행하면서 이룩되었다.

1) 아둘람 지방에서 민병대 조직(22:1~5)

다윗은 아둘람으로 피신하였다. 이 마을은 본래 가나안 도시 국가의 수도였으나(수 12:15) 나중에 유다의 영토가 되었다(수 15:35). 그곳은 가나안 사람들에게도 블레셋 사람들에게도 속하지 않는 지대였을 것이다. 다윗이 아둘람 지방으로 갔다는 말은 사울이 쉽게 쫓을 수 없는 외국으로 갔다는 말이다. 다윗은 이러한 권력의 공백 지역에서 사람들을 모아 민병대를 조직하였다.

다윗의 군대에 합류한 자들은 먼저 "그 형제와 아비의 온 집"(1절)이다. 이는 다윗 가문의 사람들을 의미하는 것으로 간주된다. 그리고 그 후에 계속 합류된 자들은 "환난 당한 모든 자와 빚진 자와 마음이 원통한 자"(2절)다. 여기에서 '환난 당한 자'란 자연 재해, 전쟁 등의 여러 가지 이유에서 경제적으로 극도의 어려운 처지에 빠진 자를 말한다. '빚진 자'란 가난한 자들이 자연 재해와 같은 어려운 시기에 개인적으로 더욱더 어려운 처지에 빠지게 된 사람들을 말한다. 이들은 채무 노예가 되거나 야밤에 도주하여 도적의 무리에 속하기도 한다. 또한 '마음이 원통한 자'는 다른 사람의 어려운 시기를 이용하여 자신의 이익을 추구하는 자들에 의해 생겨난다. 예를 들면 곡물을 빌려 갈 때의 가격과 추수기의 가격이 엄청나게 격차가 날 때 이를 이용하여 가난한 자들을 착취하는 경우를 들 수 있다. 모든 것이 형식적으로는 적법하지만, 거의 사기에 가까운 일이므로 마음으로는 원통할 수밖에 없다.

이스라엘 사람들이 팔레스타인 땅에 정착해 살면서 점진적으로 농업에 종사하게 되었다. 또한 많은 시간이 흐르면서, 사회 경제적으로 이스라엘 사회는 다계층적 사회로 변화하게 되었다. 이 점에 대하여 1~2절을 중요한 증거 본문으로 볼 수 있다.

이스라엘 사회는 왕권 제도가 태동하기 이전부터 경제적으로 부유한 지배 계층과 몰락한 빈민 계층의 출현으로 다계층적 사회로 분화되어 이미 평등적 사회 구조를 상실하였다. 경제력의 차이가 사회적 차이로 나타나는 현상을 보여 주었다. 이스라엘 사회가 다계층적 사회로 변화하였다는 점은 계약 법전에서도 잘 보여 주고 있다.

이러한 자들은 모두 인생의 낙오자들이다. 다윗은 이들을 규합하여 민병대를 조직하였다. 이들은 분명 삶의 낙오자들이지만, 다윗은 이들을 그의 꿈을 이루는 역군으로 변모시켰다. 이들과 더불어 새로운 제국을 건설하였다. 버려진 돌을 주춧돌로 변화시킨 것이다. 마치 예수님의 제자들이 변화된 것과 같았다.

다윗의 민병대의 규모는 처음에 약 400명가량 되었으나, 후에 600명 정도로 불어났다. 이들은 주로 약탈을 해서 생계를 꾸려 갔고 나중에는 군인으로 급료를 받았다(참고 27장). 그들은 이러한 삶을 살며 자연히 '동굴, 산지 및 요새'를 따라 사람이 다니지 않는 지대에 자리를 잡았다.

다윗은 이제 더 이상 사울의 신하가 아니며 또한 도적떼와 같이 약탈을 일삼고 있기에 그의 부모들이 안전하지 못하다고 생각하고 그들을 모압의 보호하에 두고자 하였다.

역사적 상황에 대하여 본문에서는 어떤 정보도 전하고 있지 않다. 모압 왕이 어떤 태도를 취하였는지 알 수 없으나 후에 다윗이 모압을 가혹하게 다룬 것을 보아(삼하 8:2) 모압 왕이 다윗의 제안을 거절하였기에 다윗이 블레셋 측과 관계를 맺게 되었을 것이다.

다윗 상승/등극 이야기의 저자는 다윗과 그의 부모를 야웨의 보호와 인도 하심에 두려고 예언자 갓을 통해 다윗을 유다로 돌아가게 했다. "선지자 갓이 다윗에게 이르되 이 요새에 있지 말고 떠나 유다 땅으로 들어가라"(5절). 야웨의 이러한 뜻에는 다윗이 머물러야 할 곳은 외국이 아니라 유다라는 사실도 포함된다. 다윗은 여러 번 외국으로 추방당하지만, 야웨는 계획한 대로 그를 그의 백성에게로 다시 데려왔다.[11]


### 2) 다윗이 그일라를 구원하다(23:1~14)

그일라는 옛 가나안 도시로써, 아둘람과 야르 헤레츠 근방에 위치해 있다.[12] 그일라는 아직 어디에도 예속되어 있지 않은 가나안의 도시 국가이다. 후에 이 도시는 유다에 편입된다(수 15:35, 44). 이 도시에 들끓던 강도들이 '타작마당'을 급습하여 약탈한다. 이런 유의 이야기가 아마르나 편지에서도 자주 나오는데, 거기에서는 이런 자들을 '하비루'라 지칭하였다. 그러나 본문은 이들을 '블레셋 사람'이라 지칭한다(1절). 아마도 불분명한 약탈자의 존재에 이스라엘의 원수의 이름을 붙여 놓은 것 같다.

이 단락에서 매우 특이한 점은 다윗의 행동이 하나님의 지시에 근거한다는 점이다. 다윗은 언제나 하나님께 그의 행동의 방향을 묻고, 하나님은 답을 하였다. 이로써 다윗이 야웨의 직접적인 지시를 따라 행동했음을 알 수 있다.

다윗은 약탈을 일삼은 블레셋을 응징하기 위해 야웨께 여쭈었다. "제가 가서 이 블레셋 사람들을 칠까요?" 야웨께서 다윗에게 대답하셨다. "가서 블레셋 사람들을 치고 그일라를 구원하라!"

이러한 명령에도 병사들은 주저한다. 그들은 유다에서도 목숨이 위태로웠는데 하물며 외국인의 땅인 그일라에서는 두말할 것도 없지 않겠느냐고 생각한다. 그래서 다윗은 하나님께 다시 묻는다. 이번에도 똑같은 대답을 듣는다. 그러나 이번 전쟁은 야웨께서 블레셋 사람을 다윗의 손에 넘겨주신 신의 전쟁임을 말한다. "일어나 그일라로 내려가라! 내가 블레셋 사람들을 네 손에 넘기리라!" 이 약속은 보호하시는 하나님께서 친히 전쟁에 가담하여 승리를 얻게 해 주겠다는 뜻이다.

이제 다윗은 전쟁에서 승리할 수 있다는 확신을 얻게 되었다. 그래서 그의 병사들과 함께 그일라로 가서 블레셋 사람들과 싸워 이겼다. 전쟁이 어떻게 진행되었는지는 알 수 없다. 아마도 기습 작전을 감행했을 것으로 여겨진다. 어쨌든 전쟁은 승리를 거두었다. 그리고 강도떼와 같은 적에게서 전리품도 빼앗아 왔다. 이렇게 다윗은 그일라를 구원해 주었다.

이 전쟁은 약 600명밖에 되지 않는 다윗의 부하들이 막강한 적을 무찔렀다는 데 큰 의미를 둔다. 이 전쟁은 오직 야웨의 도움으로 이룬 승리이다. 다윗이 야웨 하나님께 묻는 것이 아히멜렉의 아들 아비아달로 인해 가능해졌다. 다윗에게로 도망올 때, 그가 제사장의 의복과 제사 도구를 가져왔기 때문에 하나님께 문의하는 일이 더욱 가능했을 것이다.

다윗이 그일라를 구해 주었으나 그일라 사람들은 다윗을 배신하였다. 사울이 다윗을 치기 위하여 쳐들어올 때, 그일라 사람들은 다윗을 배신하고 그를 사울에게 넘겨주고자 하였기에 다윗은 그일라를 떠나 십 광야로 갔다.

3) 다윗이 아말렉을 쳐서 남부 지방의 안전의 토대를 마련(30장)

다윗은 직업 군인으로 사울의 궁중에 들어가 군대의 지휘관이 되었다 (16:21; 18:5, 13). 다윗이 사울과 정치적으로 결별한 후에 그는 유다로 돌아갔다. 그 후 그는 사회적 하층민들을 모아 소규모의 군대를 조직했다. 사울이 그를 계속적으로 박해해 그는 블레셋의 봉신으로 들어가게 되었다. 다윗은 가드의 아기스의 봉신으로 들어갔다. 그때 그는 시글락[13]이라는 블레셋의 수비 지역을 담당하게 되었고, 그곳에서 그는 그의 군대를 지속적이며 또 견고하게 성장시킬 수 있게 되었다.[14] 한편으로 이러한 정치적 상황에서 우리는 시글락이 그 당시 문명의 땅의 남쪽 경계선이었다는 점을 추론할 수 있다. 시글락은 아말렉 같은 유목민족들의 침입을 막는 수비의 남쪽 한계선이었음을 알 수 있다.[15]

다윗은 가드의 아기스 왕의 가신으로 지내면서 시글락을 다스리는 분봉왕이 되었다. 그래서 다윗과 그의 군사들은 가드에서 시글락까지 오는데 3일이 걸렸다. 그 사이에 아말렉 사람들이 도시를 파괴하고 약탈했다. 다윗이 시글락에 도착했을 때에는 이미 네겝과 시글락이 약탈당한 이후였으며, 여자들이 모두 포로로 잡혀간 이후였다.

아말렉 사람들은 약탈을 일삼는 유목민이다.[16] 약탈 유목민의 출현은 역사적 문헌에서 드물지 않게 나타난다. '하비루' 혹은 '아피루'라는 이름으로 출현하여 약탈하고 사회를 교란하고 불안을 일으키고 평화를 위협하는 세력으로 여러 차례 언급된다. 유목민들이 낙타를 사용하면서부터 전리품을 장거리까지 이동할 수 있게 되었다. 생존의 근거를 주로 정착민들에 대한 약탈에 두는 특수한 생활 형태가 이때부터 나타나기 시작했다.

다윗과 그의 사람들이 시글락에 왔을 때, 도시는 불탔고 심지어 다윗의 아내들(이스르엘 여인 아히노암과 갈멜 사람 나발의 아내였던 아비가일)과 자녀들까지 잡혀갔다. 고향으로 돌아온 남자들이 이 광경을 보고 매우 슬퍼하였다. 그러나 이 슬픔은 점차 분노로 바뀌어 이 불행의 책임자인 다윗을 원망하고, 심지어 다윗을 돌로 치려 하였다.

이 실패와 불행으로 다윗은 지위를 잃어버릴 지경에 이르렀다. 그의 흔들리는 지위를 확고히 다지려면 신속한 결단과 행동이 필요하였다. 장차 왕이 될 사람은 무엇이 필요할지를 신속하게 판단해야 한다. 그는 무엇보다 먼저 야웨의 도움을 의지한다. 야웨의 도움에 근거하여 다윗은 용기를 얻었다.

다윗은 아히멜렉의 아들 제사장 아비아달에게 에봇을 가져오도록 청하였다. 아비아달이 에봇을 가져오자, 다윗은 야웨께 그의 행동의 방향을 물었다. "제가 이 군대를 추격하면 따라잡을 수 있겠습니까?" 그러자 야웨께서는 "그를 쫓아가라! 네가 반드시 따라잡고 도로 찾을 것이다"라고 답하셨다. 다윗은 여기에서도 야웨의 지시를 따라 행동하고 있음을 보여 준다.

다윗은 행군 도중 한 지점, 즉 브솔 시내에 이르러, 행군의 어려움을 견디지 못해 뒤쳐진 200명의 병사를 그곳에 머물게 했다. 다윗은 400명의 병사만을 거느리고 쫓아갔다. 아마도 다윗은 여기에 병참을 두고 공격의 기점으로 삼았던 것 같다.

다윗은 때마침 전쟁에 필요한 정보를 얻을 수 있었다. 아말렉 사람들로부터 버려진 애굽 사람 노예 한 사람을 만난다. 그는 애굽 소년으로 아말렉 사람의 종이었으나, 3일 전 병이 들자 주인이 그를 버렸다고 말하였다. 그리고 중요한 정보를 제공해 주었다. "우리가 그렛 사람의 남방과 유다에 속한 지방과 갈멜 남방을 침로하고 시글락을 불살랐나이다"(14절).

고대인들의 의식 속에 주인은 노예들로부터 충성과 복종을 받을 수 있지만, 동시에 노예들을 안전하게 보호하는 의무도 져야 한다고 생각하였다. 그런데 그의 주인은 그 의무를 다하지 못했다. 다윗은 이전에 사회적 낙오자들을 그의 군대에 동참시켰듯이, 병들어 버려진 애굽 노예를 정성스럽게 돌본다. 그에게 떡을 줘서 먹게 하며 물을 마시게 하고 무화과 한 덩이와 건포도 두 송이를 주었다. 애굽 노예는 사흘 동안 먹지 못했으나, 이제 이것들을 먹고 정신을 차렸다.

그때 애굽 소년은 자신을 안전하게 보호할 것을 하나님께 맹세할 경우 아말렉 사람의 근거지를 알려 주겠다고 말한다. 다윗은 그의 인도를 받아 적의 진영에 이르렀다. 그들은 전쟁의 승리와 전리품에 도취되었다. 그들은 먹고 마시며 춤추고 있었다. 완전히 무방비 상태였다. 그래서 다윗은 손쉽게 그들을 칠 수 있었다. 다윗은 새벽부터 공격을 시작하여 다음날 저녁때까지 그들을 쳐서 전멸시켰다. 적의 일부만 낙타를 타고 도망하였을 뿐이다. 다윗은 아말렉 사람들이 빼앗아 갔던 모든 것을 도로 찾고 그의 두 아내를 구하였다. 그들이 약탈당했던 것을 크고 작은 것을 막론하고 아무것도 잃은 것이 없이 모두 도로 찾았다.

새로이 얻게 된 전리품을 다윗은 독식하지 않았다. 그는 먼저 브솔 시내에 남겨 두었던 200명에게도 함께 아말렉 사람들을 무찌르는 데 참여하였던 자들과 똑같이 배분하였다. 다윗은 야웨께서 그들에게 승리를 안겨 주셨다고 보았다. 따라서 그 승리의 대가를 대신 가로채서는 안 된다고 병사들을 설득하였다. 다윗은 전쟁에 직접 참여한 자들이나, 후방에 머물러 있었던 자들이 동일하게 전리품을 분배해야 한다고 주장하였다. 이러한 다윗의 조치는 이스라엘의 항구적인 정책이 되었다(25절).

또한 다윗은 이 전쟁에서 얻은 전리품을 유다 장로들에게도 보냈다. 유다의 권력자들에게 전리품을 선물해 줌으로써 유다 지역의 유지들의 손실을 약간 만회하게 되었으며, 무엇보다도 다윗의 무리들의 '이미지'를 개선할 수 있게 되었다. 그들은 도적 떼들이 아니라, 주민들을 보호하는 야웨의 병사들이라는 점을 부각시키기 위함이었다. 다윗과 왕래가 있는 남방의 모든 지도자들에게 전리품을 선물로 보냈다.

이것은 다윗이 왕으로 나아가는 권력의 길에 큰 밑거름을 놓는 일이었다. 주민들의 민심을 얻는 일이었다.

## 6. 사울의 멸망

마침내 사울은 멸망의 길로 접어들었다. 역사적으로는 다윗이 남부 시글락을 통치하면서부터 사울－블레셋－다윗의 힘의 균형을 이루었다. 이러한 힘의 균형 속에서 사울과 블레셋과의 전투에서 사울이 전사하고, 블레셋도 엄청난 전력 손실을 맞게 되었다.

사울의 몰락의 길을 사무엘상에서는 하나님의 버림에서 시작한다.[17] 사울이 하나님께 버림받은 후에 블레셋과의 전투에서 전사한다. 이로써 사울은 몰락한다. 그러나 몰락한 사울에 대한 다윗의 충성심은 변함이 없다.

### 1) 길보아 전투와 사울의 최후(31장)

28:17에서 고지된 것이 이제 현실로 나타난다. 이스라엘은 블레셋과의 전투에서 패하고, 사울과 그의 아들들은 전사한다. 이로써 다윗과 사울과의 갈등이 종결되는 모습이다. 여기에서 야웨가 사울을 버렸다는 사실만이 궁극적으로 고려되고, 이 일로 말미암아 그가 실패하고 말았다.

전투는 이즈르엘 평원 남동쪽에 위치한 산맥, 즉 길보아 산지에서 벌어진다. 이스라엘은 전투에서 패하였다. 먼저 사울의 아들들(요나단과 아비나답과 말기수아)이 전사하고, 사울은 중상을 입는다. 사울은 적에게 죽는 수치보다는 자결하는 명예를 선택한다.

사울과 그의 아들들의 머리와 갑옷은 블레셋 각 지방의 신상들과 백성들에게 전시되어 고지되는 치욕스러운 최후를 맞는다. 그리고 잘려진 머리와 갑옷은 '아스타르테 신전'에 보관되었다. 이곳은 신명기 역사가의 견해에 따르면, 우상 숭배의 중심지이다. 죽은 왕의 몫은 모욕과 수치이다.

이들의 시신을 길르앗 야베스 주민들이 거두어 장사지냈다. 이는 야베스의 사람들이 이전에 은혜를 입은 자에게 보내는 마지막 사랑이다. 7일간의 애도는 실패한 왕은 죽었으나 왕으로서 받아야 하는 마땅한 명예를 돌린 것이다.

2) 다윗의 애도(삼하 1장)

야베스의 사람들과 마찬가지로, 애도하는 자가 또 있다. 다윗은 아말렉 사람을 쳐죽이고 돌아와 시글락에서 머물고 있었다(30:1~31). 사울이 죽은 지 3일 후에 한 아말렉 청년이 다윗에게 와서 사울과 그의 아들 요나단의 죽음을 전한다. 다윗이 그들의 죽은 경위를 묻자, 이 아말렉 청년은 자신이 마지막 숨을 끊어 주었다고 거짓말한다. 그는 이야기를 전함으로써 소득을 얻으려고 하지만, 받아 마땅한 대가를 받는다.

다윗과 그의 신하들은 사울과 그의 신하들이 죽었다는 소식을 듣고, 이전에 야베스의 사람들이 했던 것과 같이, 애도하며 금식하였다. 그리고 난 다음에 아말렉 청년에게 야웨의 기름 부음 받은 자를 죽인 대가를 지불하게 했다. 그는 야웨의 처분권을 임의로 침해한 것이다.

그리고 다윗은 슬픈 노래를 지어 유다의 모든 사람들에게 부르도록 하였다. 이처럼 사울은 전생애 동안 다윗을 죽이려 하였으나, 다윗은 사울에 대한 충성을 다하였다. 인간적으로 대조적인 모습을 볼 수 있다.


## 설교를 위한 적용

사울이 하나님께 버림받은 이유를 각각의 본문으로부터 살펴보자. 첫째, 전쟁에 앞서 그는 예언자를 통해 전해지는 하나님의 지시를 따르려 하지 않고 스스로 하나님의 뜻을 대신 결정하려 하였다. 둘째, 사울은 아말렉과의 전투에서 이룬 승리에 도취되어, 모두를 진멸하라는 하나님의 지시를 무시하고 값나가는 것을 죽이지 않고 남겨 놓는다. 그리고 이러한 행동에 대해 질책을 받자, 그는 제사를 위한 것이라고 변명을 했다. 그에게는 철저한 순종이 결여되었다. 셋째, 사울은 블레셋과의 전투에 앞서 죽은 자의 혼백을 불러 점치는 범죄를 저질렀다. 사울의 불순종이 버림받는 결정적인 이유였다.

갈등의 초기 사울은 왕이었고, 다윗은 어린 목동이었다. 하나님은 그를 새로운 이스라엘의 왕으로 선택했다. 가장 비천하고 가장 약한 사람이 하나님의 도구로 사용되었다. 사울은 야웨 하나님의 버림을 받았으나, 다윗은 야웨 하나님의 선택을 받았다. 다윗은 분명히 하나님께 지명된 자였다.

불순종하는 사울의 길과 항상 하나님의 뜻을 묻는 다윗은 각기 다른 길을 갔다. 전자는 의심과 분노, 그 결과 충성스러운 신하를 자신의 왕위 경쟁자로 간주하고, 죽이려 하였다. 뿐만 아니라, 그를 도운 자는 하나님의 종이라 할지라도 서슴없이 죽였다. 그러나 다윗은 자신의 상전에 대한 충성을 다하였다. 다윗의 행동은 언제나 하나님의 뜻을 따랐다. 하나님은 때로는 역사의 전면에서 때로는 사물의 배후에서 질서를 조정하신다. 이러한 사물의 이치를 따르는 것은 하나님의 뜻에 순종하는 행위이며, 그러기에 지혜로운 행동으로, 언제나 성공을 예비하는 길이다.

사울은 백성들에게 공포의 통치자였다. 다윗의 행방을 알고도 밀고하지 않거나, 그를 도운 자는 가차없이 처단한다. 그러나 다윗은 사회적 약자일지라도 인간적으로 배려하고 그들의 동지라는 입장을 항상 견지한다. 이것은 마음으로부터의 충성을 이끌어 낼 수 있었다. 백성들은 진정으로 다윗이 왕이 되는 것을 동의하였다. 그 결과, 왕위 상승/등극이라는 신의 뜻을 이룰 수 있었다.

# 11

# 우정의 신학으로 본
# 다윗과 요나단
### (삼상 18~20, 23장)

"이에 요나단이 다윗의 집과 언약하기를 여호와께서는 다윗의 대적들을 치실지어다 하니라"(삼상 20:16). 이 말씀은 사울의 딸이자 아내인 미갈의 도움으로 가까스로 생명을 부지한 다윗이 광야에 숨어 있을 때 그를 방문한 요나단의 발언이다. 표면적으로는 다윗에게 복을 빌어 주는 지극히 평범한 말로 여겨지지만 이 순간까지 사무엘서 안에서 전개되어 온 다윗-사울-요나단 이야기의 정황과 문맥에 의하면 매우 폭탄적인 선언이다. 요나단이 여호와의 심판을 받기를 기원하고 있는 다윗의 대적들 목록에는, 다윗의 장인이자 요나단의 아버지인 사울이 1순위를 차지하기 때문이다. 요나단은 친구를 위하여 아버지를 저주하는 것이다! 이러한 요나단의 행위는 자식이 무조건 부모에게 순종해야 한다는 유교적 사고에 익숙해져 있는 우리 정서에는 매우 불손한 행위로 여겨진다. 그런데 요나단이 무엇 때문에 아버지를 버리고 다윗을 택한 것일까? 요나단은 자신이 아버지의 대를 이어 왕이 될 것을 알고 있었다(참고 20:31). 또한 자신이 왕이 되어 평안하게 통치하려면 다윗이 죽어야 한다는 것도 쉽게 예측할 수 있었을 것이다. 그런데도 자신에게 왕권을 넘겨줄 아버지를 버리고 오히려 다윗의 통치 아래 제2인자가 되기를 원했다(참고 20:13~15; 23:17). 두 사람의 사랑과 우정 때문일까? 사무엘서의 저자는 요나단과 다윗의 이야기를 단순히 두 사람의 관계에만 국한하여 해석하기에는 매우 버거운 부분이 있음을 시사하고 있다. 그는 다윗과 요나단의 이야기를 두 사람이 아닌, 하나님을 포함한 세 사람의 관계로 풀어가고 있다. 이러한 저자의 관점은 그가 다윗과 요나단의 이야기를 묘사하는 과정에서 지속적으로 하나님을 이 두 사람이 맺는 언약과 맹세의 증인으로 언급하는 것에서 역력히 드러난다.

## 다윗과 요나단 이야기의 위치

사무엘서 저자가 다윗과 요나단의 이야기에 할애하는 공간이 그렇게 큰 것은 아니다. 뿐만 아니라 이 둘의 이야기를 독창적인 테마로 발전시키기보다는 오히려 다윗과 사울의 갈등에 있어서 다윗의 상승기와 사울의 쇠퇴기의 한 부분(subplot)으로 처리하고 있다. 사무엘은 이스라엘이 장로들을 통하여 왕을 요구할 때, 왕은 근본적으로 취하는 자이지 베푸는 자가 아니기 때문에 그들이 왕의 노예가 될 것을 경고했다(참고 8장). 사무엘이 이스라엘에게 그처럼 강력하게 경고했던 왕의 전형적인 모습이 사울에게서 드러났다. 반면에 다윗은 이 순간까지 결코 취하는 자가 아니라, 주변으로부터 모든 것을 받는 자로 묘사되어 왔다. 그가 사울의 사위가 된 것도 자신이 원해서가 아니라, 사울의 딸 미갈이 그를 먼저 택했기 때문이다. 다윗과 요나단의 관계에서도 요나단이 먼저 그에게로 접근했으며 그 스스로 아버지보다는 다윗을 더 소중히 여기게 되었다. 저자는 또한 사울이 아닌 다윗이 이스라엘의 마음을 사로잡았음을 알리고자 한다. 심지어는 사울의 자녀들마저도 아버지께 등을 돌리고 다윗을 좇았다는 것이다.

## 싹트는 우정(삼상 18장)

골리앗이 이스라엘 군대와 사울을 40일 동안 괴롭혔을 당시 요나단의 행방이 묘연하다(참고 17장). 우리는 이미 그의 믿음과 용맹이 어느 정도인가를 알기에(참고 14장) 그의 침묵과 묘연한 행방에 대하여 의아하게 느낄 수밖에 없다. 어찌되었건 다윗이 골리앗을 물리치고 돌아오자 요나단이 그를 반기며 끔찍이 사랑해 주었다. '요나단이 그를 자기 생명같이 사랑하니라'(1, 3절). 이렇게 해서 이들의 첫 만남이 시작되었다.

'사랑하다'(אהב아하브)라는 개념이 고대 근동의 계약에서 종종 종속 관계를 표현한다 해서 어떤 학자들은 요나단이 다윗을 사랑한 것을 그의 정치적 종속자로 삼은 것으로 해석한다. 그러나 저자는 이 이야기를 통해 사울을 제외한 모든 사람들 심지어는 그의 자식들도 다윗을 사랑했다는 점을 강조하고자 한다(16, 20, 22절). 그러므로 요나단이 다윗과 언약을 세우고 그를 정치적인 종속자로 삼았다는 해석은 설득력이 없어 보인다. 훗날 요나단은 사울을 피해 도망하는 다윗에게 자신과 자신의 집안에 자비를 베풀라고 부탁하는데 이러한 말은 종주가 종속자에게 하는 말이 아니다.

요나단은 다윗을 자기의 생명처럼 여기며 최고의 선물을 주었다. 예를 들면 겉옷, 군복, 칼, 활, 띠 등은 사무엘서의 이야기 진행에 있어서 매우 중요한 상징적 의미를 지닌 물건들이다. 그는 아버지 사울의 대를 이어 왕이 될 왕자였다. 그런데 그가 여기서 겉옷(왕자의 의복), 군복, 칼, 활 등을 다윗에게 선사하는 것은 그에게 왕권을 넘겨주는 것을 의미하는 듯하다. 요나단은 이 것들을 다윗에게 선물함으로써 비록 자신이 차기 왕권에 지명된 자이지만 민족과 하나님 나라를 위해서는 다윗이 왕이 되어야 한다는 것이 자신의 생각임을 밝히고 있다고 고든(Gordon)은 강조했다. 물론 현 위치에서는 이러한 의도가 확실치 않지만 점차 이야기가 진행되어 가면서 명확하게 드러난다. 요나단은 다윗이 사울을 이어 이스라엘 왕이 되는 것이 하나님의 뜻이었음을 알고 있었던 것일까? 요나단은 절실한 믿음의 소유자였다. 그는 이미 여호와의 능력과 섭리를 전적으로 신뢰했던 믿음으로 블레셋 사람들을 물리친 적이 있었다. 이제 그는 신앙의 눈으로 다윗의 범상치 않은 면을 보게 된 것이다. 그래서 그는 다윗을 매우 사랑했을 뿐만 아니라 그와 영원한 언약까지 맺었다. 이처럼 다윗과 요나단이 처음 만났을 때, 요나단은 한눈에 반했으며, 다윗에게 상상을 초월하는 선물을 주었다. 이런 요나단의 면모가 훗날 사울을 진노케 했다(참고 20:30~34).

## 우정 어린 변호(삼상 19장)

비록 다윗이 사울의 사위였지만, 그의 명성이 날이 갈수록 높아져만 가는 것을 지켜보며 사울은 본격적으로 다윗 죽이기 작전을 시작했다. 그는 모든 부하들과 요나단에게 다윗을 처형하라고 명령했던 것이다(1절). 그러나 이 작전은 처음부터 성공할 수 없었다. 다윗을 심히 좋아했던 요나단이 다윗에게 미리 정보를 제공하여 피신하도록 조처를 취했기 때문이었다(2~3절). 그리고 기회가 생길 때마다 다윗의 의로움과 억울함을 대변했다(4~5절). 이러한 요나단의 모습은 단순히 정에 이끌려 친구를 위하여 호소하는 것이 아니었다. 변호사처럼 정당하고 공정하게 다윗의 업적과 사울에 대한 그의 충성심을 강조하며 두 번이나 항소했다. '왕은 다윗에게 범죄치 마옵소서'(4, 5절). 요나단은 사울이 다윗을 죽이려는 것을 '범죄'라고 표현하고 있다. 죄 없는 사람, 그것도 이스라엘을 위하여 좋은 일을 많이 한 사람을 죽이는 것은 왕의 직권 남용을 초월하여 하나님께 범죄 하는 행위임을 경고하고 있는 것이다. 또한 요나단은 여호와께서 다윗을 통하여 온 이스라엘을 구원하셨음을 상기시킴으로써 그를 죽이는 것은 하나님의 축복을 차단하는 행위임을 암시하고 있다(5절). 이처럼 요나단은 사울이 다윗을 죽이는 것은 곧 하나님께 반역하는 행위임을 경고한다.

요나단은 자신이 아버지로부터 물려받을 왕권보다 다윗을 더 좋아하고 있다. 그렇다면 사울의 다윗 죽이기 작전은 이미 실패한 것이 아닌가? 도둑질도 손발이 맞아야 한다. 사울이 다윗을 죽이려는 가장 큰 목적이 요나단에게 왕국을 넘겨주기 위해서인데, 다른 사람은 고사하고 요나단은 아버지의 이런 마음에 아랑곳하지 않고 공평과 공의만 문제 삼고 있다. 그러나 우리의 눈에는 요나단이 매우 멋있는 신앙인으로 보인다. 그는 자신의 야망보다 하나님의 뜻에 순종하는 것, 이스라엘 공동체에서 공의와 공평이 보존되는 것을 더 귀하게 여겼던 것이다.

요나단의 설득력 있는 호소를 듣고 사울은 다시 맹세했다. "여호와께서 사시거니와 그가 죽임을 당치 아니하리라"(6절). 사울의 발언은 그의 심적 동요를 슬며시 노출시키는 듯하다. 사울도 다윗이 그를 위하여 목숨을 내놓고 싸워 왔던 것, 그 누구보다도 의로운 것, 자신이 다윗을 죽이면 무고한 피를 흘린다는 것 등을 잘 알고 있었다. 그래서 왕이자 아버지의 범죄를 들먹거리는 아들의 권고를 건방진 조언이라 무시하지 않고 진실하고 현명한 사리 판단으로 받아들인 것이다. 그러나 다윗이 눈에 아른거릴 때마다 그가 가시 같이 느껴지니 어쩌란 말인가? 그의 마음은 감정과 이성의 바람 사이에 흔들리는 갈대와 같았다. 사무엘서를 읽어내려 가는 독자들의 마음을 사로잡는 것은 그가 자신이 감당하기에는 너무나 벅찬 내적 갈등에 시달리는 불쌍한 사람이었다는 것이다. 그러므로 그의 맹세는 믿을 수 없다. 왜냐하면 그는 벌써 몇 번이나 맹세를 어긴 적이 있기 때문이다. 일단 갈등이 해소되는 듯한 느낌이 들어 요나단은 다윗을 사울 앞에 돌아오게 하여 일하도록 했다. 그러나 다윗이 얼마나 더 버틸 수 있을까? 비록 다윗이 다시 사울 앞에 전과 같이 있게 되었지만(7절), 정말 전과 같았을까? 일단 요나단의 노력으로 다윗은 다시 왕궁으로 돌아와 사울을 섬기게 되었다.


## 요나단의 선택 그리고 우정(삼상 20장)

이 장에서 다윗과 사울의 관계는 더 이상 돌이킬 수 없는 곳으로 치닫는다. 또한 사울과 요나단의 관계도 치명타를 입는다. 유일하게 예전보다 더 좋아지는 것은 다윗과 요나단의 관계이다. 그동안 사무엘상에 전개되어 왔던 두 개의 주제가 20장에서 하나로 묶이고 있다. 첫째는, 다윗과 요나단의 우정이다. 요나단은 아버지께 등을 돌리고 다윗을 택했다. 둘째는, 다윗의 사울에 대한 두려움이다. 사울이 이렇다 할 이유 없이 다윗을 죽이려고 한다는 생각이 사실로 드러난 것이다. 이 두 주제가 어우러져 다음과 같은 구조를 구성하고 있다.

> A 다윗과 요나단의 우정(1~24절)
> B 입증된 다윗의 두려움(25~34절)
> A′ 다윗과 요나단의 우정(35~42절)

### 1. 아픔의 하소연을 먹고 자라는 우정(1~11절)

가까스로 아내의 도움으로 죽음을 피하여 사무엘이 있던 라마 나욧으로 도주했던 다윗은 나흘 동안 요나단을 방문했다(1절). 요나단을 찾은 다윗은 자신의 원통함을 요나단에게 털어 놓았다. "내가 무엇을 하였으며 내 죄악이 무엇이며 네 부친 앞에서 나의 죄가 무엇이관대 그가 내 생명을 찾느뇨"(1절). 그는 말을 잇는다. "내게 죄악이 있거든 네가 친히 나를 죽이라 나를 네 부친에게로 데려갈 것이 무엇이뇨"(8절). 다윗은 상황이 매우 절박함을 피부로 느끼고 있다. "나와 사망의 사이는 한 걸음뿐이니라"(3절). 어떻게 보면 다윗은 그래도 행복한 사람이었다. 자신의 원통함을 아무런 거리낌 없이 토로할 수 있는, 즉 그의 이야기를 들어줄 수 있는 사람이 있지 않은가! 요나단은 아픔을 호소하는 다윗을 위로했다. "결단코 아니라 네가 죽지 아니하리라"(2절, 참고 9절). 그는 다윗의 입장을 충분히 이해할 뿐만 아니라 다윗이 결백하다는 것을 인정하고 있다. 사울과 다윗 이야기의 진행에 있어서 요나단의 이 고백은 중요하다. 사울의 아들이자, 그의 지명된 후계자인 요나단이 다윗의 무죄를 다시 한 번 증거하고 있기 때문이다. 다윗은 결코 사울 집안에 해를 끼친 적이 없다는 저자의 관점이 재차 확인되고 있는 것이다.

요나단은 사울이 모든 것을 자기에게 고하고 일을 진행하기 때문에 자기가 사전에 다 알 수 있다고 말했다. 그러나 다윗의 견해는 조금 달랐다. 사울이 자기와 요나단의 관계를 아는 이상 그에 관한 일만큼은 알리지 않고 진행할 수 있다는 것이었다. 결국 그들은 하나의 대책을 강구했다. 즉 월삭이 되면 일종의 안식일처럼 간주하며 이스라엘 백성들은 절기를 지냈다(참고 민 28:11~15). 왕도 신하들과 함께 제물을 드리고 음식을 함께 나누었다. 다윗이 이러한 관례를 깨고 이틀 동안 왕의 식탁에서 식사를 하지 않고 사울의 반응을 지켜보자는 것이었다.

다윗이 그의 생명을 노리는 사울의 아들인 요나단을 믿을 수 있었던 것은 그와의 특별한 우정에 근거하지만, 둘 다 성숙한 신앙인으로서 여호와 앞에서 언약을 맺은 것이 큰 도움이 되었을 것이다(8절). 그래서 그는 요나단에게 '인자'(חֶסֶד헤세드)를 요구했다. 여기서 인자는 언약 또는 약속을 충실하게 이행하는 것을 의미한다(Sakenfeld). 이들은 이미 하나님 앞에서 세운 언약에 근거하여 동반자가 되어 있었던 것이다.

## 2. 참 우정은 하나님의 섭리 안에서 성숙해진다(12~24절)

둘은 남이 엿듣는 것을 피하여 들로 갔다. 그리고 서로를 향한 책임과 우정을 다시 확인했다. 요나단은 사울의 마음을 파악하는 대로 다윗에게 알릴 것을 맹세했다(13절). 아울러 요나단은 매우 기이한 발언을 했다. 요나단은 다윗이 아니라 마치 자기가 위기에 몰린 것처럼 다윗의 '자비'(헤세드)를 구했다. 그는 다윗이야말로 하나님께서 이스라엘의 차기 왕으로 세우신 자이며 어떠한 일이 있어도 왕이 될 것임을 확신했다(앞으로 다윗은 동일한 고백을 사울에게서도 받아 내게 된다).

"여호와께서 내 부친과 함께하신 것같이 너와 함께하시기를 원하노니"(13절). 현 시점에서 요나단의 이런 발언은 딱 한 가지 의미를 내포하고 있다. 왕궁의 주인이 바뀌기를 바라는 것이다. 즉 사울의 자리에 자기가 아니라 다윗이 올라갈 것을 선언하고 있다. 요나단의 선언은 계속되었다. "너는 나의 사는 날 동안에… 여호와의 '인자'(헤세드)를 내게 베풀어서… 네 '인자'(헤세드)를 내

집에서 영영히 끊어 버리지 말라"(14~15절). 요나단은 죽음 앞에 두려워 떠는 다윗에게 오히려 나와의 언약을 잊지 말고 그와 그의 집에 자비를 베풀어 달라고 호소하고 있다! 이미 언급한 대로 요나단은 하나님의 계획이 다윗을 이스라엘의 통치자로 삼는 것임을 의식하고 있었다. 그러므로 이 말은 단순히 불안에 떨고 있는 다윗을 위로하기 위한 '접대용'이 아니다. 그는 하나님의 섭리를 깨달은 진심을 말하고 있는 것이다.

요나단은 다윗으로부터 하나님의 인자에 버금가는 은총을 구하고 있다. 어떻게 이런 일이 가능한가? 고대 근동의 계약 또는 언약 양식을 살펴보면 충분히 이해가 된다. 즉 쌍방이 계약을 체결하면 계약서에 그 계약을 체결하게 된 배경과 구체적인 사항들을 명시한 다음 계약서 보존에 대하여 언급한 후 신들을 증인으로 세우는 것으로 이어진다. 계약서는 증인으로 세워진 신들이 계약에 충실한 쪽을 축복하고, 계약을 이행하지 않는 쪽을 저주하도록 요청을 받는 것으로 마무리되었다. 요나단과 다윗이 언약을 세웠을 때, 그들은 당연히 여호와를 증인으로 세웠을 것이다. 즉 이들의 관계는 둘의 우정이 아니라, 셋의 관계였을 것이다. 그러므로 다윗과의 언약을 신실하게 이행할 각오가 되어 있던 요나단은 이 언약의 증인이신 하나님의 축복(구체적으로 자비)을 기대할 수 있으며, 여호와의 축복은 실제적으로 다윗의 요나단과 그의 후손들에 대한 배려로 드러날 것을 기대하고 있는 것이다. 훗날 다윗은 "사울의 집에 아직도 남은 사람이 있느냐 내가 요나단으로 말미암아 그 사람에게 '은총'(헤세드)을 베풀리라"고 말하며 수소문해서 요나단의 아들 므비보셋을 찾았다(삼하 9:1). 그리고 그는 영문도 모르고 불려온 므비보셋에게 "무서워 말라 내가 반드시 네 아비 요나단을 인하여 네게 '은총'(헤세드)을 베풀리라"(삼하 9:7) 하고 선언했다. 결국 다윗은 요나단과의 약속을 잊지 않았던 것이다.

요나단은 '끊다'(כָּרַת 카라트)라는 단어를 세 차례 사용하고 있다. 여호와께서 다윗의 대적을 '끊으실 때'(카라트), 다윗의 은총이 그의 집에서 '끊기지'(카라트) 않도록 해야 함은(15절), 그가 다윗의 집과 언약을 '세웠기'(카라트) 때문이라는 것이다(16절). 그런데 여기서 두 번이나 멸망할 것이라고 강조되는 다윗의 대적(15, 16절)에 누가 포함되어 있는가? 그의 아버지 사울이 포함되어 있지 않은가! 그렇다면 요나단의 이런 발언은 불효도 보통 불효가 아니지 않은가! 과연 요나단의 발언을 어떻게 이해해야 할까? 아버지의 권위를 무시하는 철없는 자식의 선언인가? 요나단은 아버지 사울과의 관계보다도, 자신의 아버지의 권위 위에 군림하면서 아버지에게 권위를 위임한 이스라엘의 참 권위자이신 하나님의 주권을 더 소중하게 여겼던 신앙인이었다. 그는 철저하게 하나님의 관점에서 역사의 흐름을 볼 수 있었고 그 흐름에 순복한 것이었다. 지금 이 순간 다윗은 자신이 위기를 당한 것같이 느꼈다. 하지만 요나단에 의하면, 위기를 당한 것은 사실 요나단 자신과 요나단의 아버지 집이라는 것이다! 놀라운 통찰력을 지닌 요나단이여! 멋진 신앙의 소유자 요나단이여!

또한 요나단은 여호와의 택함을 받은 다윗을 매우 사랑했다. 저자는 17절에서 '사랑'(아하브)이란 단어를 세 번씩이나 사용하고 있다. "요나단이 다윗을 사랑하므로 그로 다시 맹세케 하였으니 이는 자기 생명을 사랑함같이 그를 사랑함이었더라." 요나단의 이런 다윗에 대한 절대적인 사랑은 '네 이웃을 네 몸 같이 사랑하라'(레 19:18)의 좋은 본보기가 된다. 다윗은 훗날 그의 죽음을 애도하며 이렇게 노래했다. "내 형 요나단이여 내가 그대를 애통함은 그대는 내게 심히 아름다움이라 그대가 나를 사랑함이 기이하여 여인의 사랑보다 승하였도다"(삼하 1:26). 어떤 사람들은 이런 사실에 기초해서 요나단과 다윗이 동성연애를 했다고 주장하는가 하면 이들의 이야기에 기초해서 동성연애의 정당성을 주장한다. 대꾸할 가치도 없는 망언이다. 이런 사랑을, 그 무엇으로도 끊을 수 없는 우정을 누리고 싶지 않은가?

요나단은 다시 한 번 다윗을 철저하게 보호할 것을 재확인했다. 그는 21~23절에서 여호와의 이름을 세 차례 언급하며, 이 일에 하나님이 증인이 되실 것과 자기가 진실하게 행할 것을 맹세했다. 역시 이들의 관계에는 하나님도 증인으로 깊이 개입함으로써 셋의 관계임을 확인하고 있다. 요나단은 만약에 사울이 다윗을 죽이려 하는 것이 확인된다면 '뒤도 돌아보지 말고 네 길을 가라. 여호와께서 너를 보내셨음이니라'(22절)고 다윗에게 권면하고 있

다. 그리고 그는 영원히 다윗과 함께할 것을 확인하고 다윗의 곁을 떠나 궁
으로 돌아왔다(23절).

### 3. 우정을 관통하는 슬픔을 이기자(25~34절)

자리에 있어야 할 다윗이 이틀째 보이지 않자 사울은 초조해져서 그의 행
방에 대하여 물었다. 요나단이 베들레헴으로 떠나도록 허락했다는 말을 듣
고 사울은 분개하여 그에게 욕설을 퍼부어 댔다(30~31절). 오직 왕만이 그의
식탁에서 같이 먹는 자를 빠질 수 있도록 허락할 수 있었던 그 당시의 문화
적 상황에서 요나단이 왕으로 행세했다는 데에 대한 서운함이 아니었다. 그
는 자신의 열정과 수고를 알아주지 않는 아들에게 서운한 것이었다. 그가 지
금 이렇게 수모를 당하며 다윗을 죽이려 하는 이유가 누구 때문인가? 그의
아들 요나단이 안전하게 왕이 될 수 있도록 하기 위함이 아니었던가? 그런
데 지금 요나단은 뒷북을 치고 있다. 아니 아예 다윗에게 왕위를 넘겨주려
작정을 한 것이다. "도대체 너라는 놈은 어떤 놈이냐? 이 사생아 놈아! 그가
살아 있는 동안은 너와 네 나라가 든든히 서지 못한다는 것을 알지 못해서
그따위 짓을 하고 있느냐?" 사울은 지금 마음에 상처를 받고 있다. 그것도
아들에 의해서!

사울은 다윗의 이름을 입에 담는 것을 의도적으로 피하고 있다. 세 번 그
에 대하여 언급하지만 두 차례는 '이새의 아들'로 그를 지명했다(27, 31절). 그
리고 그가 다윗을 죽이겠다는 의지를 표현할 때 '그(다윗)는 죽음의 아들(죽어
야 할 자)'이라고 표현했다. 사울은 다윗의 이름을 거론하기도 싫었던 것이다.
사울의 다윗에 대한 증오가 절정에 다다랐다. 특별히 잘못한 것도 없는 다윗
에게 미운 털이 박혔던 것이다. 그것도 그 누구도 놓칠 수 없는 아주 큰 것으
로 말이다.

요나단은 다윗을 변호해 보았지만(32절) 이성을 잃은 사울에게 논리가 통
할 리 없었다. 오히려 사울은 요나단도 함께 죽이겠다고 달려들었다(33절).
날로 폐인이 되어 가는 사울의 모습이 독자들로 하여금 측은한 생각을 갖게

한다. 요나단은 상처받은 마음을 껴안고 그 자리를 떠났다. 그리고 친구 다윗과 아버지 사울의 관계를 생각하며 슬픔에 잠겼다(34절).

### 4. 이별까지도 막지 못하는 우정(35~42절)

다음날 아침 요나단은 다윗과 약속한 대로 모든 것을 이행했다. 그들은 광야에서 작별 인사를 했다. 다윗이 세 차례나 요나단에게 절을 했다. 셋이라는 숫자가 이 이야기에서 자주 사용되고 있다(참고 20:5, 12, 19, 20). 요나단은 다윗에게 평안히 가라고 하며 복을 빌어주고, 다시 한 번 둘 사이의 언약을 확인했다. 또한 다윗 자손과 요나단 자손 사이에 맺은 언약을 상기했다. 여호와께서는 다시 이들의 언약의 증인이 되셨다. 이렇게 해서 다윗은 궁궐 생활을 마무리하고 사울 곁을 영원히 떠난다. 그리고 이제부터 사울의 본격적인 다윗 사냥이 시작된다. 요나단은 다윗을 무척 사랑했고 다윗도 요나단을 무척이나 좋아했다. 둘의 우정은 역사 속에서 길이길이 빛나는 아름다운 것이다. 그러나 이렇게 아름답고 진한 우정에도 불구하고 둘은 함께 있을 수가 없었다. 유행가 가사처럼 여자 때문에 두 사람의 우정이 흔들린 것이 아니라, 그 둘 사이를 아버지이자 장인이 가로막고 있었다.


# 목회 우정의 비밀은 믿음 안에 있다(삼상 23장)

요나단은 다윗이 십 광야에서 방랑 생활을 한다는 소식을 듣고 그를 찾아와 그로 하여금 하나님을 힘 있게 의지하게 하였다(16절). 요나단은 아버지의 원수인 다윗에게 위로와 격려를 주러 온 것이었다. 세상의 눈으로 볼 때, 특히 우리처럼 유교 사상에 익숙해진 사람에게 요나단은 매우 나쁜 아들이다. 그러나 그는 다윗의 진실한 친구요, 하나님의 뜻을 분별하고 철저하게 순종하는 신앙인이었다. 믿음과 효도의 갈림길에서 그는 믿음을 선택했던 것이다. 이 길이 아버지께 불효하는 일이라는 것을 알면서도 말이다.

요나단은 "두려워 말라"(17절)는 위로로 다윗에게 말을 시작했다. '두려워 말라'는 말은 구약에서 하나님의 위로와 격려가 임할 때 자주 사용되는 선포적 양식이다. 즉 하나님께서는 요나단을 통하여 다윗에게 위로를 주고 계시는 것이다. 우리는 많은 경우에 이처럼 하나님의 음성이 수직적이 아니라 친구 또는 함께하는 성도들을 통하여 수평적으로 온다는 사실을 기억해야 한다. 그리스도인들은 혼자 서기에는 너무 외롭고 연약한 존재이다. 우리가 이 세상에 있는 한 우리는 서로에게 요나단 같은 존재가 되어야 할 것이다. 요나단은 다윗에게 세 가지 사실을 확인해 주었다.

첫째, 사울이 결코 다윗을 죽이지 못할 것이라고 확인해 주었다. 다윗은 미래가 불투명한 순간에 이처럼 위로와 하나님의 뜻을 확인해 주는 요나단의 말을 가뭄에 내린 단비로 여겼을 것이다. 절박한 상황에서 지푸라기라도 잡고 싶은 다윗에게 요나단은 지금 흔들리지 않는 대들보를 선사하고 있다. 그는 갈증이 나있는 다윗에게 생수를 마시게 한다. 친구란 이처럼 갈증을 느끼는 영혼을 하나님의 생수로 적셔 주는 자가 아닐까!

둘째, 다윗이 이스라엘의 왕이 될 것이라는 사실을 확인해 주었다. 요나단은 다윗에게 거리낌 없이 "너는 이스라엘 왕이 되고 나는 네 다음이 될 것"(17절)이라고 말했다. 그동안 다윗은 사울이나 그의 집안에 결코 아무것도 요구하지 않았고 모든 것이 그에게 주어졌다는 것이 거듭 강조되었다. 다윗에게 '주어지는 것'의 클라이맥스가 왔다. 그에게 왕권이 주어질 것이 확인된 것이다! 그것도 다른 사람이 아닌 왕권의 정당한 권리자 요나단에 의하여! 요나단은 다윗의 왕국이 형성되면 자신은 제2인자로 만족하겠다는 것을 고백하고 있다. 요나단의 이런 고백은 정말 진정한 겸손과 하나님의 주권에 자신을 철저하게 맡긴 사람만이 할 수 있는 일이다. 생각해 보라. 왕위는 자연스레 요나단에게 오게 되어 있다. 그의 아버지 사울은 이 일을 이루기 위하여 저렇게 힘써 다윗을 찾아 나서고 있다. 그리고 요나단이 다윗과의 관계만 정리되면 아버지와의 깨어진 관계도 회복할 수 있다. 다윗은 요나단보다 어렸다. 비록 요나단이 다윗만 못하다 하더라도, 아버지 사울보다는 몇 배 낫고 백성들을 만족시킬 수 있는 통치를 할 수 있는 자였다. 그는 또한 지금 상당한 인기를 누리고 있는 자였다. 이러한 상황은 그의 고백이 얼마나 어렵게 나왔으며 얼마나 확고한 의지와 순종이 필요했는가를 알 수 있게 한다. 그럼에도 그는 이처럼 대단한 믿음의 선언을 한다. 먼 훗날 세례 요한이 쇠퇴해 가는 자신의 영향력과 갈수록 커져 가는 예수님의 사역을 두고 했던 말이 생각난다. "그는 흥하여야 하겠고 나는 쇠하여야 하리라"(요 3:30). 얼마나 멋있는 신앙인인가? 세상과 여건이 어떻든 간에 하나님의 뜻을 분별하여 어렵고 힘이 들지만 하나님 앞에 모든 것을 내려놓고 그분의 뜻에 자신을 복종시키는 사람 요나단! 이런 사람을 친구로 둔 다윗이 부럽게만 느껴진다.

셋째, 사울도 이 사실을 알고 있다는 것이다. 사울은 괴로운 사람이다. 마치 셰익스피어의 글에 나오는 주인공들처럼 그는 다가오는 이스라엘의 운명을 잘 알고 있다. 나라의 왕인 자신은 몰락할 것이고, 다윗이 뒤를 이어 왕국을 차지할 것을 예견하고 있다. 그렇다면 그가 왜 다윗을 찾아 나섰을까? 여러 가지 심리적·정치적 요소가 작용했겠지만 무엇보다도 하나님, 백성, 심지어는 자식에게까지 버림받은 실패한 왕의 몸부림이었으리라. 요나단과 다윗은 다시 한 번 '수풀 언약'을 맺고 헤어져 각자 갈 길을 갔다(18절). 다윗은 다시 광야의 떠돌이 생활로, 요나단은 왕궁의 삶으로 돌아갔다. 이제 둘은 다시 만나지 못한다. 훗날 이들의 이야기가 다시 사무엘서에 등장하는 것은 다윗이 요나단의 죽음을 애곡할 때이다. 자신의 생명과도 바꿀 수 있는 사랑과 우정으로 맺어진 이들이 서로 함께하지 못하는 것은 역사적 비극이 아닐 수 없다.


## 맺는 말

다윗과 요나단의 이야기는 시대와 문화를 초월해서 가장 아름다운 우정과 사랑의 이야기로 우리에게 전해져 오고 있다. 자신들의 모든 것, 심지어는 자존심과 꿈을 접으면서까지 서로를 사랑할 수 있었던 전설 같은 친구들의 이야기이다. 그러나 이들의 이야기는 가장 슬픈 비극의 이야기이기도 하다. 서로 사랑하고 좋아했지만 결코 많은 시간을 함께 보낼 수 없었고 급기야는 죽음이 이들을 갈라놓았다.

요나단의 다윗에 대한 배려와 헌신은 오늘날뿐만 아니라 그 당시 사회의 가치관과 정서에도 극히 예외적인 것이었다. 심지어는 친구를 위하여 아버지에게까지 저주를 퍼부었으니 말이다. 저자는 이러한 요나단의 행동에 대해, 결코 두 사람의 이야기만으로 설명되어서는 안 되고 요나단의 신앙이 해석적 열쇠로 제공되어야 한다고 암시하고 있다. 그의 하나님에 대한 신뢰와 섭리에 대한 순종만이 아버지께 반역하는 것과 미래의 왕권을 포기하는 것을 설명할 수 있다는 뜻이다. 그러므로 진정 다윗과 요나단의 우정은 바로 하나님을 포함한 삼각관계에서 비롯되었던 것이다.

이러한 관계는 그분의 섭리를 깨달으면 어떠한 대가가 요구되더라도 그분의 계획에 자신을 복종시키겠다는 의지가 있을 때에만 가능하다는 것을 역설하고 있다. 또한 이러한 사실이 인정되고 삶에 적용될 때, 비로소 목회자들 사이에 있는 소모적이고 비생산적인 경쟁의식이 사라지게 될 것이다.

# 12

# 다윗의 고난에 대한<br>신학적 이해

다윗의 고난은 이스라엘 역사에 획을 그었다고 할 만큼 그 의미가 중요하다. 그의 고난은 여호와께서 기뻐하시는 신정 국가를 다스리는 왕의 특성을 보여 준다. 다윗이 이스라엘 역사에 등장하게 되는 계기가 그의 고난의 발단이 되고, 그 발단이 전개되는 과정을 성경 본문에서 고찰하면서, 사무엘상에 나타난 다윗의 고난에 대한 저자의 해석과 문맥을 통해 다윗의 고난을 신학적으로 조명하고자 한다.

## 다윗의 고난의 발단(삼상 15:1~18:16)

### 1. 첫 번째 발단—사울의 불순종과 여호와의 선택(15~16장)

다윗의 고난은 왕권에 대한 문제와 맞물려 있으므로 다윗이 이스라엘 역사의 무대에 오르게 된 동기를 먼저 살펴야 한다. 다윗이 기름 부음을 받은 배경은 사울이 아말렉인들을 진멸하라는 여호와의 명령(15:2~3) 앞에서 여호와보다 백성을 더 두려워한 나머지(15:24) 그가 하나님의 말씀을 불순종한 것과 관련이 있다. 이 전쟁은 여호와께서 일으키신 '거룩한 전쟁'으로 사울은 적극적으로 공격하고 여호와의 명령대로 사람을 포함한 모든 것들을 진멸해야 할 의무가 있었다. 먼저 사무엘의 책망(15:22~23)을 고찰해 보자.

사울은 "다만 백성이 그 마땅히 멸할 것 중에서 가장 좋은 것으로 길갈에서 당신의 하나님 여호와께 제사하려고 양과 소를 취하였나이다"(15:21)라고 변명한다. 사울의 변명에 대해 사무엘은 수사학적인 질문과(15:22상) '순종이 제사보다 낫다'는 선언을 통하여(15:22하) 여호와께서는 가장 좋은 것으로 제사 드리는 것보다 그의 목소리(명령)를 듣고 순종하는 것을 기뻐하심을 강조한다. 이러한 강조는 15:23상에 여호와의 목소리를 거역하는 것을 이방 민족의 종교 행위와 동일시하는 것으로 두드러진다. 여호와께 제사드리기 위해 남겨 놓은 제일 좋은 가축들은 사울에게는 아말렉 전쟁의 승리의 증표이다. 그런데 여호와께서 이것을 기뻐하시지 않는다는 것은 사울의 임무 수행이 완전히 실패임을 드러낸다. 사울이 자신의 임무를 수행하면서 여호와의 목소리를 듣지 않고 백성들의 목소리를 들었으므로, 여호와도 사울이 왕으로서 임무 수행하는데 적합하지 않기 때문에 그를 폐위시키신 것이다(15:23하).

언약의 백성을 다스리는 왕에 대한 규례는 신명기 17:14~20에 나타나 있다. 특히 15:19~20은 이스라엘의 왕이 여호와의 토라를 평생 동안 읽고 행하여 여호와의 명령에서 떠나지 말아야 함을 강조한다. 여호와께서 기뻐하시는 이스라엘의 왕은 여호와의 말씀을 청종하는 자이지, 독자적으로 국가적인 공헌을 세우는 자가 아니다. 사울의 불순종은 이스라엘 역사에 새로운 왕이 등장하는 계기를 만든다. 여호와와의 관계에서 여호와의 봉신인 백성을 인도할 봉신 왕의 임무에 적합한 사람이 이스라엘 왕이 되어야 한다(참고 15:22~23). 그래서 여호와께서는 외모가 아니라 중심을 보시고 다윗을 왕으로 선택하셔서 그에게 기름을 부으신다(16장). 외모와 대조를 이루는 '중심'은 사람의 완전한 내적인 면을 가리킨다(15:13상). 다윗이 기름 부음을 받은 날부터 그에게는 계속적으로 하나님의 영이 임하여 머무신다. '하나님의 영이 임하신다'는 관용적인 표현은 하나님이 선택하신 자가 임무를 수행할 수 있도록 하기 위해 하나님의 영이 그 사람에게 임하시는 것을 가리킨다.

하나님의 영이 다윗에게 임하셨다는 것은 다윗의 즉위를 의미하고, 하나님의 영이 사울을 떠났다는 것은 사울의 폐위를 뜻한다. 하나님께서 사울에게 악한 영을 보내셨다는 언급은 성경적인 사고 세계에 비추어 조명되어야 한다. 성경은 모든 원인이 여호와로부터 초래되고, 또한 그와 버금가는 다른 어떤 신적인 상대자가 없음을 보여 준다. 하나님은 생과 사를 주관하는 분이시다(2:6). 그러므로 하나님께서 다윗에게 그의 영을 주셨고 사울에게 악한 영을 보내셨다는 것은 하나님의 절대 주권을 드러낸다. 다윗의 고난의 발단은 은밀한 가운데 이루어진 하나님의 사역에 있다.

## 2. 두 번째 발단—다윗을 선택한 여호와의 선택의 증명(17:1~18:16)

사울과 다윗은 사무엘상 17장의 골리앗과의 대결에서 완전한 대조를 이룬다. 17:4~7에 골리앗의 출현이 상세히 서술되어 있다. 골리앗의 도전(17:8~10, 16)으로 무대에 등장한 다윗은 아무 대책도 세우지 못하고 현실의 암담함 속에 갇혀 있는 사울에게 자신이 양떼를 돌보면서 사나운 짐승의 먹이가 될 뻔한 새끼 양을 구출해 낸 경험을 이야기한다(17:34~36). 이러한 경험의 기초에는 여호와께 대한 신뢰가 있었기에, 다윗은 과거에 그를 사자나 곰의 습격에서 구출하신 여호와께서 이제 골리앗과의 싸움에서도 구출하실 것이라고 확신한다. "여호와께서 나를 사자의 발톱과 곰의 발톱에서 건져 내셨은즉 나를 이 블레셋 사람의 손에서도 건져 내시리이다"(17:37). 그러기에 인간이 갖출 수 있는 완벽한 '전신갑주'를 입은 골리앗과의 싸움에 다윗은 여호와를 온전히 믿는 '믿음의 갑주'(참고 엡 6:11~17)를 입고 나아간다(17:45~47). 이러한 다윗의 모습은 여호와의 지시를 따르기보다는 백성의 지시를 따른 사울의 모습과 확연히 대조된다. 다윗의 도전은 다윗의 중심이 골리앗과의 싸움 이전부터 이미 여호와께 있음을 보여 준다. 이처럼 하나님의 영이 임했기 때문에 다윗은 사울이 수행했어야 할 임무를 성공적으로 수행할 수 있었다. 다윗의 즉위식은 은밀한 가운데 이루어졌기에 아직 공개적으로 알려지지 않은 상황이다. 그러나 사실상 골리앗과의 대결에서 다윗의 왕권은 증명되었다.

골리앗과 싸움에서의 승리가 다윗을 이스라엘 백성에게 부각시켰고, 계

속적인 전쟁에서의 승리가 다윗의 인기를 고조시킨 것 같다. 사울도 다윗의
탁월함을 인식했으므로 그를 자신의 병기 드는 자로, 그리고 이스라엘 군대
의 장으로 삼았다. 그러나 다윗이 얻은 이러한 인기가 사울을 긴장시킨다.
사울이 그의 군대와 함께 블레셋과의 전쟁에서 승리하고 돌아올 때 이들의
개선을 축하하기 위해 이스라엘의 모든 여자들이 악기를 손에 들고 춤추며
노래하면서 "사울의 죽인 자는 천천이요 다윗은 만만이로다"(18:7)라고 노래
한다. 비록 이 노래가 사울과 다윗의 개선을 축하하는 환호였지만, 사울은
자신의 군대 중 한 용사에 불과한 다윗이 그런 엄청난 환호를 받는 것에 심
히 불쾌해 한다. 이 환호의 노래는 다윗을 사울과 동등한 자로, 또는 우월한
자로 찬양하고 있었기 때문이다. "사울이 이 말에 불쾌하여 심히 노하여 가
로되 다윗에게는 만만을 돌리고 내게는 천천만 돌리니 그의 더 얻을 것이 나
라밖에 무엇이냐"(18:8).

　　이후 사울은 다윗을 자신의 왕권에 위협을 주는 경쟁자로 간주한다(18:9).
사울은 다윗의 즉위에 대해서는 전혀 모른 채, 그를 환영하는 환호 속에서
다윗을 자신의 경쟁자로 생각한 것이다. 아마 사울은 두 번이나 그에게 선
언된 여호와의 계획을 기억했을 것이다. 즉 블레셋과의 전투를 앞두고 군대
가 동요하며 흩어지자 더 이상 사무엘을 기다리지 못하고 제사를 드림으로
써 민심을 수습하려 했던 행동으로 인해 사무엘로부터 들은 말이다. 그것은
여호와의 명령을 지키지 않았으므로 사울 왕조가 길지 못할 것이며, 여호와
께서 그분의 마음에 맞는 사람을 구하셔서 이스라엘의 왕을 삼으실 것이고
(13:13~14), 아말렉과의 전쟁에서 또 백성들의 말에 이끌려 여호와의 명령을
준행하는 데 실패했을 때(15장), 이로 인해 여호와께서 그를 버리셨고 그에게
서 이스라엘 나라를 떼어 그보다 나은 자에게 주셨다는 선언이다(15:24~29).
사울이 이미 두 번에 걸쳐 들은 여호와의 선언을 잊지 않았을 것이고, 개선
을 축하하는 여인들의 찬양이 다윗을 자기보다 더 환호한다고 생각하는 계
기를 주므로 더욱 다윗을 자신의 경쟁자로 간주해 그를 주목하게 되었을 것
이다.

사울이 다윗을 자신의 경쟁자로 생각한 그 이튿날부터 사울은 다윗을 죽이려는 시도를 계속한다. 18:8~9의 맥락에서 10~11절을 보면, 사울이 악한 마음을 가지자 하나님께서 악한 영을 보내셨고 그 영향력 아래 사울은 다윗을 죽이려고 시도한다. 이때 사울은 왕의 권위를 상징하는 창을 들고 있다가 다윗을 벽에 박아 죽이려고 던졌는데, 이것은 사울이 왕의 권위로 다윗을 죽이려 했음을 보여 준다.

이 사건 이후(18:6~11), 사울은 다윗을 두려워하게 되는데, 사무엘서 저자는 그것은 여호와께서 다윗과 함께하시고 반면 사울에게서 떠나셨기 때문이라고 해석한다(18:12). 사울은 다윗을 궁에서 떠나게 하고, 전체 이스라엘 군대의 리더에서 1,000명 단위의 리더(천부장)로 지위를 낮춘다(18:13). 아마도 사울은 다윗의 지위가 낮아지면 다윗의 영향력과 인기가 줄어들 것이라고 생각했을 것이다. 그러나 여호와는 다윗의 지위에 상관없이 그와 함께하시므로 다윗은 모든 일을 성공적으로 처리했다(18:14). 이 같은 사실을 사울도 보고 인식하고 있었고, 그렇기 때문에 다윗을 두려워했다는 점을 사무엘서 저자는 반복해서 기록했다(18:15). 이 반복을 통해 사무엘서는 사울과 다윗 사이의 긴장 관계가 다윗과 함께하시는 여호와의 임재와 그 결과와 관련이 있음을 보여 준다. 부정적인 시각에서 다윗을 이해한 사울도 결국은 다윗의 능력을 인정한 것이다. 이와는 대조적으로 다윗에 대한 온 이스라엘의 인정은 다윗을 향한 사랑에 반영되어 있다(18:16).

사울의 실패는 여호와께서 다윗을 선택하셔서 은밀하게 기름 부어 즉위하게 하는 계기를 마련했다. 다윗의 왕권은 골리앗과의 대결에서 증명되면서, 다윗이 이스라엘에서 부각된다. 사울도 다윗의 탁월함을 인정하여 자신에게 가장 가까운 신하로 임명하지만 백성 가운데 높아만 가는 다윗을 시기하게 되고, 그런 사울에게 하나님이 악한 영을 보내어 사울이 더 악하게 행하도록 허락한다. 다윗의 용사로서의 탁월함과 승리는 여호와께서 그와 함께하심의 결과임을 인식한 사울은 그를 두려워하여, 자신의 궁궐에서 내보내 이스라엘 군대의 천부장으로 좌천시킨다. 하지만 여호와께서는 여전히 다윗과 함께하시므로 다윗이 자신에게 맡겨진 임무에 대한 통찰력으로 성공을 거듭하고, 사울은 다윗을 더욱 두려워하게 된다.

반면 온 이스라엘과 유다는 다윗을 더 사모한다. 한쪽에서는 부정적인 시각에서, 다른 한쪽에서는 긍정적인 시각에서 다윗의 능력을 인정한다. 하지만 이러한 다윗에 대한 인정이 그와 함께하신 여호와의 임재와 여호와의 임재로 인한 그의 임무 수행 결과와 맞물려 있으므로 다윗의 고난은 하나님께서 의도하신 것이라 할 수 있다. 다시 말해 하나님의 영이 다윗과 함께하시고(16:13상) 사울이 다윗을 주목하게 된 시점(18:9)부터 사울과 다윗 사이에 긴장 관계가 형성되어, 다윗은 함께하시는 하나님의 영으로 인해 계속 성공적으로 행하고 사울은 다윗이 왕권을 소유하지 못하도록 죽이기로 계획한다. 여기서 여호와의 절대적 주권과 그의 뜻을 이루어 가시기 위하여 도구로 사용하시는 인간의 악함이 서로 맞물려 있음을 볼 수 있다.


## 고난의 전개

왕권과 연관이 있는 다윗의 고난은 사울과의 관계 속에서 계속 전개된다. 이 긴장 관계를 두 인물을 중심으로 고찰할 수 있는데 하나는 여호와로부터 버림을 받았으나 권력을 잡고 있는 기존의 왕 사울이고, 다른 하나는 여호와로부터 왕으로 세움을 받았으나 권력을 잡고 있지 않은 왕 다윗이다.

### 1. 폐위되었지만 권세가 있는 왕
사울은 다윗이 왕이 되지 못하도록 집요하게 추적한다. 은밀한 가운데 다윗을 죽이려 시도했던 사울은 그의 지위를 이용해 다윗을 죽이려고 적극적으로 나선다. 다윗을 죽이려는 사울의 음모는 서서히 구체적이며 공개적으로 발전하면서 온 이스라엘에게 알려진다.

1) 사울의 은밀한 음모(18:17~27)

사울은 다윗을 죽이기 위해 그에게 자신의 가족의 한 일원이 될 것을 제안하면서 조건을 제시한다. 18:17~27의 구조는 다음과 같다.

A 사울의 제안: 맏딸을 주는 조건으로 블레셋과의 싸움을 제안(17절)

　(사울의 의도: 블레셋을 통하여 다윗을 죽이기 위함)

　B 다윗 왕의 사위가 되는 것에 대해 겸손한 자세(18절)

　　C 맏딸을 다른 사람에게 줌(19절)

　　C′ 사울의 딸 미갈이 다윗을 사랑함(20절)

A′ 미갈의 사랑을 이용하여 사울은 다윗에게 블레셋 사람의 양피 100개를 요청함

　(21~25절)

　(사울의 의도: 블레셋을 통하여 다윗을 죽이기 위함)

　B′ 다윗이 사울의 제안을 받아들임(26~27절)


사울은 블레셋 군대를 통해 다윗을 죽이고자 하는 의도를 가지고 다윗에게 사위 삼기를 원한다는 뜻을 밝히면서 자신을 위해 블레셋과 전쟁할 것을 제안한다(A). 사울의 이중성에 관심이 없는 다윗은 사울의 요청을 겸손히 받아들인다(B). 그러나 자신의 제안을 지키지 않고 맏딸을 다른 사람에게 주어 사위를 삼고 싶지 않은 자신의 중심을 드러냄으로써 그의 의도가 가시적으로 나타났다(C). 비록 사울이 자신의 첫 제안을 거둬들였지만, 사울은 다윗을 향한 미갈의 사랑을 미끼로(C′), 다윗에게 다시 동일한 의도를 배후에 깐 동일한 제안을 하면서 블레셋 사람의 양피 100개를 요구한다(A′). 이에 다윗은 겸손하게 그 제안을 받아들이고 사울과는 대조적으로 자기 말에 책임을 지는데, 요구된 것의 두 배를 사울에게 주고 그의 사위가 된다(B′).

사울은 대외적으로는 사위 삼는다는 허울 좋은 구실로 다윗을 블레셋의 손에 죽게 하려고 했다. 그러나 다윗이 블레셋과의 싸움에서 승리하고 또한 자신의 딸이 다윗을 사랑하므로, 사울의 의도와는 다르게 다윗이 왕실의 한

일원이 됨을 보고 사울도 여호와께서 다윗과 함께하심을 인식한다. 더욱이 블레셋과의 성공적인 전쟁은 오히려 다윗을 이스라엘 가운데 더 부각시키게 되고, 다윗을 죽이고자 하는 사울의 치밀한 계획은 수포로 돌아간다. 이런 문맥 가운데 18:28~29에서 저자는 사울의 계획 속에 개입하시는 여호와를 사울이 인식하였고, 다윗을 더욱 두려워하여 다윗에게 평생 적이 되었다고 평가한다. 여기서 사무엘서 저자는 다윗의 고난이 여호와께서 다윗과 함께하시기 때문임을 제시한다. 즉 사무엘서는 하나님의 함께하심 때문에 사울이 더욱 두려움에 빠지고, 그 결과 사울은 다윗을 적으로 간주하게 된 것으로 말한다. 그러나 사울의 은밀한 음모도 오히려 사울 자신에게는 불리한 입장을, 다윗에게는 유리한 입장을 초래하게 되고 결국 은밀하게 기름 부음을 받은 다윗이 합법적으로 왕족이 된다.

### 2) 사울의 공공연한 음모(18:30~19:17)

사무엘상 18:30~19:17에서 다윗을 죽이려는 사울의 음모가 공개적으로 드러난다. 본문의 구조는 다음과 같다.

> A 블레셋과의 싸움에서 다윗의 성공과 그의 명성(18:30)
>> B 이에 대한 사울의 대책: 다윗을 죽이라는 명령과 요나단의 개입(19:1~7)
>> B1 사울이 요나단과 신하들에게 다윗을 죽이라고 명령: 다윗을 사랑하는 요나단(1~3절)
>> B2 다윗을 위하여 사울에게 변호하는 요나단(4~5절)
>> B1′ 다윗이 예전같이 사울 앞에 있게 됨(6~7절)
> A′ 다윗이 블레셋과 싸워서 승리(19:8)
>> B′ 사울이 창을 던져서 다윗을 죽이려 시도함과 미갈의 개입(19:9~17)

이 평행 구조는 다윗을 처치하려는 사울의 시도가 자신의 아들과 딸에 의해 수포로 돌아가는 것을 보여 준다. '다윗의 블레셋과의 전쟁―다윗을 죽이고자 하는 사울의 의도와 그의 자녀의 개입'(A–B & A′–B′) 구조에서 무엇보다 돋보이는 것은 요나단의 개입이다(B1–B2–B1′).

사울이 블레셋과의 전쟁을 이용해 다윗을 죽이고자 할수록 다윗의 명성이 더 높아지므로(A, A′), 자신의 뜻이 이루어지지 않자 요나단과 신하들에게 다윗을 죽이라는 명령을 내리지만 역시 수포로 돌아가고(B), 사울은 악한 영에 시달리면서 수금을 타는 다윗을 죽이려고 창을 던지지만 다윗은 피한다(B′).

여기서 여호와께서는 그의 마음에 합한 자들을 보호하실 뿐만 아니라, 오히려 그들의 적들이 더욱 자신을 파멸로 이끌어 가는 행동을 하도록 몰아가시는 것을 볼 수 있다. 사울의 아들과 딸도 사울이 다윗을 죽이지 못하도록 개입한다(B, B′). 더욱이 사울 왕조의 계승자인 요나단이 실제로 그의 경쟁자가 될 수 있는 다윗을 사울에게 변호한다(B1). 요나단은 다윗의 무죄함과 다윗이 전력투구해서 왕국을 튼튼하게 한 사실(참고 14:1~15)을 사울에게 호소하자(B2), 사울은 다윗이 죽임을 당치 않을 것이라고 맹세하여 다윗은 여전히 자기 자리를 지킬 수 있게 된다(B1′). 요나단의 호소에는 오직 여호와와 맺은 언약을 준수함으로써 강대해질 수 있는 신정 국가인 이스라엘은 자신의 생명을 아끼지 않고 여호와의 싸움을 싸우는 다윗에 의해 굳게 세워진다는 사실이 반영되어 있다. 인간적으로 자신의 라이벌일 수밖에 없는 다윗을 변호하는 요나단은 자신이 왕이 되는 데 관심이 없고, 다만 왕국이 든든히 세워지기 위해 누가 이스라엘 왕이 되느냐에 관심이 있었다. 다윗과 같이 요나단도 그의 중심이 여호와께 있었기 때문이다[참고 180쪽 '2) 요나단'].


3) 사울의 잔혹함과 범국민적인 추적

다윗을 죽이려는 사울의 시도는 점점 확대되어 가고, 그의 광기는 극에 달한다. 사울은 다윗을 도왔다는 이유로 도엑으로 하여금 아히멜렉을 비롯하여 놉의 제사장들을 몰살시킨다(22:6~19). 비록 학살은 도엑이 했지만, 진정한 학살자는 사울이다. 사울의 잔혹함은 이스라엘 백성 가운데 두 종류의 반응을 보이게 한다. 힘든 상황 속에 있는 자들은 다윗에게로 피하고[참고 171쪽 '3) 백성의 번영을 위함'], 반대로 다윗이 숨은 곳을 사울에게 알려 주는 사람들도 생긴다[참고 177쪽 '7) 친족 유다로부터 외면당하는 다윗']. 사울의 범국민적 추적은 다윗과 관련된 각 사건 속에 잘 드러나 있다.

### 2. 새로 즉위했지만 권세가 없는 왕

사울로부터 받는 고난이 어떻게 전개되며 심화되는지, 그 고난을 다윗이 어떻게 헤쳐 나가는지를 살펴보고자 한다.

#### 1) 인기를 이용해 사울과 맞서지 않음

다윗에게 자신의 고난을 단축할 수 있는 기회가 없었던 것은 아니다. 초창기에 다윗은 자신의 인기를 이용하여 사울을 대적하고 민심을 자기에게 모을 수 있었다. 그러나 다윗은 자기에게 주어진 일 외에는 관심이 없는 모습을 보여 준다. 다윗이 자신에게 주어진 기회를 이용하여 사울과 맞서지 않는 모습은 사울이 블레셋과의 전쟁에서 목숨을 잃기까지 변함이 없다(31장).

#### 2) 선지자 갓의 메시지(22:5)

다윗은 가족을 자기 할머니 룻의 고향인 모압으로 피신시키고(22:3~4), 자신은 요새에 거했다. 그러나 유다 땅으로 가라는 선지자 갓의 메시지를 따라 유다 땅으로 돌아온다(5절). 갓의 메시지에 비추어 볼 때 이 요새는 유다 땅에 있지 않은 것이 분명하고, 하나님께서는 다윗이 약속의 땅에서 고난 받기를 원하셨던 것 같다.

이후로 다윗은 고난을 통해 여호와의 백성 가운데 그의 영향력을 펼쳐 간다. 또한 여호와께서 기뻐하시는 왕은 다윗이라는 사실이 언약 공동체에 서서히 인식되어 사울의 왕실뿐만 아니라 이스라엘 백성도 알게 된다[참고 183쪽 '5) 나발의 아내 아비가일']. 여기서도 여호와께서 다윗이 고난을 피하는 것이 아니라 고난 받기를 원하셨다는 것을 유추할 수 있다. 그리고 다윗도 여호와께 대한 순종은 고난을 포함한다는 것을 분명히 인식한 것 같다.


### 3) 백성의 번영을 위함(22:1~4, 20~23; 23:1~5)

다윗은 엄청나게 힘든 상황 속에서도 소외되고 고난 받는 다른 사람들을 보호한다. 어쩌면 다윗은 자신의 고난을 통하여 고난을 겪는 다른 사람들을 사랑하고 이해했을 것이다. 사울의 체제 속에서 어려움을 겪는 자들이 아둘람 굴에 숨어 있는 다윗에게로 피한다. 다윗 때문에 그의 가족들도 어려움을 겪었던 것 같다.

다윗은 고난 가운데서도 언약 공동체의 안녕에 관심이 있었다. 이러한 다윗의 모습이 그일라를 침략한 블레셋을 물리치고 그일라를 구원한 사건에도 잘 반영되어 있다[참고 177쪽 '(1) 그일라와 다윗']. 이때 다윗의 형편이 그와 그의 사람들이 유다에 숨어 있기도 어려운 처지였는데 그러한 가운데 그일라를 블레셋으로부터 구원한다는 것은 또 다른 고난을 자처하는 것이었다(23:3). 그러나 다윗은 그일라 구출이 여호와의 뜻임을 재확인하고 그일라를 블레셋으로부터 구해 준다.


### 4) 첫 번째 기회 거절(24장)

블레셋과 싸우고 돌아오는 사울에게 다윗의 숨은 곳이 알려졌다. 사울은 군사 3,000명을 뽑아 다윗을 잡으려고 엔게디 광야로 간다. 사울은 십 광야에서 다윗을 잡을 수 있었던 기회를 블레셋의 침략으로 인해 놓쳤지만[참고 179쪽 '(2) 블레셋군 참전 위기 때'], 이번에는 틀림없이 잡겠다고 벼른 것 같다. 그러나 십 광야에서와는 달리(23:15~28), 엔게디 광야에서 상황이 역전된다. 전자의 경우에 다윗을 사로잡을 수 있는 기회가 사울에게 주어졌지만, 후자의 경우에 다윗이 사울을 해할 수 있는 상황을 맞게 된다.

이 상황이 1~7절에 잘 묘사되어 있다.


A 사울이 다윗을 해하려고 엔게디 광야로 추적: 사울이 다윗과 그의 사람들이 숨

은 굴로 들어감(1~3절)

  B 다윗이 사울의 겉옷자락을 몰래 베고 양심의 찔림을 받아 사울 해하기를 거부함(4~6절)

A′ 다윗이 자기 사람들에게 사울을 해하지 못하게 함: 사울이 굴에서 무사히 나감(7절)


    다윗은 자기의 생명을 지칠 줄 모르고 노리는 사울을 없앨 기회를 맞이하고(A), 여호와께서 주신 기회를 이용하라는 측근들의 말에 몰래 사울의 옷자락을 벤다. 하지만 양심의 찔림을 받아 스스로 여호와의 기름 부음 받은 자를 해하지 않겠다고 말한다. 또 그렇게 함으로써 어느 누구도 사울을 해하지 못하게 한다(B). 그래서 사울은 무사히 굴에서 나가게 된다(A′). 이 에피소드에서 다윗과 함께하시는 하나님의 영이 그의 양심에 경보를 울림으로써 다윗이 친히 복수하는 것을 막으셨음을 볼 수 있다.

    다윗이 사울을 직접 대면하는 내용이 8~22절에 나타나는데, 본문의 구조는 다음과 같다.


A 다윗과 사울의 대면(8절)

  B 다윗: 사울을 죽일 기회를 거부했음을 고함(9~11절)

    C 사울을 해할 의도가 없는 다윗(12~13절)

      D 다윗의 겸손과 여호와께서 사울의 손에서 건지시기를 희구(14~15절)

      D′ 사울의 깨달음: 자신을 선대한 다윗(16~17절)

    C′ 사울의 깨달음: 자신을 해할 의도가 없는 다윗(18~19절)

  B′ 사울: 다윗의 왕권을 인정하고 자신의 가문을 멸하지 않겠다고 맹세하기를 부탁(20~21절)

A′ 다윗과 사울이 헤어짐(22절)


    다윗은 자신을 추격하는 사울을 향해 엎드려 절하고(A), 자신이 벤 사울의 겉옷자락을 보이며 그를 죽일 수 있는 기회가 있었으나 그 기회를 취하지 않았음을 확인시킨다(B). 다윗은 자신이 사울을 해할 의도가 없음(C)을 보여 줄 뿐만 아니라 그의 깨끗함을 따라 여호와께서 그를 사울의 권세에서 구원 해 주시기를 희구한다(D). 다윗의 선함을 깨달은 사울도(D′) 여호와께서 그를 다윗의 손에 붙이셨으나 다윗이 그를 죽이는 것을 거부한 일에 대해 여호 와께서 갚아 주기를 기원하면서(C′), 다윗이 반드시 이스라엘의 왕이 될 것과 다윗 왕조가 견고히 세워질 것을 알고 있다고 고백한다(참고 23:17). 여호와께 로부터 버림받았으나 아직은 권력을 쥐고 있는 사울은, 여호와의 선택을 받 기는 했으나 지금은 아무런 힘이 없는 다윗이 장차 이스라엘의 왕이 될 것을 공공연하게 인정한다. 동시에 앞으로 사울의 가문을 멸하지 않고 그의 이름 을 그의 가문에서 소멸하지 않을 것을 맹세하라고 부탁하는 사울에게(B′) 다 윗은 맹세를 하고, 그들은 서로 헤어진다(A′). 다윗의 대적도 다윗의 무고함 과 선함, 그리고 그의 왕권을 인정한다. 그럼에도 불구하고 아직 다윗의 왕 권은 공공연하게 확립되지 않았고, 사울이 여전히 왕의 권세를 가지고 있다.

### 5) 사무엘의 죽음(25:1)

사울이 끊임없이 다윗의 목숨을 노리고 추격하는 이야기 사이에 사무엘 의 죽음이 언급되었다. 사무엘의 죽음 소식을 듣고, 다윗은 엔게디 광야(24 장)에서 바란 광야로 내려간다. 그 이유가 본문에 언급되어 있지 않지만 두 가지 유추가 가능하다고 본다. 첫째, 사울을 신뢰하지 않았기 때문이다. 다 윗이 앞으로 왕이 될 것을 사울이 알고 있었기 때문에 그가 사울을 선하게 대해도 사울은 그의 목숨을 끝까지 노릴 것이다. 둘째, 사울과 다윗에게 기 름을 부은 사무엘은 사울의 악함으로 인한 다윗의 고난을 분명히 다 알고 있 었지만[참고 178쪽 '(1) 사무엘에게 피했을 때'], 다윗의 고난의 무대에 나타나지 않 는다. 그러나 사울을 왕으로 기름 부을 때 왕과 백성을 위하여 기도하기를 쉬지 않겠다고(12:23) 한 사무엘이 다윗을 위해서도 여호와께 아뢰었을 것이 다. 사무엘의 눈에 보이지 않는 도움이 그의 죽음으로 막을 내리게 되자 다윗은 두려움을 느끼고 유다 최남단에 위치한 광야로 도망한 것 같다. 그러나 다윗의 고난에 개입하셔서 그를 돕고 세워 가시는 여호와는 여전히 다윗과 함께하신다.

## 6) 두 번째 기회 거절(26장)

엔게디 광야에서처럼 십 광야에서도 다윗에게 사울을 해할수 있는 기회가 주어진다.

### (1) 사울의 추적을 꿰뚫어 본 다윗(1~5절)

A 십 사람이 사울에게 다윗의 숨은 곳을 알림(1절)

  B 사울이 다윗을 추적(2절)

  B′ 다윗이 사울의 추적을 봄(3절)

A′ 정탐꾼을 보내어 사울의 진영을 확인(4~5절)

### (2) 다윗의 작전(6~12절)

A 사울의 진영으로 내려감(6절)

  B 사울을 중심으로 아브넬과 군인들이 잠들어 있음(7절)

    C 아비새: 사울을 죽일 수 있는 기회라고 다윗을 설득함(8절)

    C′ 다윗: 여호와의 기름 부은 자를 치지 말라 명령(9~10절)

  B′ 사울의 목숨 대신 창과 물병만 가져감(11절)

A′ 사울의 진영을 떠남(12절)

### (3) 사울에 대한 다윗의 책망(13~25절)

A 다윗이 건너편에 섬(13절)

B 다윗이 사울을 온전히 보호하지 못한 아브넬을 책망함(14~16절)

　C 사울이 다윗의 음성을 알아봄(17상절)

　　D 다윗이 사울에게 자신을 추적할 만한 죄가 자기에게 있는지 물음(17하

　　　~18절)

　　　E 다윗이 자신의 생명을 해할 가치가 없음을 사울에게 인식시킴(19~20

　　　　절)

　　　E′ 사울이 자신의 죄를 깨닫고, 다윗의 생명을 해하지 않겠다고 함(21절)

　　D′ 다윗은 사울을 죽일 수 있는 기회를 포기함(22절)

　C′ 다윗이 사울을 여호와의 기름 부음 받은 자로 인정함: '여호와의 기름 부

　　음 받은 자를 치길 원하지 않는다'(23절)

B′ 다윗이 여호와께서 자신의 생명을 보호해 주시기를 기원함(24절)

A′ 사울이 다윗을 축복함: 두 사람이 각각 자기의 길을 감(25절)


　다윗이 십 광야에서 피하고 있다는 것을 그 인근 사람이 사울에게 알렸다는 소식이 다윗에게 전해지자, 다윗은 사울의 진영을 알아내고(1절) 처음으로 사울을 지혜롭게 반격한다.

　다윗은 사울 진영으로 내려가서[(2) A] 사울과 그를 둘러싼 군인들이 깊은 잠에 빠져 있는 광경을 본다[(2) B]. 이때 같이 내려간 아비새가 여호와께서 주신 기회이니 사울을 죽이라고 다윗을 설득하지만[(2) C] 다윗은 여호와의 기름 부음 받은 자를 치지 말라고 하며, 여호와께서 직접 치실 것이라고 대답한다[(2) C′]. 다윗은 잠들어 있는 사울의 목숨 대신에 창과 물병만 가지고[(2) B′] 사울의 진영을 떠난다[(2) A′]. 사무엘서 저자는 여호와께서 사울과 그의 군대로 깊은 잠에 빠져들게 하셨다고 언급함으로써 아비새의 판단을 지지하는 것 같다(12절). 그러나 다윗은 여호와의 기름 부음을 받은 사울에게 스스로 보복하지 않고, 여호와의 치리에 맡긴다. 여기에서 다윗은 엔게디 광야에서 있었던 사건에서 배운 교훈을 기억하고 이제까지 체험한 여호와의 구원을 신뢰하는 모습을 보인다.

다윗이 사울 진영을 향하여[(3) A], 사울의 생명을 보호해야 할 아브넬이 책임을 다하지 않은 것을 책망할 때[(3) B], 사울은 다윗을 알아본다[(3) C]. 다윗이 깊은 잠에서 깨어난 사울에게 자신을 추적할 만한 이유나 또는 죄가 있는지 묻는 질문에 그의 무죄가 암시되어 있다[(3) D].[4] 다윗은 자신의 무죄를 두 가지 가능성을 들어 논증한다[(3) F]. 첫째 가능성은 만일 여호와께서 사울을 격동하여 그를 죽이려 한다면, 노여워하시는 여호와를 달래기 위해 제물을 드려야 되고, 여호와께서는 그 제물 받으시기를 원하신다고 다윗은 말한다. 두 번째 가능성에는 다윗을 향한 사울의 달래기 어려운 증오의 원인은 다른 사람들이 아니라 바로 사울 자신에게 있음이 시사된다. 그리고 이 때문에 다윗은 마땅히 언약 공동체의 한 일원으로써 여호와의 기업인 이스라엘(땅)에서 여호와를 섬겨야 하지만, 여호와로부터 형벌 받은 자같이 여호와의 기업에서 쫓겨났다고 말한다. 그러므로 다윗은 현재 여호와께 경배 드리기 위해 성막에 갈 수 있는 특권을 박탈당하게 된 것이다.

또한 다윗은 자신이 사울의 권세에 비교할 만한 존재가 아님을 비유를 들어 확인시키며, 사울의 추적은 여호와께서 임재하시는 이스라엘에서 벗어나 그를 죽게 할 수도 있으므로 그렇게 되지 않게 해달라고 호소한다[(3) F]. 이러한 다윗의 논증과 호소로 사울이 자신의 잘못을 인정하고 다윗을 해하지 않겠다고 말하자[(3) F'] 다윗은 자신이 취했던 창을 자기가 사울을 죽이기를 거부한 증표로써 가져가기를 요청하면서[(3) D'], 비록 여호와께서 사울을 자기 손에 넘겨주셨지만, 다윗은 여호와의 기름 부음을 받은 사울 죽이기를 거부했다고 다시 말한다[(3) C']. 왕의 권위를 상징하는 창을 사울에게 돌려줌으로써, 다윗은 자신의 힘으로 사울의 왕권을 취할 마음이 없음을 밝혔다고 볼 수 있다. 이러한 다윗의 자세는 자신의 권세를 이용하여 다윗을 죽이고 자신의 왕조를 안전하게 확보하려는 사울의 태도와 대조를 이룬다. 계속해서 다윗은 자기가 사울의 생명을 귀중히 여김같이 여호와께서 자신의 생명을 귀중히 여기셔서 모든 환란에서 구원하시기를 기원한다[(3) B']. 아이러니하게도 사울의 생명을 보호한 것은 사울의 군대장관이 아니라[(3) B], 사울이 원수로 생각하는 다윗이다[(3) B']. 이러한 다윗에게 사울은 다윗의 능력과 그의 왕권 확립을 인정하고 떠난다[(3) A'].

### 7) 친족 유다로부터 외면당하는 다윗(23장)

다윗은 일부 유다 지파로부터 외면을 당한다. 그러나 이러한 상황 속에서도 다윗을 돕고 따르는 자들도 끊이지 않았다.

#### (1) 그일라와 다윗(1~14절)

다윗은 사울의 추적으로 인해 자신이 항상 생명의 위협 가운데 있으면서도 여호와의 백성의 안녕을 위해 그일라를 구출하나[참고 171쪽 '3) 백성의 번영을 위함'], 그일라 주민들은 다윗이 숨어있는 곳을 사울에게 알린다. 이 상황을 사울은 여호와께서 다윗을 자신의 손에 넘겨주신 것으로 판단한다(7절 "하나님이 그를 내 손에 붙이셨도다"). 그러나 그일라 주민들의 계획을 들은 다윗은 여호와께 확인하고 광야로 도망한다. 사울의 무자비한 학살이 다윗의 친족인 유다 지파에게도 공포를 주었던 것 같고, 그래서 그일라 사람들도 자신들의 생명을 부지하기 위해 그들을 구한 다윗을 넘겨야 한다고 결정한 듯하다. 그러나 여호와께서 다윗을 사울에게 넘겨주시지 않으므로 사울의 노력이 다시 수포로 돌아간다(14절).

#### (2) 십 광야에서의 다윗의 도피(15~29절)

A 요나단의 개입: 다윗을 강하게 하고 언약을 갱신(15~18절)

B 광야에 사는 사람들로부터 다윗이 숨은 곳을 보고받은 사울의 추적(19~25절)

B' 급박한 환경: 포위된 다윗과 그의 사람들(26절)

A' 하나님의 개입: 블레셋의 침략으로 인해, 사울이 다윗을 추적하는 것을 중단

(27~29절)

그일라에서 십 광야로 도망한 다윗은 요나단과 여호와의 개입으로 사울의 추적에서 무사히 보호된다(A, A'). 요나단은 십 광야로 가서 다윗이 하나님을 굳게 의지하도록 격려하면서(16절), 사울이 아무리 집요하게 추적한다 해도 다윗의 생명은 안전할 것이고 다윗이 이스라엘 왕이 될 것이며, 이 사실을 사울도 알고 있다고 말한 후 다윗과 맺은 언약 갱신을 통하여 우정을 확인하고 돌아간다(A, 17~18절). 요나단과는 대조적으로 십 광야에 사는 사람들은 기브아에 있는 사울에게 다윗이 숨어 있는 곳을 알려 준다(B). 거기서 도망하는 다윗을 사울과 그의 군대가 추격하여 마온 광야에서 다윗과 그의 사람들을 포위하여 그들을 잡을 수 있는 순간을 맞게 된다(B'). 이 긴박한 순간에 블레셋이 이스라엘을 침략했다는 소식이 전달되어 다윗과 그의 사람들은 위기를 면하게 된다(A'). 여기에서도 사울의 관심을 다윗에게서 잠시 돌리게 하시는 여호와의 개입을 볼 수 있다.

### 3. 사울의 추적 속에 다윗을 돕는 자들

사울에게 쫓기어 도망 다니는 다윗을 여호와와 언약 공동체의 지체들이 돕는다.

#### 1) 여호와의 개입

#### (1) 사무엘에게 피했을 때(19:18~24)

미갈의 도움으로 도주할 수 있었던 다윗은 사무엘을 찾는다. 이제 다윗을 죽이고자 하는 사울의 지칠 줄 모르는 마음은 결국 사무엘에게도 알려진다. 여기서부터 사울은 도주하는 다윗을 끊임없이 추적하게 된다.

다윗은 라마에 있는 사무엘에게 모든 것을 알리고 그와 함께 메나욧으로 피한다. 이 사실이 사울에게 알려지게 되자, 사울은 다윗을 잡으려고 부하들을 보낸다. 그러나 하나님의 영이 사울의 부하들에게 임하여 예언하게 하므로 다윗을 잡으려는 계획이 수포로 돌아가게 된다. 결국 사울 자신이 다윗을 잡으려고 나서지만, 나욧에 이르자 그 부하들과 동일한 체험을 겪는다. 이 에피소드는 다윗을 잡으려 한 사울과 그의 부하들의 수고가 하나님의 개입 때문에 실패하는 것으로 막을 내린다. 이제 사울에게는 그를 왕으로 세운 하나님의 선지자 사무엘의 존재도 아랑곳없다. 오직 다윗을 처치해아 한다는 생각만이 사울의 마음을 지배하고 있어서 사울의 광기가 고조되고 있음을 보여 준다. 다윗을 추적하는 사울에게 하나님의 영이 내렸지만, 사울은 사무엘 앞에 온종일 벌거벗고 누워 예언하는 광경은 참으로 의미심장하다.

이것은 처음 사울에게 하나님의 영이 임했을 때 이스라엘을 암몬의 침략에서 구원하는 왕의 임무를 행할 수 있었던 것과 대조되며(10:9~13), 실제로 사울 왕의 권세와 합법성 그리고 권위가 그의 죽음(31장)이 이르기 전에 이미 끝난 것을 보여 준다. 이렇게 하나님의 영이 사울의 악한 계획이 실행되지 못하도록 개입하셔서 다윗을 보호하신다.

### (2) 블레셋군 참전 위기 때(27장)

다윗은 사울을 피하여 이스라엘 영토의 최남단으로 도망했지만, 안전한 곳은 없었다(25:1; 26장). 더 이상 사울을 피할 수 있는 안전한 장소가 이스라엘 땅에는 없다고 판단한 다윗은 블레셋으로 도피하고 그 소식을 들은 사울은 다윗 추적하기를 그친다(1~4절). 아이러니하게도 다윗은 여호와의 축복이 약속된 그 땅에서 평화를 누리며 살지 못하고 오히려 이스라엘의 적국에서 보호를 받는다.

다윗이 블레셋에 거하는 동안 블레셋이 이스라엘과의 전쟁을 일으킨다 (28, 31장). 다윗이 블레셋 편에서 이스라엘과 싸울 뻔한 위기가 블레셋 지도자들에 의해 좌절된다. 비록 본문에 아무런 언급이 없지만, 이 좌절을 여호와의 간섭으로 이해해야 한다. 성경적 세계관에 의하면, 여호와께서 하시는 일에 버금가는 원인이 없다. 모든 원인은 죽이기도 하시고 살리기도 하시며, 음부에 내리게도 하시고 올리기도 하시는 여호와께로 거슬러 올라간다 (2:6). 여기서도 역사의 주인이신 여호와의 절대적인 주권을 볼 수 있다.

사울과 요나단은 이미 승패가 결정된 싸움에 어쩔 수 없이 참여하게 된다. 이미 여호와께 버림받은 사울 왕조의 패망이 이 싸움에서 사울과 그의 계승자 요나단의 죽음으로 가시화된다(31장).


2) 요나단(20장)

    A 다윗의 생명이 위태로움(1~3절)
      B 요나단의 신실한 태도: '네가 원하는 것이 무엇이든지 이루리라'(4절)
        C 다윗이 요나단에게 사울의 의도를 알아낼 것과 언약을 이행할 것을 제안함(5~8절)
        C′ 요나단이 사울의 의향을 알릴 것과 언약을 지킬 것을 맹세함(9~17절)
      B′ 다윗을 돕기 위한 요나단의 치밀한 계획을 실행에 옮김(18~40절)
    A′ 요나단과 다윗이 서로 맹세하고 헤어짐(41~42절)


고조되어 가기만 하는 사울의 광기로 인해 다윗은 사울에게 가장 가까이 있는 요나단을 찾아간다. 다윗을 사랑하는 요나단의 마음은 다윗을 돕는 과정에 잘 나타나 있다. 이 평행 구조에 요나단과 다윗의 깊은 우정이 반영되어 있다. 다윗은 요나단에게 자신의 처지를 호소하면서 무엇을 잘못했기에 사울이 자신의 생명을 노리는지를 물으며, 자신과 죽음 사이에 한걸음뿐인 절박한 상황을 이야기한다(A). 이러한 상황에서 다윗을 힘 있게 격려하는 요나단의 우정이 평행을 이루는(A′) 틀 속에 서술되어 있다. 요나단은 다윗이 원하는 것을 무엇이든 이루겠다고 제안한다(B). 요나단은 다윗을 돕기 위해 치밀하게 계획하고 실행에 옮긴다(B′). 요나단은 여호와께서 다윗과 함께 하시기를 기원하고(C′, 13절), 여호와께서 다윗의 대적을 치실 것이라고 말한다(C′, 16절). 그리고 요나단은 만일 다윗이 도망해야 한다면 여호와께서 그의 안전을 위해 보내시는 것이라고 다윗을 격려한다(B′, 22절). 무엇보다도 요나단은 여호와께서 그들 사이에 계시므로 서로 묶여 있다는 것을 주장한다(B′,

23절). 이 둘 사이는 여호와께서 보증하는 우정의 언약으로 묶여 있다.

다윗이 월삭 만찬에 부재한 이유를 요나단으로부터 들은 사울은 다윗이 살아 있는 동안은 자신의 왕위를 계승할 요나단의 나라가 확보되지 않을 것이므로 다윗은 죽어야 한다며 노를 발한다(B′, 31절). 이러한 사울의 태도는 다윗을 왕으로 기름 부으신 여호와의 주권에 도전하는 것이다. 다윗의 무죄를 변호하는 요나단에게 창을 던져 죽이려는 사울을 보고 다윗을 죽이려는 결심이 확고한 줄 깨달은 요나단(B′, 32~33절)은 약속대로 사울의 뜻을 다윗에게 알린다(B′, 35~40절).

A−A′와 B−B′에 싸여 있는 C−C′는 다윗과 요나단의 깊은 우정의 핵심을 보여 준다. 다윗의 제안은 자신에 대한 사울의 의도를 한 번 더 확인하기 위한 것 같다. 다윗이 월삭에 사울의 사위로서 사울과 같이 있어야 하지만, 베들레헴에 있는 자기 집에서 그날을 보내기 위해 사울의 옆자리를 비웠다는 것에 사울이 노하게 되면, 다윗을 죽이려는 사울의 결심이 섰다는 것을 보여 주는 것이라 말하면서(5~7절), 요나단에게 자신이 사울의 추적을 받을 만한 죄가 있다면 직접 자신을 죽이라고 한다(C, 8절). 여기서 다윗은 자신이 무고하다는 점을 드러내며, 자신을 요나단의 종이라고 칭한다. 이러한 다윗에게 요나단은 생명의 안전을 확인시키면서, 다윗을 향한 사울의 의도를 알려 주기 위해 구체적인 계획을 세우고 우정의 언약을 맺는다(C′). 요나단이 사울에게 불충하고 다윗에게 충성하는 것은 단순한 우정 관계 때문이 아니다. 그는 다윗을 통해 새로운 여호와의 통치가 이스라엘에 임할 것을 알고 있었다. 이 새로운 통치의 도래는 사울 왕조의 마지막을 의미하는 것이기도 하다. 그러므로 요나단은 부모를 공경하라는 계명을 어겨가면서 다윗에게 신실하게 행한다. 이러한 다윗을 위한 요나단의 충성은 곧 여호와를 향한 충성이며, 하나님 나라를 세워 가는 주춧돌이다.

### 3) 제사장 아히멜렉(21:1~9)

A 다윗이 아히멜렉에게 도움을 청함(먹을 것)(1~6절)

B 이 모든 장면을 지켜본 자: 사울의 신하 도엑(7절)

A′ 다윗이 아히멜렉에게 도움을 청함(무기)(8~9절)

다윗이 아히멜렉에게 피한 이유는(1~6절) 분명하지 않지만, 라마[참고 178
쪽 '(1) 사무엘에게 피했을 때']에서 기브아(20장)로 가서 요나단을 만나고 남쪽으로
도망하면서 놉에 들린 것 같다. 거기서 아히멜렉의 도움으로 허기를 채우고
(A′), 골리앗과의 싸움에서 취한 무기를 갖는다(A′). 여기서 도엑이라는 사울
의 신하가 모든 것을 지켜보고 있었다는 언급(B)은 다윗을 돕는 자에게 생명
의 위협이 있을 것임을 암시하는 것이다. 다윗이 배고픔을 면하고 골리앗에
게서 전리품으로 취한 칼을 가지고 즉시 놉을 떠나는 모습은 절박한 상황을
반영한다. 이러한 상황은 놉에 거주하는 아히멜렉과 다른 제사장들을 전멸
하는 사울의 잔혹함과 상응한다[참고 169쪽 '3) 사울의 잔혹함과 범국민적인 추적'].

### 4) 가드 왕 아기스(21:10~15)

광기로 날뛰는 사울을 피해 다윗은 이스라엘의 적군에게로 들어간다. 블
레셋과 전력투구해서 싸우던 다윗의 모습은 어디로 가고, 다윗은 생존하기
위해 미친 사람으로 가장한다(12~13절). 가드 왕 아기스는 다윗이 비록 블레
셋이라는 적군의 용사였지만, 비참한 상태에 있는 다윗을 죽이지 않는다. 다
시 말해 아기스는 현재 자신과 비교할 수 없는 연약한 적장의 목숨에 손을
대지 않는다(14~15절). 여기에서 생기는 의문은 '다윗이 모압으로 피했을 때
는[참고 170쪽 '2) 선지자 갓의 메시지'] 하나님께서 유다 땅으로 가라고 하셨는데,
다윗이 블레셋으로 피한 것에 대해서는 왜 아무런 말씀도 하지 않으셨는가'
라는 점이다. 아마도 모압은 약속의 땅에 속해 있지 않고, 블레셋은 그 땅의
일부인 사실과 연관이 있는 것 같다. 비록 현재 블레셋이 차지하고 있지만,

이스라엘 영토이고 앞으로 다윗이 점령해야 할 땅이다. 그러므로 다윗이 블레셋으로 피한 것에 대해 여호와께서 침묵하신 것 같다.

5) 나발의 아내 아비가일(25장)

다윗이 고난 가운데 피 흘리는 실수를 범할 뻔한 사건이 발생한다. 그러나 이때 한 지혜로운 여인의 개입으로 잘못을 넘어가게 된다. 다윗이 양털을 깎는 나발에게 식량을 부탁하나 모욕과 함께 거절을 당하자 친히 복수의 '원정'을 떠난다(2~13절). 나발에 대한 다윗의 진노는 그가 나발의 양떼를 자진해 보살펴 준 신실함에 비례한다. 다윗과 그의 사람들은 야생동물이 많고 약탈자들이 쉽게 세력을 펼칠 수 있는 광야에서 나발의 양떼들과 같이 거하는 동안 그 목동들과 양떼들을 보호해 주었던 것이다(7절). 나발의 행동과 다윗의 원정에 대한 소식이 나발의 아내 아비가일에게 전해지자 아비가일은 피흘림을 막기 위해 민첩하게 행동한다. 아비가일과 다윗이 대면하는 장면이 서술된 14~35절의 구조는 다음과 같다.

(1) 아비가일과 다윗(14~31절)

> A 나발의 목동들을 위한 다윗의 도움과 다윗의 청을 거절한 나발의 행위가 아비가일에게 보고됨: 나발의 집을 세운 다윗(14~17절)
>> B 아비가일의 다윗을 진정시키기 위한 준비와 다윗 무리와의 만남(18~20절)
>>> C 선을 악으로 갚은 나발을 치려는 다윗의 계획(21~22절)
>>> C' 다윗이 친히 복수하는 것을 막는 아비가일(23~26절)
>> B' 예물을 다윗에게 주는 아비가일(27절)
> A' 다윗의 집을 세우는 아비가일(28~31절)

A에서는 다윗의 선한 행동이 강조되어 있고, A'에서는 다윗의 왕조를 세움에 그 강조가 있다. 이 틀 속에 아비가일은 민첩하게 행동하여 다윗 일행

에게 필요한 것을 준비해 건네준다(B, B'). 그리고 선을 악으로 갚은 나발을 치려 계획하는 다윗에게(C) 아비가일이 호소한다. "내 주여 여호와께서 사시고 내 주도 살아 계시거니와 내 주의 손으로 피를 흘려 친히 보수하시는 일을 여호와께서 막으셨으니 내 주의 원수들과 내 주를 해하려 하는 자들은 나발과 같이 되기를 원하나이다"(C', 26절). 이러한 아비가일의 진술에서 다윗이 사울에게 친히 복수하지 않았다는 사실이 이스라엘 가운데 널리 알려진 것을 알 수 있다. 이미 사울도 이 사실을 인정했다(24:20). 아비가일은 이번에도 다윗이 스스로 복수하지 않기를 간청한다. 아비가일은 다윗이 여호와의 싸움을 싸우고 그의 평생에 악한 일을 행하지 않았으므로 여호와께서 그의 왕조를 튼튼히 세우실 것을 인정한다(A', 28절). 동시에 아비가일은 다윗의 생명은 여호와와 함께 생명싸개에 싸일 것이지만, 다윗의 원수의 생명은 여호와께서 "돌팔매로 던지듯이 팽개쳐 버리실 것"(29절 표준새번역)이며, 특히 여호와께서 다윗을 기름 부으신 뜻이 이루어질 때 다윗이 친히 복수한 일이 없었던 것이 떳떳할 것이라고 호소한다(A', 30~31절).

다윗은 아비가일의 호소에 걸맞는 응답을 한다.

### (2) 다윗과 아비가일(32~35절)

A 아비가일을 보내어 자신을 영접하게 하신 여호와를 찬송(32절)
　B 아비가일의 지혜를 칭찬(33절)
　B' 아비가일의 지혜의 결과(34절)
A' 아비가일로부터 예물을 받음(35절)

다윗은 아비가일을 보내어 자신을 영접하신 여호와를 찬양하고(A), 그가 친히 피 흘림의 복수를 하는 것을 막은 아비가일의 지혜를 칭찬하면서(B), 나발의 가문이 살아남게 됨을 언급하고(B'), 예물을 받고 아비가일의 말을 따른다(A'). 아비가일이 다윗의 생명과 장래를 구해주는 사건 속에서도 다윗 왕조가 튼튼하게 세워질 것이 암시되어 있다.

## 4. 이스라엘의 초대 왕의 실패가 극복되다(30장)

A 시글락에 돌아온 다윗과 아말렉 사람들의 침략(1~6절)

B 여호와의 응답과 다윗의 추적(7~15절)

C 아말렉 사람들을 치고 모든 것을 다시 빼앗음(16~20절)

B′ 여호와의 도움과 다윗의 공정한 처리(21~25절)

A′ 시글락에 돌아온 다윗과 전리품을 유다 장로들과 다른 도시들에 보냄(26~30절)

다윗이 아말렉을 친 것은 사울의 실패와 연관이 있는데, 다윗은 아말렉을 패배시키므로 여호와의 언약 백성을 인도하기에 적합한 왕임을 보여 주고, 비슷한 기간에 블레셋과의 전쟁에서 패하여 스스로 목숨을 끊은 사울은 여호와로부터 버림받은 왕임을 보여 준다. 블레셋 군대에 가담하지 못하게 된 다윗과 그의 사람들이 시글락으로 돌아오니, 아말렉의 침략으로 인해 성은 폐허가 되고 모든 백성들은 포로로 잡혀갔다. 기력이 없을 때까지 울고 난 사람들이 다윗을 돌로 치려고 했으나, 다윗은 여호와를 의지함으로 다시 용기를 낸다(A). 아말렉을 치기 위해 여호와의 뜻을 확인하고(B), 여호와의 도움으로 아말렉을 추격하여 패배시키고, 빼앗겼던 재물과 사람들을 되찾는다(B′). 힘든 상황을 지도자답게 잘 극복한 다윗은(A) 아말렉을 추격해 쳐부수고 취한 전리품을 유다 지도자들과 다른 도시로 보낸다(A′). 이러한 다윗의 관대한 마음은 이스라엘의 장래 왕은 여호와께서 주신 것을 너그럽게 나누는 자임을 드러냄으로써(참고 8:11~18) 다윗이 여호와의 뜻을 진행시킬 왕임을 보여 준다. 또한 이러한 다윗의 너그러움은 앞으로 다윗의 왕권을 헤브론에서 수립하는데 호의적인 분위기를 조성하게 한다.

# 다윗의 고난과 하나님의 함께하심

다윗의 고난은 이미 여호와께서 버리신 사울 왕조와 그가 선택한 다윗 왕조가 공존하는 긴장으로 인해 발생한다. 다윗의 고난은 그가 왕의 임무를 성공적으로 수행하여 그의 능력이 인정되고 사울의 주목을 받으면서 시작된다. 사울은 왕으로서 버림을 받고, 다윗이 그의 자리를 대신하게 된 이유는 다윗에게는 사울에게 없는 특성이 있기 때문이다. 사울의 실패는 여호와께서 이스라엘의 왕이 여호와의 말씀을 청종하는 것을 그의 번제와 제사보다 기뻐하신다는 것을 보여 준다. 다윗은 하나님께서 기뻐하시는 자로서 고난을 받았다. 다윗의 고난은 그의 친족인 유다 지파 사람들의 배신으로 강화되기도 했다. 그러나 다윗은 자신의 영향력을 이용하여 자신의 고난을 단축시키지 않았고 자신의 왕조를 세우려고도 하지 않았다. 여호와는 고난 가운데 다윗을 홀로 두지 않으시고 다윗을 보호하기 위해 때마다 돕는 자들을 보내기도 하고 때로는 직접 개입하기도 하셨다. 여호와의 뜻대로 고난을 받은 다윗은 여호와께서 기뻐하시는 '고난의 종'이었다. 여호와께서 다윗의 중심을 보시고 그를 선택하셔서서 기름 부으셨는데, 다윗이 이러한 여호와의 선택에 부합한 자임이 그의 고난 속에서 입증되었다.

여기서 '다윗의 고난의 발단을 어떻게 이해해야 하는가'라는 의문이 제기된다. 분명히 다윗의 고난의 발단은 사울의 실패와 관련이 있는 여호와의 사역과 관계가 있다. 한 걸음 더 나아가 사울의 즉위 기원은 이스라엘 백성에게 있다(8:4~9, 20). 왕의 임무를 수행하는 데 사울은 '사람 중심적'임이 13장과 15장에서 드러났고, 신정 국가를 통치해야 할 왕으로서 사울은 실패했음을 보여 준다. 여호와께서 다윗을 선택하셔서서 기름을 부은 그날부터 다윗에게는 '여호와의 영'이 함께하시고 사울에게서는 떠나셨다. 그 대신에 여호와로부터 내려온 '악한 영'이 사울을 괴롭혔다. '악한 영'이 사울을 지배할 때는 다윗뿐만 아니라 다윗을 옹호한다는 이유로 아들인 요나단마저 창으로 죽이려 했다. 그렇다면 사울이 다윗을 집요하게 추적하는 것은 '악한 영' 때문인가? 그렇지 않다.

사울과 요나단의 차이는 무엇인가? 요나단은 하나님 중심적인 사람이었다. 요나단은 다윗의 성공적인 임무 수행과 이스라엘의 반응 등을 하나님 중심적으로 받아들여 사울에게 다윗을 옹호하고 또 다윗이 고난으로 인해 약해지지 않도록 격려하고 도와주었다. 요나단은 다윗의 왕권을 인정했으나 이와 대조적으로 사울은 다윗의 탁월한 임무 수행에 질투를 느끼고 그를 집요하게 추적하여 죽이려 했다. 이러한 사울의 시도는 계획적이었고 그의 악한 마음에서 출발한 것이다. 사울에 의해 야기된 다윗의 고난 속에서 죽이기도 하시고, 살리기도 하시며, 음부에 내리게도 하시고, 올리기도 하시는 여호와의 절대 주권과 인간의 악한 마음이 교차하지 않는 철로의 두 레일같이 평행한다. 이것은 사무엘상의 주요 사상이기도 하다.

다윗이 고난을 받는데 사울이 '여호와의 도구'로 사용된 것은 분명한 목적이 있다. 여호와 중심적인 다윗은 고난 속에서 여호와를 온전하게 신뢰하는 법을 배웠고, 또한 이스라엘 백성이 겪는 어려움을 이해하고 여호와께서 원하시는 것이 무엇인지 잘 듣고 통치할 수 있는 왕의 자질을 키웠다. 무엇보다도 블레셋으로 도망하면서 그들이 차지하고 있는 지역이 비옥한 땅이며, 또한 지리적으로 무역과 국가 안전을 위한 요충지임을 목격하였고, 블레셋 지역을 점령하는 데는 군사적인 힘도 중요하지만, 여호와와 '동역'하는 것이 무엇보다도 중요하다는 것을 깨달았을 것이다. 다시 말해 다윗은 고난을 통해 언약의 백성을 이끌어가고 '여호와의 전쟁'을 효과적으로 인도하는 왕으로 양육 받았다고 할 수 있다. 이러한 가운데 여호와께로부터 이미 버림받았던 왕조가 사울과 요나단의 죽음으로 공식적으로 무너지게 되므로, 다윗 왕조 시대가 열릴 것이 암시됨으로써 사무엘상이 막을 내린다. 다윗은 왕으로서 이스라엘을 위하여 가시적으로 왕위에 오르기까지 계속 고난을 받았다.

다윗은 고난을 통해 그가 여호와 중심적이고, 또한 여호와의 언약 백성을 이끌어갈 자질이 있는 왕임을 범국민적으로 입증하였고, 인간 중심적인 사울 왕조에서 여호와 중심적인 왕조를 세워 갈 왕으로 등장하므로 이스라엘 역사에 획을 긋게 된다. 사무엘상에 나타난 다윗의 고난의 신학적 관점은 시편에 잘 반영되어 있다.

## 다윗의 고난과 시편

다윗은 고난 속에서 많은 시를 남겼다. 그의 시에는 그가 처한 상황과 그의 중심 그리고 다윗의 부르짖음을 들으시는 여호와의 모습이 잘 나타나 있다. 이제 간략하게 사무엘상에 나타난 다윗의 고난을 시편을 통해 고찰하고자 한다.

다윗이 사울로 인해 받은 고난 속에서 여호와만 의지한 것이 각 사건 속에 반영되어 있다. 사울의 추적 때문에 항상 죽음을 눈앞에 두었던 다윗의 상황이 시편 18:4~5에 잘 반영되었다. 이러한 상황은 다윗이 숨어 있는 곳을 사울에게 밀고하는 다윗의 친족 유다 사람들에 의해 강화되었다고 볼 수 있다. 사울은 여호와께서 다윗을 자신의 손에 넘겨주셨다고 간주하기도 했다. 다윗을 대적하는 모든 사람들은 사울의 추적을 당하는 그가 하나님으로부터 버림받은 것이라고 비웃었을 것이다. 그런 상황이 시편 22편에 반영되어 있다. "나는 벌레요 사람이 아니라 사람의 훼방거리요 백성의 조롱거리니이다 나를 보는 자는 다 비웃으며 입술을 비쭉이고 머리를 흔들며 말하되 저가 여호와께 의탁하니 구원하실 걸, 저를 기뻐하시니 건지실 걸 하나이다"(시 22:6~8). 그러나 다윗은 "모태에서 나올 때부터"(시 22:10) 여호와를 의지하였고 그분이 자신의 하나님이셨음을 고백한다. 다윗이 고난을 잘 극복할 수 있도록 힘을 주신 분이 바로 여호와이시며 동시에 그를 보호하신 분이시다(시 18:1 "나의 힘이 되신 여호와"). 다윗이 요새에 숨어 사울의 추적을 피하기도 했지만, 진실로 그의 피할 요새가 되고 사울의 손에서 건지고 구원을 주신 분은 여호와이시다(시 18:2). 여호와를 전적으로 의지하면서 사울의 추적을 피하는 다윗의 모습에 그가 가진 통찰력이 반영되어 있다.

다윗의 고난의 중심 사상은 여호와께 대한 순종이다. 여호와께 대한 확고한 믿음으로 다윗은 어떤 상황 속에서도 고난을 단축할 수 있는 길을 모색하지 않았고, 기회가 주어졌을 때에도 그 기회를 자신의 유익을 위해 사용하지 않았다. 이러한 다윗의 모습이 시편에 잘 나타나 있다. 특히 시편 18편에, 고난 속에서 여호와의 계명을 지킴으로 그의 뜻에 어긋난 행동을 하지 않았고(시 18:21~23), 여호와께서는 그러한 다윗을 사울의 추적으로부터 보호하고 건져 내셨다(시 18:24~27). 이런 맥락에서 보면 다윗은 그가 고난 받는 것이 여호와의 절대적인 주권과 연관이 있음을 깨달은 것 같다.

고난 속에서도 다윗이 여호와를 의지하고 적군인 블레셋과 아말렉과 싸울 때 보여 주었던 그의 담대함이 시편 18:29에 나타나 있다. 이것은 여호와께서 다윗에게 전쟁에서 승리하도록 능력을 주셨기 때문이다(시 18:34~39). 그리고 아무리 유다 사람들이 사울에게 밀고를 해도 그들의 밀고가 다윗에게 해를 미칠 수 없었던 것은 여호와께서 다윗을 구원하셨기 때문이다(시 18:43상). 살아 계신 여호와께서 다윗을 위하여 원수를 갚아 주시므로(참고 시 18:46~47) 그의 생명을 노리던 사울이 전쟁에서 죽고, 보좌를 향한 길이 다윗에게 열리게 된 것이다.

다윗이 사울의 추적을 피하여 모압과 블레셋 땅에 거하게 되므로 여호와께 경배드릴 수 있는 이스라엘의 영토에서 쫓겨나게 되어 여호와의 전을 사모하는 다윗의 마음이 시편에 잘 그려져 있다. 특히 시편 42, 43편에 여호와의 장막을 그리워하는 다윗의 간절함이 잘 반영되어 있다. 이상과 같이 사무엘상에 나타난 왕권과 여호와께 대한 순종이 함께 맞물려 있는 다윗의 고난이 시편에 그대로 반영되어 있다.


## 다윗의 고난과 예수 그리스도의 고난

다윗이 이미 기름 부음을 받은 왕으로 고난 받았고, 하나님의 영이 기름 부음을 받은 날부터 계속 다윗과 함께하셨다. 다윗의 고난은 사울에 의해 야기되었는데, '세상 중심적인 왕'인 사울이 신정 왕국을 다스려 갈 '하나님 중심적인 왕'인 다윗을 미워하고 죽이려 함으로써 생긴 것이다. 이런 면은 예수 그리스도에게서도 볼 수 있다. 예수께서는 왕으로 이 세상에 태어나시고 세례를 받으신 후 '하나님 나라의 무대'에 왕으로 그의 사역을 위하여 등장하신다. 예수께서 세례를 받으신 후 성령에 이끌리어 광야로 가셨다. 이때부터 시작되는 예수의 고난은 예수께서 하나님 아버지의 뜻에 순종하심으로 인해 받은 고난이다. 광야에서 40일 동안 시험받으실 때의 중요한 문제는 왕권에 관한 것이다. 사탄에게 경배하면 천하만국과 그 영화를 줄 것이라는 사탄의 제안은 십자가 없이 왕권을 가질 수 있다는 것을 의미하며, 예수께서는 이러한 사탄의 유혹을 하나님께 대한 순종으로 물리치셨다. 이로써 예수께서 다스릴 하나님의 나라는 이 세상 나라와 다르며, 그의 왕권 또한 다르다는 것을 보여 준다. 광야에서 시험받으실 때 이미 예수의 왕권과 그가 다스리는 하나님 나라는 고난을 통해 확립된다는 것을 보여 준다.

또한 고난 받는 다윗을 돕는 친구와 사람들이 있었다. 이런 모습도 예수의 사역에 반영된다. 예수께서 사역하시는 동안에 유대의 지도자들이 예수를 대적했지만, 지도자들 중에도 그를 지지하는 자들이 있었다(예를 들면 니고데모, 참고 요 3:1이하). 그리고 제자들과 여인들은 예수의 사역에 도움을 주었다. 다윗은 고난을 받으면서도 사회적으로 어려움 당하는 약자들을 도왔다. 예수께서도 사회적으로 버림받은 자들과 함께하셨다(막 1:32~34). 그리고 다윗이 생명의 안전을 위해 이방 민족으로 피한 사건도 헤롯을 피하여 이집트로 피신하신 유아기 때 예수님의 경우와 평행을 이룬다.

다윗이 자기 친족 유다 지파에게 배반당한 것처럼, 예수도 그의 백성 이스라엘에게 배반당했다. 예수께서 자기 백성에게 버림받으시고 왕으로서 십자가의 고난을 받으셨고, 부활하셔서 지금 하나님 우편에서 왕으로서 하나님 나라를 다스리고 계신다. 다윗이 언약 백성의 왕으로 기름 부음을 받은 이후, 자신의 왕권 확립을 위해 한 일은 묵묵히 고난을 받으며 여호와의 때를 기다리는 것이었다. 이미 여호와께서 버린 사울 왕조 체제 속에서 고난 받는 가운데 서서히 그 영향력을 펼쳐 나아가서 결국은 가시적으로 왕국을 이루어 가는 패턴은 예수의 고난과 그의 통치에서도 볼 수 있다. 다시 말해 다윗의 고난은 신정 국가를 통치할 왕의 모습을 보여 준다. 어떤 상황에서도 독자적으로 행동하지 않고 하나님 말씀을 따라 고난 속에서 순종하는 것이 다윗의 모습이다. 예수께서도 왕권 확립을 위해서 십자가의 고난을 받기까지 묵묵히 하나님의 뜻을 따르셨다. 예수께서 왕으로 재림하시면 그의 왕국이 가시적으로 확연하게 드러나게 된다. 예수께서 다윗의 자손으로 칭함을 받는 것은 왕권뿐만 아니라 고난과도 연관이 있다. 고난과 맞물려 있는 왕권의 관점에 비추어 볼 때, 다윗은 예수의 예표로 볼 수 있다.

# 사울과 나발 이야기의 더블 플롯[1]



## 당혹스러운 이야기들의 반복과 교합

본문의 문제가 무엇인지 파악하기 위해, 그리고 이어지는 논의에 흥미를 불러일으키기 위해 먼저 아주 당혹스러운 이야기부터 풀어나가도록 하자. 그것은 대부분의 독자들이 사무엘상 24~26장을 읽을 때 부딪치게 되는 다음과 같은 몇 가지 어려움에 대한 이야기다.

첫째, 24장과 26장의 이야기가 거의 동일하다는 점이다. 즉 사울은 다윗을 죽이려고 찾아다니다가 잠이 들고, 그 사이에 다윗은 사울을 죽일 기회를 얻지만 그냥 살려 준다. 이처럼 두 장의 이야기는 거의 동일한 줄거리를 보여 준다. 그렇다면 성경 저자는 왜 이러한 줄거리를 반복했을까?

둘째, 이 유사한 줄거리의 24장과 26장 사이에 있는 25장에는 나발이라는 사람의 이야기가 들어 있다. 문제는 이 사람의 이야기가 그 앞뒤 장에 나오는 이야기와 무슨 관계가 있느냐 하는 것이다.

본문의 문제를 더 정확히 파악하기 위해서 위의 문제들을 조금 더 상세하게 살펴보도록 하자. 첫째로 제시한 24장과 26장의 유사성 문제에 대해 상당수의 학자들, 특히 역사비평학적 시각을 가진 학자들은 이 두 장의 이야기가 '한 사건에 대한 두 개의 비슷한 기록'(sibling accounts of a single incident)이라는 견해를 제시했다.[2] 즉 24장과 26장의 기록은 두 개의 서로 다른 사건에 대한 각각의 기록이 아니라 동일한 한 사건에 대한 두 개의 기록이라는 것이다. 동일한 사건을 바탕으로 하고 있으니 당연히 서로 비슷할 수밖에 없다는 것이다. 이처럼 한 사건에 대한 비슷한 두 개의 기록이 24장과 26장의 형태로 성경 본문 속에 살아남았다는 것이다. 이러한 역사비평학계의 통상적인 견해가 제기될 수밖에 없었던 이유는 이 두 이야기 사이의 현저한 유사성을 보면 어느 정도 수긍이 가기도 한다. 다음의 목록을 보라.[3]

> A 다윗이 사울로부터 피신해서 광야에 숨어 있다.
>
> B 다윗이 사울을 죽일 수 있는 기회를 얻는다.
>
> C 누군가가 이 기회를 여호와께서 주신 것이라고 말한다.
>
> D 다윗은 여호와께서 기름 부으신 자를 존중해야 한다고 주장한다. 그래서 그는 사울을 죽이기를 거부한다.
>
> E 그럼에도 불구하고 그는 자신이 사울을 살려 주었다는 것을 보여 주기 위해 사울의 물건 중에서 증거물을 취한다.
>
> F 그 증거물을 본 사울은 다윗의 무죄함과 정당성을 인정한다.

다음에 나오는 도표는 두 이야기 간의 유사성이 단순히 줄거리의 차원에만 머물지 않고 세세한 부분까지 미치고 있음을 보다 더 상세하게 보여 준다.[4]

만약 이 두 장의 이야기가 위에서 말한 바와 같이 동일한 사건에 대한 두 개의 비슷한 기록이라고 할 경우 왜 성경 저자는 결국 하나의 이야기나 마찬가지인 것을 두 번이나 반복해서 본문에 싣고자 했을까? 이 질문에 대해서 역사비평학자들은 제대로 된 답을 주지 않는다.

이제 앞에서 지적한 두 번째 문제로 가보도록 하자. 이 문제 역시 독자를 당혹하게 하기에 충분하다. 25장의 나발 이야기는 앞뒤의 사울 이야기들과 관련성을 찾아보기가 힘들다.[5] 이 이야기는 사울의 이야기들과 주요 등장인물들에서 현저한 차이가 난다. 다윗과 그 부하들을 제외하고는 나발 이야기

| 24장 | 26장 |
| --- | --- |
| 혹이 다윗의 위치를 사울에게 알림(1절). | 십 사람이 다윗의 위치를 사울에게 알림(1절). |
| 택한 사람 삼천이 다윗을 추격(2절). | 택한 사람 삼천이 다윗을 추격(2절). |
| 길가에 있는 굴(3절). | 십 황무지 길 가에 진 침(3절). |
| 다윗과 그의 사람들이 그 굴속에 있음(3절). | 다윗과 그의 사람들이 황무지에 있음(3절). |
| 다윗의 사람들이 사울을 죽이라고 다윗을 종용, "여호와께서 당신에게 이르시기를 내가 원수를 네 손에 붙이리니… 그에게 행하라"(4절). | 아비새가 사울을 죽이라고 다윗을 종용, "하나님이 오늘날 당신의 원수를 당신의 손에 붙이셨나이다"(8절). |
| 다윗이 증거물로 사울의 옷자락을 벰(4절). | 다윗이 증거물로 사울의 창과 물병을 취함(11절). |
| 다윗이 말함, "내가 손을 들어 여호와의 기름 부음을 받은 내 주를 치는 것은 여호와의 금하시는 것이니"(6절). | 다윗이 말함, "내가 손을 들어 여호와의 기름 부음을 받은 자를 치는 것을 여호와께서 금하시나니"(11절). |
| 다윗이 사울에게 말함, "여호와께서… 왕을 내 손에 붙이신 것을"(10절). | 다윗이 사울에게 말함, "여호와께서 오늘날 왕을 내 손에 붙이셨으되"(23절). |
| 다윗이 옷자락을 보임으로써 자신의 무죄함을 주장(11절). | 다윗이 창과 물병을 보임으로써 자신의 무죄함을 주장(16절). |
| 다윗이 말함, "나의 손에 악이… 없는 줄을 아실지니이다"(11절). | 다윗이 말함, "내 손에 무슨 악이 있나이까"(18절). |
| 다윗이 말함, "누구를 따라 나왔으며 누구를 쫓나이까 죽은 개나 벼룩을 쫓음이니이다"(14절). | 다윗이 말함, "내 주는 어찌하여 주의 종을 쫓으시나이까… 한 벼룩을 수색하러 나오셨음이니이다"(18, 20절). |
| 다윗이 말함, "나를 왕의 손에서 건지시기를 원하나이다"(15절). | 다윗이 말함, "여호와께서… 모든 환난에서 나를 구하여 내시기를 바라나이다"(24절). |
| 사울이 말함, "내 아들 다윗아 이것이 네 목소리냐"(16절). | 사울이 말함, "내 아들 다윗아 이것이 네 음성이냐"(17절). |
| 사울이 말함, "여호와께서 네게 선으로 갚으시기를 원하노라"(19절). | 다윗이 말함, "여호와께서 각 사람에게 의와 신실을 갚으시리니"(23절). |
| 사울이 말함, "나는 네가 반드시 왕이 될 것을 알고"(20절). | 사울이 말함, "네가 큰일을 행하겠고 반드시 승리를 얻으리라"(25절). |
| 다윗과 사울이 각자의 길을 감(22절). | 다윗과 사울이 각자의 길을 감(25절). |

의 등장인물들은 사울 이야기들에는 나타나지 않는다. 또한 사울 이야기들이 서로 아주 밀접한 플롯상의 흐름을 보여 주는 반면에 나발 이야기는 최소한 표면적으로는 플롯의 흐름이 전혀 다른 것처럼 느껴진다. 그런데도 왜 굳이 성경 저자는 나발 이야기를 사울 이야기들 사이에 끼워 넣고 싶어 했을까? 이 질문에 대해서도 역시 역사비평학자들은 별로 그럴듯한 답을 제시해 주지 못한다.

## 당혹스러운 이야기들에 대한 해답

이 글의 목적은 이 당혹스러운 이야기들의 결합에 대해서 적절한 답을 하는 것이다. 이 답은 동서고금을 통하여 모든 문화권에서 사용된 내러티브 기법 중 가장 복잡하면서도 가장 탁월한 '더블 플롯'(double plot)이라는 기법을 통해서 얻을 수 있다.

더블 플롯은 하나의 이야기 속에 두 개의 이야기 줄기 또는 플롯이 뒤엉켜 있는 기법이다. 많은 경우에 있어서 한 이야기 또는 한 본문의 두 개의 플롯 사이에는 연관성을 찾기가 힘들다. 위에서 살핀 사울 이야기들(24, 26장)과 나발 이야기(25장)의 경우처럼 두 플롯 사이에는 등장인물이나 줄거리 등에서 연관성을 찾기가 힘든 경우가 많다.

그럼에도 불구하고 이 상이한 플롯들은 면밀한 분석을 해보면 피상적으로 볼 때는 보이지 않던 많은 연결점들이 드러나게 된다. 그리고 이러한 연결점들을 종합해 보면 드디어 숨겨진 중요한 메시지들이 떠오르게 된다. 성경에는 이처럼 더블 플롯 형태의 이야기들이 의외로 많은데 이 글이 그 이야기들을 더욱 잘 이해하도록 하는데 도움이 되길 바란다.

이제부터 다음의 순서로 이 글을 진행하고자 한다. 우선 더블 플롯 기법을 개괄적으로 소개한 다음 성경에 나타난 더블 플롯의 예들을 열거할 것이다. 그 후 더블 플롯의 구성 원리 및 이해 방법을 소개하고자 한다. 필자는 리차드 레빈(Richard Levin)이 제시한 더블 플롯 분석 이론을 활용할 것이다.[6] 마지막으로는 이 더블 플롯 분석 방법으로 24~26장을 분석할 것이다.

이처럼 더블 플롯이란 기법을 통해서 24~26장을 살펴볼 때 이 세 장의 결합이 보여 주는 중요한 점들은 다음과 같다.

첫째, 이 더블 플롯은 사울이 나발과 똑같은 사람임을 강조한다. 나발의 아내 아비가일은 나발을 '미련한 자'라고 부른다. 나발 이야기를 감싸고 있는 두 개의 사울 이야기를 통해서 성경 저자는 사울이야말로 이 나발처럼 미련한 자임을 밝힌다.

둘째, 다윗은 자기를 적대시하는 사람을 죽일 수 있는 기회를 세 번이나 얻었지만 죽이지 않았다. 24, 26장에서는 사울을 죽일 수 있는 기회가 두 번이나 있었지만 두 번 다 살려 주었다. 그리고 그 사이에 낀 25장의 이야기에서는 나발을 죽일 수 있는 기회가 있었지만 역시 살려 주었다. 사울 이야기와 나발 이야기의 결합을 통해 성경 저자는 다윗이 피 흘림의 문제에 대하여 어떤 태도를 보이는지를 현미경으로 들여다본다.

셋째, 여기서 동일한 주제를 세 번이나 반복하는 것은 거의 동일한 이야기를 그냥 지루하게 반복하는 것이 아니다. 이 세 번의 이야기들 속에 나타난 미묘한 차이점들은 다윗의 의식 속에서 어떤 발전이 이루어지고 있음을 보여 준다. 즉 다윗은 이 세 번의 이야기 속에 반복되는 사건들을 경험해 나가면서 자기를 향한 하나님의 뜻과 자기를 다루시는 하나님의 방식을 점점 더 뚜렷이 인식하게 된다. 결국 이 더블 플롯은 다윗의 영적 성장의 이야기인 것이다.


## 더블 플롯에 대한 개관

앞에서 살펴본 바와 같이 더블 플롯은 서로 전혀 연관이 없어 보이는 플롯들이 한 이야기 또는 한 작품 속에 나타나는 것이다. 그러나 언뜻 보기에 연관이 없어 보였던 이야기들을 더 주의 깊게 관찰하면 서로 간에 놀라운 연관성이 있음을 알게 된다. 그리고 그 연결들은 처음에는 상상하지 못했던 방식으로 전체의 이야기 및 작품에 기여를 하게 된다.

이 점을 더 잘 이해하기 위해 미술로부터 빌려온 예를 하나 들어보도록 하자. 피카소의 〈황소 머리〉(Bull's Head, 1943년)란 작품은 보는 사람들을 깜짝 놀라게 한다. 황소의 이미지를 탁월하게 묘사하고 있는 이 작품은 사실은 감상자의 입장에서 볼 때는 황소와 전혀 상관이 없는 낡은 자전거 안장과 손잡이를 단순히 물리적으로 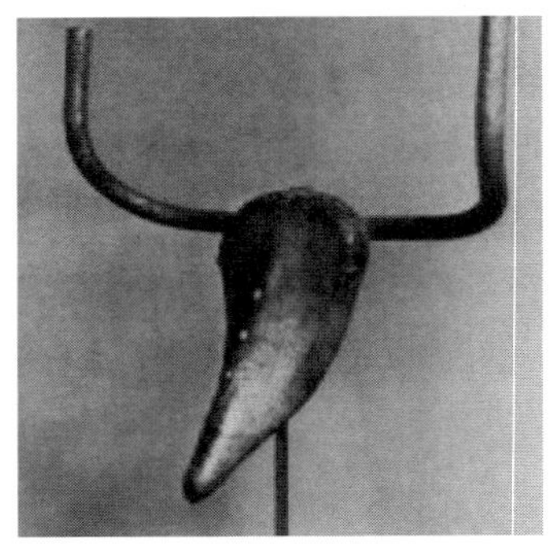 결합시켜 놓은 것에 불과하다. 그러나 따로 존재할 때는 황소와 전혀 동떨어진 것으로 보이던 이 두 개의 재료는 피카소의 상상력의 힘과 손을 거쳐 하나로 결합되면서 그 어떤 조각보다도 황소의 이미지를 생생하게 잘 살려 낸 탁월한 '시각적 유희'(visual pun)로 변모되었다.[7]

주의 깊은 독자라면 이미 눈치를 챘겠지만 우리는 여기서 한 가지 질문을 던질 수 있다. 과연 자전거 안장과 손잡이라는 재료는 정말 황소 머리라는 결과물과 이질적인 것인가? 자전거 안장과 손잡이가 원래부터 황소의 이미지를 형상화하기 위해 만들어진 것이 아님은 분명한 사실이다. 그러나 탁월한 통찰력을 가진 예술적인 몽상가(artistic visionary)였던 피카소는 이 각각의 재료에서 남들이 전혀 보지 못했던 황소의 특징들을 찾아냈던 것은 아니었을까? 즉 그는 자전거 손잡이에서는 황소의 뿔의 모습을, 그리고 안장에서는 황소의 머리의 모습을 포착한 것은 아니었을까? 만약 이러한 추측이 맞는다면 최소한 피카소에게는 자전거 안장과 손잡이가 한 가지의 공통점, 즉 황소의 어떤 특징을 보여 주는 공통점이 있다고 볼 수 있다. 그는 탁월한 통찰력을 가진 예술가로서 이 점을 포착하고 이 두 재료를 결합하여 황소라는 이미지를 형상화시켰던 것이다.

성경으로 눈을 돌려 볼 때 우리는 표면적으로는 전혀 동떨어진 것처럼 보이는 두 개의 이야기가 피카소의 〈황소 머리〉란 작품처럼 연결되어 있는 경우들을 보게 된다.[8] 창세기 37~50장(37, 39~50장의 요셉 이야기와, 38장의 유다와 다말 이야기의 결합),[9] 출애굽기 24:12~40:38(25~31, 35~40장의 성막 이야기와, 32~34장의 황금 송아지 이야기의 결합),[10] 사무엘상 24~26장(24, 26장의 사울이 다윗을 죽이려는 이야기와, 25장의 다윗이 나발을 죽이려다 만 이야기의 결합),[11] 사무엘상 2:12~4:1상(엘리 제사장의 아들들의 방탕한 이야기와 사무엘의 어린 시절 이야기의 결합),[12] 마가복음의 샌드위치 본문들(Mark an intercalations),[13] 누가복음 1:5~3:22[14] 등이 그것들이다.

이 글에서 집중적으로 다루게 될 사무엘상 24~26장의 경우, 24장과 26장에는 사울과 다윗 간의 갈등에 대한 이야기가, 25장에는 나발과 다윗 간에 일어난 이야기가 나온다. 언뜻 보기에 이 두 이야기는 전혀 동떨어진 것처럼 보인다. 다윗을 제외하고는 두 이야기의 등장인물은 확연히 갈린다. 또한 두 이야기 사이에는 내용상의 유사성도 별로 없어 보인다.

그러나 피카소가 전혀 연관성이나 유사성이 없어 보이는 자전거 안장과 손잡이에서 황소의 머리라는 연관성을 이끌어 냈듯이 사무엘서상의 저자 역시 전혀 연관성이나 유사성이 없어 보이는 이 두 이야기 사이에서 더 깊은 차원의 연관성을 이끌어 냈을 가능성이 혹시 있지 않을까?

이 문제에 답하기 위해 우리는 더블 플롯이라는 관점을 도입하고자 한다. 더블 플롯은 동서고금을 막론하고 보편적으로 발견되는 문학 기법이지만 특히 르네상스 시대 영국의 희곡에서 광범위하게 사용되었다.[15] 이 글에서는 이 시대의 영국 희곡에 나타난 더블 플롯에 대해 가장 체계적인 연구를 수행한 것으로 생각되는 리차드 레빈(Richard Levin)의 연구를 바탕으로 해서 24~26장을 분석하고자 한다.[16]

# 더블 플롯을 분석하는 틀[17]

영국의 르네상스 시대, 특히 엘리자베스 시대(1558~1603년)와 제임스 시대(1603~1625년)는 영국 문학의 전성기였다. 이 당시의 영국 연극들은 두 개 또는 그 이상의 이야기들이 더블 플롯 또는 '다수 플롯'(multiple plot)으로 결합된 형태였다.

한 예로 프랜시스 보몬트(Francis Beaumont)와 존 플레처(John Fletcher)의 〈여인 증오자 또는 배고픈 궁정 관료〉(The Women Hater or The Hungry Courtier)란 연극을 살펴보자. 이 연극의 중심 플롯(the main plot)은 여자를 끔찍하게 싫어하는 곤다리노라는 사람의 이야기다. 반면 보조 플롯(the subplot)은 먹는 것을 끔찍하게 좋아하는 라자렐로라는 궁정 관료의 이야기다. 각 이야기는 분리된 시간과 공간에서 이루어지며, 등장인물 간에는 만남도 거의 없다. 그런데 왜 보몬트와 플레처는 이 두 개의 전혀 다른 이야기를 한 연극 속에 병행시켜 놓고 싶어 했을까? 자세히 살펴보면 상이한 이 두 이야기는 사실 피카소의 〈황소 머리〉처럼 한 가지 주제를 이야기하고 있다. 즉 이 연극 속의 두 이야기는 지나친 집착의 문제를 공통적으로 드러낸다. 여자를 지나치게 싫어하는 것이나 음식을 지나치게 좋아하는 것은 결국은 다 과도한 집착에 해당하는 것이다.

레빈은 표면적으로 보기에는 전혀 동떨어진 것처럼 보이는 이야기들 사이의 연결성을 분석하는 패러다임을 제시했다. 그에 따르면, 르네상스 영국 희곡의 이야기들 간의 연결성을 다음 네 가지 차원에서 찾아볼 수 있다.

1. 질료적 연결(Material connection)[18]

2. 인과적 연결(Causalistic connection)

3. 유비적 연결(Analogical connection)

4. 궁극적 연결(Final connection)[19]

## 1. 질료적 연결

질료적 연결은 네 차원 중 가장 단순한 것이다. 이 차원의 연결은 극의 초기에 설정된 통상적 관계를 통하여 연극의 두 플롯 사이를 연결하는 것이다. 이 관계는 플롯의 내용이나 흐름에 따라 달라지는 어떤 것이 아니기 때문에 극 전체를 통하여 항상 변하지 않은 채로 남아 있다. 이러한 질료적 연결의 예로는 두 플롯의 등장인물 사이에 존재하는 혈연관계, 주종 관계, 친구 관계 등이나 두 플롯의 공통적인 공간적 배경 등을 들 수 있다. 언뜻 보기에 한 연극 내의 두 플롯이 전혀 따로 노는 것 같은 경우에도 이런 가장 단순한 차원의 연결은 반드시 들어가 있기 마련이다. 이런 기초적 연결이 두 플롯을 이어 주는 끈을 제공해 주는 것이다.

예를 들어 헤이우드(Thomas Heywood)의 *A Woman Killed with Kindness*(「친절 때문에 죽은 여인」)라는 작품에서 중심 플롯의 앤 프랭크포드(Anne Frankford)와 보조 플롯의 등장인물인 프랜시스 액튼(Francis Acton) 경은 남매지간이다. 연극 내에서 이들의 만남이 이루어지는 경우는 제1장의 앤(Anne)의 결혼식 때와 마지막 장인 제5장의 그녀가 죽음을 맞이할 때뿐이다.

르네상스 시대의 영국 연극에 대해 비평가들은 극작가가 더블 플롯상의 두 이야기를 이런 식으로 연결하는 것이 조잡하다고 비판했다. 그러나 이 연결 관계는 서로 다른 플롯의 등장인물들이 연결될 수 있는 공간을 마련해 주고, 더 높은 차원의 연결들이 이루어질 수 있는 바탕을 제공해 준다는 점에서 중요하다고 볼 수 있다.


## 2. 인과적 연결

더블 플롯의 두 이야기 간의 두 번째 차원의 연결은 '인과적 연결'이다. 이 연결 모드(mode)에 따르면 한 플롯의 등장인물들은 다른 플롯의 등장인물들에게 영향을 준다. 그리고 이 다른 플롯은 다시 전자의 플롯의 등장인물들에게 영향을 준다. 이런 식으로 해서 이 연결 모드는 두 플롯을 인과론적으로 연결시킨다.

이런 점에서 이 모드는 "플롯을 연결시키는 더 의미 있는 방법으로써…
플롯 간의 상호 영향을 통해 플롯들이 동일한 극적 세계의 한 부분이 될 수
있게 해 준다." 앞의 질료적 연결 모드와 다른 점은 이 모드에서는 등장인물
과 사건들의 관계가 시간의 흐름에 따라 변화되므로 시간적인 요소가 중요
해진다는 점이다.

사실 르네상스 시대의 연극들은 다른 차원의 연결 관계들에 더 많은 관심
을 갖고 있었기 때문에 이 인과적 연결에 대해서는 별로 관심을 기울이지 않
았다. 옛 비평가들이 르네상스 시대의 드라마에 통일성이 결여되어 있다고
불평할 때 그것은 더블 플롯의 두 이야기 사이에 이러한 인과적 연결이 적다
는 의미였다.

그러나 한 가지 주의해야 할 점은 결코 인과적 연결이 르네상스 시대의
영국 희곡 작가들의 저작 목적이 아니었다는 점이다. 만약 르네상스 시대의
드라마 작가들이 인과적 연결을 통한 희곡의 통일성을 달성하고자 했다면
그들은 굳이 더블 플롯이라는 복잡한 방법을 택할 필요가 없었을 것이다. 왜
냐하면 단일 플롯만 존재하는 희곡이 통일성 측면에서는 훨씬 더 간단하고
쉽기 때문이다. 그러나 이 희곡 작가들의 주 관심사는 플롯 간에 더 복잡하
고 더 중요한 통합을 부여함으로써 더 높은 차원의 '통일성'을 성취하는 것이
었다. 이들에게 있어서 인과적 연결 모드는 '그 자체를 위해서 존재하는 것
이 아니라 주로 다른 연결 모드를 생성하고 고양시키기 위해서' 사용된 장치
일 뿐이다.


### 3. 유비적 연결

이 연결 모드는 플롯 간의 모든 종류의 유비적 관계를 지칭하는 것이다.
르네상스 시대 연극의 플롯 간의 연결에 대해 20세기 중반부터 이루어진 연
구들은 이 모드에 주로 초점을 맞추고 있다.

레빈은 더블 플롯 간의 연결 관계를 효과적으로 나타내기 위해서 수학(數
學) 기호를 사용하였다. 리어 왕의 경우를 예로 들어보자. 리어 왕의 중심 플

롯은 리어 왕이 자신을 진심으로 사랑하는 막내딸 코델리아의 사랑을 제대로 보지 못하고, 첫째 딸과 둘째 딸 고네릴과 리건의 악한 계획에 빠지게 되는 비극을 이야기하고 있다. 그리고 이 연극의 보조 플롯은 중심인물인 글로스터 백작이 서자(庶子)인 에드먼드의 속임수에 빠져 적자(嫡子)인 에드가를 버리는 이야기를 담고 있다. 결국 중심 플롯의 주인공인 리어 왕은 미침으로써 정신적인 눈을 잃게 된다. 그리고 보조 플롯의 주인공인 글로스터 백작은 맹인이 됨으로써 육신적인 눈을 잃게 된다. 이러한 두 플롯의 주인공과 보조 등장인물들의 유비적 관계를 수학 기호로 도식화하면 다음과 같다.

리어 왕: 코델리아: 고네릴과 리건 ~ 글로스터 백작: 에드가: 에드먼드(리어 왕)

리어 왕은 글로스터 백작과 유비적으로 상응한다. 코델리아는 에드가와 상응한다. 고네릴과 리건은 에드먼드와 상응한다.

이러한 유비는 꼭 등장인물 간에만 나타나는 것은 아니다. 플롯의 주제나 모티프의 경우에도 유비 관계가 가능하다. 앞에서 언급한 〈여인 증오자 또는 배고픈 궁정 관료〉란 연극을 수학 기호로 도식화해 보면 다음과 같다.

곤다리노: 여자 ~ 라자렐로: 음식

즉 곤다리노는 라자렐로와 유비적으로 상응한다. 그리고 곤다리노가 여자를 싫어한다는 주제는 라자렐로가 과도한 식탐을 갖고 있다는 주제와 유비적으로 상응한다.

이러한 유비적 관계는 크게 '대응'(parallel)와 '대조'(contrast)라는 두 개의 범주로 나누어 볼 수 있다. 이 두 범주를 다르게 표현하여, '긍정적 유비'(positive analogy)와 '부정적 유비'(negative analogy)로 부르기도 한다. 위의 예들에서는 오직 긍정적 유비만 예로 들었지만 중심 플롯과 보조 플롯이 부정적 유비를 이루는 경우, 즉 서로 대조를 이루는 경우도 있는 것이다. 예를 들어, 엘리자베스 시대의 토마스 미들톤(Thomas Middleton)과 윌리엄 로울리(William Rowley)의 중요한 작품인 *The Changeling*에서 두 플롯의 등장인물들 간의 관계를 다음과 같이 도식화할 수 있다.[20]

베아트리체: 알론조: 알세메로: 데 플로레스 ~ 이사벨라: 알리비우스: 안토니오와 프란시스쿠스: 롤리오

이 연극의 중심 플롯의 주인공은 베아트리체이다. 그녀는 알론조와 약혼 관계에 있다. 그러나 그녀는 알세메로라는 남자를 더 사랑하게 되었다. 그녀는 자신이 더 사랑하게 된 이 다른 남자와 결혼하기 위해 약혼자인 알론조를 데 플로레스라는 악당을 고용하여 살해한다. 운명의 장난과도 같이 데 플로레스는 베아트리체를 차지하려 든다. 이를 위해 그는 베아트리체가 약혼자를 죽이는 것을 사주했다는 것을 폭로하겠다고 그녀를 위협한다. 결국 베아트리체는 데 플로레스의 위협을 견디지 못하고 그에게 정절을 빼앗긴다.

이러한 중심 플롯과 거의 따로 노는 것처럼 보이는 보조 플롯의 주인공은 이사벨라다. 그녀의 나이 많은 남편인 알리비우스는 얼굴이 예쁜 자기 아내가 젊은 남자들과 바람을 필까봐 항상 걱정한다. 실제로 안토니오와 프란시스쿠스는 온갖 수단을 동원하여 그녀를 유혹한다. 그러나 이사벨라는 자기 남편 알리비우스의 우려와는 상관없이 이 모든 유혹을 이기고 정절을 지킨다. 이런 식으로 해서 두 플롯의 주인공인 베아트리체와 이사벨라는 대조를 이룬다.

주의할 점은 긍정적 유비와 부정적 유비라는 이 두 개의 범주를 상호 배타적인 것으로 이해하면 안 된다는 것이다. 즉 어떤 드라마는 긍정적 유비만 나타나고, 다른 드라마는 대조적 유비만 나타난다고 생각하면 안 된다는 것이다. 더블 플롯 드라마에서는 대부분의 경우 이 두 가지 범주의 유비가 어느 정도씩 들어 있게 된다. "만약 두 플롯이 완전히 똑같으면 그것은 유비가 아니라 동일한 것이고, 완전히 다르면 두 플롯은 비교할 근거가 없게 된다."

그러므로 레빈은 이 두 범주를 경향성 내지는 벡터(vector)로 이해하기를 원한다.

## 4. 궁극적 연결

'궁극적 연결'(final cause) 또는 '정서적 연결'(affective mode of relationship)은 더블 플롯에 대한 독자 또는 청중의 반응과 관련이 있다.

질료적 연결이 인과적 연결에 토대를 제공해 준다. 인과적 연결은 유비적 연결을 지향한다. 이와 마찬가지로 유비적 연결은 더 높은 차원의 연결에 기여한다. 유비적 연결은 서로 다른 플롯들을 지적(知的)이고 감성적으로 연결시켜서 한 플롯에 대한 우리의 반응이 다른 플롯에 대한 우리의 반응의 바탕이 되게 한다. 그리고 또 이 반응이 다시 원래의 플롯에 대한 반응의 바탕이 되게 한다. 그리고 이러한 과정을 통해서 이 두 가지 반응은 하나의 일관성 있고 전체적인 효과를 내도록 통합된다.

레빈은 두 플롯 간의 관계가 어떤 효과를 낼 수 있는지를 도식화하기 위해 '음정'(pitch)과 '음간 거리'(distance)라는 음악적 개념을 도입한다. '음정'은 각 플롯이 가진 절대적인 성격이다. 즉 각 플롯이 비극이냐 희극이냐 하는 것이 각 플롯의 음정이다. '음간 거리'는 두 플롯 간의 음정의 차이, 즉 성격의 차이가 얼마나 되는가 하는 것이다. 더블 플롯 내의 한 플롯은 희극이고 다른 플롯은 비극이면 두 플롯 간의 음간 거리는 멀다고 할 수 있다. 즉 두 플롯의 성격은 상당히 다르다고 할 수 있다. 반면에 두 플롯이 모두 희극이면 두 플롯 간의 음간 거리는 가깝다고 할 수 있다. 즉 두 플롯의 성격이 비슷하다고 할 수 있다. 레빈은 이 음정과 음간 거리란 개념을 긍정적 유비 및 부정적 유비라는 범주와 함께 사용해서 더블 플롯의 플롯 간의 통합이 어떤 효과를 내는지를 다음과 같이 정리했다.

| | | 유비 | |
| --- | --- | --- | --- |
| | | 대응 | 대조 |
| 음간 거리 – 음정 | 멀지 않다 – 보통 비극 – 비극 또는 희극 – 희극 | 공통적인 주제의 비슷한 예들 제시 (parallel exemplification of the common theme) | 양자 간의 대조를 강화 (reinforcement of the antithesis) |
| | 멀다 – 보통 비극 – 희극 | 패러디 (parody) | 대조를 통해 중심 플롯의 심각성을 부각시킴 (foil) |

만약 플롯 간의 거리가 멀지 않고 긍정적 유비가 양 플롯 사이에 있다면(즉 '멀지 않다 + 대응') 그것은 두 플롯의 공통적인 주제가 보편성을 띠고 있음을 보여 준다. 이 경우 각 플롯은 같은 주제에 대한 비슷한 예들을 제시해 주게 된다. 반면 만약 플롯 간의 거리가 멀지 않고 부정적 유비가 양 플롯 사이에 있다면(즉 '멀지 않다 + 대조') 그 경우는 대조를 강화시켜 주기 위해 플롯 간의 대비가 극대화 된다.

만약 플롯 간의 거리가 멀고 긍정적 유비가 양 플롯 사이에 있다면(즉 '멀다 + 대응') 보조 플롯은 중심 플롯에 대한 패러디(parody)가 된다. 즉 보조 플롯은 중심 플롯의 내용을 격하시키는 역할을 하는 것이다. 반면 플롯 간의 거리가 멀고 부정적 유비가 양 플롯 사이에 있다면(즉 '멀다 + 대조') 보조 플롯은 중심 플롯과의 대조를 통해 중심 플롯의 심각성을 부각시킨다.

이러한 예들은 직접적인 대응이나 대조를 통해 더블 플롯이 독자에게 어떤 감정적 효과를 내는지를 범주화해 본 것이다. 그러나 두 플롯의 상호 간의 영향이 이처럼 범주화된 양상을 따라서 궁극적 연결 효과를 내지 않고 대신 간접적인 방식으로 궁극적 연결 효과를 내는 경우도 있다. 예를 들어 〈리어 왕〉이란 연극에서 리어 왕의 비극은 글로스터 백작의 비극과의 관계를 통해서 더욱 감동적이고 의미 있게 된다. 왜냐하면 '글로스터 백작의 운명은 그 자체로도 충분히 비극적이지만 리어 왕과 비교하면 덜 내적이고 덜 강렬

한데, 이러한 글로스터의 (비극적) 운명이 (독자에게) 야기하는 감정과 대비해서 (리어 왕에 대한 독자의) 감정이 계속 조정되고 고양되기 때문이다.'

레빈은 엘리자베스 시대의 연극들이 어떤 궁극적 연결을 어떤 식으로 성취하고 있는지를 체계화하고자 하였다. 그러나 그는 이 궁극적 연결이라는 것은 '창조적인 개별성'(creative individuality)의 영역에 있다고 결론 내린다. 다시 말해, 각 작품마다 어떤 궁극적 연결을 성취하고 있는가 하는 것은 그 작품의 창조성에 달린 문제이므로 결국은 각 작품의 개성에 따라 얼마든지 달라질 수 있는 문제라는 것이다. 그러므로 더블 플롯 기법을 사용하고 있는 어떤 본문이 어떤 궁극적 연결을 보여 주고 있고, 어떤 궁극적인 감정적 효과를 불러일으키고 있는지를 알기 위해서는 각 작품을 따로따로 살펴보아야 한다는 것이다. 결국 우리는 '각 개별 작품의 독특성'을 인정해야 한다는 것이다.

이제 더블 플롯이라는 기법에 대해서 정리하도록 하자. 더블 플롯 기법을 사용하고 있는 한 본문 속에는 표면적으로 보기에는 서로 공통점이 없어 보이는 두 개의 플롯이 들어 있다. 그럼에도 이 두 개의 플롯은 서로 완전히 동떨어진 것이 아니라 레빈이 지적한 바와 같이 네 가지 연결 고리를 통하여 서로 얽혀지면서 하나의 통일된 작품을 이룬다. 이처럼 서로 분리된 듯하고 서로 연결되어 있는 두 개의 플롯의 조합을 통하여 더 큰 의미의 통일성을 이루어 내는 것이 더블 플롯 기법의 역할이다.


## 사무엘상 24~26장을 더블 플롯으로 읽기

### 1. 서론적 관찰

이제 우리의 주 임무로 돌아가서 사무엘상 24~26장을 레빈의 패러다임을 적용해서 읽어보자. 앞에서 이미 지적한 바와 같이 이 세 장의 본문의 가장 큰 문제는 다음의 두 가지이다. 첫째, 24장의 이야기와 26장의 이야기는 과연 동일한 사건에 대한 다른 기록인가 아니면 두 개의 다른 사건에 대한 두 개의 별개의 기록인가 하는 것이다. 둘째, 25장의 나발 이야기와 이 두 이야기의 관계는 어떤 것인가 하는 것이다. 이러한 문제는 결국 더블 플롯적 분석을 통해서 해결될 것이므로 여기에서는 첫 번째 문제만 다루어 보도록 하자.

24장과 26장의 이야기는 그 현저한 유사성에도 불구하고 결국은 각각 다른 두 개의 서로 상이한 사건들을 기록하고 있다고 보는 것이 더 적절한 듯하다.[21] 서로 다른 이야기라고 생각되는 점들은 다음과 같다.

첫째, 각 장의 서두에서 다윗이 사울과 맞닥뜨리게 되는 장소가 차이가 난다. 24장에서 사울은 우연하게도 다윗이 피신해 있는 굴에 들어가서 잠을 자게 된다(3절). 반면 26장에서 사울은 광야에서 정식으로 노천에 진을 친다(3절). 다윗은 정탐을 통해 사울의 위치 및 정황을 파악하게 된다. 이 마지막 사항은 24장에는 나타나지 않는다.

둘째, 앞의 장소의 차이는 다윗이 사울에게 다가가는 방식에 있어서 차이를 낸다. 24장에서는 사울이 다윗의 존재를 알지 못하고 스스로 그의 손아귀에 굴러 떨어진 셈인 반면, 26장에서는 사울이 정식으로 진을 치고 있었기 때문에 몰래 다가가야 했다.

셋째, 다윗의 부하들 또는 한 부하가 잠자고 있는 사울을 죽일 것을 다윗에게 제안했을 때 보인 다윗의 반응의 현저한 차이다. 24장에서 다윗은 그 제안에 대꾸하지 않고 사울에게 몰래 다가가서 사울의 옷에서 한 조각을 베어 낸다(4~5절). 그 후 그는 마음에 찔림을 받는다(5절). 그리고 사울이 여전히 여호와의 기름 부음을 받은 왕이기 때문에 죽이면 안 된다는 점을 부하들에게 설명한다(6절). 26장의 경우, 다윗은 자기 부하인 아비새의 제안에 즉각적이고도 강력하게 반대한다. 그 이유는 24장의 이유와 마찬가지로 여호와의 기름 부음을 받은 자를 죽이면 안 된다는 것이다. 그러나 다윗의 반응의 시간차는 상당히 중요하다고 생각된다. 이 점이 왜 중요한지에 대해 더블 플롯을 설명하면서 나중에 언급하도록 하겠다.

넷째, 26:10은 24장에는 나타나지 않는다. 이 구절과 가장 유사한 내용은 바로 앞 장인 25장의 나발 이야기에 나온다. 이와 관련하여 25장을 살펴보면, 23~33절까지의 다윗과 아비가일의 대화, 특히 38절의 나발의 죽음 및 39절의 다윗의 반응과 관련이 깊은 것으로 보인다. 아비가일은 다윗이 스스로 나발에게 복수하는 것을 만류하면서 "내 주의 원수들과 내 주를 해하려 하는 자들은 나발과 같이 되기를 원하나이다… 내 주의 원수들의 생명은… 여호와께서… 던지시리이다"(26, 29절)라고 조언한다. 다윗은 이 조언을 받아들여서 나발을 살려 둔다. 그 후 열흘쯤 지나 내레이터는 "여호와께서 나발을 치시매 그가 죽으니라"(38절)고 한다. 이에 39절에서 다윗은 "나발에게 당한 나의 욕을 신설하사 종으로 악한 일을 하지 않게 하신 여호와를 찬송할지로다 여호와께서 나발의 악행을 그 머리에 돌리셨도다"라는 반응을 한다. 26:10에서 다윗이 "여호와께서 사시거니와 여호와께서 그를 치시리니 혹 죽을 날이 이르거나 혹 전장에 들어가서 망하리라"고 말하는 것은 25장의 내용 및 언어와 26:10의 내용 및 언어를 고려할 때 25장의 경험이 바탕이 되었다고 이해하는 것이 옳다.

다섯째, 다윗이 사울의 면전에서 벗어나면서 들고 나오는 증거물이 차이가 난다. 24장에서는 사울의 옷자락이고, 26장에서는 사울의 창과 물병이다.

여섯째, 26:12의 내용 역시 24장에는 나타나지 않는다. 이 구절에서 내레이터는 다윗이 사울의 머리 곁에 있는 창과 물병을 가지고 나올 때 "깨든지 이를 보든지 알든지 하는 사람이 없었으니 이는 여호와께서 그들로 깊이 잠들게 하셨으므로 그들이 다 잠이었더라"고 말한다. 24장에 이러한 하나님의 특별한 보호에 대한 언급이 없는 이유는 일단 이 장의 경우에는 사울만 다윗과 그 부하들의 손아귀에 빠져들었으므로 특별히 하나님의 보호가 필요 없는 상황이었기 때문일 것이다. 그러나 26:12은 25:29의 아비가일의 말을 떠올리게 한다. "사람이 일어나서 내 주를 쫓아 내 주의 생명을 찾을지라도 내 주의 생명은 내 주의 하나님 여호와와 함께 생명싸개 속에 싸였을 것이요." 다윗이 아비가일의 충고를 받아들여서 나발을 죽이지 않은 것처럼 사울의 목숨도 스스로의 손으로 빼앗기를 거부했을 때 하나님은 그런 다윗을 생명싸개로 싸듯이 보호해 주심을 26:12에서 내레이터는 강조하고 있는 것으로 보인다.

일곱째, 24:5에 따르면 다윗은 사울의 옷자락을 벤 후에 마음의 찔림을 받는다. 그러한 행동을 한 것이 스스로의 생각에도 정당성을 갖지 못함을 인식했기 때문일 것이다. 그러나 26장의 경우는 다윗이 자신의 운명을 하나님께 맡긴 후이기 때문에 마음에 찔림을 받을 이유가 없는 것으로 보인다.

여덟째, 26:14~16의 경우 다윗은 사울에게 말을 걸기 전에 먼저 사울의 군대장관인 아브넬에게 말을 건다. 이 점은 24장에는 나타나지 않는다.

아홉째, 24장에서는 다윗과 사울 사이에 서로 한 번씩의 대화만 오간다. 그러나 26장의 경우에는 양자 간에 여러 번의 대화가 오간다.

열째, 24:20~22에서 사울은 다윗이 결국은 왕이 될 것을 자신도 알고 있다고 고백하면서 만일 그런 순간이 오면 결코 자기의 후손을 다윗이 멸망시키지 말아달라고 부탁한다. 이에 대해서 다윗은 맹세를 한다. 26장에는 이런 내용이 전혀 들어 있지 않다.

마지막으로 24장과 26장에는 사울과 다윗의 말의 순서라든지 각자가 사용하는 표현 등에서 여러 가지들이 나타난다.

이상에서 우리는 다음의 두 가지 사항을 지적할 수 있을 것이다.

첫째, 이러한 차이점들을 고려해 볼 때 24장과 26장을 동일한 사건에 대한 두 개의 기록이라고 주장한 역사비평학자들의 견해는 폐기되어야 할 것이다. 이 두 이야기에는 현저한 차이점들이 너무나도 많다.

둘째, 24장과 26장 사이에 나타나는 이러한 커다란 차이점들은 26장의 내용들을 25장에서 다윗이 나발 및 아비가일과의 사이에서 겪었던 경험들을 기초로 해서 해석할 때에만 이해가 될 수 있다. 24장과 달리 26장에서 다윗은 사울을 죽이자는 부하의 말에 강력하게 대응하고 사울의 운명 문제를 하나님의 주권에 전적으로 맡긴다. 25장에서 다윗은 자신이 나발의 운명을 하나님께 맡겼을 때 하나님께서 나발을 어떻게 처리하셨는지를 스스로의 눈과 귀로 체험했기 때문이라고 이해하는 것이 가장 자연스러워 보인다. 즉 25장의 학습 효과가 26장에서 다윗의 태도에 영향을 주고 있다는 것이다.

결론적으로 우리는 24장과 26장은 서로 다른 사건에 대한 기록이며, 특히 26장은 25장의 나발 이야기가 있은 후에 일어난 사건이라는 것을 전제하고 더블 플롯적인 분석을 해나가도록 하겠다.[22]

레빈의 패러다임을 적용하기 전에 본문의 이야기들 간의 관계를 살펴보기 위한 기초 자료 수집이 유용할 것이다. 먼저 등장인물들을 살펴보도록 하자. 24장에는 다윗, 사울, 다윗의 사람들, 사울이 택한 삼천 명 등이 등장한다. 25장에는 다윗, 나발, 아비가일, 야웨, 다윗의 사람들, 아비가일의 몸종들이 등장한다. 그리고 26장에는 사울, 다윗, 아히멜렉, 아비새, 십 사람들, 사울이 택한 삼천 명, 다윗의 정탐들, 아브넬 등이 등장한다. 이 중에서 중심 인물은 다윗, 사울, 나발, 아비가일, 여호와이다.

공간적 배경은 24장은 엔게디 황무지(23:24~25), 25장은 갈멜, 26장은 십 황무지 앞의 하길라산이다. 이처럼 지리적 배경은 세부적으로는 틀린 것처럼 보인다. 그러나 사실은 이 세 장소는 모두 헤브론 남동쪽의 한정된 좁은 지역에 속해 있다.[23] 다시 말해 이 세 장의 이야기의 공간적 배경은 거의 동일하다고 볼 수 있다.

이야기들의 시간 배경이나 연대는 본문의 표면적 문구들만 고려할 때는 분명하지 않다. 26장에서 사울과 다윗은 24장의 사건에 대해 전혀 언급하지 않으며, 알고 있다는 암시도 하지 않는다. 또한 이야기 속의 그 어떤 요소도 이 세 장을 연대기적으로 읽는 것을 방해하지 않는다는 점 역시 기억해야 한다. 그리고 우리가 이미 앞에서 살펴본 바와 같이 26장의 내용은 25장의 내용을 바탕으로 할 때에야 가장 선명하고 자연스럽게 이해된다.

24~26장의 세 이야기는 샌드위치 모양으로 배열되어 있다. 24장과 26장의 이야기는 서로 다른 사건을 다루지만 그럼에도 불구하고 상당히 유사하다. 이 두 장의 이야기는 다윗이 자기를 죽이려고 쫓아다니는 사울을 죽일 기회가 있었음에도 살려 준 내용으로 구성되어 있기 때문이다. 비슷한 이

두 이야기 사이에 표면적으로 보기에는 완전히 동떨어진 것처럼 보이는 나발의 이야기가 들어 있다. 그럼에도 불구하고 내레이터는 이 세 이야기를 이처럼 샌드위치 모양으로 배열함으로써 이 세 이야기를 연결해서 읽도록 주문하고 있다. 그리고 나발 이야기를 그 앞뒤의 사울 이야기와 같이 읽으라고 주문하고 있다.[24] 이런 내레이터의 주문을 따라 세 이야기를 고려해 볼 때 이세 이야기의 플롯에는 공통점이 있다. 이 이야기들은 모두 다윗이 자신의 원수의 생명을 살려 주는 이야기인 것이다.[25]

### 2. '질료적 연결'의 틀로 읽기

이제 레빈의 패러다임을 24~26장의 본문에 적용해 보자. 이 이야기들 간의 질료적 연결은 분명하다. 등장인물의 분포는 나발과 사울 이야기들 간의 단절성과 연결성을 동시에 보여 준다. 우선 단절성에 대해 살펴보자. 24, 26장의 이야기의 가장 중요한 인물 중 하나인 사울은 25장에는 전혀 등장하지 않는다. 이와 마찬가지로 25장의 중요 인물인 나발과 아비가일은 24, 26장에는 전혀 등장하지 않는다. 이러한 점은 25장이 앞뒤의 장과 분리되어 있음을 보여 준다. 그러나 이 이야기들 사이에는 분명한 연결점이 존재한다. 왜냐하면 다윗과 그의 사람들은 25장의 나발 이야기와 24, 26장의 사울 이야기에 모두 나타나면서 공통성을 부여해 주고 있기 때문이다. 다윗은 사울 이야기와 나발 이야기에 다 관계하면서 이 두 이야기를 연결시키는 고리 역할을 하는 것이다. 마지막으로 지리적인 요소 역시 질료적 연결의 또 하나의 근거가 된다. 이 세 장의 이야기들은 모두 헤브론 동남쪽의 작은 지역에서 발생하고 있으므로, 지리적 배경을 공유하고 있다.

### 3. '인과적 연결'의 틀로 읽기

피상적으로 볼 때 이 이야기들 사이에는 명시적인 인과적 연결은 없는 듯하다. 그럼에도 불구하고 26장의 이야기는 25장의 나발 이야기를 바탕으로 할 때에만 그 의미가 잘 이해된다. 26장에서 다윗이 사울의 죽음 문제에 대해서 24장과는 확연히 다른 태도를 취하는 이유는 25장에서의 경험 때문이라고 보는 것이 적절하다. 이런 면에서 볼 때, 이 세 장의 이야기는 시간의 흐름을 따라가고 있으며, 특히 25장과 26장 사이에는 인과적 연결이 있다. 24~26장의 이야기들을 이처럼 시간적 인과적인 연속체로 읽을 때 나타나는 최종적인 효과에 대해서는 나중에 궁극적 연결을 논의하면서 자세히 다루기로 한다.

### 4. '유비적 연결'의 틀로 읽기

사울 이야기와 나발 이야기 간의 유비적 연결은 최근의 학자들의 주목을 가장 많이 받았던 주제이다. 내레이터는 특히 사울과 나발 간의 유비에 대해서 가장 많은 힘을 기울이고 있다. 양자 간의 유비는 다음과 같다.[26]

첫째, 나발과 사울은 다윗을 있는 그대로 받아들이려고 하지 않는다. 사울은 하나님께서 그의 왕권을 기각하셨다는 것을 이미 알고 있다(20:31; 23:17; 24:20). 그럼에도 불구하고 그는 여전히 다윗을 죽임으로써 하나님의 목적을 좌절시키려고 한다. 한편 나발은 다윗을 차기 왕권을 차지할 존재로 여기지 않고 그저 도망친 노예 정도로 취급한다(25:10).

둘째, 이 두 사람 모두 다윗의 문제와 관련하여 자신의 주변 사람들로부터 소외를 당하고 있다. 사울은 자기 아들 요나단(20:30~34), 자기 딸 미갈(19:11~17), 자기 종들(22:8, 17~19)로부터 소외되어 있다. 나발 역시 자기 아내(25:19, 36), 자기 종들(25:17)로부터 소외되어 있다.

셋째, 나발이 "왕의 잔치 같은 잔치"(25:36)를 그 집에 배설하고 있다는 내레이터의 언급은 명백히 그를 사울과 연결시키고 있다.[27]

넷째, 사울과 나발 사이에는 언어적인 상응성이 많이 나타난다. 다윗은 나발에게 가서 할 말을 부하들에게 지시하면서 자신을 '네 아들 다윗'(your son David)이라고 부르는데, 이것은 사울이 다윗을 "내 아들 다윗"(24:16; 26:17, 21, 25)이라고 부르는 것을 연상시킨다. 악으로 선을 갚는다는 주제는 24:17의 사울의 후회와 25:21의 다윗의 후회 속에서 나타난다. 사울을 죽이라는 아비새의 제안에 대해 거부하면서 "여호와께서 사시거니와 여호와께서 그를 치시리니 혹 죽을 날이 이르거나 혹 전장에 들어가서 망하리라"(26:10)고 말한 것은 "여호와께서 나발을 치시매 그가 죽으니라"(25:38)는 내레이터의 말을 상기시킨다. '원수'란 말은 24:4과 26:8에서 사울에게 적용되었다. '원수'란 말은 간접적이긴 하지만 나발에게도 적용되었다(25:26, 29). '나의 사정을 살펴 신원하시고'라는 표현은 사울에게 한 다윗의 말(24:15)과 나발이 죽은 이후에 한 다윗의 말(25:39) 속에 나타나 있다.[28] 여기에서 우리는 아직 다른 해석자들이 언급하지 않은 한 가지 유사점을 더 덧붙일 수 있을지도 모르겠다. 나발과 사울은 '삼천'이라는 숫자로 연결되어 있다(24:2; 25:2; 26:2). 사울이 다윗을 잡기 위해 동원한 사람의 숫자도 삼천이고, 나발이 소유한 양의 수도 삼천이다. 내레이터가 이 숫자를 각 장의 맨처음에 언급함은 이러한 숫자의 상응성이 결코 '우연'이 아니라는 신호를 주고 있다.

마지막으로, 비록 간접적이기는 하지만 나발과 사울의 지역적 연고가 양자의 유사성을 보여 준다.[29] 특히 나발의 고향인 갈멜은 사울이 자신의 군사적 승리를 축하하기 위해 세운 장소이다(삼상 15:12).

이러한 사울과 나발 간의 유비적 연결은 각 이야기의 플롯 간의 상응성에 의해서 더욱 강화된다. 24, 26장의 사울 이야기와 25장의 나발 이야기는 모두 다윗이 이 원수들의 목숨을 살려 주는 이야기다.[30]

그러므로 등장인물들 간의 유비적 관계를 레빈의 공식으로 표현해 보면 다음과 같이 도식화할 수 있다.

다윗: 사울 ～ 다윗: 나발[31] (즉 사울 = 나발)[32]

사울과 나발은 긍정적 유비 또는 평행 관계에 있다. 더블 플롯에는 항상 긍정적 유비와 부정적 유비가 함께 나타나기 때문에 독자가 유비의 이 두 측면을 항상 같이 찾아보아야 한다고 레빈은 주장(Levin 1971: 12)하였다. 하지만 본문은 사울과 나발의 대조에 대해서는 별로 관심을 기울이지 않는 것 같다. 오히려 양자 간의 긍정적 유비만이 두드러지게 나타나 있다.

## 5. '궁극적 연결'의 틀로 읽기

그러면 24~26장의 더블 플롯의 궁극적 연결 또는 감성적 연결은 무엇인가? 레빈이 제시한 틀(1971: 18)을 적용해 볼 때 나발과 사울 간의 긍정적 유비는 '공통적인 주제의 비슷한 예들을 제시'하는 것으로 볼 수 있다. 즉 두 이야기는 비슷한 이야기들을 통해서 주요 등장인물들의 성격을 드러내 주고 있다고 볼 수 있다.

사울의 성격을 나발과의 연결을 통해 묘사하고 있음을 앞에서 이미 언급했기 때문에, 여기에서는 더 중요한 등장인물인 다윗의 성격을 더블 플롯이 어떻게 드러내 주는지를 살펴봄이 순서일 것이다. 다윗은 24장과 26장에서 모두 사울의 목숨을 살려 준다. 그 이유에 대해서 다윗은 반복적으로 말하기를 "내가 손을 들어 여호와의 기름 부음을 받은 내 주를 치는 것은 여호와의 금하시는 것"이라고 언급하고 있다(24:6; 26:9, 23, 참고 24:10). 어차피 다윗의 사고방식 속에서 다윗은 사울을 죽일 수가 없는 것이다. 이런 면에서 볼 때 다윗의 진정한 성품을 나타내 주는 것은 나발의 목숨과 관련이 있다. 다윗에게는 나발을 죽여도 될 만한 정당한 이유들이 많다. 나발은 다윗의 공손한 태도에도 불구하고 그를 모독했다. 다윗이 공손하게 자신을 낮추어서 '네 아들'이라고 불렀지만(25:8) 나발은 '악으로… 선을' 갚았다(25:21). 그럼에도 불구하고 다윗은 나발의 목숨과 관련된 아비가일의 말에 귀를 기울인다. 그리고 자신의 손으로 복수를 하고 불필요한 피를 흘림으로써 장차 스스로를 곤란하게 만들 일을 하지 않는다(25:23~31).

아비가일의 말 중 다윗이 가장 귀를 기울인 부분은 여호와에 대한 부분일 것이다. 아비가일에 따르면 여호와는 다윗이 피를 흘리는 일을 막으셨으며(25:26), 다윗을 그 원수로부터 보호하실 것이며, 그를 대신해서 원수를 파멸시키실 것이다. 실제로 아비가일의 말은 원수 갚는 것을 여호와께 맡긴다는 다윗 자신의 말과 같은 선상에 있다(24:12; 26:10). 그러나 25장의 이야기가 부각해서 보여 주는 것은 다윗이 스스로 복수하는 것이 완전한 정당성을 갖고 있는 경우에도 복수를 여호와께 맡긴다는 점이다. 이런 점에서 볼 때 이 더블 플롯 본문은 여호와를 향한 다윗의 근본적인 태도를 드러내는 것으로 보인다. 그리고 내레이터는 다윗의 이러한 경건한 태도를 인정하고 있는 듯하다. 내레이터는 여호와께서 나발을 치심으로써 다윗 대신 원수를 갚으셨다고 말하고 있다(25:38, 참고 25:39 이 사건에 대한 다윗의 해석).

이와 더불어 고든(Gordon)은 사무엘상 24~26장의 본문에서 더블 플롯이 또 하나의 기능을 하고 있음을 제안한다.[33] 그것은 궁극적으로 비슷한 이 세 이야기가 진행되면서 하나의 '점층적인 반복'의 효과를 창출한다는 점이다. 이 '점층적인 반복'이라는 개념은 원래 올터(R. Alter)가 제시했던 개념이다.[34]

> "'점층적 반복'은… 독립된 내러티브들의 연결 속에서 반복을 통해 하나의 모티프를 전개시키거나 수정해 나가는 것을 말한다. 그러므로 이런 방식을 통해 제시된 변화나 차이점들은 '처음에 제시된 어떤 행동이나 태도가 강화되거나, 절정에 이르기까지 발전되거나 가속화되는 것을 보여 줄 수가 있으며, 반면에 등장인물의 성격에 대한 어떤 예상치 못한, 어쩌면 당혹스러운 면모를 새롭게 드러내 줄 수도 있다."

> "'점층적 반복'은 (내레이터의) '명시적 주석'(explicit commentary) 없이 등장인물의 독특한 성격을 드러내 줄 수 있으며, 또한 사건의 전개 과정 중의 변화를 드러나게 하는 아주 효과적인 방법이다"(Alter 1976: 64).

그에 따르면 24~26장은 '피 흘리는 죄를 피한다는 주제'에 대한 '점층적 반복'일 수 있다.[35] 즉 내레이터는 이 주제에 대한 '다윗의 사고가 그 마음속에서 성숙해 나가는 과정'을 암시적으로 이야기해 주고 있다는 것이다.

사울을 죽일 기회를 처음 얻었을 때 다윗은 그를 죽이는 대신 옷 조각 하나를 베어낸다. 그러나 이 행동은 그가 단순히 사울에게 선의를 베푼 증거를 확보한다는 것 이상의 의미를 갖고 있을 수 있다. 많은 해석자들은 이 행동이 왕권을 사울로부터 빼앗고 싶은 그의 속마음을 상징적으로 나타내고 있다고 지적해 왔다.[36] 왕의 옷은 고대 근동에서 왕권의 상징이었다.[37] 다윗이 사울의 옷 조각을 잘라내고 나서 마음에 찔림을 받은 원인은 바로 이것 때문인 것으로 보인다(24:5). 그러나 나발의 사건을 통해 그는 피 흘림과 복수의 문제를 여호와의 손에 맡기면 여호와께서 어떻게 그의 원수를 다루시는지를 배우게 된다. 그 후 26장에서 다윗은 다시 한 번 사울을 죽일 기회를 얻었을 때 이제 더 이상 이 문제와 관련하여 망설임을 보이지 않는다.[38] 그는 사울을 죽이라는 아비새의 제안(26:7~8)을 단호하게 거절하며 나발에 대한 경험을 바탕으로 해서 하나님께서 어떻게 역사하실 것인지를 확실하게 선언한다(26:10). 그러므로 배열된 순서를 따라 읽어나갈 때 사무엘상 24~26장의 더블 플롯 본문은 다윗의 마음의 변화, 아니 더 적절하게 말하면 당시에 자신을 가장 괴롭히던 문제를 하나님이 어떻게 처리하시는지에 대한 인식론적 성숙을 보여 주고 있다고 할 수 있다. 24장에서 자신의 원수인 사울을 죽일 기회가 있었을 때 다윗은 여호와께 기름 부음 받은 자를 자신의 손으로 죽이기를 거부하면서도 마음속으로는 왕위 찬탈에 대한 욕심을 완전히 숨기지는 못했다. 그러나 자신이 스스로 복수를 해도 아무 문제가 없을 나발의 문제를 아비가일의 충고를 따라 하나님께 맡길 때 하나님께서 대신 원수를 갚으시는 것을 보고 다윗은 하나님의 역사하심의 방식에 대해서 깊은 깨달음을 얻었던 것으로 보인다. 그리고 26장에서 다시 한 번 사울을 죽일 기회를 얻게 되었을 때 다윗은 기꺼이 그 기회를 포기하고 사울과 자신의 운명을 하나님의 손에 맡긴다.

# 결론

더블 플롯 기법을 사용하는 본문을 어떤 방식으로 이해할 것인지에 대해 지금까지 사무엘상 24~26장의 사울과 나발 이야기를 중심으로 살펴보았다. 다윗이 사울을 죽일 기회를 포기한 이야기는, 무례한 나발을 그 아내 아비가일의 지혜 때문에 살려 준 이야기와 표면적으로는 연관성이 없어 보인다. 그러나 더블 플롯의 관점에서 볼 때 이 두 이야기는 표면적인 이질성에도 불구하고 여러 가지 차원에서 연관성을 보여 준다. 특히 두드러지는 것은 사울과 나발의 유사성이다. 저자는 이 유사성을 통하여 더 궁극적인 주제, 즉 다윗이라는 사람의 성품과 그의 영적 성숙을 이야기하려는 것으로 생각된다.

# II. 본문 연구

# 불임의 여인 한나의 기쁨, 이스라엘의 희망

사무엘상 1:1~4:1상 주해와 적용

## 본문의 개요

절망은 곧 희망이다. 인간의 절망은 끝이 아니라 새로운 희망을 향한 도약이다. 불임은 여인에게 절망이다. 그러나 성경은 우리에게 불임이 절망이 아니라 하나님의 창조 사역의 토대임을 알려 준다. 불임의 여인 한나가 사무엘을 출산하는 이야기는 이러한 진술이 하나의 막연한 희망적 표현이 아니라는 점을 분명히 한다. 절망에서 희망으로 움직이는 사무엘상 1:1~4:1상의 이야기는 사사기의 암울한 현실에서 번영의 세대 다윗 왕국으로 가는 길을 연결하는 교량 역할을 한다.

우리는 절망에서 희망으로 가는 이야기에서 두 가지 주목할 점이 있다. 하나는, 무능한 인간이 창조주 하나님께 나아가 구하는 것이다. 인간의 모든 절망과 고통을 가지고 여호와 앞에 나아가는 것 자체가 바로 희망으로 가는 출발이다. 다른 하나는, 하나님의 창조적 행위이다. 하나님은 무에서 유를 창조한 전능한 분이기에 절망은 인간의 문제일 뿐이지 하나님께 문제되지 않는다. 하나님은 그의 창조 능력으로 인간의 절망을 기쁨으로 바꾸어 희망을 제시한다. 1:1~4:1상은 여호와께서 불임의 여인 한나를 기억하여 사무엘을 주심으로 기쁨을 주시는 이야기로 멈추지 않고 제사장 엘리 가문의 타락으로 절망에 있는 이스라엘을 위해 사무엘을 선지자로 세움으로 이스라엘에게 새로운 희망을 제시하는 것으로 나아간다. 따라서 1:1~4:1상은 절망에서 희망으로 가는 이야기이다.

왈쉬(J. T. Walsh)는 "문학 작품의 의미는 표면상의 내용과 더불어 그 작품의 구조에 의해서 전달된다"(1977:172)고 말한다. 또한 돌시(D. A. Dorsey)는 바–에프랏(S. Bar–Efrat)의 말을 인용해서 "구조는 수사학적이고 표현적 가치를 가진다. 즉 그것은 독자들에게 영향을 주는 중요한 요소들 중 하나로 의미를 표현하고 강조하는 역할을 한다"(1999:36) 고 언급한다. 즉 본문의 언어 구조는 의미를 전달하는 하나의 통로이다.

1:1~4:1상은 크게 세 단위와 여러 개의 소단위로 구성되었다.

**1. 불임의 한나가 사무엘을 낳아 여호와께 드리다**(1:1~2:10)

　　1) 배경–불임의 한나의 고통(1:1~8)

　　2) 한나의 기도와 엘리의 무지(1:9~19)

　　3) 한나가 사무엘을 낳아 여호와께 드림(1:20~28)

　　4) 한나의 기도(2:1~10)

**2. 사무엘과 엘리의 아들들의 대조: 엘리 가문의 종말 선언**(2:11~36)

　　1) 사무엘과 엘리의 아들들에 대한 묘사(2:11~17)

　　2) 사무엘과 그 가정(2:18~21)

　　3) 엘리의 아들들에 대한 엘리의 책망(2:22~25)

　　4) 사무엘과 엘리의 가문에 대한 묘사(2:26~36)

**3. 사무엘이 이스라엘의 선지자로 세움을 받음**(3:1~4:1상)

　　1) 사무엘과 엘리의 대화(3:1~9)

　　2) 엘리 가문에 대한 심판 선언(3:10~14)

　　3) 사무엘이 엘리에게 그 심판을 말함(3:15~18)

　　4) 사무엘이 이스라엘의 선지자로 세움을 받음(3:19~4:1상)

1:1~4:1상은 어떻게 사무엘이 이스라엘의 선지자로 세움을 받게 되는지

를 설명한다. 저자는 이 목적을 달성하기 위해 세 개의 단락을 전략적으로 활용한다. 우선, 저자는 불임의 한나가 사무엘을 낳아 여호와께 드리는 장면을 소개한 후 한나의 기도를 통해 여호와의 주권적 행위를 찬양한다. 그다음, 사무엘의 아들과 엘리의 아들 그리고 사무엘의 가정과 엘리의 가정을 대조하여 소개함으로써 엘리 가문과 엘리의 아들들의 파멸을 선언하고 사무엘에 대한 기대를 은근히 드러낸다. 마지막으로, 엘리 가문에 대한 심판을 사무엘을 통해 선언하고 사무엘이 이스라엘의 선지자로 굳건하게 선 모습을 보여 준다. 따라서 이 세 개의 단락은 서로 밀접하게 연결되어 여호와의 말씀이 희귀한 세대에 여호와께서 사무엘에게 말씀을 주시는 장면에 주목하게 함으로 희망을 제시한다.

## 본문 주해

### 1. 불임의 한나가 사무엘을 낳아 여호와께 드리다(1:1~2:10)

1:1~2:10은 세 개의 장면과 한 편의 시가 한 쌍을 이루어 불임의 한나에게 사무엘을 주신 여호와의 주권적 행위를 찬송한다.

#### 1) 배경─불임의 한나의 고통(1:1~8)

1~8절은 1~3절과 4~8절로 구분되어 불임의 한나의 고통을 소개한다. 사무엘서의 첫 장면(1~3절)은 1:1~4:1상을 위한 인물과 장소의 배경을 소개할 뿐 아니라 이야기의 중요 주제를 준비한다. 이야기 서술 방식은 엘가나를 중심으로 한 가족의 배경과 종교사회적 배경을 저자의 진술을 통해 소개한다. 이스라엘 역사에 있어서 매우 중요한 통일 왕국 형성과 다윗의 번영을 소개하는 사무엘서는 '한 사람이 있었다'는 문구로 시작한다. '한 사람' 그는 과연 어떤 사람인가? 저자는 그에 대해 두 측면으로 소개한다. 하나는 그의 출신 지역에 대한 소개이다. 그는 에브라임 산에 있는 라마다임 소빔 출

신이다. 다른 하나는 그의 혈통적 배경이다. 그는 여로함의 아들이고 엘리후의 손자이고 도후의 증손이며 숩의 현손이다. 그의 혈통적 소개는 성경에 기록된 인물들과 비교할 때 아주 상세한 편이다. 그의 이름은 '엘가나'이다. 엘가나에 대한 이런 상세한 정보를 독자에게 제공한 것에 대해 해밀턴은 에스링거의 말을 인용하여 "엘가나의 족보에 있는 이름들은 중요하지 않기 때문에 중요한 의미를 갖는다(Eslinger 1985: 67). 나중에 사무엘이 유명해지게 되는 것은 그의 조상이 성경 안에서 유명한 인물들이기 때문은 아니다"(Victor P. Hamilton, 2005:272)라고 말한다. 그러나 후대 역사의 관점에서 사무엘의 유명성을 근거로 해석하다 보면 해석의 일관성을 유지하는데 실패할 수 있다. 1절은 단지 엘가나의 출신을 지리적으로 혈통적으로 소개하고 있을 뿐이다. 역대상 6:22~28과 여호수아 24:33에 의하면 엘가나는 에브라임 산지에 살고 있는 레위 지파로 볼 수 있다.

저자는 2절에서 엘가나의 가족 배경을 제공한다. 본문은 엘가나에게 두 아내가 있음을 소개하고 아내의 이름을 '한나'와 '브닌나'라고 소개한다. 그런데 저자는 여기에 멈추지 않고 이 두 여인을 다음과 같은 문예형식을 통해 상세히 소개한다.

> 있었다 / 브닌나에게 / 아이들이
> 한나에게 / 없었다 / 아이들이

이 소개는 기본적으로 '있음'과 '없음'을 대조시킨다. 브닌나는 자녀가 있고 한나는 없다. 특별히 히브리어 구문은 '한나'를 문두에 위치시켜 주목하게 한다. 이것은 불임의 한나를 주목하게 하려는 서술 전략이다. '불임의 한나', 저자가 사무엘서에서 이 주제를 다시 등장시킨 것은 '불임'이라는 인간의 한계 상황을 드러내는 동시에 절망에서 창조를 일으키는 하나님의 초월적 사역에 주목하게 하기 위함이다. 창세기부터 사무엘서에 이르기까지 정경의 문맥을 따라 독서한 독자라면 불임의 여인을 통해 창조 사역을 일으킨 하나님의 놀라운 사역을 다시 기대할 것이다. 불임의 사라에게서 약속의 아들 이삭이, 불임의 리브가에게서 야곱과 에서가, 불임의 라헬에게서 요셉이, 마노아의 불임의 아내에게서 삼손이 출생했는데 그들은 구속사에 중요한 인물이다. 이런 불임의 여인에게서 아들이 출생하는 기사는, 생명은 하나님의 창조적 사역임과 동시에 구속사에 있어서 전능한 하나님의 주권적 사역임을 강조한다. 따라서 한나의 불임에 대한 강조는 문예적 측면에서 이야기 전개를 위한 하나의 주제를 제시한 차원을 넘어 독자들에게 불임의 한나를 통한 하나님의 창조적 사역에 주목하도록 하는 역할을 한다.

저자는 한나와 브닌나에 대해 소개한 후 엘가나의 종교사회적 배경을 제공한다. 저자는 3절을 "이 사람이 매년에 자기 성읍에서 나와서 실로에 올라가서"라는 서술로 시작한다. 두 개의 부정사를 사용해 그 이유를 '경배하고 제사를 드리기 위해'라고 진술한다. 그 경배 대상은 '만군의 여호와'이고 그 장소는 '실로'이다. 여기서 엘가나는 토라에 충실한 자로 묘사된다(참고 신 12:5~7). 실로는 여호수아가 가나안을 정복한 이후(수 18:1) 이스라엘의 종교 중심지로써 역할을 하고 있었다. 특별히 '만군의 여호와'란 칭호가 여기에 처음 등장한다는 것은 주목할 만하다. '만군'으로 번역된 '체바오트'(צְבָאוֹת)는 기본적으로 '군사적 봉사' 혹은 '군사'를 가리킨다. 아마도 이것은 이스라엘을 보호하기 위해 일하는 여호와에 대한 표현일 것이다. 그러나 저자는 이런 정보 외에 새로운 등장인물을 소개한다. '그곳' 즉 실로에 엘리의 두 아들 홉니와 비느하스가 여호와를 위한 제사장들이었다고 소개한다. 서술 초점이 엘리에 있지 않고 엘리의 두 아들 홉니와 비느하스에 있는 것은 장차 홉니와 비느하스의 행보에 초점을 가지도록 한다.

이런 고찰을 통해서 볼 때 1~3절은 1:1~4:1을 위한 배경으로 몇 가지 역할을 담당한다. 첫째, 등장인물이다. 엘가나를 중심으로 한 한나와 브닌나, 엘리와 그의 두 아들 홉니와 비느하스이다. 그들은 장차 전개될 이야기에서 중요하게 다루어질 것이다. 뿐만 아니라 하나님을 '만군의 여호와'로 소개한 것은 이 이야기 안에서 하나님의 활동에 대해 짐작하게 한다. 둘째, 불임의 주제이다. 이 주제는 장차 이야기를 이끄는 중요한 화두로 작용할 것이다. 셋째, 실로에서 행해지는 제사이다. 이것 또한 1:1~4:1의 이야기를 위한 중요 배경으로써 역할을 한다.

4~8절은 엘가나 가정에 발생한 사건을 소개한다. 저자는 ‘그날이었다’는 문장을 통해서 독자들이 ‘그날’에 있었던 사건에 주목하도록 한다. 그날은 엘가나가 제사한 날이었다. 저자는 엘가나가 제사를 드리는 날에 있었던 사건 서술에 있어서 두 차원으로 한나를 주목한다. 하나는 한나와 브닌나의 비교이다. 본문은 엘가나는 한나에게 브닌나와 그녀의 자녀보다 두 배의 몫을 주었다고 기록한다. 더 나아가 그 이유를 엘가나가 한나를 사랑했기 때문이라고 밝힌다. 다른 하나는 구문론적 표현이다. 저자는 브닌나에 대해서 ‘동사(주었다) + 브닌나’라는 일반적 형식을 따르지만 한나를 묘사할 때는 ‘한나 + 동사(주었다)’ 순으로 어순 변화를 통해 한나를 주목하도록 한다. 저자는 이런 서술을 통해 한나를 주목하게 한 후 1:5하~6에서 절박한 한나의 상황을 A, B, B′, A′라는 대칭 구조를 통해 전달한다. 이것을 히브리어 본문을 따라 살펴보면 다음과 같다.

A 여호와께서 그녀의 태를 닫았다(1:5하)

　B 그녀의 경쟁자 아내가 그녀를 분노하게 했다(1:6상)

　B′ 또한 그 분노는 그녀의 고통을 일으켰다(גַּם־כַּעַס בַּעֲבוּר הַרְעִמָהּ 감 카아스 바아부르 하레이마)

A′ 왜냐하면 여호와께서 그녀의 태를 닫았기 때문이다(1:6하)


A, A′는 한나의 불임 원인이 한나에게 있지 않고 여호와께 있음을 이중적으로 강조한다. 따라서 불임에 대한 한나 자신의 해결책은 없고 오직 그 해결책은 여호와께 있다. 이것은 한나의 문제가 전적으로 여호와께 의존되어 있음을 강조한다. B, B′는 한나가 겪는 고통을 소개한다. 그것은 브닌나로부터 온 고통이다. 특별히 내레이터는 브닌나를 한나와 적대적 관계에 있는

'경쟁자'로 묘사한다. 그 경쟁자 브닌나는 한나를 분노케 했다. 특별히 B′는 B를 부연 설명하는 기능을 하는데 한나의 분노를 '하레이마'로 표현한다. 즉 이것은 문자적으로 '천둥 소리를 일으키는 것'을 의미한다. 즉 브닌나가 한나에게 준 고통은 마치 천둥 소리와 같은 분노를 만들어 내는 것으로 설명하여 그 강도를 독자에게 잘 전달한다.

7절은 한나가 겪는 분노에 이르는 고통이 한 번의 사건이 아니라 매년 겪는 사건임을 보고한다. 특별히 그 고통이 '미데 알로타'(מִדֵּי עֲלֹתָהּ), 즉 '여호와의 집에 올라갈 때마다' 발생했음을 나타낸다. 이것은 4~5절의 기록을 근거로 볼 때 한나에 대한 엘가나의 사랑 행위와 무관하지 않다. 한나에 대한 엘가나의 특별한 배려는 브닌나를 자극했다. 따라서 브닌나는 매년 '여호와의 집에 올라갈 때마다' 한나를 격동케 했다. 그 결과 내레이터는 7하절에서 세 개의 동사를 연속적으로 사용해 한나의 상황을 소개한다. 한나는 '분노했고 울었고 먹지 않았다.' 이것은 브닌나의 행동이 한나를 격동케 하여 식음을 전폐케 했음을 알려 준다. 8~9절은 이 상황에 대한 엘가나의 행동과 그 결과를 보고한다. 여기서 엘가나는 한나의 위로자로 나타난다. 엘가나는 의문사 '어찌하여'를 세 번 사용해 한나의 행동에 대해 질문한다. "어찌 울며, 어찌 먹지 아니하며, 어찌 네 마음이 슬프뇨?" 특별히 맨 마지막 질문에 한나의 내면 상황을 담고 있다. '슬프다'의 히브리어 '라아'(רָעַע)는 '나쁘다, 부서지다'라는 의미로 한나의 마음이 산산 조각난 상태를 표현한다. 그러면서 엘가나는 한나에게 "내가 너에게 열 아들보다 좋지 아니하냐?"라고 위로한다. 해밀턴은 이 네 개의 질문이 점층법을 이루어 엘가나가 한나에게 고통을 제공한다고 본다. 그는 "특히 마지막 질문이 그렇다. '내가 그대에게 열 아들보다 낫지 아니하뇨?' 이 질문은 마치 '내가 곧 그대에게 참으로 필요한 모든 남자들이나 마찬가지 아니뇨?'라고 묻는 것처럼 보인다"(2005:273)는 해석은 너무 지나친 해석이다. 5절에 기록된 엘가나의 행동과 그 이유에 대한 언급과 8절의 문맥은 엘가나의 행동이 한나에게 고통을 주는 것이 아니라 위로라고 보는 것 더 타당하다.

2) 한나의 기도와 엘리의 무지(1:9~19)

내레이터는 엘가나 가정에서 발생한 브닌나와 한나의 문제를 한나와 여호와의 문제로 발전시킨다. 사실상 한나의 불임은 한나 스스로 해결할 수 있는 문제가 아니다. 그 원인이 여호와께 있기 때문에 불임의 유일한 해결책은 여호와께 있다. 9~18절은 한나의 기도와, 한나와 제사장 엘리와의 대화를 소개한다. 이 단락은 '한나가 실로에서 먹고 마신 후에 일어났다'(9상절)로 시작하여 '그 여자가 가서… 먹었고 그녀의 얼굴에 다시는 슬픔이 없었다'(18절)는 말로 마친다. 이런 형식은 한나의 부서진 내면세계가 엘가나의 일차 행동을 통해 위로 받은 후 여호와의 관계에서 그 문제가 완전히 해결되었음을 드러낸다.

내레이터는 그 과정을 9하~17절에서 설명한다. 우선 내레이터는 9하절에서 새 등장인물 엘리를 소개한다. 여기서 엘리는 '여호와의 성전의 문설주에 있는 의자에 앉아 있는 대제사장'으로 묘사된다. '의자'의 출현은 대제사장 엘리가 이스라엘에서 통치적 역할을 감당했음을 드러내는 표현 기법이다. 또한 장차 전개될 이야기에서 엘리의 역할을 주목하게 한다. 10~11절은 한나의 기도이다. 내레이터는 한나의 기도를 한나에 대한 묘사(10절)와 한나의 기도로 구분하여 설명한다. 내레이터는 기도하는 한나에 대한 묘사를 A, X, A′라는 문예 형식을 통해 전달한다.

A 그녀는 마음이 괴로웠다(10상절)

  X 그녀는 여호와께 기도했다(10중절)

A′ 그녀는 통곡했다(10하절)

A는 한나의 마음 상태를 히브리어 '마라'(מָרַה)를 통해 표현한다. '마라'는 '쓰다', '괴롭게 하다', '쓰라리게 하다'라는 의미이다. A가 한나의 내적 상태를 묘사했다면, A′는 한나의 외적 상태를 묘사한다. 내레이터는 '울다', '부르짖다', '눈물을 흘리다'를 뜻하는 '바카'(בָּכָה)를 '부정사＋미완료형'으로 사용

해 한나의 통곡을 표현한다. 그리고 중심축에 한나가 여호와께 기도했다는 표현을 둔다. 한나는 그의 대적자 브닌나로부터 당하는 고통을 해결하기 위해 만군의 여호와께 나아간 것이다. 11절은 한나가 드린 기도를 소개한다. 한나의 기도는 '조건절+귀결절'로 이루어져 있다. 한나의 기도에 나타나는 조건절 자체 또한 A, B, B′, A′라는 문예 형식을 취한다.

> A 만일 당신이 당신의 여종의 고통을 진정으로 보신다면
>> B 당신이 나를 기억한다면
>> B′ 당신이 당신의 여종을 잊지 않는다면
> A′ 당신이 당신의 여종에게 남자의 씨를 주신다면

한나의 기도는 '만일 ~라면'이란 조건 문장을 형성하고 있지만 내용상 강한 기원을 담고 있다. 한나의 기도는 A, A′에서 드러나는 것처럼 자신의 고통을 정말 보고 있다면 자신에게 '남자의 씨' 즉 아들을 주시기를 기원한다. 특별히 한나는 여호와께 자신을 '여종'이라고 표현하며 긍휼을 구한다. BB′는 '기억하다'와 '잊다'라는 동사를 평행으로 사용해 '기억하여 잊지 말아 달라'고 하는 간구이다. 한나는 귀결절에서 자신의 간구에 여호와께서 응답하실 경우 두 가지를 행하겠다고 약속한다. 하나는, '내가 그를 그의 모든 생애를 여호와께 드리겠습니다'이다. 한나는 여호와께 아들을 '주신다면'(תן 나탄) 그 아들을 여호와께 '드리겠다'(나탄)는 것이다. 다른 하나는, 삭도를 그의 머리에 대지 않겠다는 것이다. 이 두 약속은 사실상 하나로, 여호와께서 주신 아들을 '나실인'으로 드리겠다는 서약이다(참고 민 6:1~21). 이런 한나의 행동은 사사기 13장에 기록된 마노아의 아내와 대비된다. 마노아의 아내는 불임에도 불구하고 여호와께 기도하지 않는다. 뿐만 아니라 그녀는 여호와의 사자가 여호와께서 아들을 주실 것과 그가 나실인이 될 것을 선포해도 신뢰하지 않는다. 그러나 한나는 여호와께 기도할 뿐 아니라 아들을 주시면 나실인으로 드리겠다고 서약한다.

12~18절은 한나의 기도에 대한 엘리의 평가와 한나와의 대화를 기록한다. 내레이터는 12절에서 한나는 여호와 앞에 많은 시간 동안 기도했음을 강조하며 엘리가 한나의 입을 지켜보고 있었다고 표현한다. 내레이터는 '한나 그녀는'이란 말을 문두에 위치시켜 한나의 상황을 강조한다. 내레이터는 한나의 기도가 내면에서 토로하는 기도였기 때문에 입술만 움직이고 소리는 들리지 않았다고 묘사한다. 그 결과 엘리는 한나를 술 마신 것으로 생각했다. 따라서 엘리는 당시 민족의 지도자요 제사장으로서 백성의 심중을 헤아리지 못하는 자로 드러난다. 그것은 엘리의 입술을 통해 더욱 분명하게 증거된다. '너는 언제까지 스스로 술을 마시겠느냐? 너는 포도주를 멀리하라.' 엘리는 기도와 술 취함을 분별할 줄 모르는 무능력한 제사장이다.

엘리의 무능한 판단에 "아닙니다, 내 주여!"라고 대답한 후 한나는 이의를 제기한다. 한나는 긍정과 부정의 어법을 사용해 자신의 입장을 주장한다. 한나는 긍정 어법으로 자기 평가와 행동을 구분하여 설명한다. 한나의 자기 평가는 '마음이 슬픈 여자'이다. 이 문장은 히브리어로 '잇샤 케샤트-루아흐'(אִשָּׁה קְשַׁת־רוּחַ)이다. '케샤트'는 '카쉐'의 연계형으로 '단단한', '굳어진'이란 뜻이다. 따라서 이 문장은 한나의 슬픔의 차원을 넘어 마음이 굳어진 상태에 대한 표현이다. 따라서 한나는 자신의 심정을 여호와 앞에 통한 것 뿐이라고 말한다. 여기서 사용된 '심정'은 '네페쉬'(נֶפֶשׁ)로 앞에서 '마음'의 히브리어 표기인 '루아흐'와 평행으로 사용되었다. '통한다'의 히브리어는 '샤파크'(שָׁפַךְ)로 '퍼붓다'라는 뜻이다. 한나는 굳어진 마음을 여호와 앞에 쏟아 내었다. 부정 어법은 엘리의 부정적 판단에 대한 한나의 입장이다. 한나는 '포도주와 독주'를 문두에 내세우고 그것을 마시지 않는다고 강조한다. 그리고 "당신의 여종을 악한 여자로 여기지 마옵소서"라고 말한다. 히브리어 본문은 '당신은 당신의 여종을 벨리알의 딸 앞에 주지 말라'는 부정 명령을 사용한다. '벨리알'은 이방신의 이름이다. 또한 '무가치하다'는 뜻을 가진다. 따라서 한나는 자신을 무가치한 이방 여인으로 취급하지 말라고 요청하고 있는 것이다. 어쩌면 엘리의 평가는 브닌나보다 더한 충격을 한나에게 주었을지도 모른다.

더 나아가 한나는 자신이 여호와께 자신의 마음을 쏟아 낸 이유를 설명한다. "내가 지금까지 말한 것은 나의 원통함과 격분이 많기 때문이니이다." 한나는 자신의 불평과 분노를 여호와께 쏟아 놓았다. 그것은 여호와만이 그의 모든 문제의 해결자이기 때문이다.

17~18절은 엘리의 답변과 한나의 반응을 기록한다. 엘리는 평안히 가라고 말하면서 '묻다'라는 의미의 히브리어를 두 번 사용해 '이스라엘 하나님이 네가 그에게 물었던 네 물음을 줄 것이다'라고 표현함으로 하나님의 응답을 기원한다. 이에 한나는 "당신의 여종이 당신의 눈에서 은총을 발견하기 원합니다"라고 말한다. 내레이터는 한나가 그의 길을 가서 먹음으로 그녀의 얼굴에 다시는 슬픔이 없었다고 기록함으로 한 장면을 마감한다.

결국 9~18절에서 대적자 브닌나가 한나에게 던진 고통은 한나로 하여금 여호와께 기도하게 했음을 보고한다. 이것은 마치 사사기에서 이스라엘이 대적의 손에 압제를 받을 때 여호와께 부르짖는 모습을 연상케 한다. 만약 한나의 불임에, 불임과 같은 상황에 직면한 이스라엘이 담겨 있다면 한나의 기도는 새로운 희망을 향한 이스라엘의 갈망을 담고 있다고 볼 수 있다. 삼손 시대에 블레셋의 압제를 받으면서 여호와께 도움을 요청하지 않았던 이스라엘 자손의 모습과 달리 한나의 기도는 불임과 같은 암울한 현실에서 벗어나기 위한 이스라엘의 바람을 담고 있는 것처럼 보인다. 특별히 한나가 여호와께 쏟아 놓은 탄식을 술 취한 것으로 단정하는 이스라엘의 지도자의 분별력 없음은 한나의 기도를 더욱 돋보이게 한다.

19절은 엘가나와 한나의 귀환과 엘가나와 여호와의 행동을 서술한다. 특별히 내레이터는 그들의 귀환을 '출발했다… 경배했다… 돌아갔다… 갔다'는 네 개의 동사를 연속 사용해 기록함으로 그들의 귀환의 신속성을 드러낸다. 이것은 한나의 기도에 대한 신속한 응답을 기다리는 그들의 마음을 표현하고자 한 것은 아닌가? 또한 내레이터는 사무엘의 출생과 관련해 엘가나의 행동과 여호와의 행동을 주목하여 표현한다. 본문은 '엘가나가 한나를 알았다'는 표현을 사용해 그들 사이에 성적 관계가 있었음을 표현한다. 또한 '여

호와께서 그녀를 기억하셨다'고 표현한다. '여호와께서 기억하셨다'는 문장
은 여호와의 구원 행위를 위한 동기로 작용한다. 창세기 8:1에서 '노아를 기
억했다'는 표현은 노아와 그의 가족과 방주 안의 모든 생물을 위해 물을 감하
는 하나님의 사역으로 이어진다. 창세기 30:22에서 여호와는 불임의 라헬을
기억하셨다. 그 기록은 하나님께서 라헬의 태를 여시므로 요셉을 낳도록 한
사건으로 이어진다. 출애굽기 2:24~25은 하나님께서 아브라함과 이삭과
야곱에게 세운 언약을 기억하셨을 때 이스라엘을 위한 구원 행위로 이어졌
다. 따라서 '여호와께서 그녀(한나)를 기억하셨다'는 표현은 한나를 위한 여호
와의 행동을 기대하게 한다.

### 3) 한나가 사무엘을 낳아 여호와께 드림(1:20~28)

20~28절은 사무엘의 출생과 봉헌을 다룬다. 우선 20절은 시간 변화를 보
고하는 문구를 통해 새로운 단락을 소개한다. '그날들이 돌아왔을 때였다.'
개역한글은 "한나가 잉태하고 때가 이르매 아들을 낳아"라고 표현하여 출산
과 연결하지만, 이는 엘가나가 매년 여호와께 경배하기 위해 올라가는 때가
되었음을 독자에게 알리는 기능을 한다. 그 후에 본문은 사무엘상 1:19에서
기대하게 했던 여호와의 행동을 소개한다. 그것은 한나의 임신과 출산이다.
한나는 아들을 낳고 그 이름을 '사무엘'이라고 불렀다. 그 이유는 '내가 여호
와께 구했기 때문이다'라고 말한다. 따라서 사무엘은 한나의 기도의 응답임
을 말해 준다.

21~23절은 엘가나와 그의 온 집이 여호와께 매년제와 서원제를 드리기
위해 올라갈 때 한나가 올라가지 않은 원인을 기록한다. 그 원인은 한나와
엘가나의 대화를 통해 전달된다. 한나는 "아이가 젖을 뗄 때 내가 그를 데리
고 가 여호와 앞에 보이고 그는 그곳에서 영원히 있을 것이다"라고 말한다.
이것은 11절에서 한나가 여호와 앞에 서원한 내용을 실행하고자 하는 의지
표현이다. 이런 의지 표현에 대한 엘가나의 반응은 매우 긍정적이며 적극적
이다. 엘가나는 "당신의 눈에 좋은 대로 행하라"고 말한다. 이 표현은 사사

기에서 이스라엘의 타락을 단적으로 표현한 문장과 유사하다. 그러나 이 표현은 한나가 여호와 앞에서 약속한 내용을 실행하라는 표현으로 해석하는 것이 적절하다. 더 나아가 엘가나는 "그가 젖을 뗄 때 오직 여호와께서 그 말을 이루시기를 원하노라"고 축복한다. 특별히 내레이터는 '이룬다'는 표현을 위해 '일으키다'를 의미하는 히브리어 동사를 사용한다. 이것은 앉아 있는 상태에서 일어나는 행동을 반영하는 것으로 하나님에 의해 한나의 서원이 성취될 것을 말한다.

24~28절은 사무엘의 봉헌을 다룬다. 한나는 약속대로 젖을 뗀 후 수소 세 마리와 밀가루 한 에바와 포도주 한 가죽 부대를 가지고 실로에 있는 여호와의 집에 갔다. 26~28절은 한나가 사무엘을 여호와 앞에 드리기 위해 엘리에게 한 말을 기록한다. 우선 한나는 자신의 신분을 밝힌다. 한나는 자신이 엘리 옆에서 여호와께 기도했던 여자라는 것을 밝힌 후 "내가 내 아이를 위해 여호와께 기도했더니 여호와께서 내가 그것을 구했던 내 간구를 나에게 주셨다"고 말한다. 특별히 "여호와께서 내가 그것을 구했던 내 간구를 나에게 주셨다"는 말은 본래 엘리가 한나에게 한 말이다. 엘리는 한나에게 "네가 그것을 구했던 네 간구를 주실 것이다"고 말했다. 한나는 그 말을 그대로 사용해 엘리의 기원이 그대로 성취되었음을 증거한다. 그래서 한나는 "그러므로 나도 그를 여호와께 드리되 그의 평생을 여호와께 드리나이다"(28절)라고 말한다. 그러나 히브리어 본문은 약간 강조의 차이를 보인다. 우선 한나는 "나 또한 그를 여호와께 드립니다"라고 말한다. 그런데 여기서 '드린다'는 히브리어는 기본적으로 '구하다, 요구하다'를 의미하는 '샤알'(שׁאל)의 히필형을 사용한다. 이것은 저자의 의도가 담겨 있다. 사무엘은 한나가 여호와께 '구했던'(샤알) 결과물이다. 그리고 한나는 그 결과를 여호와께 드린다(샤알). 그런데 뒤따르는 한나의 표현은 '그는 여호와께 묻게 될 것이다'이다. 즉 저자는 한나가 사무엘을 여호와께 드리는 의식과 표현 속에 사무엘의 사역을 담고 있다고 볼 수 있다. 그래서 사무엘은 그곳에서 여호와를 경배하게 되었다.

4) 한나의 기도(2:1~10)

한나의 기도는 사무엘상 1:1에서 시작된 제1막의 최절정을 이룬다. 한나의 기도로 표현된 제3연으로 구성된 시는 여호와께서 불임의 한나에게 아들 사무엘을 주심으로 한나의 삶을 역전시킨 여호와의 행동을 높인다. 이 시는 한나의 정서적 기쁨을 표현하는 것으로 시작해서 창조주 하나님께서 그의 창조 세계 안에서 질서를 바꾸시는 여호와의 주권적 행동을 강조한다. 더 나아가 이 시는 여호와의 주권이 대적자들을 깨뜨리시고 자신이 기름을 부은 왕의 뿔을 높이는 궁극적인 승리 선언으로 마감한다. 따라서 이 시는 한나 개인의 기쁨에서 공동체의 소망으로 발전한다.


(1) 제1연 - 한나의 기쁨(1~3절)

제1연에서 한나는 여호와의 구원을 기뻐하고 교만한 자들에게 경고의 메시지를 전달한다.

첫째, 한나는 ABC-A′B′C′라는 반복 평행을 통해서 자신의 정서적 기쁨을 표현한다(1절).

즐거워하며(A) / 내 마음이(B) / 여호와로 말미암아(C)

높아졌으며(A′) / 내 뿔이(B′) / 여호와로 말미암아(C′)


A, A′는 한나의 정서적 반응을 표현한다. '즐거워하다'라는 의미의 히브리어 '알라츠'(עָלַץ)는 기본적으로 의로운 행위에 대한 정서적 반응으로 환희와 기쁨을 나타낸다. 또한 '높아지다'라는 말은 승리에 대한 기쁨을 표현한다. B, B′는 한나의 내적 상태와 외적 모습을 통해 한나 자신의 총체적 기쁨을 표현한다. 특히 '내 뿔이 높아졌다'는 표현은 시편에서 종종 하나님의 승리를 통해 시인의 뿔을 높이는 것으로 사용된다(참고 시 92:10). C, C′는 그 모든 환희와 기쁨이 여호와께로 말미암았음을 노래한다. 따라서 이것은 여호와로 말미암은 승리의 기쁨을 표현한다. 그 승리의 기쁨의 절정은 '내 입이

원수를 대하여 크게 열렸다'는 표현에서 잘 나타난다. 한나는 입을 열지 못하고 그녀의 마음의 분노를 쏟아 놓았던 사람이다. 그러나 한나는 이제 원수를 향해 입을 크게 열고 웃을 수 있는 기쁨을 소유하고 있다. 그 이유에 대해 한나는 "당신의 구원으로 인해 내가 기뻐하기 때문이다"라고 말한다. 이것은 불임이었던 한나의 출산은 여호와의 구원이며 동시에 그것은 한나의 승리였다. 이제 한나는 대적자 브닌나를 향해 크게 입을 열어 웃을 수 있게 되었다.

둘째, 부정 어법을 통한 강조이다(2절). 그 강조는 구원의 하나님에 대한 칭송이다. '여호와와 같이 거룩한 이가 없도다. 다른 이는 없도다. 여호와와 같은 반석이 없도다.' 삼중의 '없도다'는 여호와의 유일성을 강조한다. 첫 행과 셋째 행에서 여호와는 '거룩한 분'과 '반석'으로 묘사된다. 특히 '여호와처럼'과 '없도다'는 여호와와 비교할 대상이 없음을 강조한다. 더 나아가 '다른 이는 없도다'라는 표현은 여호와의 유일성을 적절하게 강조한다.

셋째, 교만한 자들에 대한 경고이다(3절). 우선 본문은 '너는 말을 많이 하지 말라'는 부정 어법으로 시작한다. 그리고 좀 더 구체적으로 그 말은 '교만한 말'이라고 규정한다. 히브리어 본문은 '높은, 고귀한'을 의미하는 '게보하'(גְּבֹהָה)를 연속해서 사용한다. 이것은 '너무 교만하게'라는 의미이다. 따라서 본문을 '너는 너무 교만하게 많은 말을 하지 말라'로 해석할 수 있다. 또한 '너희 입에서 거만한 말을 내어 보내지 말라'고 말한다. 이것은 분명히 정경적 문맥에서 볼 때 브닌나가 한나를 격동하게 했던 말과 관련이 있다. 브닌나의 말은 교만과 거만을 드러내는 말이었다. 한나는 그 이유를 '여호와는 지식의 하나님이고 그의 행동을 측정하는 분이기 때문이다'라고 말한다. 한나에게 구원과 반석이 되어 기쁨을 제공한 하나님은 모든 인간의 상황을 확실히 파악하고 계실 뿐 아니라 인간의 모든 행동을 알고 계시는 지식의 하나님이시다. 이 여호와의 지식은 땅에 거하는 모든 인간을 평가하고 판단하는 근거가 된다.

(2) 제2연 – 여호와의 주권(4~8절)

4~8절을 묶는 문예적 특징은 각 절에 나타나는 대조이다. 4~5절과 6~8 절로 구분되는데, 전자는 일반적으로 역전의 논리를 소개하고 후자는 여호와의 주권적 행위를 대조적으로 설명한다.

4~5절은 2행이 한 쌍을 이루어 세 쌍을 이룬다. 첫 두 개의 쌍은 부정과 긍정의 순으로 진행하다 세 번째 쌍은 그 배열을 긍정과 부정의 순서로 역전시키는 것이다. 4절에서 '용사의 활'과 '비틀거리는 자'(נכשלים니크살림)가 대조된다. 이미지적으로 전자는 강력한 힘이 있고 후자는 지탱할 힘이 없다. 그러나 본문에서 그 이미지는 역전된다. 즉 용사의 활은 꺾여 무가치하게 되고 비틀거리는 자는 강한 힘을 입는다. 특별히 여기에 사용된 '아자르'(אזר)는 '옷을 두르다'는 의미이다. 즉 비틀거리는 자가 힘으로 옷을 입을 것이다. 두 번째 쌍은 '빵으로 풍족한 자'와 '굶주린 자'의 대조이다. '빵으로 풍족한 자'란 경제적 능력이 있는 자로 사람을 고용할 수 있는 자를 가리킨다. 그것은 뒤따르는 동사가 '고용하다'의 수동형이 사용되어 '고용 당할 것이다'라는 의미로 사용되었기 때문이다. 즉 그들이 경제력을 상실하고 양식을 위해 일해야만 하는 상황에 이를 것을 말한다. 반면에 굶주린 자는 더 이상 굶주리지 않을 것을 선포한다. 세 번째 쌍은 첫째와 둘째 쌍에서 사용한 부정과 긍정이 긍정과 부정 순으로 바뀐다. 한나는 '불임의 사람'과 '많은 자녀를 둔 자'가 대조를 이루며 아이를 낳을 수 있는 능력과 '쇠약해진다'는 말로 능력의 상실을 표현한다.

6~7절에서 내용상 주어는 '여호와'이다. 본문은 '죽임과 살림', '스올에 내림과 올림', '가난하게 함과 부하게 함', '낮춤과 높임'이라는 상반된 주제를 대조시킴으로 이 모든 것이 여호와의 주권에 달려 있음을 강조한다.

반면에 8절은 그 주권을 소유한 여호와께서 가난한 자와 가련한 자를 진토에서 일으키고 거름더미에서 높이셔서 귀족들과 함께 앉을 수 있는 영광의 보좌를 차지하게 한다고 선포한다. 어떻게 이것이 가능한가? 8하절은 그 이유를 창조 모티프를 통해 땅과 세계가 하나님의 창조 행위로 형성된 하나

님의 소유이기 때문이라고 말한다. 그렇다. 한나에게 구원을 행하신 여호
와, 모든 인간의 생각과 행동을 아시는 지식의 하나님은 창조주이시다. 그는
모든 피조 세계에 대한 주권을 소유했기에 이 모든 것이 가능하다. 따라서
이 땅에 사는 모든 사람들은 그 지위가 높고 낮음에도 불구하고 창조주 앞에
겸손해야 한다. 여호와는 거만한 자를 비웃으시며 겸손한 자에게 은혜를 베
푸시기 때문이다(잠 3:34).

### (3) 제3연 – 하나님의 보호와 심판(9~10절)

9절은 "그가 그 거룩한 자들의 발을 지키실 것이요"라고 말한다. 개역개
정은 '거룩한 자들'로 표현했지만, '경건한 자들'로 보는 것이 옳다. '경건한
자'(חָסִיד하시드)란 '헤세드'(חֶסֶד)에서 온 말이다. '헤세드' 는 기본적으로 책무에
충실한 것을 가리킨다. 따라서 이 단어가 하나님과의 관계에서 언약에 충실
함을 가리킨다. 여호와는 '경건한 자'의 발을 '지킨다.' 반면에 악인은 흑암
중에 침묵하게 한다. '흑암'(חֹשֶׁך호세크)은 창조 이전의 상황을 묘사한 단어이다.
흑암은 그 자체가 절망이다. '잠잠하다'(דמם다맘)는 기본적으로 '황폐하게 되
다, 파멸되다'라는 의미이다. 즉 악인은 흑암 중에 패망하게 될 것을 선언한
다. 따라서 9절은 하나님의 보호와 심판의 대조를 보여 준다. 본문은 원인의
'키'(כִּי)를 사용해 그 이유를 설명한다. 우선 주 동사는 '가바르'(גָּבַר)의 미완료
형으로 '지배하다, 힘이 있다'라는 의미를 가진다. 또한 이 동사의 아람어 어
원은 '일어나다'라는 의미를 가진다. 따라서 이 문장은 '힘으로 일어설 수 있
는 사람은 없다' 또는 '힘으로 지배할 사람은 없다'는 의미이다. 즉 이것은 사
람 스스로 자신의 힘에 의해서 일어서거나 지배적 능력을 가질 자는 없음을
말한다. 그렇다면 그 힘의 원천은 어디에서 오는가? 본문은 여호와께로 온
다고 말한다.

10절은 주어를 다시 '여호와'로 내세운다. 여호와는 누구인가? 본문은 두
측면으로 설명한다. 하나는 여호와는 심판자다. 그는 대적자들을 부수고 땅
의 끝을 심판하시는 분이다. 다른 하나는 그가 기름 부은 자, 즉 왕에게 힘을

주어 뿔을 높이신다고 말한다. 어떤 학자들은 본문의 '왕'과 '기름 부은 자'란 표현 때문에 이것이 시대착오적 표현이라고 본다. 그러나 베그겐(Robert D. Bergen)은 다음 네 가지를 언급하면서 시대착오적이지 않으며 가능한 표현이라고 주장한다. "(1) 토라에서 언급된 왕의 직무에 대한 암시(참고 신 17:15), (2) 이스라엘 지파의 지도자들에 대한 언급(참고 삿 9:6), (3) 다윗 왕조에 대한 예언(참고 창 49:10~12) 혹은 (4) 종말론적인 인물을 예고한 언급." 이것은 여호와께서 한나의 상황을 역전시킨 여호와의 주권적 행동을 통해 불임과 같은 이스라엘의 상황을 역전시킬 것을 바라보고 있는 것이다. 한나의 희망이 여호와께 있듯이 이스라엘의 희망 또한 여호와께 있기 때문이다.

### 5) 설교를 위한 적용

1:1~2:10에 대한 고찰을 통해 얻은 결과를 목회적 적용으로 활용할 수 있다. 첫째, 절망의 문제를 여호와께 가지고 가는 것이 필요하다. 불임의 한나는 브닌나로 겪는 분노 때문에 브닌나와 논쟁하거나 싸우지 않는다. 그녀는 자신의 분노의 문제를 여호와 앞에 쏟아 놓는다. 한나가 이같이 행동한 것은 생명의 주 여호와만이 그의 문제를 해결할 수 있다고 믿었기 때문이다. 특별히 1:1~2:10에서 '묻는다'는 동사가 유독 많이 사용된다. 사사 말기 이스라엘은 불임과 같은 상황에 처해 있으면서도 그들은 여호와께 묻거나 구하지 않았다. 아니 그들의 지도자인 엘리는 기도와 술 취함을 구별조차 하지 못했다. 역대상 10장에 기록된 사울의 죽음의 원인 중 하나가 바로 여호와께 구하지 않은 것이다. 여호와께 구하지 않는 것은 인간의 교만이거나 무지의 소산이다.

둘째, 여호와는 우리 삶의 주권자이다. 여호와는 우리가 만홀히 여길 분이 아니다. 그는 인간의 모든 역사를 자신의 의지를 따라 역전시키는 주권자이다. 특별히 그는 지식의 하나님이기에 인간의 모든 사상과 행동을 파악하고 알고 계신다. 따라서 인간은 그 앞에서 교만한 태도를 취하는 것은 곧 멸망을 자처하는 것이다. 나약한 인간이 자신의 힘을 자랑하는 것은 거만한 행동이다. 우리의 행복과 기쁨은 여호와 하나님의 주권을 인정하고 겸손히 그 앞에서 행하는 것이다. 여호와는 교만한 자를 물리치고 겸손한 자에게 은혜를 베푸신다.

## 2. 사무엘과 엘리의 아들들의 대조: 엘리 가문의 종말 선언(2:11~36)

2:11~36은 사무엘과 엘리의 아들들을 대조적으로 묘사한다. 해밀턴은 다음과 같은 구조를 통해서 '사무엘이 여호와 앞에서 신실하게 봉사하는 자로 나타나는 모습과 불성실하게 봉사하는 아들들로 인하여 쇠약해져 가는 엘리 가문의 모습을 상세하게 대비시키고 있다'고 주장한다(2005:279~280).

> 사무엘(11절)
>> 엘리의 아들들(12~17절)
> 사무엘과 그의 가정(18~21절)
>> 엘리의 아들들(22~25절)
> 사무엘(26절)
>> 엘리의 아들들(27~36절)

사무엘에 대한 묘사는 '여호와를 섬기는 자'(11, 18절), '여호와 앞에서 자라는 자'(21절), '여호와와 사람들에게 은총을 받는 자'로 묘사되고 한나는 하나님의 돌보심으로 세 아들과 두 딸을 얻은 자로 하나님의 복을 받은 자(21절)로 묘사된다. 그러나 엘리의 아들 홉니와 비느하스는 '불량자, 여호와를 알지 못하는 자'(12절), '여호와께서 죽이시기로 뜻하신 자'(25절)로 묘사되고 엘리 가문은 하나님의 사람에 의해 멸망이 선포된다. 특별히 사무엘과 그 가정에 대한 묘사와 엘리의 아들들과 그의 가문에 대한 묘사는 그 서술 분량에 있어서 상당한 차이를 보인다. 사무엘과 그의 가정에 대해서는 간략한 진술 혹은 짧은 서술을 하지만 엘리의 아들들과 그의 가문에 대해서는 길고 상세하게 서술한다. 이것은 저자가 엘리 아들들과 그 가문의 죄를 충분히 드러내고 그에 대한 심판의 확실성을 드러내고 사무엘에 대해서는 주목하도록 하는 서술 전략이다.

1) 사무엘과 엘리의 아들들(12~17절)

12~17절은 1:3에 등장했던 엘리의 두 아들 홉니와 비느하스에 대한 묘사이다. 내레이터의 서술 방식은 12, 17절에 엘리의 아들에 대한 일반적 서술과 평가를 기록함으로 전체적 윤곽을 제시하고 그 중앙에 그 제사장의 구체적 행실을 간접 화법에 의한 서술(13~14절)과 직접 화법에 대한 서술(15~16절) 방식을 통해 제사장의 악행을 고발한다.

우선 12절은 엘리의 아들들을 두 방식으로 소개한다. 첫째 방식은 '벨리알의 아들'이다. '벨리알'이란 말은 이방신의 이름이거나 '무가치한'이란 의미로 행실이 나쁜 자들을 지칭하는 용어이다. 이 단어는 본래 엘리가 한나를 술 취한 여자로 평가할 때 한나가 나를 '벨리알의 딸'로 여기지 말라고 요청할 때 사용되었다. 그런데 이 단어가 여기에 사용된 것은 한나가 '벨리알의 딸'이 아니라 엘리의 아들들이 '벨리알의 아들들'임을 저자가 상기시키고 있는 것이다. 이것은 참으로 아이러니이다. 엘리는 진짜 누가 '벨리알'의 후손인지 구분할 능력이 없다. 이스라엘의 지도자는 더 이상 무엇인가를 판단하고 평가할 수 있는 능력을 상실했다.

둘째 방식은 '그들이 여호와를 알지 못했다'이다. 제사장의 아들들, 즉 여호와를 섬기는 제사장의 아들들이 여호와를 알지 못했다는 표현은 더욱 아이러니이다. 어떻게 이런 일이 가능한가? 특별히 우리가 한 가지 주목할 것은 홉니와 비느하스에 대한 명칭의 변화이다. 우선 1:3에서 홉니와 비느하스는 엘리의 아들들과 제사장으로 소개된다. 그런데 12~13절에서 그들은 한번은 '엘리의 아들들'로 다른 한번은 '제사장들'로 소개된다. 그리고 17절에서는 '그 소년들'로 묘사된 제사장 홉니와 비느하스에 대한 평가를 제시한다. 즉 그들의 죄가 매우 크다는 것이다. 내레이터는 그 사람들이(אֶת־קְאַנְשִׁים 하아나쉼) 여호와의 제사를 멸시했기 때문이라고 밝힌다. 즉 엘리의 아들들은 '제사장'에서 '그 사람들'로 격하된다.

　13~16절은 '그 소년' 또는 '그 사람들'로 묘사된 홉니와 비느하스, 즉 이스라엘의 제사장들이 여호와의 제사를 멸시한 행동을 두 방식으로 제시한다. 하나는 간접 화법을 사용한 사실에 대한 묘사이다. 13절은 '그 백성들에게 행한 그 제사장의 관습이다'는 진술로 시작한다. 특별히 '관습'이란 어휘의 사용은 그 제사장의 행동이 일시적이거나 단회적인 사건이 아님을 강조한다. 그 구체적인 행동은 사람이 희생 제사를 드리고 고기를 삶을 때 제사장의 사환이 세 살 갈고리를 가지고 와서 찔러 갈고리에 걸린 제물을 제사장의 몫으로 처리하는 관습이라고 고발된다. 다른 하나는 짧은 간접적 서술을 서두로 직접 화법을 통해 그들의 악행을 고발한다. 15상절은 '기름을 태워 희생 제사를 행하기도 전에'라는 표현을 사용해 정기적으로 희생 제사가 진행되기도 전에 행했던 악행을 고발한다. 15하~16절은 제사장의 사환의 요구(직접 화법)→사람들의 요청(간접 화법)→협박(직접 화법) 순으로 나타난다. 그 사환은 제사장에게 구워 드릴 날것을 주라고 명령한다. 사람들이 '기름을 태운 후에 네 마음에 원하는 대로 취하라'고 요청했지만, '지금 주지 않으면 내가 힘으로 취할 것이다'라고 협박한다. 이것을 통해 볼 때 홉니와 비느하스는 제사를 집례하는 제사장이 아니라 하나님의 것을 갈취하는 강도요 그 제물을 탐내는 폭군이다. 따라서 17절에서 홉니와 비느하스를 '제사장'으로 표기하지 않고 '소년' 혹은 '사람들'이라고 표기한 것은 참으로 적절하다. 그들은 신분상 제사장일 수는 있으나 사실상 폭군이다. 엘리 아들들의 이런 행동에 대해 해밀턴은 이렇게 표현했다. "제사장들의 직무 철학이 '내가 먼저 하나님은 그 다음'이었음을 의미한다… 엘리의 아들들이 한 번의 미끄러짐이 이제는 미끄럼 길로 바뀌고, 한 번의 실수는 일정한 행동 양식으로 고정된다. 한 번의 범법 행위가 상습적인 범법 수법으로 바뀐 셈이다." 이는 매우 적절한 평가이다.

## 2) 사무엘과 그 가정(18~21절)

18~21절은 사무엘과 한나에 대한 묘사이다. 이 단락은 사무엘에 대한 묘사가 단락 앞(18절)과 단락의 마지막(21하절)에 위치하고 그 중심에 한나에 대한 묘사가 자리한다. 18절에서 사무엘은 여호와 앞에서 섬기는 자로 묘사된다. 특별히 '여호와 앞에서'라는 문구는 17절에서 홉니와 비느하스에 대한 묘사 '여호와 앞에서'와 대조를 이룬다. 제사장들은 여호와 앞에서 제사를 멸시하고 사무엘은 여호와 앞에서 여호와를 섬긴다. 특별히 본문은 사무엘이 세마포 에봇을 두르고 있는 소년이었다고 기록한다. '소년' 혹은 '어린이'란 말로 표현된 히브리어 '나아르'(נַעַר)는 생물학적 개념을 포함하기도 하지만 조력자로도 표현된다. 2:15에 표현된 '제사장의 사환'에서 '사환'이 바로 '나아르'라는 점을 주목한다면 사무엘은 성막에서 여호와를 섬기는데 조력자로서 그 역할을 충실하게 담당했음을 드러낸다. 그런데 이 단락을 마무리 하는 표현에서 다시 사무엘을 묘사한다. 본문은 '그 아이(나아르) 사무엘'이라고 표기하고 '여호와 앞에서 자라니라'고 묘사한다. 그런데 히브리어 본문은 여기서 '여호와 앞에서'라는 표현을 사용하지 않고 '여호와와 함께'(עִם־יְהוָה 임 아도나이)라는 표현을 사용한다. 이것은 사무엘의 성장이 여호와께서 동행하심 혹은 여호와와 동행했음을 드러내는 의도적 표현이라고 볼 수 있다.

19~21중절은 한나에 대한 묘사이다. 여기서 한나는 불임의 여인이 아니라 많은 자녀를 낳은 능력 있는 자로 묘사된다. 그것은 엘리의 축복과 여호와의 응답으로 이루어진다. 엘리는 매년 제사를 드리기 위해 실로를 찾아 지어 온 겉옷을 사무엘에게 주는 엘가나와 한나를 위해 여호와께서 '씨'(זֶרַע 제라)를 주기를 축복한다. 내레이터는 21절에서 '여호와께서 한나를 방문하셨다'는 말로 한나를 위한 여호와의 특별한 행동을 표현한다. 불임의 여인 한나를 기억하사 사무엘을 주셨던 하나님은 이제 한나를 방문하여 세 아들과 두 딸을 주셨다. 한나는 사무엘을 출산하고 여호와께 기도하면서 '전에 임신하지 못하던 자는 일곱을 낳았고'(2:5)라고 말했다. 그런데 불임의 한나가 역전의 행동을 일으키는 여호와의 행동에 의해서 많은 자녀를 낳은 여인이 되었다.

3) 엘리의 아들들에 대한 엘리의 책망(22~25절)

22~25절은 홉니와 비느하스에 대한 엘리의 책망과 그들의 반응을 기록한다. 이 단락은 엘리에 대한 정보를 제공함으로 시작한다. ‘엘리는 매우 늙었다. 그가 그의 아들들이 행한 모든 일을 들었다.’ 그의 아들들이 행한 모든 일은 두 가지로 보고된다. 하나는 ‘모든 이스라엘에게 행한 일’이란 표현으로 2:12~17에 기록된 홉니와 비느하스의 악행을 말한다. 다른 하나는 새로운 요소로, ‘회막 문에서 수종 드는 여인들과 동침한’ 일이다. 이 여인들은 어떤 종류의 사람들인가에 대한 논의가 있다. 어떤 사람은 제의 장소에서 봉사를 자원했던 나실인이라고 보고(참고 민 6:2; 출 38:8) 어떤 사람은 이 여인들은 제의적 창녀로 보려고 한다. 그러나 홉니와 비느하스가 성적 관계를 맺은 여인이 어떤 유형의 사람들인지에 대한 정보보다 더 중요한 것은 당시 제사장들의 성적인 타락이다. 제사장들의 탐욕은 여호와께 드리는 제물을 갈취하는 폭력을 멈추지 않고 자신들의 성적 욕구를 충족시키기 위해 절제할 줄 모르는 이성 없는 동물과 같은 모습을 드러낸다.

22~25절은 늙은 엘리의 책망을 기록한다. 우선 엘리는 “왜 이 같은 일을 행했느냐?”고 책망의 질문을 한 후 “나는 너희의 악한 일을 이 모든 백성에게서 듣고 있다”는 말을 한다. 엘리가 ‘듣다’의 분사형 ‘듣고 있다’를 사용한 것을 보면 엘리는 아들들의 악행을 한 두 번이 아닌 지속적으로 듣고 있었음을 알려 준다. 그럼에도 불구하고 엘리는 그 어떤 조치도 취하지 않았다. 그렇다면 22절에 기록된 ‘엘리가 매우 늙었다’는 표현은 더 이상 어쩔 수 없는 한계에 도달한 것을 표현한다고 볼 수 있다. 엘리는 “하지 말라. 내 아들아!”라고 책망하고 그 이유를 말한다. “내게 들리는 소문이 좋지 아니하니라 너희가 여호와의 백성으로 범죄 하게 하는도다”(24절). 개역개정은 ‘들리는 소문이 좋지 않다’는 것과 ‘너희가 여호와의 백성으로 범죄케 한다’는 것으로 구분한다. 그러나 히브리어 구문은 둘이 아닌 하나이다. 우선 ‘그 소문이 좋지 않다’가 주문장이다. 그리고 관계사 ‘아쉐르’(אֲשֶׁר)를 사용해 좋지 않은 소문을 부연 설명한다. “여호와의 백성을 떠나게 하고 있는 것을 내가 듣고 있

다.” 여기서 범죄로 번역된 단어는 '건너가다'를 의미하는 '아바르'(עבר)의 히 필 분사형으로 '떠나게 하고 있다'는 의미이다. 즉 이것은 홉니와 비느하스 의 악행이 여호와의 백성 이스라엘로 하여금 여호와를 떠나게 한 원인이 되 었음을 강조하는 것이다.

25절에서 엘리는 두 개의 가정법을 취하여 수사학적 질문을 한다. 하나는 사람이 사람에게 범죄 한 경우, 다른 하나는 사람이 여호와께 범죄 한 경우 이다. 전자는 여호와께서 중재자로서 판결하신다. 그러나 후자에서 엘리는 수사학적 질문을 취한다. "누가 그를 위해 기도하겠느냐?" 이 수사학적 질 문은 '없다'라는 대답을 전제로 한다. 엘리의 이런 장황한 책망에 대한 홉니 와 비느하스의 반응은 너무 간결하다. '그들이 그들의 아버지의 소리를 듣지 않았다.' 내레이터는 그 이유를 '여호와께서 그들을 죽이기로 뜻하셨음이더 라'고 밝힌다. 여기서 '뜻하셨다'는 히브리어는 기본적으로 '즐거워하다, 기 뻐하다'는 의미이다. 이것은 홉니와 비느하스의 죽음을 기뻐하셨다는 것을 나타난다. 성경 그 어느 본문에서 여호와께서 사람을 죽이는 것을 기뻐하셨 다는 표현이 등장하는가? 내레이터는 홉니와 비느하스에 대한 엘리의 책망 을 다룬 후 다시 사무엘을 등장시킨다. 본문은 '그 소년 사무엘'이란 명칭을 앞세우고 두 개의 동사를 분사형으로 사용하여 사무엘을 묘사한다. 내레이 터는 '점점 자라고 있다'는 사무엘의 생물학적 성장 보고와 함께 여호와와 사 람들에 은총을 받았다고 보고한다. 여기서 은총이란 '토브'(טוב)로 '좋은'이란 의미이다. 사무엘은 여호와뿐만 아니라 사람들과 함께 좋은 모습을 보였다.


4) 엘리 가문에 대한 여호와의 심판(26~36절)

27~36절은 엘리 가문에 대한 여호와의 심판 선언을 다룬다. 여호와의 심 판 선언은 여호와의 책망(27~29절)과 여호와의 심판 선언(30~34절)과 여호와 의 계획(35~36절)으로 구성된다. 여호와의 심판을 선언하는 자는 '하나님의 사람'이고 그는 선포 형식 '여호와께서 이같이 말씀하셨다'로 선지자들에게 서 발견되는 예언 선포 형식을 취한다.

여호와의 책망은 수사학적 질문을 통해서 전달되는데 모두 '예'를 전제로 한다. 이런 수사학적 질문은 엘리 가문을 위한 여호와의 행동을 강조한다. 첫째는, 여호와께서 엘리의 조상들에게 나타내 보인 사건이다. 둘째는, 이스라엘 모든 지파 중에서 엘리 가문을 제사장으로 삼은 하나님의 선택이다. 셋째는, 이스라엘이 모든 화제를 엘리 가문에 준 것이다. 이 세 가지는 여호와께서 엘리 가문에 주신 하나님의 은총과 특별한 사랑을 강조한다. 여호와는 이 수사학적 질문을 통해 엘리 가문에 베푼 은총을 상기시킨 후 엘리와 엘리의 아들들의 행위에 대한 책망을 선포한다. 그 책망의 내용은 '내 제물과 내 예물'로 표현된 하나님의 제사를 멸시한 엘리의 아들들의 행위에 대한 책망과 그 아들들에 대한 엘리의 태도에 대한 책망으로 구분된다. 특별히 여호와는 엘리의 태도에 대한 평가에서 비교급을 사용한다. 즉 여호와와 그의 아들들에 대한 엘리의 태도이다. 그 평가는 '너는 나보다 네 아들들을 영화롭게 했다'이다. 엘리는 여호와를 영화롭게 하는 것이 그의 직무의 본질이다. 그런데 그는 그 본질을 그의 아들들에게 돌렸다.

30~34절은 '그러므로'로 시작하는 심판 선언이다. 심판 선언은 '이스라엘의 하나님 여호와의 말씀이다'는 선포로 시작한다. 그 심판의 내용은 두 가지로 요약할 수 있다. 첫째는, 여호와께서 엘리 가문에 했던 약속의 취소이다. 그 이유는 "나를 존중히 여기는 자를 내가 존중히 여기고 나를 멸시하는 자를 내가 경멸히 여기리라"(30절)는 표현으로 제시된다. 이것은 엘리와 엘리의 아들들의 행동에 대한 심판이다. 이 첫 심판에 대한 결과로 둘째 심판이 나타난다. 둘째는, 엘리 가문의 씨가 중단되는 것이다. 이 심판은 엘리 가문에 노인이 중단되는 것으로 나타나는데 그것은 모든 자가 젊어서 죽는 것이고 그것은 홉니와 비느하스가 한날에 죽는 것이 표징이 된다. 역사적으로 이 예언은 성취된다. 홉니와 비느하스에 대한 예언은 사무엘상 4장에서 성취되고 엘리 가문에 대한 것은 열왕기상 2:27에서 성취된다. 여기서 제사장 아비아달의 파면을 기록하는데 그 이유를 "여호와께서 실로에서 엘리의 집에 대하여 하신 말씀을 응하게 함이더라"(왕상 2:27)고 밝힌다. 여호와의 말씀은 언

제나 성취를 향해 달려간다.

35~36절은 여호와의 계획에 대한 소개이다. 그 계획은 세 가지로 설명 된다. 첫째, '내가 나를 위해 충실한 제사장을 세울 것이다.' 충실한 제사장 의 특징은 '내 마음과 내 뜻대로' 즉 여호와의 마음과 뜻대로 행하는 자이다. 둘째, '내가 그를 위해 견고한 집을 세울 것이다.' 여기서 '견고한'이란 단어 는 '충실한'이란 단어와 동일한 히브리어이다. 셋째, '그는 내 앞에서 평생 내 기름 부음을 받은 자를 위해 행할 것이다.' 36절은 그 결과로 나타날 현상에 대해 말한다. 그것은 '네 집에 남은 사람' 즉 엘리 가문에서 남은 자가 그에게 엎드려 제사장의 직분 하나와 떡 한 조각을 요청하게 될 것이라는 내용이다.

### 5) 설교를 위한 적용

2:11~36은 사무엘과 엘리의 아들들의 대조를 통해 엘리 가문의 멸망을 선포한다. 이 단락을 통해 몇 가지 목회적 적용이 필요하다. 첫째, 영적인 특 권을 권력으로 착각한 자들에게 대한 하나님의 심판이다. 하나님의 사람이 엘리를 책망하는 장면에서도 드러나지만 엘리 가문이 제사장의 직분을 얻 은 것은 하나님의 은혜였고 엘리 가문의 특권이었다. 그 특권은 이스라엘 백 성을 대표하여 하나님을 섬기는 봉사이지 권력이 아니다. 그러나 홉니와 비 느하스는 그 특권을 자신의 욕망을 채우기 위한 권력으로 사용했다. 교회 공 동체는 주님의 몸된 교회이지 한 개인의 소유물이 아니다. 또한 어떤 특정한 사람의 욕망을 이루기 위해 만들어진 단체도 아니다. 우리의 직분은 주님의 몸된 교회를 세우고 섬기도록 하기 위해 주어진 것이지 우리의 신분상승이 나 권력으로 주어진 것이 아니다. 진정한 영적 권위는 힘으로 나타나는 것이 아니라 섬김에서 나타나는 것이다.

둘째, 우리의 직분이 영적인 성숙도를 측정하는 잣대로 작용할 수 없다. 엘리의 아들 홉니와 비느하스는 제사장이면서도 '벨리알의 아들들'로, '여호 와를 알지 못했다'고 평가된다. 더 나아가 그들의 죄는 여호와께 숨길 수 없 었고 여호와는 그들의 죽음을 즐거워하실 정도였다. 여호와는 우리가 자신을 알기를 원한다. 그래서 호세아 선지자는 "힘써 여호와를 알자"(호 6:3)고 외쳤다. 여호와를 아는 지식을 소유한 자들은 여호와 앞에서 경솔하게 행동하지 않는다. 제사장이면서 여호와의 제사를 멸시하는 행동을 한 것은 여호와를 알지 못했기 때문이다. 그들은 제사장이란 매우 중요한 직분은 가졌는지는 모르지만 그들의 영적 성숙은 전적으로 무지한 자들이었다. 우리가 가진 직분을 잘 수행하기 위해 무엇보다 더 여호와를 아는 것이 필요하다.

### 3. 사무엘이 이스라엘의 선지자로 세움을 받음(3:1~4:1상)

3:1~4:1상은 네 장면이 서로 밀접한 연관 속에 발전을 이루어 사무엘이 이스라엘의 선지자로 세움을 입는 모습을 보여 준다.

#### 1) 사무엘과 엘리의 대화(3:1~9)

3:1~9은 배경(1~3절)과 사무엘과 엘리의 대화(4~9절)를 다루는 장면으로 구분된다. 이 구조는 소년 사무엘이 어떻게 여호와의 음성을 듣도록 준비되는지를 알려 준다. 우선 1~3절은 3:1~4:1상을 위한 배경을 제공한다. 내레이터는 '그 소년 사무엘'을 다시 등장시켜 그에 관해 독자들이 주목하도록 한다. 내레이터는 사무엘이 엘리 앞에서 여호와를 섬길 때 상황에 대해 소개한다. 그 상황은 '그날에'를 중심으로 앞과 뒤에 '여호와의 말씀이 희귀했다'와 '이상이 흔히 보이지 않았다'가 위치한다. 여기서 '여호와의 말씀'과 '이상'은 평행을 이루고 '희귀했다'와 '보이지 않았다'가 평행을 이룬다. 즉 사무엘이 여호와를 섬길 때 상황은 여호와의 말씀 즉 이상이 분명하게 드러나지 않는 시대였다. '그때에' 이스라엘의 지도자 엘리는 눈이 어두워 잘 보지 못하여 처소에 누웠다. 이것은 단순히 엘리의 육체적 현실만 표현하려는 것은 아닌 듯싶다. 저자는 여호와의 말씀 즉 이상이 보이지 않는 것과 엘리의 눈이 어두워 잘 보이지 않는 것을 통해 하나님의 백성 이스라엘의 암울한 현실을 드러낸다. 그러나 이것이 절망은 아니다. 3절은 "여호와의 등불은 아직 꺼지지 아니하였으며"라고 기록하기 때문이다. 이것은 분명히 성소 안에 있는 등대

를 가리키는 것이지만 이 표현 자체가 암시적이다. 내레이터는 곧 이어서 여호와의 성소에 누워 있는 사무엘을 소개하고 그 성소가 하나님의 궤가 있는 곳이라고 부연 설명한다. 엘리는 눈이 어두워 그의 자리에 누워 있지만 사무엘은 등불이 아직 꺼지지 않은 성소 안에 누워 있다. 우리는 엘리를 통해 어두운 절망을 보지만 사무엘을 통해 희망의 불꽃을 기대한다.

4~9절은 여호와께서 사무엘을 부르는 장면인데 주로 엘리와 사무엘의 대화를 다룬다. 이 장면은 세 번에 걸친 반복을 통해 사무엘이 여호와의 말씀을 듣도록 준비시킨다.

    A 여호와께서 사무엘을 부름(4상절)

      B 사무엘이 대답함 "내가 여기 있나이다"(4하절)

        C 사무엘이 엘리에게 달려감 "내가 여기 있나이다"(5상절)

          D 엘리의 대답 "나는 부르지 아니하였으니 다시 누우라"(5중절)

            E 사무엘이 가서 누웠다(5하절)

A2 여호와께서 다시 부름(6상절)

    B2 ———————————— 없음

      C2 사무엘이 엘리에게 달려감 "내가 여기 있나이다"(6중절)

        D2 엘리의 대답 "내 아들아 내가 부르지 아니하였으니 다시 누우라"(6하절)

          E2 ———————————— 없음

            F 내레이터의 평가—사무엘이 아직 여호와를 알지 못하고

            여호와의 말씀도 아직 그에게 나타나지 아니한 때라(7절)

A3 여호와께서 세 번째 사무엘을 부름(8상절)

    B3 ———————————— 없음

      C3 사무엘이 엘리에게 감 "내가 여기 있나이다"(8중절)

        F3 내레이터의 평가—엘리가 여호와께서 이 아이를 부르신 줄을

      깨달음(8하절)

        D3 엘리의 대답 "가서 누웠다가 그가 너를 부르시거든… 여호와여 말

씀하옵소서 주의 종이 듣겠나이다 하라"(9상절)

E3 사무엘이 가서 자기 처소에 누웠다(9하절)

4~9절에 기록된 세 장면 모두 여호와께서 사무엘을 부르는 장면(A)으로 시작한다. 이것은 1절에서 "여호와의 말씀이 희귀하여 이상이 흔히 보이지 않았더라"는 문제 해결에 대한 암시를 담고 있다. 반면에 3절의 "하나님의 등불은 아직 꺼지지 아니하였으며"라는 희망에 대한 해답으로 다가온다. 이러한 여호와의 부름에 대한 사무엘의 반응은 "내가 여기 있나이다"라는 즉각적인 반응이다. 그러나 이 표현은 여호와께 대해서는 B에만 나타나고 둘째, 셋째 장면에서는 나타나지 않고(B2, B3), 엘리에 대해서는 세 장면에서 모두 나타난다. 그것은 사무엘이 여호와께서 부르신 음성을 엘리의 음성으로 착각했기 때문이다. 이런 사무엘에 대한 반응이 D 항목에서 나타나는데, D 항목을 주목하면 항목 D3에서 변화가 일어난다. 우선 D와 D2에서 엘리는 "나는 부르지 아니하였으니 다시 누우라"고 말한다. F 항목은 이런 사무엘과 엘리의 행동에 대한 원인을 보고한다. 그것은 "사무엘이 아직 여호와를 알지 못하고 여호와의 말씀도 아직 그에게 나타나지 아니한 때"이기 때문이라고 밝힌다. 그러나 항목 D3은 엘리의 인식의 변화를 보고한다. 엘리는 사무엘에게 "가서 누웠다가 다시 부르시거든 여호와여 말씀하옵소서 주의 종이 듣겠나이다"라고 하라고 말한다. 엘리가 이렇게 변화를 일으킨 이유는 F2의 내레이터의 평가처럼 엘리가 사무엘을 부르신 줄을 알았기 때문이다. 우리는 여기서 사무엘이 여호와의 말씀을 듣도록 준비되고 있음을 발견할 수 있다. 따라서 E와 E3, 즉 '사무엘이 가서 누웠다'는 단순히 누웠다는 의미에서 여호와의 말씀 듣기를 기다리는 누움으로 발전하고 있음을 보여 준다.

2) 사무엘이 엘리 가문에 대한 심판 계획을 들음(3:10~14)

3:10~14은 여호와께서 사무엘에게 한 말씀이다. 이 단락은 말씀 선포의 상황에 대한 묘사(10절)와 여호와의 말씀(11~14절)으로 구성된다.

상황에 대한 묘사는 독특한 형태를 취한다. 본문은 왕래를 언급하는 동사 '보'(בוא)를 사용해 여호와께서 오셔서 사무엘 앞에서 서신 것으로 묘사한다. 여호와는 사무엘에게 오셔서 그 앞에 서시고 "사무엘아 사무엘아"라고 부르신다. 이때 사무엘은 '말씀하옵소서 당신의 종이 듣고 있습니다'라고 응답한다. 본문은 '듣다'의 분사형을 사용함으로 이미 사무엘이 여호와의 말씀을 듣고 있는 자로 묘사한다. 후에 사무엘이 "순종이 제사보다 낫고 듣는 것이 수양의 기름보다 나으니"(15:22)라고 말한 것처럼 여호와의 말씀이 희귀하고 이상이 보이지 않는 시대 상황에서 사무엘은 지금 여호와의 말씀을 듣고 있다.

11~14절은 여호와의 말씀이다. 여호와는 '히네'(보라)를 사용해 사무엘의 주의를 집중시킨다. 그는 '내가 이스라엘 중에 한 사건을 행하고 있다'고 말한다. 특별히 '행하다'의 분사형은 이미 하나님의 사건이 미래의 일이 아니라 이미 진행되고 있음을 말해 준다. 그 사건의 충격은 '그것을 듣는 자마다 두 귀가 울리리라'는 선언을 통해 짐작할 수 있다. 그렇다면 그 사건은 무엇인가? 그것은 엘리 가문에 내릴 영원한 심판이다. 그 심판은 이미 여호와께서 엘리에게 선포한 내용(2:27~36)이다. 이런 심판 선언 이유는 '그의 아들들이 그들에게 저주를 자청했으나 그들을 꾸짖지 않았기 때문이다"고 밝힌다. 따라서 여호와는 1인칭 완료형을 사용해 신적 의지를 확고히 하며 스스로 맹세한다. 하나님의 의지는 '엘리의 집의 악은 제물로나 예물로 영원히 속죄함을 받지 못한다'(14절)는 표현 속에 드러난다. 영원히 속죄를 얻을 수 없는 죄가 이방인들에게서 혹은 일반 백성들 안에서 발견되는 것이 아니라 당시 이스라엘을 이끄는 제사장의 집에서 발견된다는 것은 충격이 아닐 수 없다.


3) 사무엘이 엘리에게 하나님의 심판을 말함(3:15~18)

3:15~18은 사무엘이 엘리에게 여호와의 말씀을 보고하는 장면이다. 이 장면은 내레이터에 의한 사무엘의 상황(15절)과 엘리와 사무엘의 대화(16~18절)를 보고한다. 우선 내레이터는 사무엘의 심리적 상황을 보고한다. 내레이터는 사무엘이 이상을 엘리에게 보고하기를 두려워했다고 보고함으로 긴장

을 일으킨다. 그러나 그 긴장은 엘리에 의해서 더욱 자극된다. 엘리는 그 모든 내용을 알기 원했다. 그는 "내게 숨기지 말라 네게 말씀하신 모든 것을 하나라도 숨기면 하나님이 네게 벌을 내리시고 또 내리시기를 원하노라"(17절)고 말한다. 이것은 일종의 저주 선언으로 엘리는 이 선언을 통해서라도 그 모든 이상을 알기를 원했다. 여기서 우리는 이스라엘의 지도자 엘리가 여호와의 이상을 알기 위해 소년 사무엘에게 간청하는 모습을 발견한다. 오히려 여호와의 이상은 제사장 엘리가 소년 사무엘에게 더 나아가 이스라엘에게 선포해야 하는 것이 아닌가? 우리는 여기서 한나의 기도에서 발견한 역전의 논리를 본다. 사무엘은 엘리에게 조금도 숨기지 않고 말한다. 이에 대한 엘리의 반응은 "여호와 그는 그의 눈에 선하신 대로 행하실 것이다"라는 말로 그 이상을 받아들인다.

이 단락에서 내레이터는 소년 사무엘을 마치 선지자처럼 묘사한다. 흔히 이상을 듣고 선포하는 역할은 선지자들에게 발견된다. 사무엘은 이상이 보이지 않는 시대에 이상을 보고 또한 그 이상을 엘리에게 선포한다. 그것은 사무엘이 여호와의 말씀이 희귀한 시대에 여호와의 말씀의 선포자로 서고 있음을 보여 준다. 이제 여호와께서 소년 사무엘을 통해서 새로운 시대를 열고 계신다. 마치 여호와께서 불임의 한나의 태를 여셨듯이 불임과 같이 암담한 이스라엘의 현실을 사무엘을 통해서 새로운 희망의 문을 열고 있다.

4) 사무엘이 이스라엘의 선지자로 세움을 받음(3:19~4:1상)

3:19~4:1상은 사무엘이 여호와의 선지자로 세움 받음을 선포한다. 우선 내레이터는 사무엘의 성장을 보고와 함께 사무엘을 향한 여호와의 행동을 묘사한다. 3:19은 여호와의 행동을 두 측면으로 설명한다. 하나는 여호와께서 사무엘과 함께하심이다. 다른 하나는 여호와께서 사무엘의 모든 말을 땅에 떨어지지 않도록 하신 것이다. 3:20은 그 결과를 표기한다. 그 결과는 '단에서 브엘세바' 즉 모든 이스라엘이 사무엘이 여호와를 위한 선지자로 세움을 믿었다. 3:21~4:1상은 선지자로서 사무엘의 사역을 소개한다. 그 사역

은 여호와의 신적 계시로 시작된다. 그 신적 계시는 여호와께서 실로에서 말씀으로 자신을 드러내신 계시이다. 특별히 히브리어 '갈라'(נלה)는 계시를 표현하는 전문용어이다. 따라서 이것은 3:1에서 제시된 계시의 부재 문제가 해결되고 이제 본격적으로 여호와께서 자신을 나타내 보이심을 드러낸다.

### 5) 설교를 위한 적용

3:1~4:1상은 소년 사무엘이 여호와의 말씀을 듣고 이스라엘의 선지자로 세움을 입는 장면이다. 이 장면을 통해 목회적으로 생각할 몇 가지가 있다. 첫째, 여호와의 말씀을 듣는 것이 중요하다. 여호와의 말씀이 희귀하고 이상이 보이지 않는 것은 이스라엘의 절망이다. 이 절망의 근본적인 원인은 이스라엘이 여호와의 말씀을 무시하고 그 언약을 파기했기 때문이다. 여호와의 말씀은 살았고 운동력이 있는 생명의 말씀이다. 우주만물이 존재하게 된 원인도 여호와의 말씀에 있다. 3:1~4:1상은 반복적으로 여호와의 말씀을 듣는 것을 강조한다. "말씀하옵소서 주의 종이 듣겠나이다"라는 사무엘의 대답은 여호와를 섬기는 자의 기본적 태도를 가르쳐 준다. 여호와의 말씀을 듣는 것이 바로 하나님을 섬기는 것이다. 불순종은 곧 여호와를 대적하는 것이다. 이스라엘의 초대 왕 사울의 죽음의 원인은 바로 불순종에 있었다.

둘째, 여호와의 말씀이 곧 희망이다. 신명기 18:9~14에서 여호와는 이스라엘 자손들에게 가나안 땅 민족들의 가증한 행위를 본받지 말고 여호와께서 일으키시는 선지자의 말을 들으라고 말씀한다. 즉 선지자를 통해 주신 여호와의 말씀은 이스라엘의 삶의 양식이요 그들의 삶을 윤택하게 하는 희망이었다. 그 말씀이 이제 선지자 사무엘을 통해서 선포되었다. 이것은 긴 암울한 역사를 달려온 이스라엘을 위해 새롭게 떠오르는 태양과 같았다. 그 희망의 말씀이 지금 우리에게 66권의 성경으로 주어졌다. 우리는 이 66권의 성경을 통해 희망을 발견하고 이 말씀을 삶의 양식으로 삼아야 한다.

# 가까이 하기엔 너무 먼 하나님

사무엘상 4:1하~7:1 주해와 적용

## 본문의 개요

하나님의 백성들은 때로 착각 속을 헤맨다. 우리가 하나님과 원만한 관계를 유지하기만 하면, 하나님께서는 이유를 불문하고 우리 편이 되어 우리의 적들을 물리쳐 주실 뿐만 아니라 우리의 모든 생각과 행동을 인정하신다는 망상에 빠져드는 것이다. 이야기의 초점이 법궤의 행방에 맞추어져 있어 법궤 이야기(ark narrative)로 불리는 사무엘상 4:1하~7:1까지는 이러한 사고에 찬물을 끼얹는다. 왜냐하면 하나님께서 우리와 함께하신다는 것이 결코 그분의 주권과 독립성을 침해하거나 제한할 수 없다는 교훈을 강조하고 있기 때문이다. 사무엘서 저자는 이 이야기를 통하여 여호와 하나님은 그의 적들뿐만 아니라 그의 백성들까지도, 두려워하며 경배해야 할 분임을 역설하고 있다. 문맥상의 흐름에 있어서 1~6장의 모든 것은 이스라엘에게 왕이 필요하다는 논지에 그 초점이 맞추어져 있다. 사사이자 제사장이었던 늙고 비대한 엘리의 무력함과 그의 아들들의 방종을 묘사하고 있는 1~3장은 이스라엘의 내분적인 요인들이 왕을 필요로 하고 있다는 논리를 펼치고 있다. 또한 블레셋의 침략으로 시작되는 4~6장의 이야기는 이스라엘의 주권과 생존이 이웃 나라의 이권 개입에 의하여 위협받고 있다는 점을 강조함으로써 이스라엘에 왕이 필요하다는 점을 외부적인 차원에서 강조하고 있다.

### 1. 법궤와 전쟁 때문에 생긴 일(4:1하~22)

본문의 이야기는 블레셋 사람이 이스라엘을 치러 온 것에서부터 시작된다. 블레셋은 주전 12세기 말(여선지자 드보라 시대)에 소아시아의 섬 그레데(Crete)와 에게 해(Aegean Sea) 지역으로부터 가나안 지역으로 옮겨와 가사(Gaza) 지역을 중심으로 해안에 자리를 잡았다. 그들은 매우 발달한 무기들을 소유하고 있었으며 사사 시대 때부터 다윗 시대 때까지 하나님께서 이스라엘을 징계하실 때 자주 사용하셨던 채찍 역할을 감당했다. 이러한 이유 때문에 블레셋은 끊임없이 이스라엘의 생존을 위협하는 적국이 되었으며, 다윗 왕이 그들을 평정한 후에야 비로소 더 이상 이스라엘을 위협하지 못하게 되었다.

#### 1) 블레셋과의 전쟁(1하~11절)

블레셋의 침략으로 시작된 전쟁은 처음부터 이스라엘을 위협했다. 장로들이 군사를 지휘하며 안간힘을 써 보았지만 역부족이었다. 첫 싸움에서 패배한 리더들은 여호와의 법궤를 싸움터로 운반해 오면 블레셋을 이길 수 있을 것으로 확신했다. 그러나 법궤의 출현은 의외의 결과를 초래했다. 전쟁 이야기는 다음과 같은 구조를 지닌다.

> A 이스라엘의 패배(1하~2절)
> 　B 장로들의 발언(3절)
> 　　C 법궤의 출현(4~5절)
> 　B′ 블레셋 사람들의 발언(6~9절)
> A′ 이스라엘의 패배(10~11절)

(1) 첫 번째 전투(1하~4절)

블레셋은 이스라엘의 영토를 시시때때로 침범했다. 이번에도 그들이 침략을 위하여 아벡에 진을 치자 이스라엘은 에벤에셀 곁에 진을 쳤다. 에벤에셀은 훗날 사무엘이 블레셋 군대를 물리치고 미스바와 센 사이에 기념비를 세운 곳의 이름이기도 하다(7:12). 그러나 이 에벤에셀은 아벡 가까이에 위치했던 다른 에벤에셀이다. 이 전투에서 이스라엘은 4,000명이 목숨을 잃는 큰 손상을 입었다(2절). 블레셋이 승리는 했지만 이스라엘 군대를 뒤쫓지 않은 것을 보면 그들의 피해도 컸던 것으로 보인다.

전쟁에서 패한 이스라엘 장로들은 다음과 같이 문제 제기를 한다. "여호와께서 어찌하여 우리로 오늘 블레셋 사람 앞에 패하게 하셨는고"(3절). 그들의 탄식은 '전쟁은 여호와께 속했다'는 신앙 고백을 전제로 하고 있다. 그러나 문제는 그들이 떠올린 해결책에 있다. 그들은 자신들이 전쟁에 패한 이유를 여호와의 법궤가 그들과 함께하지 않았음에 있다고 결론지었던 것이다. 그래서 그들은 즉시 실로에서 법궤를 에벤에셀로 가져오도록 했다.

저자는 이 법궤에 대하여 두 가지 사실을 기록하고 있다. 먼저 이들이 실로에서 운반해 온 법궤는 그룹 사이에 계신 만군의 여호와의 언약궤였다는 점이다. 의심할 여지가 없는 여호와의 언약궤, 바로 모세의 지시에 의하여 만들어졌던 그 언약궤라는 것을 강조하고 있다. 법궤가 상징하는 하나님의 임재가 이 전쟁에서 이스라엘과 함께할 것임은 의심할 여지가 없는 명백한 사실이라는 것이다. 또한 이들과 함께하시는 하나님은 다름이 아닌 만군의 여호와이시라는 표현은 그분의 전쟁 능력을 잘 표현하고 있다. 여호와는 만군을 다스리시는 군사적인 하나님이시라는 것이다. 이런 군사적인 능력을 겸비하신 하나님께서 이들과 함께하시니, 그분이 마음만 먹으시면 전쟁은 이스라엘의 승리로 끝날 것이 확실하다는 것이다. 그러나 두 번째 사실이 문제를 복잡하게 만든다. 바로 엘리의 두 아들 홉니와 비느하스가 여호와의 법궤와 함께 실로에서 왔다는 점이다. 2~3장에서 주어졌던 이들에 대한 예언을 생각하면 이스라엘이 이 전쟁에서 바라던 승리는 이미 물 건너갔다. 대신 홉니와 비느하스의 비참한 종말을 예견할 수밖에 없다.

### (2) 두 번째 전투(5~11절)

실로에서 법궤를 가져와 전투에 내보냈지만 역부족이었다. 전쟁은 이스라엘의 패배로 끝났다. 이 전투에서 30,000명의 이스라엘 사람들이 죽었고(10절), 홉니와 비느하스도 죽었다(11절). 이스라엘의 장로들이 첫 번째 전투에서 패배한 후에 발언한 것(3절)과 블레셋 사람들이 전투에 임하기 전에 발언하는 것(7~9절)이 전쟁 이야기의 구심점을 이루고 있다. 중요한 것은 이 두 발언 모두 매우 여호와적(Yahwistic) 성향을 띠고 있다는 점이다. 첫 번째 전투에서 패배한 이스라엘 장로들의 발언은 여호와가 결코 이방신들보다 약해서 자신들이 패했다는 가능성은 조금도 내포하고 있지 않다. 블레셋 사람들의 발언 역시 여호와가 그들의 신 다곤보다 훨씬 더 능한 신이라는 것을 전제로 하고 있다. 블레셋 사람들의 통찰력을 통하여 여호와 신앙이 고백되고 있는 것이다. 이스라엘의 패배는 결코 여호와가 무능해서 초래되는 결과가 아니라는 것을 암시한다.

이 사건의 가장 큰 상황적 문제는 이미 심판을 선고 받은 홉니와 비느하스가 법궤를 운반해 왔다는 것이다. 그리고 본질적인 문제는 '이스라엘이 여호와의 법궤를 어떻게 사용하고 있는가'이다. 이들이 언약궤를 실로에서 여기까지 가져온 것은 그들의 미신적 논리 때문이었다. 하나님의 법궤가 전쟁터로 나오기만 하면 자동적으로 그들이 승리할 것이라는 생각은 이들이 법궤를 마치 액운이나 때우는 부적으로 간주하고 있음을 역력히 드러내고 있다. 그러나 그 다음에 일어나는 상황은 여호와가 결코 이스라엘의 영토나 지켜 주는 수호신이 아니라는 것을 확실하게 보여 주고 있다. 그분은 결코 그의 백성들을 포함해서 이 세상 그 누구에 의해서도 구속받거나 제한받을 수 없다. 첫 싸움에서 패배한 이스라엘 사람들은 여호와 앞에서 깨어진 마음으로 전투에서 패배하게 된 것에 대하여 탄식하고 통곡하며 회개하여야 했다. 여호와 앞에 나아가 하나님의 음성을 들어야 할 때였다(참고 수 7:6~9). 그러나 이들은 엉뚱하고 불경스런 방식으로 문제를 해결하려 했던 것이다. 본문은 경고하고 있다. 하나님을 이용하려 들지 말고 그분을 신실하게 찾으라고 말이다.

### 2) 전쟁 패배의 여파: 엘리 집안의 몰락(12~22절)

이스라엘의 참패는 전쟁터에서 전사한 군사들에게만 영향을 미친 것이 아니라, 후방에서 초조하게 소식을 기다리던 엘리 제사장과 그의 집안에도 돌이킬 수 없는 치명타를 입혔다. 이미 선포되었던 엘리 집안에 대한 하나님의 심판이 성취되는 것이기는 하나 독자들로 하여금 이 가정의 종말에 대하여 안타까움을 갖게 하는 것은 어쩔 수 없다.

#### (1) 엘리의 죽음(12~18절)

비록 자식들을 하나님의 율법대로 징계하지는 못했지만, 엘리는 대체적으로 경건한 사람이었다. 그는 여호와의 특별한 지시가 없는 한 언약궤가 하나님께서 지정한 장소에서 벗어나면 안 된다는 것을 알고 있었다(참고 신 12:5, 11). 불안한 눈초리로 전투가 있었던 쪽의 지평선을 초조하게 바라보던 그에게(13절) 드디어 올 것이 왔다. 전쟁터에서 살아 돌아온 한 베냐민 사람이 옷을 찢고 티끌을 뒤집어쓰고 와서 잔인할 정도로 전쟁의 소식을 있는 그대로 엘리에게 전해 주었다. "큰 살륙이 있었고 당신의 두 아들… 죽임을 당하였고 하나님의 궤는 빼앗겼나이다"(17절).

소식을 접할 때 엘리는 길옆 자기 '의자'(אֵסּכּ 킷세)에 앉아 기다리고 있었다(13절). 그가 의자에 앉아 있다는 것은 아직은 그가 이스라엘의 사사로서 군림하고 있다는 것을 상징한다. 그러나 그는 충격을 감당하지 못하고 그 의자에서 떨어져 죽었다(18절). 저자는 이 사건을 그가 사사로 군림했던 것과 연결하기 위하여 엘리의 죽음을 전하자마자 곧장 "그가 이스라엘 사사가 된 지 사십 년이었더라"(18하절)고 기록하고 있다.

그리고 이 순간의 슬픔은 새 시대의 시작을 예고하고 있다. 엘리는 98세였다(15절). 그의 눈은 시력을 거의 상실했고(15절), 그의 몸은 비대했다(18절). 거동이 불편할 정도로 비대한, 늙을 대로 늙은 장님이 통치자의 자리에 앉아 있는 모습을 상상해 보라. 그 당시의 이스라엘의 정치적·영적 분위기를 잘 묘사하는 이미지이다. 그러므로 이스라엘이 왕을 요구할 만하지 않은가?

### (2) 이가봇의 슬픔: 산모의 죽음(19~22절)

본문은 다음과 같은 구조를 통하여 엘리와 그의 아들이 죽었다는 것과 여호와의 영광이 떠났다는 것을 두 차례, 하나님의 법궤를 빼앗겼다는 사실을 세 차례나 강조하고 있다.

전쟁 소식은 엘리에게만 충격을 안겨 준 것이 아니라, 임신한 그의 며느리, 즉 비느하스의 아내에게도 돌이킬 수 없는 결과를 초래했다. 그녀는 충격을 이겨 내지 못하고 조산을 했다(19절). 아들을 얻었지만 전혀 기뻐하지도 않고 그의 이름을 '이가봇'('영광이 없다'. '하나님이 이스라엘을 떠나셨다'라는 의미)이라 이름 짓고 죽었다. 저자는 남편과 시아버지의 죽음이 이 여인을 슬프게 한 것도 사실이지만, 여호와의 법궤를 빼앗겼다는 소식이 그녀에게 가장 치명적인 영향을 미친 것으로 묘사하고 있다.

4장의 에피소드는 이스라엘 백성들에게 그들의 신학적 정체성을 흔들어 놓는 질문들을 제시한다. 이스라엘의 실패는 하나님의 실패를 의미하는가? 하나님의 영광(법궤)이 떠나가 버린 이스라엘은 아직도 하나님의 백성인가? 혹시 하나님께서 이스라엘을 버리시고 대신 블레셋을 택하신 것은 아닌가? 이 질문들에 대하여 이어지는 5~6장의 사건들이 적절한 해답을 제시한다.

## 2. 법궤와 블레셋에서 생긴 일(5장)

전쟁에서 이긴 블레셋은 그들의 전쟁사 중 가장 훌륭한 노획물인 여호와의 법궤를 앞세우고 당당하게 귀환했다. 그들은 영광의 트로피인 여호와의 법궤를 다곤의 신전에 자랑스럽게 들여 놓았다. 그들의 신 다곤이 이스라엘의 하나님 여호와를 이겼다는 상징이었다. 그러나 그들의 문제는 여기서부터 시작되었다. 승리했다는 감격으로 가득해 있을 때 실패하기 시작했다. 여호와의 손(5:7, 9, 11)의 뜨거운 맛을 보게 된 것이다.

### 1) 다곤의 신전에 드려진 여호와의 법궤(1~2절)

고대 근동의 전쟁 관습에 의하면 전쟁에서 승리한 자는 패배한 자의 신을 자신이 섬기는 신의 신전에 안치시켰다. 이는 패배한 자의 신이 승리한 자의 신의 지휘하에 놓임을 의미했다. 즉 이 풍습에는 패배한 신의 힘을 승리한 신의 힘에 합세시키려는 의도가 내포되었던 것이다. 신의 이러한 위계질서는 그 백성들(승자 또는 패자)의 관계를 상징하는 것이기도 했다. 어쨌든 블레셋이 그렇게 두려워했던 여호와(4:7~9)를 포로로 끌고 왔으니 그들의 마음이 얼마나 뿌듯했을까? 그러나 이제부터 진짜 전투가 시작된다. 이 전투가 끝나면 승자는 패자가 되고, 수모를 당한 자는 영광을 받고, 영광을 받은 자는 수모를 당하게 되는 뒤집힘이 성취된다. 한나가 노래한 것처럼 여호와는 진정 뒤집는, 그녀의 표현대로 '높이시기도 하시고 낮추시기도 하시는' 하나님이신 것이다.

### 2) 다곤의 신전에서 생긴 일(3~5절)

다곤의 신전에 여호와의 법궤를 안치한 다음날 블레셋 사람들이 신전에 들어가 보니 다곤이 여호와 앞에 경배하듯 엎드러져 있었다(3절). 블레셋 사람들이 상상했던 것과는 반대로 다곤이 여호와 앞에 굴복하고 있는 것이다. 그러나 그들은 이 일을 우연이라 여기고 다곤을 일으켜 세웠다. 다곤은 경배자의 도움을 받아야만 일어날 수 있는 무능한 신이었던 것이다. 이것이 우상의 본질이다. 우상은 인간이 없이는 존재하지 못한다. 반면에 하나님은 인간과 상관없이 영존하신다.

다음날 다시 가보니 다곤이 또다시 엎드러져 있을 뿐만 아니라 이번에는 아예 목과 두 손목이 부러져 있었다(4절). 이틀 전만해도 절대적인 승리자로 보였던 다곤이 어제는 여호와의 경배자가 되었다가 오늘은 여호와의 희생 제물이 되었다. 여기서 다곤이 머리를 잃음은 사고력이 없다는 것을, 손을 잃음은 능력이 없다는 것을 상징한다. 즉 다곤은 신으로서 갖추어야 할 능력과 위상을 상실했다. 또한 목이 부러진 다곤의 모습은 그가 이스라엘을 치기 위하여 배출한 가장 위대한 영웅 골리앗의 종말을 예시하기도 한다(참고 17:51).

### 3) 여호와의 재앙과 언약궤의 행방(6~12절)

여호와의 심판은 다곤에게 국한되지 않고 그를 섬기던 블레셋 사람들에게도 임했다. '여호와의 손이 엄중히 더하니'(히브리어 어근이 이가봇의 '가봇'과 같음, 11절). 비느하스의 아내는 '여호와의 영광이 떠났다' 해서 아들 이름을 이가봇으로 지었다(4:21). 저자는 같은 단어를 사용함으로써 여호와께서는 블레셋 땅에서도 그의 영광을 드러내시는 것으로 묘사하고 있다.

먼저 아스돗 사람들 사이에 독한 종기가 전염병으로 나돌았다(6절). 견디다 못해 아스돗 사람들은 여호와의 궤를 가드로 옮기기에 이르렀다(8절). 그들이 법궤를 옮긴 이유는 여호와의 손이 그들과 그들의 신 다곤을 치셨기 때문이었다(7절). 논리적으로 얼마나 어리석은 짓인가? 여호와가 참(眞) 신이시라면 그분을 자신들의 신 다곤에게서 멀리 가게 할 것이 아니라 다곤을 버리고 참 신이신 여호와를 섬겨야 마땅하지 않은가? 그들이 다곤의 보호를 받는 것이 아니라 오히려 다곤을 보호하면서도 끝까지 다곤을 버리지 못하는 모습에서 우리는 무엇을 배울 수 있는가? 이것이 우상 숭배의 본질이다. 우상은 인간을 돕는 것이 아니라 오히려 인간의 도움에 의하여 존재한다.

가드로 옮겨 간 여호와의 궤가 그곳에서도 잠잠히 있지 않았다. 여호와께서 가드를 악성 종기로 치시니 다시 법궤가 에그론으로 옮겨졌다. 가는 곳마다 무서운 재앙이 임하게 하는 법궤를 왜 쉽게 떠나보내지 못하는가? 이 법궤는 그들이 전쟁에서 얻은 최고의 트로피였다. 어떻게 쉽게 되돌려 보낼 수 있겠는가? 블레셋은 견딜 수 있을 때까지 견뎌 보았던 것이다. 여호와의 법궤에 대한 소문을 들은 에그론 사람들이 여호와의 법궤가 그곳으로 오는 것을 필사적으로 반대한다(10절). 가는 곳마다 죽음과 고통을 초래하는 공포의 법궤를 누가 원하겠는가?

결국 블레셋의 지혜 있는 자들이 모여 여호와의 법궤를 원래 있던 곳인 이스라엘 땅으로 돌려보내기로 뜻을 모았다(11~12절).

저자는 이 모든 일을 여호와께서 하셨음을 명백히 드러내고자 한다. 여호와의 능력의 상징인 손이 이야기 속에 계속 언급된다(6, 7, 9, 11절). 반면에 이야기가 시작되자마자 다곤은 손을 잃었다(4절). 저자가 제시하는 여호와의 모습과 대조되는 다곤의 모습이 매우 인상적이다. 여호와는 결코 블레셋 사람들이나 그의 신에 의하여 구속받지 않는 지극히 자유로운 분이시다. 또한 이스라엘은 패배했지만, 여호와께서는 패배하지 않았을 뿐만 아니라 적의 진중에서도 건재하셨다.

이 이야기에서도 여호와의 뒤집으심이 강조되고 있다. 4장에서는 이스라엘의 장로들이 울부짖었고(4:3), 실로에서도 울부짖음이 있었다(4:13). 이제는 블레셋 사람들이 울부짖는다(5:12). 블레셋 사람들의 울부짖음은 이집트 사람의 울부짖음을 연상시킨다(출 11:6). 이스라엘의 원수들에게 임한 여호와의 심판이 마치 그분의 새로운 구원 사적을 시작하는 서곡으로 들리는 듯하다.


### 3. 법궤와 벧세메스에서 생긴 일(6:1~7:1)

블레셋 사람들은 여호와의 법궤를 돌려보내는 것만이 자신들의 살 길이라는 것을 인식했다(5:11~12). 그리고 그동안의 재앙이 우연이 아니라 진정 여호와의 손이 한 일이라는 것을 알 수 있는 방법을 모색해서 그 방법대로 돌려보냈다.


#### 1) 법궤와 함께 무엇을 보낼꼬(6:1~3)

블레셋 사람들은 자신들이 살기 위해서는 법궤를 돌려보내야 한다는 절박함을 의식했다(5:11). 그러나 빈손으로는 보낼 수 없다는 것이 그들의 논리였다. 어떻게든지 여호와의 환심을 사 보려는 의도가 작동했다. 구약은 노예를 내보낼 때 빈손으로 보내는 것을 금한다(신 15:13).

그러므로 이스라엘이 이집트를 나올 때 빈손으로 나오지 않았던 것같이 지금까지 7개월 동안 블레셋에 노예로 잡혀 있었던 법궤를 빈손으로 내보내서는 안 된다는 것이었다. 복술자들은 속건제(참고 레 5~7장)를 겸해서 보내야 모든 재앙이 멈출 것이라고 주장했다. 블레셋 사람들에게 여호와에 대한 올바른 지식은 있으나 신앙은 없는 것이 안쓰러워 보인다.

### 2) 법궤의 영광스러운 귀향 준비(6:4~9)

여호와의 법궤가 블레셋의 영토에 들어설 때에는 포로의 수치로 가득 찬 모습이었다. 그러나 법궤가 블레셋의 영토를 떠날 때는 개선장군의 모습을 띠고 있다. 무엇보다도 본문은 출애굽 때의 여호와의 영광을 연상시키고 있다. 금 독종, 금 쥐(4절)는 출애굽 때 이스라엘 사람들이 이집트 사람들에게 금은보화를 선물로 받은 것을 상기시킨다(출 11:2). 숫자 다섯은 블레셋이 여호와께 무조건 항복한 것을 의미한다(참고 6:17~18). 이 역시 출애굽 때 바로가 여호와께 완전히 손을 든 것을 회상케 한다. 또한 6절은 노골적으로 바로와 같이 마음을 강퍅하게 하지 말자 하는 권면을 통하여 출애굽 사건을 상기시킨다. 이 바로의 발언은 4:7~9의 발언과 함께 이야기 전체를 출애굽 사건과 연결하는 역할을 한다. 독종 모양을 취한 것에는 그들이 여호와께 받은 것을 그대로 돌려주겠다는 의도가 포함되어 있다. 즉 자신들에게 임한 재앙을 소멸시키겠다는 각오에서 비롯된 것이다. 이스라엘은 패배했어도 여호와는 승리하셨다.

블레셋 사람들은 법궤와 재물들의 물건들을 새 수레에 싣고 그 수레를 멍에를 메어 보지 않은 젖 나는 소 두 마리가 끌도록 했다(7절). 새 수레가 필요한 것은 헌 수레를 사용할 경우 혹시 그것에 부정한 것을 실은 적이 있을까 해서다. 젖 나는 소를 택한 이유는 이 소들이 자연적으로 새끼들과 떨어지기를 싫어할 것이기 때문에 그럼에도 수레가 가야 할 길을 가면 여호와가 재앙의 근원이요, 수레가 가야 할 길을 가지 않으면 그동안의 모든 재앙이 다 우연이었음을 판가름하기 위해서였다(9절).

### 3) 법궤가 벧세메스로 돌아옴(6:10~18)

블레셋 사람들은 자신들이 계획한 대로 모든 것을 진행했고 그들이 예측한 대로 수레는 거리낌 없이 이스라엘 쪽을 향하여 가야 할 길을 갔다. 새끼들과 떨어지기 싫어 울던 암소들은 마치 보이지 않는 무엇에 끌려가는 것처럼 뒤도 돌아보지 않고 길을 갔다. 블레셋 방백들은 이 광경을 지켜보고 에그론으로 돌아갔고(16절), 벧세메스에서 처음 법궤의 귀향을 목격한 주민들은 수레가 멈춘 곳에서 그 수레를 장작 삼아, 소들을 제물 삼아 여호와께 제사를 드렸다.

### 4) 법궤가 기럇여아림으로 옮겨감(6:19~7:1)

법궤가 이스라엘의 영토로 돌아옴으로 '아직도 우리가 여호와의 백성인가' 하는 질문은 어느 정도 해소되는 듯했다. 그러나 그의 백성 이스라엘도 결코 여호와를 쉽게 생각해서는 안 된다는 교훈을 주는 돌발적 사건이 터졌다. 벧세메스 사람들이 법궤 안을 들여다보는 불경스러운 일을 저지르고 말았다. 이 일로 인하여 70명이 죽었다(어떤 사본들의 '오만 칠십'은 모든 점을 감안할 때 잘못 표기된 것이다). 두려움으로 가득 찬 주민들은 '이 거룩하신 하나님 여호와 앞에 누가 능히 서리요'라며 비명에 가까운 탄식을 했다. 그리고 기럇여아림 사람들에게 연락하여 법궤를 옮겨가도록 했다. 훗날 다윗이 이곳에서 법궤를 예루살렘으로 옮겨 갔다(삼하 6:3~4).

이 사건과 블레셋 사람들이 법궤를 떠나보내는 사건은 또한 예수님의 삶에서 일어났던 사건을 연상시킨다. 예수님께서 가다라 지방에서 두 사람에게 들린 귀신들을 돼지 떼에 들어가게 하셨다(마 8:28~32). 그 결과로 돼지들은 스스로 바다에 뛰어들어 죽었다. 이 일을 지켜본 자들이 예수님을 경배하기는커녕 마을 사람들을 모조리 끌고 와 예수님께 떠나 달라고 간구했다(마

8:34). 얼마나 불행한 일인가? 하나님의 기적을 보고 그분 앞에 무릎을 꿇을 수 있는 것 역시 그분의 은혜인 것이다

## 설교를 위한 적용

블레셋의 침략으로 시작된 4~6장은 이스라엘에 왕이 필요하다는 점을 국제적 정치 시각에서 조명하고 있다. 저자는 이 논리를 펼쳐 나가는 과정에서 몇 가지 교훈을 제시한다. 첫째, 하나님의 백성의 실패는 결코 하나님의 실패와 연관될 수 없다. 비록 이스라엘이 블레셋과의 전쟁에서 패배하여 법궤까지 빼앗기게 되었지만, 이 일이 결코 여호와께서 무능해서 일어난 일이 아니라는 것이다.

둘째, 하나님의 자유와 주권은 아무도 심지어 그가 사랑하시는 자들에 의해서도 제한될 수 없다. 하나님께서는 필요에 따라 세상 모든 사람들과 족속들을 올리기도 하시고, 낮추기도 하시는 것이다

셋째, 하나님은 우리의 예배와 경외의 대상이지 결코 이용할 만한 도구가 아니다. 하나님은 우리의 불행이나 액운을 때우는 부적이 아니다. 그분은 우리의 예배를 받기에 합당하신 창조주이시다. 이 교훈은 특별히 한국 교회의 일부 교인들에게 도전을 주어야 한다고 생각한다. 어떤 사람들은 은사가 충만한 기도원 원장에게, 영험한 목사에게 안수기도를 받으러 다닌다. 물론 꼭 헌금을 챙겨 간다. 그러나 이것이 정말 헌금인가, 아니면 점쟁이나 무당에게 주는 복채와 비슷한 성향의 예물인가? 또한 이들이 찾는 사람들 중 상당수가 기독교 점쟁이 노릇을 하고 있다. 본문은 경고한다. 하나님을 이용하려 들지 말고 그분을 신실하게 찾고 경배하라고 말이다.

# 온 마음으로 여호와를 섬기라!

사무엘상 7:2~8장 주해와 적용

## 본문의 개요

미스바에서의 부흥과 왕정에 대한 필요성의 문제를 다루는 사무엘상 7:2~8장은 9장부터 전개되는 이스라엘의 초대 왕 사울의 이야기를 유도하는 기능을 한다. 사무엘을 통한 블레셋으로부터의 구원을 다루는 7:2~17은 외형상 왕정을 요구하는 이스라엘의 이야기를 소개하는 8장의 이야기와 독립된 주제인 것처럼 보인다. 그렇지만 이 둘은 왕정 요구의 정당성이라는 관점에서 서로 연결되어 있다. 7:2~17에서 사무엘은 이스라엘의 마지막 사사로 소개된다. 사무엘은 여호와의 왕권(삿 8:23)과 이스라엘의 옛 신앙 전통을 대표하는 인물이다. 8장에서는 이스라엘 백성들이 '열방과 같이' 왕을 요구한다. 백성들의 요구의 직접적인 배경에는 블레셋이라는 강한 군사력을 가진 나라의 위협이 있었다(삿 15:11; 삼상 4:2).[1] 문맥상 사무엘을 통한 블레셋의 위협으로부터의 구원(7장)은 블레셋이라는 위협 앞에 왕을 요구하는 것(8장)에 대한 신학적인 답변의 성격을 지닌다. 7:2~8장은 왕이신 여호와 하나님을 의지할 것인가? 아니면 인간이 세운 왕을 의지할 것인가? 이 둘 사이의 선택의 문제를 제기한다.

# 미스바의 부흥과 사무엘의 사역(삼상 7:2~17)

7장은 법궤 내러티브 단락(4~6장)에서 보이지 않았던 사무엘을 다시 중심 인물로 등장시킨다. 7장은 사무엘이 통치한 시대를 이상적으로 그리고 있다. 본문에서 저자는 선지자 겸 사사로서의 사무엘의 모습을 보여 준다. 한편으로 사무엘은 하나님과 이스라엘 사이의 중재자로서 백성의 간구를 여호와께 전달하고, 여호와의 응답을 백성에게 전한다. 여호와 하나님과 이스라엘 사이의 중보자로서의 이러한 사무엘의 모습은 예언자적이다. 다른 한편으로 사무엘은 블레셋의 침입으로부터 이스라엘을 구원하고 하나님의 공의를 세우는 사사로서의 모습을 보여 준다. 사사기에서 이스라엘이 여호와께 부르짖으면, 여호와께서는 사사를 통해서 그의 백성을 구원하셨다. 사사기에서처럼 7장에서도 회개에 대한 응답으로 이스라엘에게 구원이 주어지며, 이 과정에서 사무엘이 중심 역할을 담당한다. 사사로서의 사무엘의 모습은 사무엘의 사역을 요약하는 두 번째 단락(15~17절)에서 다시 강조된다. 사사기의 구원의 패턴에 따라 전개되는 사무엘을 통한 구원의 이야기(2~14절)는 이스라엘의 마지막 사사로 묘사되는 사무엘의 모습과 문맥상 자연스럽다.

## 1. 본문의 구조와 문맥

**미스바의 부흥**(2~14절)

　회개를 위한 준비(2~4절)

　백성들의 회개와 사무엘의 중보기도(5~9절)

　　백성들의 회개(5~6절)

　　사무엘의 중보기도(7~9절)

　회개에 따른 부흥과 축복들(10~14절)

　　블레셋으로부터의 구원(10~11절)

　　하나님의 보호하심(12~13절)

빼앗겼던 성읍의 회복(14상절)

이스라엘에 주어진 평화(14하절)

**사무엘의 사역 요약**(15~17절)


7:2~17은 크게 두 개의 단락으로 구성되어 있다. 첫째 단락(2~14절)은 사무엘을 통한 미스바 부흥 이야기를 다루고, 둘째 단락(15~17절)은 사무엘의 사역을 요약한다. 미스바에서의 부흥을 묘사하는 첫 번째 단락은 기럇여아림에 머물고 있는 법궤를 언급함으로 시작한다(1절). 따라서 1절은 문맥상 자연스럽게 4:1~7:1의 법궤 내러티브와 연결된다. 첫째 단락은 사사기의 전형적인 구원의 도식(이스라엘의 배교-하나님의 징계-부르짖음-구원)에 따라 구성되어 있다.


이스라엘의 배교(3절)

블레셋을 통한 하나님의 징계(7절)

회개와 부르짖음(6, 8절)

구원(10~14절)


이러한 구성은 사사로서의 사무엘을 소개하는 둘째 단락(15~17절)과 자연스러운 조화를 이룬다. 사무엘의 사역을 요약하는 두 번째 단락은 사사로서의 사무엘의 역할을 강조한다. 15, 16, 17절에 반복적으로 등장하는 '다스렸다'(שׁפט샤파트)는 단어는 8장 전체의 이야기를 연결시키는 중심 단어이기도 하다(8:5, 6, 20). 따라서 사무엘의 사역을 요약하는 15~17절 단락은 주제상 8장과 연결되면서 8장의 왕정 요구 단락을 유도하는 기능을 한다. 사사로서의 사무엘의 활동을 보여주는 7장은 왕정 도입에 대한 비판이기도 하다. 문맥상 사무엘을 통한 구원의 이야기(7장)를 백성들의 왕정 요구(8장) 앞에 위치시킴으로, 저자는 이스라엘이 왕정을 요구한 것에 대해-암시적이긴 하지만-부정적인 평가를 내리고 있다.

## 2. 본문의 주해

### 1) 회개를 위한 준비(2~4절)

사무엘상 7장의 미스바 부흥 사건은 여호와의 궤에 대한 이야기로 시작한다. 블레셋과의 전투에서 빼앗겼던 여호와의 궤가 블레셋 땅에 여호와의 주권을 선포한 후 이스라엘로 돌아오게 되었다(6장). 2절은 여호와의 궤가 기럇여아림에 20년 동안을 머물게 된 사실을 언급한다. 여호와의 궤가 이스라엘의 영토에 머물지 않고 블레셋과 인접한 기럇여아림에 머물게 된 것은 상징적인 의미를 지닌다. 이것은 이스라엘과 여호와의 관계가 블레셋에게 법궤를 빼앗긴 이후 완전히 회복되지 않았음을 의미한다.[2] 20년이라는 오랜 기간이 지난 이후 이스라엘 온 족속은 여호와를 '사모하게' 되었다(2하절).[3] 이것은 이스라엘이 여호와 하나님과 관계 회복을 간절히 원하게 되었음을 의미한다.[4]

여호와 하나님을 간절히 사모하는 이스라엘 백성들에게 사무엘은 여호와 하나님과의 관계 회복을 위한 방법을 제안한다(3~4절). 하나님과 관계 회복을 위한 준비는 먼저 이스라엘 백성들이 이방신들, 특히 바알과 아스다롯을 제하는 것이다(3~4절, 비교 수 24:23~24; 삿 10:6~16). 바알은 폭풍의 신으로, 가나안 땅의 풍요를 주관하는 신으로 알려졌다. 아스다롯은 풍요와 전쟁의 신으로 바알신과 밀접하게 연관되어 있다.[5] 바알과 아스다롯은 가나안 진입 이후 사사 시대에 이르기까지 여호와께 대한 이스라엘의 신앙을 계속해서 위협했던 대표적인 이방신들이다(삿 2:11, 13; 3:7; 6:31; 10:6, 10 등). 이스라엘 백성들이 이방신들을 제거하는 것은 여호와 하나님과의 관계 회복을 위한 출발점이다. 이방신들을 제함이 없이 여호와를 섬길 수 없기 때문이다. 모든 우상으로부터 멀리해야 하는 것은 여호와의 언약 백성으로서 이스라엘의 의무이다.

관계 회복을 위한 다음의 준비는 이스라엘이 마음을 여호와께로 향하고 그만 섬기는 것이다(3하절). 여호와를 섬김에 있어서 '마음'의 중요성은 신명기적 역사 자료와 예레미야서의 중심 사상이기도 하다(삼상 12:20, 24; 왕상 8:23; 14:8; 왕하 10:31; 렘 3:10; 24:7; 29:13). 이방신들을 제거하는 것만으로는 충분하지 않다. 의식적인 제사 행위만으로는 안 된다. 마음을 여호와께로 향하고 오직 그분만을 섬기는 것이 요구된다. 이것이 하나님과의 관계 회복의 전제 조건이다. 사무엘은 이스라엘 백성들이 우상을 버리고 여호와 하나님만을 섬기는 것의 결과로 블레셋으로부터의 구원이 주어지게 될 것임을 분명히 한다(3하절). 사무엘은 지금 이스라엘 백성들이 경험하는 블레셋의 압제의 원인을 백성들의 우상 숭배에서 찾고 있다. 사무엘에 의하면 블레셋의 압제는 이스라엘의 배교와 불순종을 깨우치기 위한 하나님의 징계의 도구인 것이다.

### 2) 백성들의 회개와 사무엘의 중보기도(5~9절)

이 단락은 이스라엘을 위한 중보자(intercessor)로서의 사무엘의 역할을 부각시킨다. 사무엘의 중재로 이스라엘 백성들은 미스바에서 여호와 앞에 모여 죄를 고백한다. 미스바는 사사 시대 때부터 지파들이 함께 모임을 갖던 장소이다(삿 20:1).[6] 미스바에서의 대대적인 회개 운동은 죄를 자복하는 데서 시작한다. 죄에 대한 철저한 회개가 없이는 결코 하나님과의 관계 회복이 있을 수 없기 때문이다. 이스라엘 백성들은 물을 길어 여호와 앞에 부으면서 금식하며 죄를 자복한다(6절). '물을 길어 여호와 앞에 붓는' 의식은 백성들의 마음을 쏟는 회개를 상징한다(비교 애 2:19).[7] 이것은 여호와 앞에서 한 이스라엘 백성들의 회개가 철저한 회개였음을 의미한다. 이스라엘 백성들이 보이는 이러한 철저한 회개는 사사 시대에는 찾아보기 어려운 모습이었다. 이스라엘 백성들은 바알과 아스다롯 같은 이방신을 섬기며 하나님의 언약 백성답게 살지 못한 것이 하나님 앞에서 얼마나 심각한 죄인가를 깨달은 것이다. 진실한 회개를 통하여 이스라엘은 이제 여호와의 백성으로서의 자격을 회복하게 된다.

미스바에서의 회개의 단락은 사무엘이 이곳에서 '이스라엘을 다스렸다'

(6하절)는 말로 끝을 맺는다. 여기에 사용된 '다스리다'(샤파트)라는 단어는 사무엘의 '사사'(쇼페트)로서의 기능을 암시한다. 사사로서의 사무엘의 역할은 7:15~17에 다시 강조된다. 7장은 사무엘을 사사 시대의 전통을 대변하는 인물로 소개한다.

이스라엘이 미스바에 모였다는 것을 들은 블레셋은 이스라엘 백성들을 치기 위해 올라온다(7절). 블레셋은 미스바에서의 성회를 전쟁 준비 행동으로 생각했던 것 같다. 이때 백성들은 두려움에 떨며 사무엘에게 기도를 부탁한다(8절 "여호와께 쉬지 말고 부르짖어 우리를… 구원하시게 하소서"). 사무엘은 젖 먹는 어린 양을 취하여 여호와께 온전한 번제를 드린 후 이스라엘을 위하여 '부르짖는다'(9절). '여호와께 부르짖음'은 거룩한 전쟁의 기사에서 자주 나타나는 모티브이다. '부르짖음'은 출애굽과 사사 시대에서 여호와의 구원을 유발하는 동기로 작용된다(출 2:23; 14:10; 삿 3:9, 15; 6:6, 7; 10:10). 애굽에서 그리고 사사 시대 그의 백성들의 부르짖음에 응답하신 여호와 하나님은 이제 블레셋 침략의 위기 앞에서 부르짖는 사무엘의 기도를 응답하신다. 이 기사에서 사무엘은 영웅적인 사사로서보다는 거룩한 전쟁의 선지자적 중재자로 묘사된다.[8]

사무엘서는 중보기도자로서의 사무엘의 모습을 부각시킨다. 3:19은 이미 중보기도자로서의 사무엘의 역할을 언급했다("여호와께서 그와 함께 계셔서 그 말로 하나도 땅에 떨어지지 않게 하시니"). 사무엘은 자신의 고별 설교에서도 중보기도의 사명을 백성들 앞에서 확인한다. "나는 너희를 위하여 기도하기를 쉬는 죄를 여호와 앞에 결단코 범치 아니하고"(12:23). 7장의 블레셋과의 전투를 통해 다시 한 번 사무엘의 기도의 능력이 입증된다.


4) 회개에 따른 부흥과 축복들(10~14절)

10~11절은 여호와 하나님의 기적적인 개입을 묘사한다. 여호와께서는 큰 우레를 발하여 블레셋을 '어지럽게 하심'(하맘)으로 이스라엘 앞에서 패하게 하신다. 구약성경에서 우레와 천둥은 때로 인간의 역사에 개입하시는

여호와의 음성으로 소개된다(삼상 2:10; 삼하 22:14; 사 29:6). 하나님은 우레를 사용하여 블레셋 군대를 혼란으로 몰아넣어 어지럽게 하셨다. 여호와 하나님은 시스라의 군대를 물리치실 때에도 유사한 방법으로 물리치셨다(삿 4:15 "야웨께서… 바락 앞에서 혼란에 빠뜨리셨다" 공동번역).[9] 이것은 이 전투가 여호와께서 싸우신 전쟁('여호와의 전쟁' 또는 '거룩한 전쟁')임을 의미한다. 저자는 전투의 과정을 언급하지 않고 있다. 단지 "그들이 이스라엘 앞에 패한지라" 하고 보고한다(10절). 중요한 것은 여호와께서 이스라엘에게 승리를 주셨다는 것이다. 이 과정에서 이스라엘 백성들이 한 일은 사무엘과 더불어 하나님께 부르짖는 것과 블레셋 군사들을 추격하여 잔당을 소탕하는 것뿐이었다. 이 모습은 구약성경에 묘사되는 '여호와의 전쟁'의 전형적인 모습이다.

싸움에서 승리한 사무엘은 돌을 취하여 미스바와 센 사이에 세우고 그 돌을 '에벤에셀'이라 불렀다(12절). 이것은 여호와께서 '여기까지(블레셋으로부터의 승리) 도왔음'을 의미한다. 이스라엘이 앞으로도 계속적인 승리를 누리게 될 것인가는 미지수로 남아 있다. 이스라엘의 승리는 전적으로 여호와께 대한 이스라엘의 순종 여하에 달려 있다. 에벤에셀은 블레셋과의 싸움에서 이스라엘이 진을 쳤던 장소이다(4:1). 전에 에벤에셀에서 진을 친 이스라엘이 블레셋과의 싸움에서 패배했지만(4:2), 이제는 동일한 장소에서 승리를 거두게 되었다. 즉 패배의 장소가 승리의 장소로 바뀐 것이다. 무엇이 상황을 이렇게 역전시켰는가? 본문은 이스라엘의 승리의 원인을 미스바에서의 회개로 돌린다. 이스라엘의 부르짖음이 블레셋으로부터의 구원으로 나타나게 되고, 그 이후 빼앗겼던 땅의 회복과 평화의 결과를 만들어 냈다. 신앙의 회복이 정치적인 회복과 군사적인 승리를 가져오게 되었다. 이 사건은 이스라엘의 승리가 군대의 힘에 있지 않음을 단적으로 보여 준다. 이스라엘에게 있어서 여호와께서 함께하심이 승리의 관건이다. 이스라엘이 우상을 제거하고 죄를 회개해야 하는 이유가 여기에 있는 것이다.

13~14절은 블레셋과의 전투 이후에 주어진 축복들을 소개한다. 본문은 세 가지를 제시한다. 첫째는, 여호와 하나님의 보호하심이다. "사무엘의 사

는 날 동안에 블레셋 사람을 막으시매"(13절). 이것은 사무엘의 시대에 여호와 하나님께서 이스라엘을 외적으로부터 보호하셨음을 의미한다. 사무엘은 엘리사가 그랬던 것처럼 '이스라엘의 병거와 마병'과 같은 역할을 한 것이다(비교 엘리야 왕하 2:12; 엘리사 왕하 13:14). 둘째는, 영토의 회복이다. 이스라엘은 에그론부터 가드까지 블레셋에게 빼앗겼던 영토를 되찾게 되었다(14상절). 셋째는, 가나안 땅에서 '평화'(שָׁלוֹם 샬롬)를 누리게 된 것이다(14하절). 결국 13~14절은 사무엘 시대 이스라엘은 외적이고 내적인 위협으로부터 온전히 안전하였음을 의미한다. 이것은 여호와 하나님이 친히 이스라엘을 다스리시고 지키시는 사사 시대의 이상을 보여 준다. 이것을 통하여 저자는 왕권 혹은 적어도 사울의 왕권이 불필요했음을 암시한다.

### 5) 사무엘의 사역 요약(15~17절)

15~17절은 사사 사무엘의 사역에 대한 요약이다. 저자는 16절에서 암시한 사사로서의 사무엘의 사역을 구체화시킨다. 사무엘은 벧엘, 길갈, 미스바를 순회하며 이스라엘을 다스렸다(샤파트). 그리고 그는 자신의 고향 라마에서도 사사로서의 역할을 수행하였다(17절). 당시에는 중앙 성소가 없었기 때문에 사무엘은 몇몇 중요한 성소들을 정기적으로 순회하며 율법을 가르치고 재판하는 역할을 했던 것 같다. 이런 측면에서 사무엘은 소(小)사사들의 역할을 계승한 인물처럼 보인다(삿 10:1~5; 12:7~15).[10] 사무엘이 라마에서 단을 쌓은 것(17하절)은 사무엘의 기도와 중보 사역이 국가적인 위기의 상황에만 국한된 것이 아님을 보여 준다.[11] 사사로서의 사무엘의 활동은 7장에서 끝을 맺는다. 15~17절은 실제로 사사기에서 소 사사들의 활동을 마무리하는 종결어구와 유사하다(참고 삿 10:1~5; 12:7~15). 8장은 사울의 등장을 준비하며, 9장부터는 사울의 시대로 옮겨 간다. 8장 이후에 묘사되는 사무엘은 사사 시대를 왕정 시대에 연결시켜 주는 역할을 담당할 뿐, 기능상 사사보다는 예언자에 더 가깝다고 볼 수 있다.

## 3. 신학적 의미와 설교를 위한 적용

### 1) 하나님과의 관계 회복을 통한 부흥

사무엘의 시대에 이스라엘에 찾아온 회복과 부흥은 회개를 통한 하나님과의 관계 회복의 결과이다. 하나님과의 관계 회복은 두 가지의 방향에서 이루어져야 한다.

관계 회복을 위한 첫 번째 단계는, 모든 우상을 제거하는 것이다. 이것은 이스라엘 백성들이 여호와께로 돌아가기 위한 기본적인 준비이다. 가나안 땅에 들어간 이후 우상 숭배는 이스라엘의 뿌리 깊은 죄악이었다. 이스라엘의 우상 숭배는 때로 혼합주의적인 양상으로 표현되기도 한다. 백성들이 이스라엘의 구원의 하나님 여호와를 섬기면서 동시에 가나안의 풍요와 축복의 신인 바알을 함께 섬기는 것이다. 그렇지만 이것은 결코 여호와를 섬기는 방식이 될 수 없다. 여호와는 언약의 당사자들로부터 배타적인 헌신(사랑)을 요구하시기 때문이다.[12] 여호와는 한 분 하나님 외에 다른 대상을 신으로 섬기는 것을 용납하지 않으신다.

이 시대 참된 부흥을 이루기 위해 우리에게 필요한 것은 하나님과의 관계를 회복하는 것이다. 이를 위해서 현대 교회는 무엇보다도 교회 안의 모든 우상 숭배의 요소들을 제거해야 한다. 하나님만을 섬기는데 방해가 되는 요소들을 제거해야만 한다. 세속적인 사고와 가치들이 마치 바알 신앙처럼 여호와 신앙의 순수성을 위협하고 있다. 물질주의적인 사고가 풍요와 축복의 이름으로 교회 안에 깊숙이 침투해 있는 것이 오늘의 현실이다. 우리는 이러한 누룩들을 교회로부터 내어보내지 않으면 안 된다. 하나님과의 관계 회복은 여기에서부터 출발해야 한다.

관계 회복을 위한 두 번째 단계는, 마음을 여호와께로 향하고 그만 섬기는 것이다. 우상을 제거하는 것이 소극적인 차원의 관계 회복을 위한 준비라면, 여호와 하나님께로 마음을 향하는 것은 적극적인 차원의 준비이다. 하나님과의 관계 회복을 위해서는 마음의 변화가 요청된다. 하나님이 보시는 것은 우리의 마음이기 때문이다(16:7). 외적인 형식이나 제사를 드림으로 하나님과 깨어진 관계를 회복할 수 없다. 하나님은 형식적인 제사를 원치 않으시고 상한 마음을 원하신다(시 51:17).

### 2) 하나님께서 싸우시는 전쟁

7장은 하나님께서 그의 백성 이스라엘을 위하여 싸우시는 '거룩한 전쟁'의 이야기이다. 사사 시대 이스라엘이 싸우는 전쟁은 여호와께서 싸우시는 거룩한 전쟁이다. 여호와께서 싸우시는 거룩한 전쟁에서 군대의 수는 중요하지 않다. 거룩한 전쟁에서 승리의 관건은 '여호와의 임재하심'(여호와 하나님이 이스라엘과 함께하심)이다.

그렇지만 하나님의 임재가 무조건적으로 이스라엘에게 보장되는 것은 아니다. 이스라엘 백성들이 여호와를 버리고 우상을 숭배했을 때, 하나님께서는 이방 민족들을 통해서 이스라엘을 징계하셨다. 그런 의미에서 사무엘 시대의 블레셋은 배교한 이스라엘을 징계하기 위한 하나님의 채찍이다. 이스라엘의 우상 숭배(배교)로 인해 여호와께서 더 이상 '이스라엘을 위해' 싸우시지 않으시고, 오히려 이스라엘의 대적이 되었다는 의미이다. 이것은 승리의 보장인 하나님의 임재가 이스라엘이 여호와 하나님과 맺은 언약을 지킬 때만이 가능함을 보여 주는 것이다. 언약에 대한 충실성은 여호와만을 섬기고 그의 명령에 순종하는 것으로 나타나야 한다. 이것이 대적들과의 싸움에서 이스라엘이 승리할 수 있는 비결이다. 이스라엘의 힘은 군대의 강함에 있지 않고 여호와 하나님만을 신뢰하는 믿음에 있다(시 20:7).

구약 시대 이스라엘처럼 우리는 거룩한 전쟁을 치루고 있다(딤후 2:3~4). 그렇지만 우리가 싸우는 싸움은 혈과 육에 대한 싸움이 아니다(엡 6:12). 우리의 싸움은 악한 마귀와 눈에 보이지 아니하는 영적인 세력들에 대한 것이다(계 12:9). 우리가 싸우는 영적인 전투에서의 승리의 관건은 예수 그리스도의 임재이다. 십자가로 마귀의 권세를 깨뜨리신 예수(골 2:15)께서 우리와 함께하심이 승리의 조건이다. 우리가 싸우는 거룩한 전쟁에서 우리의 무기는 예수 그리스도께 대한 우리의 믿음과 그분의 명령에 순종하는 것이다.

### 3) 영적인 지도자의 역할

사사 시대 말기의 어두웠던 상황에서 이스라엘을 이끈 정신적·영적 지도자는 사무엘이었다. 사사기는 그때에 왕이 없어 백성들이 각자 좋은 대로 행했던 무질서와 혼란의 시기로 끝을 맺는다(삿 17~21장). 그리고 그러한 모습은 제사장 엘리 시대까지 이어진다. 이스라엘에 아무런 소망이 없는 것처럼 보였다. 사무엘서는 사무엘의 출생을 알리면서 이스라엘에 새로운 희망을 바라보게 한다(1장). 그리고 7장은 이러한 희망이 성취되었음을 보여 준다. 7장의 사건은 사사 사무엘을 통하여 이루어진 이스라엘의 회복과 부흥의 사건을 소개한다. 하나님께서는 암흑과 같은 사사 시대 말기에 사무엘이라는 한 사람을 준비시키셨다. 그리고 사무엘을 통하여 이스라엘의 회복을 이루셨다. 이 사건을 통해 우리는 한 사람의 영적인 지도자의 중요성을 깨닫게 된다. 하나님의 방법은 사람이다. 암흑과 같은 시대에도 하나님은 한 사람을 준비시키시고 그를 통하여 하나님의 뜻을 이루어 가신다. 하나님은 이 시대에도 사람을 찾으신다. 이 시대에 하나님이 찾으시는 사람은 사무엘과 같은 기도의 사람이요 말씀의 사람이다. 경건의 모양이 아니라 경건의 능력을 갖춘 사람이다(딤전 4:7~8). 하나님께서는 이런 사람을 통하여 이 시대 무너진 기초들을 다시 쌓으시길 원하신다.

## 이스라엘의 왕정 요구(삼상 8장)

사사 사무엘의 중재와 여호와의 도움으로 블레셋의 위험으로부터 벗어나 안전하게 살 수 있었던 이스라엘 백성들은 사사 제도를 거부하고 주변 나라들의 경우처럼 세습적인 왕정을 요구한다. 저자는 사사 사무엘의 시대를 이상적으로 묘사하고 있는 7장을 백성들이 왕정을 요구하는 이야기 앞에 위치시킴으로 이스라엘이 왕정을 요청할 만한 정당성이 없었음을 보여 준다. 사무엘서의 저자에 의하면, 왕정은 사사 제도의 연속(혹은 발전)이 아닌 이스라엘의 전통과의 단절을 의미한다.

세속 역사의 차원에서 볼 때, 여호와의 신앙 공동체로서의 지파 연합은 가나안 정착 이후에 발생하는 문제들(특히 정치적인 측면)을 해결하는데 효과적이지 않는 제도처럼 보인다. 그래서 이스라엘 백성들은 새로운 주변 환경에 적합한 효율적인 조직체를 요청하게 되었다. 중앙집권적인 지도력, 잘 조직된 상비군을 갖추고 있는 주변국들의 왕정은 이스라엘 백성들에게 적절한 대안으로 대두되었다. 그렇지만 '열방과 같이' 되려는 이스라엘 사람들의 요구는 이스라엘 기본 전통의 거절로 볼 수 있다. 열방 중 지극히 미미한 존재였던 이스라엘을 여호와께서 열방으로부터 구별함으로 지금의 이스라엘이 될 수 있었다. 이제 이스라엘은 자신의 정체성을 포기하고 정치적인 집단으로의 변화를 시도하고 있다. '열방과 같은' 나라가 되려는 이스라엘의 의지에서 한 편으로 여호와 신앙의 세속화의 문제를, 그리고 다른 한편으로 역사 발전 과정에서 제기되는 불가피한 선택의 문제를 보게 된다.

## 1. 본문의 구조와 문맥

**사무엘의 아들들의 비행**(1~3절)

**이스라엘의 왕정 요구**(4~22절)

첫 번째 왕에 대한 요구와 하나님의 반응(4~9절)

왕을 요구하는 장로들(4~5절)

사무엘의 기도(6절)

하나님의 일차적인 허락(7~9절)

왕정에 대한 경고(10~18절)

반복되는 왕정의 요구와 하나님의 허락(19~22절)

백성들의 왕에 대한 요구(19~20절)

사무엘의 보고(21절)

하나님의 최종적인 허락(22절)

8장은 사무엘의 아들들의 비행으로 시작한다(1~3절). 사무엘의 아들들의 비행은 왕정을 요구하는 구실을 제공한다는 점에서 8장 전체의 도입부 역할을 하고 있다. 8장의 본론은 두 번에 걸친 집요한 이스라엘의 왕정 요구로 구성되어 있다. 첫 번째 왕정 요구의 주체는 이스라엘의 지도자들인 장로들로 소개되고(4절), 두 번째 요구의 주체는 이스라엘 백성들로 묘사된다(19절). 이것은 여호와의 왕권에 대한 반역이 이스라엘의 지도자들뿐만 아니라 백성 전체에게 해당된 것임을 보여 준다. 두 번에 걸친 왕정 요구의 중간에는 왕정의 폐해를 알리는 사무엘의 경고가 위치해 있다(10~18절). 10~18절(왕정에 대한 경고)은 구조상 본론(4~22절)의 중심을 이룬다.[13] 이것의 기능은 이스라엘 백성들로 하여금 왕정에 대한 위험성을 돌아보게 하고, 자신들의 잘못된 요청을 취소할 수 있는 기회가 주어졌음을 보여 준다. 8장 전체는 이스라엘의 왕정 요구에 대한 하나님의 최종적인 허락으로 끝을 맺는다(22절). 8장 이후에 전개되는 내용은 잘못된 동기에서 시작된 왕정의 전개 과정을 소개한다.

### 2. 본문의 주해

#### 1) 사무엘의 아들들의 비행(1~3절)

사무엘이 연로하게 되자, 그의 아들들(요엘과 아비야)을 이스라엘의 사사로 삼게 된다. 사무엘이 자신의 아들들을 사사로 세우는 것은 이례적이다. 왜냐하면 사사직은 제사장직과 달리 세습되는 것이 아니기 때문이다.[14] 여기에서 사무엘의 아들들의 사사 임명이 사무엘의 사역을 계승하는 의미인지, 아니면 단지 사무엘이 담당했던 어떤 사법적인 책임을 분담시키는 것을 의미하는지는 분명치 않다.[15]

사무엘의 아들들은 백성들에게서 뇌물을 취하고 판결을 굽게 한다. 이를

취하고, 뇌물을 받고(출 23:8), 판결을 왜곡시키는 것(출 23:2, 6)은 재판관(사사)
이 해서는 안 되는 심각한 범죄행위였다. 이들의 모습은 마치 엘리 제사장의
아들들을 연상케 한다. 제사장 엘리의 두 아들들이 여호와의 제사 규정을 임
으로 범하고(2:12~17), 아버지의 훈계를 거역하며, 파렴치한 행동을 한 것처
럼(2:22~25) 사무엘의 아들들도 사사의 직분을 이용하여 자신의 이득을 취한
다. 그들은 사사직을 이용하여 자신의 욕구를 채우는 모습을 보이고 있다.
결국 하나님의 법이 사무엘의 아들들에 의해 무시당한다. 본문은 사무엘이
어떤 이유인지 알 수 없지만 아들들의 비행을 막지 못했음을 암시한다. 여기
에서는 단지 사무엘의 나이 많음만이 언급된다(1절). 이것은 3장에서 아버지
의 훈계를 전적으로 무시하는 엘리의 아들들의 비행을 기술하기 전에 엘리
의 연로함이 언급된 것(3:1)과 유사하다. 결국 사무엘의 아들들의 비행은 백
성들이 왕을 요구하는 동기로 작용한다. 아이러니하게도 왕정도입을 반대
한 사무엘이 간접적이지만 왕정을 시작하게 만드는 빌미를 제공하게 된 것
이다.


2) 왕을 요구하는 장로들(4~5절)

이스라엘의 장로들이 라마에 있는 사무엘에게 나아와 왕을 세워 줄 것을
요청한다. 장로들은 사무엘(혹은 그의 아들들)을 대신할 새로운 사사를 요청하
는 대신 기존의 전통에 배치되는 전혀 새로운 것을 요청한다. 장로들은 다
음과 같은 이유와 동기에서 왕을 요구한다. 첫째는, 사무엘이 늙었고 그의
아들들이 사무엘의 행위를 따르지 않기 때문이다. 여기에서 사무엘의 늙음
과 그의 아들들의 비행이 왕정 요구의 일차적인 이유로 제시되고 있다. 둘째
는, 이스라엘이 열방과 같이 되기를 원하는 동기이다. 장로들은 비조직적인
사사직의 비효율성에 비해 왕정이 갖고 있는 중앙집권적인 효율성을 염두
에 두고 있는 듯하다. 그렇지만 장로들이 '열방과 같이' 되기를 원하는 것은
심각한 문제를 제기한다. 왜냐하면 그러한 태도는 이스라엘의 정체성에 대
한 도전이기 때문이다. 이스라엘은 열방과 같은 나라(혹은 민족)가 아니라, 처

음부터 열방과 구분된 하나님의 백성으로 가나안 땅에서 살아가도록 부르심을 받았다. 열방과 같아지려는 이스라엘의 욕망은 출애굽의 구원 사건을 통해 맺어진 하나님과의 언약 관계를 저버리는 행위이다. 여호와 하나님은 이스라엘을 통하여 가나안의 봉건 제도(왕정)를 심판하시고 여호와 신앙에 근간을 두는 평등주의적인 사회를 건설하시고자 하셨는데, 이스라엘은 다시 가나안의 사회로 회귀하려고 한다.

### 3) 하나님의 반응(6~9절)

왕을 요구하는 장로들의 요청을 사무엘은 기뻐하지 않는다. 사무엘은 기도함으로 이 문제를 여호와께 아뢴다. 여호와께서는 백성들의 요청을 허락하기는 하지만, 그 요구가 사사인 사무엘에 대한 거부가 아니라 여호와의 왕권에 대한 거부임을 분명히 한다. "그들이 너를 버림이 아니요 나를 버려 자기들의 왕이 되지 못하게 함이니라"(7절). 여호와께서 이스라엘의 왕이라는 사상은 이스라엘의 오랜 전통이다(삿 8:23). 지금까지 여호와 하나님은 자신이 선택한 사사들을 통하여 이스라엘을 통치해 오셨다. 이스라엘은 여호와 하나님 외에 이제 다른 정치적인 구심점을 요구한다. 이스라엘의 왕에 대한 요구는 정치적인 독립선언과 같은 것이며, 이런 의미에서 여호와께 대한 배반의 성격을 지닌다.

여호와는 이스라엘의 왕정 요구를 출애굽 이후 계속되어 온 우상 숭배의 연속선상에 있음을 보여 준다. "다른 신들을 섬김같이"(8절). 왕정 도입이 우상 숭배인데 여호와는 왜 이를 허락하시는가? 본문은 이스라엘의 패역함이 일시적인 현상이 아니라 그 뿌리에서 나오기 때문이라고 설명한다(8절). 이스라엘 백성들이 출애굽 이후 계속적인 불순종과 배교의 모습을 보여 왔다. 그리고 이제 또다시 왕을 요구함으로 여호와의 통치를 거부하고 있다. 다시 말해 지금까지 그러했던 것처럼 이스라엘은 오늘도 여호와 하나님을 배반하려는 것이다. 결국 여호와 하나님은 이스라엘의 뿌리 깊은 죄 성에 근거해서 왕에 대한 요구를 허락하신 것이다.

하나님은 사무엘을 통하여 이스라엘 백성들에게 "엄히 경계하고"(9절) 왕의 제도를 알게 하도록 하신다. 이것은 제한적이나마 이스라엘의 왕정을 가나안이나 주변 나라들의 봉건적인 체제와 구별시키고자 한 것이다. 그렇지만 한편으로 왕정이 초래할 수 있는 폐해를 알림으로 장로들과 백성들의 생각을 바꾸도록 하기 위한 의도도 있었던 것으로 보인다. 사무엘을 통하여 이스라엘 백성들에게 알리고자 한 '왕의 제도'(הַמֶּלֶךְ מִשְׁפַּט 미쉬파트 함멜렉)가 무엇을 의미하는지는 분명치 않다. '제도'로 번역된 히브리어 '미쉬파트'는 '정의', '심판', '규정' 또는 '방법', '관습' 등 상당히 광범위한 의미로 사용된다. 왕의 제도가 왕이 가지게 될 제도적인 권리를 의미하거나 왕의 행위를 의미할 수도 있다. 여기에서 왕의 제도는 신명기 17:14~20의 규정을 배경으로 하는 사무엘상 10:25의 '나라의 제도'(הַמְּלֻכָה מִשְׁפַּט 미쉬파트 함메루카)와는 다른 의미를 지닌다. '왕의 제도'(미쉬파트 함멜렉)라는 구절에서 우리는 '언어 유희'(word play)를 발견한다. '미쉬파트'(מִשְׁפַּט)는 구약 성경에서 '하나님의 정의'를 의미하는 단어로 사용된다. 본문은 백성들이 요구하는 '왕의 제도'(미쉬파트 함멜렉)와 '여호와의 정의'(יהוה מִשְׁפַּט 미쉬파트 야웨)를 구현하는 '사사(쇼페트)의 제도'를 대조시키고 있는 것처럼 보인다. 사무엘은 백성들이 요구하는 왕의 제도(미쉬파트)가 여호와께서 세우고자 하는 것과는 전혀 다른 정의(미쉬파트)임을 보인다.


4) 왕정에 대한 경고(10~18절)

이 단락은 4~22절의 중심 단락으로, 여호와께서 사무엘을 통하여 이스라엘 백성들에게 말씀하시는 왕의 제도를 제시한다. 여기에서 사무엘은 왕의 제도가 백성들이 기대하는 것과는 전혀 다른 억압적인 제도인 것을 보여 준다.


아들들을 취해서 병거와 말을 어거케 함(11절)

아들들로 천부장과 오십 부장을 삼음(12상절)

왕의 밭을 갈고, 왕의 곡식을 추수하게 함(12하절)

딸들을 취하여 향료를 만들게 함(13절)

곡식과 포도원의 좋은 것을 취하여 왕의 신하에게 줌(14절)

소산의 십일조를 취하여 왕의 관리와 신하에게 줌(15절)

노비와 소년과 나귀들을 취하여 사역을 시킴(16절)

양떼의 십분 일을 취함(17상절)

왕의 종이 됨(17하절)

저자는 여기에서 반복적으로 '취하다'(לקח라카크)와 '십분 일을 취하다'(עשר아사르)라는 단어를 사용함으로 왕권의 남용에 대한 경고를 하고 있다(라카크 11, 13, 14, 16절; 아사르 15, 17절). 여기에서 '취하다'(라카크)는 '빼앗다'라는 의미를 내포한다. 이것은 백성들이 왕권의 착취의 대상이 됨을 의미한다. 나단은 다윗이 밧세바와 간음한 행동을 지적하면서, 동일한 동사(라카크)를 사용한다(삼하 12:9). 다윗이 왕권을 남용하여 전제군주처럼 충신 우리야의 아내를 빼앗은 것이다. 하나님의 사람 다윗도 왕권의 폐해(남용)로부터 자유롭지 못했음을 역사는 보여 준다.

여기에 기술된 왕의 권리들은 왕정을 시행하고 있었던 고대 근동의 나라들에 이미 잘 알려진 것들이다. 왕정을 도입하게 되면 이스라엘도 주변 나라들과 동일하게 왕권에 정치적-사회적 예속을 당해야만 한다. 지금까지와는 달리 이스라엘은 자기 소유의 상당 부분과 권리를 왕에게 양도해야만 한다. 심지어 여호와께 드릴 소득의 십분의 일을 왕에게 바쳐야 한다(15, 17절, 비교 레 27:30~32). 지금까지 자신이 경작한 땅에서 낸 소출을 누리며, 집안의 일들에 대해 독립적인 결정을 할 수 있었던 이스라엘은 자유인의 지위를 포기하고 왕의 종이라는 신분으로 전락하게 된다(17하절 "너희가 그 종이 될 것이라").[16] 이스라엘은 이제 여호와를 섬겼던 '여호와의 종'(수 24장)으로서의 신분에서 왕의 종으로 바뀌게 된다. 이것은 어떤 의미에서 하나님께서 이루신 출애굽의 구원을 원점으로 돌리는 것이다.

여기에서 제시된 것은 주로 왕권의 남용과 부패의 가능성에 초점을 맞추고 있다. 세습적인 왕정이 내포하는 왕권의 남용과 부패의 가능성은 시간적으로 그리고 공간적으로 제한된 사사 직분의 경우와는 비교할 수 없을 정도로 위험한 것이다. 이스라엘의 왕정이 걸어온 역사는 이것이 결코 과장이 아니라는 것을 보여 준다.

18절에서 저자는 결론적으로 왕의 제도에 관한 신학적인 평가를 내린다. 그것은 이스라엘이 왕으로 인해 부르짖어도 여호와께서 응답하지 않는 것이다. '왕으로 인해'라는 구절은 왕의 압제를 의미한다. 이스라엘은 자신들이 세운 왕으로부터 압제를 경험하게 될 때, 출애굽 시대 이후 사사 시대까지 자주 그러했던 것처럼 여호와께 부르짖어 도움을 요청하게 될 것이다. 출애굽 시대(출 2:23 이하; 3:7; 4:31)와 사사 시대(삿 3:9, 15; 4:3; 6:7; 10:10)에 이스라엘의 부르짖음은 하나님의 역사 개입, 즉 구원을 유발하는 근본 동기로 작용해 왔다. 그러나 왕정은 하나님의 선택이 아니라 이스라엘 자신의 선택이기 때문에 하나님은 응답하지 않을 것이다(12:13). 여호와 하나님은 왕의 압제로 인한 백성들의 부르짖음에 응답할 아무런 의무가 없다. 여호와 하나님은 사무엘 선지자를 통하여 왕정 도입의 배교적 행동에 대해 이스라엘의 원칙적 책임을 규정한다.

8장을 배경으로 이해할 때, 우리는 이스라엘과 유다 왕조의 멸망을 방치하신 하나님의 태도를 이해할 수 있다.[17] 여호와 하나님은 본질상 이스라엘의 배교(우상 숭배)적인 동기에 기인한 왕정에 대해서 무한 책임을 지시지 않는다. 이스라엘 역사가 왕정 시대에도 불구하고 여전히 하나님의 역사로 남는다면, 이는 전적인 하나님의 은혜와 이스라엘을 향한 하나님의 사랑 때문이다. 이스라엘의 패역함에도 불구하고 그의 백성을 아끼시는 여호와 하나님은 이후로도 다양한 방식으로, 특히 예언자들을 통해 거듭 이스라엘의 역사에 개입하신다.


## 5) 반복되는 왕정의 요구와 하나님의 허락(19~22절)

사무엘의 경고에도 불구하고 이스라엘 백성들은 말씀 듣기를 거부하고 완강히 왕정에 대한 집착을 포기하지 않는다. 백성들의 요구는 좀 더 완강하게 표현된다. "우리도 열방과 같이 되어 우리 왕이 우리를 다스리며 우리 앞에 나가서 우리의 싸움을 싸워야 할 것이니이다"(20절). 여기에서 백성들이 말하는 '싸움'은 블레셋과의 전쟁을 의미하는 듯하다. 19~20절에서는 특히 '우리'가 특별히 강조된다. "우리 왕"(19절), "우리 왕이 우리를 다스리며"(20중절)라는 말은 여호와의 왕권에 대한 거부를 의미한다. 그리고 '우리 앞에 나가서', '우리의 싸움을 싸워야 할 것'이라는 말은 자기 백성을 위해 싸우시는 여호와 하나님에 대한 거절이다.

이스라엘은 열방과 같이 통치와 전쟁 수행을 담당할 왕을 세워 줄 것을 요청한다. 지금까지 이스라엘 백성들이 경험했던 전쟁은 여호와께서 앞장서서 싸우시는 '여호와의 전쟁'(거룩한 전쟁)이었다(출 14:14; 수 10:14, 42; 23:3, 10). 그래서 이스라엘 백성들은 그래서 여호와의 임재의 상징인 법궤를 앞장세우고 전투에 임했다. 그러나 이제는 다른 나라들과 같이 여호와가 아닌 자신들이 세운 왕을 앞장 세워 전투를 치르겠다는 의지를 표명한다(21절).

사무엘은 결국 이스라엘 백성들의 말을 여호와께 고하고, 여호와께서는 그들의 요청을 받아들여 그들을 위한 왕을 세우라고 말씀하신다. 이제 왕을 세우고자 하는 백성들의 선택은 돌이킬 수 없게 되었다. 22절은 10:17~27에 소개되는 미스바에서 왕을 선출하는 장면을 예시한다. 그리고 그 둘 사이(9:1~10:16)에 사울에 대한 소개로 채워진다. 백성들의 요구에 의해 이루어진 왕정에도 불구하고 이스라엘이 앞으로도 여호와의 언약 백성으로 남을 수 있을 것인가? 12장은 이 문제에 대한 해결책을 제시한다.


## 3. 신학적 의미와 설교를 위한 적용

### 1) 권력에 대한 비판과 수용
이스라엘 백성들이 왕을 세울 것을 요청하는 것은 여호와 하나님이 이스라엘의 왕 되심을 거절하는 범죄 행위이다. 이것은 하나님 보시기에 이스라엘의 지속적인 악행인 우상 숭배와 같은 행동이다. 왕정의 위험성과 폐해에 대한 경고에도 불구하고 이스라엘의 거듭된 요청에 의해 왕정이 허락된다. 그렇지만 이스라엘이 여호와 하나님의 통치를 거절하였기 때문에 이로 인해 부르짖는 이스라엘에 하나님은 응답하지 않으신다. 그렇지만 다른 한편으로는 이스라엘의 왕정은 여호와의 허락하에 도입이 되었다. 이 사실은 우리로 하여금 왕권을 일방적으로 악으로 규정할 수 없게 한다. 왕정의 요청이 잘못된 동기에서 이루어졌지만, 어쨌든 그것은 하나님의 허락 아래 도입되었다. 왕권은 제한적이기는 하지만, 여호와께서 인정하였다는 점에서 정당성이 주어진다.

이스라엘의 왕권에 대한 비판적 수용은 세속적인 정치권력에 대한 교회의 태도를 규정하는 근거를 제공한다. 세상 권력은 하나님의 통치라는 이상을 드러낼 수 없다. 왜냐하면 하나님의 나라와 세상의 나라는 본질상 함께할 수 없기 때문이다. 그렇지만 세상의 권력도 하나님께서 세우시고 인정하신 것이라는 점에서 제한적이긴 하지만 정당성을 지닌다. 교회는 세상 권력에 대해서 비판적이어야 하지만, 그 권세가 하나님에 의해서 허락된 것임을 받아들여야만 한다(막 12:17; 롬 13:1~7).

## 2) 이스라엘의 정체성

이스라엘 백성들이 왕을 요구하는 근본적인 동기는 열방과 같이 되고자 하는 욕망에 기인한다. 이것은 하나님께서 이스라엘을 부르신 목적에 대한 심각한 배신행위이다. 하나님께서는 열방 가운데서 이스라엘을 불러 내셔서 제사장 나라로 삼으셨다(출 19:5~6). 이스라엘이 열방과 같이 되려고 하는 것은 하나님께서 부르신 목적을 거스르는 행동이요, 제사장 나라로서의 정체성을 포기하는 행동이다. 이 사실은 우리에게 하나님의 백성들로서 하나님 나라의 방식대로 살아야 함을 교훈한다. 하나님께서는 우리를 세상으로부터 불러내셨다. 하나님께서 우리를 부르심은 하나님 나라의 백성으로 삼아 한 분 하나님만을 섬기도록 하게 하기 위함이다. 따라서 하나님의 백성들은 세상의 가치를 따라가지 않고 하나님을 향하여 살아가는 사람이다. '쟁기를 잡고 뒤를 돌아보는 자는 하나님 나라에 합당치 않다'(눅 9:62). 세상의 방식을 따라가고자 하는 것은 그리스도인으로서의 정체성을 포기하는 행동이다.

### 3) 잘못된 요구에 대한 하나님의 응답

열방과 같이 왕을 세워 달라는 백성들의 '반복적인 요구'에 하나님은 응답하신다. 하나님께서는 백성들의 요구가 이스라엘에 대한 자신의 왕권에 대한 거절임을 알면서도 이를 허락하시는 이유는 그들의 요청이 뿌리 깊은 죄성, 곧 여호와께 대한 불순종과 반역에 기인하고 있음을 아셨기 때문이다. 따라서 이스라엘에 왕을 허락하시는 것은 하나님의 선하신 뜻이라고 볼 수 없다. 백성들은 자신들이 구한 것을 얻게 되었지만, 그것이 결코 자신들에게 유익한 선택이 아님을 알게 된다. 이후로 백성들은 자신들이 잘못 구한 것에 대한 책임을 스스로 져야만 했다. 결국 이스라엘은 왕권의 남용이 가져오는 폐해로 인한 값비싼 대가를 지불하게 된다. 하나님께서는 이처럼 때로 백성들의 요구가 잘못임을 알면서도, 그것을 허락하실 때가 있다(민 11:4, 31). 하나님께서 백성들의 잘못된 요구에 응답하시는 이유는 그들의 완고(완악)함 때문이다. '하나님의 허락'이 곧 '하나님의 응답'인 것은 아니다. 우리가 하나님께 구한 것을 얻었다고 해서, 그것이 곧 우리에게 유익한 것은 아니다. 중요한 것은 우리가 하나님의 뜻에 맞는 요구(간구)를 하는 것이다(요일 5:14).


## 설교를 위한 적용

7:2~8장은 이스라엘이 진정으로 의지해야 할 분이 누구인가의 주제를 다룬다. 이스라엘 백성들이 진정으로 회개하고 여호와 하나님을 찾았을 때는 블레셋의 공격으로부터 구원을 얻을 수가 있었다. 여호와 하나님이 이스라엘을 위해 싸워 주셨기 때문이다. 이 사실은 이스라엘의 안전이 여호와

하나님을 향한 이스라엘의 믿음에 있음을 의미한다. 안타깝게도 이스라엘은 왕을 요구함으로 여호와의 왕권을 의지하기보다는 인간 왕을 의지하고자 하는 모습을 보였다. 이런 배경에서 볼 때, 이스라엘의 왕정 요구는 본질적으로 여호와 하나님의 왕권에 대한 거부이며 이스라엘의 뿌리 깊은 불신앙의 표현이다. 사울을 통해서 시작되는 이스라엘의 왕정의 역사는 결국 이스라엘의 선택이 잘못되었음을 보여 준다. 하나님을 의지할 것인가? 인간을 의지할 것인가? 이것은 여전히 우리 앞에 놓여 있는 선택의 문제이기도 하다.

# 04

# 선택과 섭리의 이야기

사무엘상 9~10장 주해와 적용

## 본문의 개요

### 1. 사울은 반면교사인가?

선입견이란 무서운 것이다. 선입견은 우리의 귀를 막고 눈을 가린다. 우리가 보고 듣고 읽는 것을 일방적으로 통제하며 잘못 해석하게 만든다. 우리는 본문에서 사울을 대하기 이전에 이미 사울은 불순종의 대명사요, 실패한 왕의 전형임을 알고 있다. 이러한 사전 지식을 잘못 적용하면 본문을 읽고 뜻을 새기며 교훈을 받는 일에 우리의 마음을 닫아 버릴 위험성이 있다. 그러므로 열린 마음으로 새롭게 출범하는 왕정과 초대 왕 사울의 가능성에 주목할 필요가 있다.

독자들이 사울에 대해 가지고 있는 인상은 반면교사(反面敎師)이다. 사울 같은 왕이 되어서는 안 된다. 그러나 본문은 그 이전의 사울의 모습을 보여 준다. 본문에서 사울은 겸손과 순종의 미덕을 보인다. 그는 또한 이스라엘의 초대 왕으로서 이스라엘에 처음 도입되는 왕정의 이상을 실현할 왕으로 주권적으로 선택되고, 섭리적으로 인도를 받으며, 기대 속에 세움을 받는다. 그가 가진 왕이라는 직분과 그가 대표하는 왕정이라는 제도의 원리는 앞으로 이스라엘에 세워질 모든 왕에게 똑같이 적용될 것이기에 반면교사적 안목만으로는 이러한 의미를 제대로 담아낼 수 없다.

신정적 왕국의 진리와 교훈이 실패한 사울을 통해서 가르쳐진다고 해서 그 가치가 떨어지거나 권위가 손상되는 것은 아니다. 사울을 통해 배우는 교훈은 다윗을 통해 배우는 교훈과 마찬가지로 하나님이 가르치시는 원리이다. 사울에 대한 거부감이 사울을 통해 주시는 진리에 대한 거부감으로 연결되지 않도록 마음의 문을 활짝 열어야 할 것이다.

## 본문 주해: 이중 구조

8장에서 보는 대로 블레셋의 위협에 시달리고 지도 체제에 실망한 이스라엘 백성들은 열방과 같은 세속적인 왕정을 요구한다. 사무엘은 이에 대해 하나님의 말씀을 따라 처음의 반대를 접고 신정적인 왕정의 설립을 선언한다. 이제 누가 초대 왕이 될 것인가? 하나님은 어떤 사람을 왕으로 세울 것인가? 본문은 사울의 사적 기름 부음과 공적 즉위식을 정점으로 하는 이중 구조를 보여 준다.

> **사울의 사적인 기름 부음**(9:1~10:16)
>> 주인공 사울 소개(9:1~2)
>> 사울이 암나귀를 찾아 사무엘에게로 감(9:3~14)
>> 사무엘이 사울에게 사적으로 기름을 부음(9:15~10:1)
>> 사울에게 준 세 가지 징조(10:2~9)
>> 새 사람이 된 사울(10:10~13)
>> 사울의 은닉(10:14~16)
>
> **사울의 공적인 즉위식**(10:17~27)
>> 왕의 선택과 즉위식(10:17~25)
>> 엇갈린 반응(10:26~27)

## 1. 선택의 원리: 주인공 사울(9:1~2)

주인공 사울이 어떤 인물인지를 그의 집안(1절)과 그의 외양(2절)을 중심으로 소개하고 있다. 사울은 베냐민 지파 사람으로 그의 아버지는 나름대로 '유력한 사람'이었다. 하지만 사울 자신은 베냐민 지파와 자기 집안은 왕을 내기에는 너무 미약하다고 생각한다(9:21). 사실 베냐민 지파는 사사 시대 때 내전으로 심각한 타격을 입어(삿 20장) 다른 지파를 지도할 위치에 있지 않았다. 그러나 낮은 자를 들어 높은 자를 부끄럽게 하시는 하나님은 베냐민 지파 가운데서 이스라엘의 초대 왕을 선택하신다.

사울의 준수한 용모와 큰 키는 사무엘이 소개할 때에도 제시한 것으로(10:24) 백성들은 이를 긍정적으로 받아들였다. 그러나 나중에 다윗을 선택할 때 하나님은 "그 용모와 신장을 보지 말라… 사람은 외모를 보거니와 나 여호와는 중심을 보느니라"(16:7)고 하심으로 사울의 외모에 대해 부정적으로 언급하신다. 사실 외모는 선택의 근거나 배척의 이유가 되지 않는다. 하나님은 사람을 주권적으로 선택하실 뿐이다. 집안과 외모는 주어진 여건으로 택함 받은 자가 바로 사용해야 할 '은사'요 가능성이다. 직분을 맡은 사람은 변경할 수 없는 여건을 어떻게 생각하고 어떻게 사용할 것인가를 잘 결정해야 한다.

9~10장도 전체적으로 사울의 사람됨과 성격을 그의 행동과 말을 통하여 간접적으로 드러낸다. 사울은 아버지와 사무엘의 명령에 즉시로 순종하며, 아버지가 자기 때문에 걱정할 것을 염려하며 사환의 제안에 순순히 따른다. 그는 겸손한 사람이다. 자기 지파와 집안의 미약함을 고백하고, 왕으로 뽑혔을 때 짐 보따리 사이에 숨으며, 자기를 공공연히 멸시하는 사람들에 대해서도 잠잠하였다. 겸손하고 순종하는 왕이 될 무한한 가능성이 있어 보였다. 반면 이러한 성격 이면에는 소심하고 주저하는 면모도 나타나서 왕으로서의 지도력을 발휘하기 어려워 보이기도 한다. 하나님은 이러한 사울을 선택하실 뿐만 아니라 '새 사람'으로 변화시켜 사용하신다. 성격 역시 선택의 근거가 되지 못하고, 변화 받아 사용해야 할 가능성으로 주어진다.

## 2. 섭리의 손: 사울, 암나귀를 찾아 사무엘에게로(9:3~14)

하나님은 암나귀를 찾아 나선 사울을 선지자 사무엘에게로 인도하신다. 사울을 인도하기 위해 하나님이 사용하신 섭리의 도구는 암나귀, 사환과 물 긷는 소녀들이다.

### 1) 잃어버린 암나귀(3~4절)

사울의 아버지 기스가 암나귀를 잃어버린 일은 연속되는 섭리적 사건의 발단이다. 무너지기 쉬운 담장, 제멋대로 달아나는 암나귀, 암나귀를 찾아 나선 사울의 반복되는 실패, 이런 것들을 통하여 하나님은 사울의 발걸음을 사무엘에게로 인도하신다. 사울은 하나님의 보이지 않는 섭리의 손에 이끌림을 받는다.

### 2) 지혜로운 사환(5~10절)

하나님의 섭리적 인도에는 몇 번의 고비가 있었다. 나귀를 찾지 못해 좌절한 사울이 나귀 찾기를 그만두고 집으로 돌아가려고 한다. 지금 돌아가면 사울은 사무엘을 만날 수 없다. 하나님의 섭리가 실패로 돌아가지 않을까. 돌이켜 생각하면 가슴 졸이는 일이다. 그러나 사울이 섭리의 길에 들어선 이상, 그에게 닥친 어떤 난관도 섭리적으로 해결될 뿐이다.

어떤 난관도 하나님이 작정하신 일을 막을 수 없다. 오히려 난관을 통하여 하나님의 섭리가 이루어지며 섭리의 목적지에 더 가까이 나아가게 된다.

| 난관1 | 5절 | 사울 | 좌절한 사울이 아버지를 염려하여 집으로 돌아가려고 한다. |
| --- | --- | --- | --- |
| 해결1 | 6절 | 사환 | 바로 눈앞에 보이는 성읍에는 길을 확실하게 알려 줄 하나님의 사람이 있다고 설득한다. |
| 난관2 | 7절 | 사울 | 하나님의 사람에게 드릴 예물이 없는 사실이 새로운 난관으로 등장한다. |
| 해결2 | 8절 | 사환 | 마침 사울의 사환에게는 약간의 돈이 있었다. |
| 동의 | 10절 | 사울 | 모든 난관은 극복되고 사울은 하나님의 사람을 만나러 간다. |

3) 물 긷는 소녀들(11~13절)

선지자를 언제 어디서 만날 수 있을 것인가? 마침 물 길으러 나오는 소녀들이 앞을 다투어 사울에게 정보를 제공한다. "지금 올라가소서 곧 그를 만나리이다"(13절 개역개정). 결국 사울은 사무엘을 만난다(14절). 하나님은 곳곳에 '이동 안내소'를 설치하여 당신의 백성을 정확하게 인도하신다.

하나님의 섭리와 선택에 대한 교본 같은 이야기가 전개되고 있다. 하나님은 공교한 손으로 초대 왕 사울의 길을 인도하셨다. 한 치의 오차도 허락하지 않는 하나님의 섭리의 손길이 사울을 왕의 자리로 데리고 간다. 하나님이 사용하시는 섭리의 수단은 거창한 것이 아닐 수 있다. 하나님은 일상적인 사건들, 보잘것없어 보이는 것들, 대단치 않아 보이는 사람들을 통하여 당신의 위대한 일을 이루어 가신다. 하나님 나라의 큰일, 구속사의 위대한 사건이 사소해 보이는 일들을 통하여 이루어진다. 모세는 양을 치다가 떨기나무 가운데서 말씀하시는 하나님의 부르심을 받았고, 기드온은 포도즙 틀에서 밀을 타작하다가 천사의 방문을 받았다. 그리고 사울은 잃은 나귀를 찾다가 왕관을 발견한다. 섭리를 믿는 사람은 작은 일이라고 해서 무시하지 않는다. 하나님은 구속의 경륜 가운데서 작은 일을 통하여 영광의 문을 여시기 때문이다.


## 3. 섭리의 목적: 사울의 기름 부음(9:15~10:1상)

하나님은 두 번에 걸친 계시를 통하여 사무엘에게 사울이 올 것을 미리 알려 주신다(9:15~17). 이 계시는 사울이 겪은 여러 가지 일들은 결국 그를 사무엘에게 보내기 위한 섭리의 수단이며, 섭리의 목적은 그가 사무엘을 만나는 것임을 분명하게 보여 준다. 사무엘처럼 섭리의 구체적인 목적을 지금 당장은 모른다 할지라도, 하나님이 우리의 모든 것을 섭리하고 계신다는 사실을 받아들이기만 한다면, 우리의 삶은 온갖 기대와 흥분으로 가득차게 될 것이다.

하나님이 사울을 사무엘에게 인도하시는 목적은 당신의 백성을 구원하기

위함이다. 하나님은 자기들이 원하는 대로 왕을 세워 달라는 백성들의 요구
는 물리치시지만, 블레셋에게서 구원해 달라는 백성들의 기도는 귀 기울여
들으신다. 전자는 언약의 정신에 반하는 것이고, 후자는 언약의 약속이기 때
문이다. 사울을 택하신 일차적인 목적은 사사들을 세우신 목적과 같이 하나
님의 언약 백성을 구원하기 위함이다. 모든 섭리의 궁극적 목적은 언약 백성
의 구원이라고 해도 과언이 아니다.

사무엘은 사울에게 당신이 이스라엘이 사모하는 자라고 말한다(9:22~24).
이는 당신이 바로 왕이 되어야 할 사람이라는 암시를 준다. 이제부터 사울의
일은 잃은 암나귀를 찾는 것이 아니라 이스라엘의 잃어버린 양을 구원하는
일이다. 하나님의 섭리적 인도를 받는 그리스도인에게도 피할 수 없이 다가
오는 하나님 나라의 일이 있는 법이다.

사무엘의 초대를 받은 사울은(9:22~24) 매사에 사무엘과 함께한다. 그와
함께 먹으며, 그와 함께 말하고, 그와 함께 행동한다(9:25~26). 사무엘은 나
라의 일에 대한 하나님의 말씀을 그에게 전한다. 사무엘과 함께 가진 '지붕
담화'(9:25)에서는 많은 이야기가 오갔을 것이다. 사울이 이 선지자와 이렇듯
긴밀한 교제를 통하여 하나님의 말씀을 듣고 배우는 것은 이스라엘 왕이 힘
써 지켜야 할 일이다. 선지자의 말씀에 담긴 하나님의 뜻에 순종하는 한 사
울은 성공적인 왕이 될 것이다.

드디어 사울은 사무엘에게서 기름 부음을 받는다(10:1). 그러나 실상 사무
엘에게 기름을 부으신 이는 하나님이시다. 사무엘은 하나님이 사울을 '그 기
업의 지도자'로 세우신 것을 선언한다. 일찍이 하나님은 사울을 "내 백성 이
스라엘의 지도자"(9:16)라고 말씀하셨다. '그의 기업'과 '내 백성'은 이스라엘
이 하나님과 언약 관계에 있음을 확인하는 말이다. '왕'이란 말 대신 '지도자'
란 말을 사용하여 그가 언약의 테두리 안에서 백성을 다스려야(9:17)함도 강
조한다. 왕의 삶과 사역은 하나님의 말씀과 언약의 목적을 이루어야 한다.
이는 모든 교회 사역자들에게도 그대로 적용되는 말이다.

## 4. 확신과 격려: 사울에게 준 세 가지 징조(10:2~9)

사무엘은 주저하는 사울에게 세 가지 징조를 보여 준다. 이는 기드온에게
보여 주신 징조와 비교된다(삿 6:36~40; 7:9~14). 세 가지 징조는 사울이 집으
로 돌아가는 길에 일어날 일이다. 하나님은 이때에도 전과 같이 그를 인도하
실 것이다. 하나님은 징조의 도구로 고향 사람(?), 예배자, 선지자의 무리 등
다양한 사람들을 사용하셨다.

| 징조1 | 2절 | 사울은 객관적인 목격자 또는 증인의 입을 통해 사무엘이 한 말이 사실임을 확인할 것이다. |
|---|---|---|
| 징조2 | 3~4절 | 선견자에게 줄 예물(떡)이 없었던 사울은, 제사장에게 드리려던 떡을 예물로 받는다. 사울은 기름 부음을 받은 후 변화된 자신의 상황을 인식하게 될 것이다. |
| 징조3 | 5~7절 | 선지자를 알지도 못했던 사울은 선지자의 무리와 함께 예언 활동에 몰입하게 될 것이다. 여호와의 신이 임하고 사울은 변하여 새 사람이 될 것이다. 사울은 이 징조를 통하여 하나님이 함께하심을 확신하게 될 것이다. |

징조를 통하여 사울은 여러 가지 사실을 확신할 수 있었을 것이다. 먼저
사울은 사무엘의 말이 참됨을 확인할 수 있었다. 나아가서 그에게 기름 부은
이는 궁극적으로 사무엘이 아니라 하나님이심을 확신하였을 것이다. 그 결
과 사울은 왕의 직분을 수행할 수 있을 것이라는 격려를 받았을 것이다. 마
찬가지로 하나님께서는 다양한 방법으로 성도들에게 말씀의 참됨과 임마누
엘의 사실을 확인시키며 격려한다. 하나님은 오늘도 주저하며 미심쩍어하
는 일꾼들에게 눈높이로 다가와 그들을 확신시키며 격려하여 자신감을 불
어넣어 주신다.

## 5. 내면적 변화: 새 사람이 된 사울(10:10~13)

앞에서 소개한 징조들이 외형적 확인이라면 이 단락에서 다루는 내용은
내면적 변화이다. 10:9에서 징조가 이루어졌음을 말하고 나서 10절 이하에

서 다시 세 번째 징조만을 상세하게 기술하는 것은 사울에게 생긴 변화를 강조하기 위함일 것이다. 하나님은 이미 사울에게 새 마음을 주셨다(10:9). 하나님의 영이 사울에게 크게 임하자 사울은 선지자의 무리 중에서 그들과 함께 예언한다(10절). 사울의 예언은 하나님이 사울과 함께하신다는 표시이다. 또 나중에 드러나는 바와 같이(11:6) 하나님의 영의 임하심은 구원 활동을 위한 카리스마적 능력이기도 하다

사울의 변화가 얼마나 극적이었던지 사람들은 눈앞에서 벌어지고 있는 예상치 못한 광경을 믿을 수 없었다(11~12절). 그날의 사울은 전에 알고 있던 사울과는 너무나도 달랐다. 수줍은 시골 청년이 많은 사람들이 에워싸고 보는 가운데 격렬한 예언활동에 참여한 일은 속담이 보여 주는 대로 사람들에게 깊은 인상을 남겼다. 사울이 예언을 마친 후 산당으로 올라간 일은(13절) 그가 기도와 예배의 사람이 되었음을 보여 준다.

성공적으로 사역을 감당하기 위해서는 외적인 징조의 확인만으로는 부족하다. 다시 말해 내면의 변화가 있어야 한다. 이것이 효과적인 지도자의 비밀이다. 이 변화를 통해서 사명을 감당할 수 있는 능력과 지혜를 공급받기 때문이다. 여기서 주의할 것은 사울의 '새 사람'은 그리스도인의 영적인 '중생'과 구별되어야 한다는 점이다. 그렇기에 그의 불순종은 비극적인 결과로 다가오게 된다. 무엇보다도 거듭난 그리스도인들은 확실한 구원의 감격 속에서 날마다 '마음을 새롭게 함으로 변화를 받는' 일과 하나님이 공급하시는 능력으로 사역을 감당하는 일에 더욱 힘써야 할 것이다.


### 6. 지혜로운 침묵: 사울의 은닉(10:14~16)

사울은 사무엘이 무슨 말을 했는지 집요하게 묻는 삼촌에게 '나라의 일', 즉 자기가 비밀리에 왕으로 기름 부음 받은 사실을 말하지 않는다. 이 침묵은 사울의 성격을 그대로 반영한다. 그러나 문맥적으로 볼 때 그의 침묵은 그 이상의 의미를 가진다. 사무엘은 초대받은 이들과 사울의 사환에게조차도 사울의 기름 부음을 비밀에 붙였다. 때가 되기 전까지는 즉 개인적으로

사울이 준비되고 공적으로 백성들이 그를 받아들일 준비가 되기까지는, 이 '나라의 일'은 친척에게도 비밀로 해야 한다. 그렇지 않으면 나라의 일을 그르치게 될 것이다. 사울의 침묵은 그의 순종과 지혜를 보여 준다.

침묵은 쉽지 않다. 절제 없는 말, 경솔한 발설로 중요한 일을 그르치는 경우가 얼마나 많은가? 게다가 혼자만 알고 있는 중대한 일을 마음속에 담아 두기란 더더욱 쉬운 일이 아니다. 여기에 침묵의 지혜가 요구된다. 또한 믿음으로 때를 기다리는 인내가 요구된다. 그렇지 않으면 조급한 마음으로 말을 앞세워 하나님보다 앞서 가다가 일을 엉망으로 만들게 된다. 믿음의 침묵은 하나님의 스케줄을 따라가는 지혜의 표현이기도하다.

### 7. 하나님의 법: 왕의 선택과 즉위식(10:17~25)

사무엘은 미스바에서 총회를 소집하고(17절) 왕을 세운다. 그는 먼저 하나님의 선행하는 구원의 은혜와 백성들의 반역적 요구를 상기시킴으로써(18~19절) 그들의 배은과 잘못된 요구를 지적하고 교정하여 나라를 하나님의 말씀 위에 굳게 세우려고 노력한다. 뿐만 아니라 사무엘은 왕을 위하여 '나라의 제도'(25절)를 가르치고 책에 기록하여 여호와 앞에 둔다. 신명기 17:14~20과 비슷한 내용을 담은 것으로 이해되는 이 책은 왕의 의무를 기록한 규정집으로 생각된다. 사무엘은 왕의 역할과 기능을 하나님의 말씀의 기초 위에 세움으로써 하나님의 '부왕'(副王)으로서의 위치를 각인시키려 한다. 왕도 하나님의 법과 명령, 그리고 선지자의 말씀 앞에 서야 한다. 우리는 다 하나님의 법 아래 있는 사람들이다. 사울을 뽑는 과정은 투명한 절차를 거친 공적 확인이 필요함을 보여 준다. 날치기 통과, 불투명한 의사진행은 문제를 일으킨다. 사무엘은 모두에게 균등한 기회를 제공함으로써 불복의 소지를 없애고 결과에 승복할 수 있도록 만들었다(정확한 선출 과정을 알기 어렵다. 우림과 둠밈의 방법을 사용했을 수도 있고, '투표'와 유사한 방법을 사용했을 수도 있다). 하나님은 기적적으로 사울을 선출되게 하심으로써 이전에 주신 계시를 확인하였다.

사울을 왕으로 선출한 후 당혹스러운 일이 발생한다. 사울이 숨어 버린 것이다. 왜 숨었을까? 그가 겸손하기 때문일까, 아니면 두려움과 주저하는 마음이 완전히 극복되지 않았기 때문일까? 백성은 '잃은' 사울을 찾기 위해 여호와께 묻는다. 이스라엘은 적합한 왕을 찾는 일에도 여호와를 전적으로 의뢰하여야 한다.

### 8. 잘못된 일관성: 엇갈린 반응(10:26~27)

사울은 하나님에 의해 왕으로 선택되고 공적인 절차를 통하여 확인되었지만 백성들은 그에 대해 상반된 태도를 보인다. 하나님께 감동된 유력한 사람들은 그를 따르나, 불량배들은 그를 멸시하고 따르지 않는다. 하나님의 일은 동역자를 불러 모으기도 하지만 배척자도 만들어 내기도 한다. 지도자는 누구에게나 환영을 받는 것이 아니라 때로는 잘못이 없어도 비난당하고 배척당할 수 있다. 하나님이 세우신 지도자를 부당하게 배척하는 것은 하나님이 세우신 제도와 직분도 함께 거절하는 것이다.

하나님의 백성은 하나님의 경륜에 따라 살아야 한다. 사울을 배척한 이유는 하나님의 선택과 사울의 사람됨이나 경력에 대한 불신 때문인 것으로 보인다. 더 나아가 왕정 자체에 대한 불만도 있을 수 있을 것이다. 그러나 왕의 제도는 하나님의 뜻에 따라 이미 세워진 것이므로, 백성들은 세워진 왕을 인정하고 그를 따라야 한다. 이전에 왕정을 요구한 것이 잘못되었다고 지금 하나님이 세우신 왕을 거부해서는 안 된다. 이제는 하나님의 새로운 경륜의 시대가 시작되었다. 하나님이 전에 왕정을 허락하지 않았다고 해서 새로운 왕정의 시대가 열린 지금, 왕을 거부하는 것은 왕정과 왕을 주신 하나님을 거부하는 것과 다름이 없다.

## 설교를 위한 적용

하나님께는 우연이란 없다. 따라서 성도에게 일어나는 일도 우연은 없다. 하나님의 섭리는 우리가 겪는 일상의 작은 일들에 새로운 의미를 부여하게 한다. 하나님은 작은 것에서 위대한 의미를 만들어 내시며, 좌절과 실패를 섭리의 발판으로 삼으신다. 그러므로 성도는 섭리의 '복음'을 믿고 되어 가는 모든 일을 하나님의 손에 맡겨야 한다. 하나님 나라의 안목을 가지고, 사람이 감당할 수 없는 크고 엄청난 대사를 경영하려고 야망에 불타기보다는 그분의 인도를 따라 한걸음씩 나아가는 것이 중요하다. 언제까지나 잃은 나귀 때문에 좌절해서는 안 된다. 하나님의 뜻을 묻고 그의 인도를 구하여야 한다. 실패와 좌절은 하나님께 나아가는 문일 수 있기 때문이다. 하나님께 나아갈 때 우리는 '기름 부음'을 받으며, 일에 대한 확신을 얻고, 내적인 변화를 통하여 능력을 공급받아 주의 일에 쓰임을 받게 될 것이다. 나아가서 말씀의 지도와 성령의 은혜를 통하여 처음 믿음과 처음 사랑을 끝까지 붙잡아야 할 것이다.

# 05

# 새 제도(왕 제도)의 출범식:<br>길갈 언약 갱신

사무엘상 11~12장 주해와 적용

## 본문의 개요: 다중 시각에서 본 사무엘상 11~12장의 의미

한 본문은 그 본문 자체로 충분한 의미가 있다. 그러나 그 본문이 그 자체로 마무리된 것이 아니고, 앞뒤의 본문과 관계되었을 때는 그 속에서의 의미는 새로운 차원을 지니게 된다. 시편과 같이 각각의 편들이 독립적일 경우는 그 자체로 완결된 소우주를 이루므로 그것만 다루면 된다.[1] 그러나 구약의 다른 책들, 특히 역사적 성격을 지닌 책의 경우는 한 책(예를 들어 사무엘상)의 한계를 넘어서는, 같은 맥락의 책들 속에서 한 본문의 의미도 파악하여야 한다. 이것은 마치 현미경을 통하여 여러 가지 배율로 생명체를 파악하는 것과 같다고 할 수 있다.

사무엘상·하는 두 책이지만, 다른 어떤 책보다 의미 있는 한 덩어리라 할 수 있다. 그러나 뒤에 나오는 또 하나의 의미 있는 덩어리인 열왕기서와는 떨어질 수 없는 관련을 맺는다. 히브리 성경에서는 사실상 두 책(사무엘서, 열왕기서)으로 나누어져 있지만, 두 책의 연관성을 여러 곳에서 찾아볼 수 있다. 그러나 이 두 책은 앞에 있는 여호수아나 사사기와는(룻기의 독립성을 통하여) 여러 면에서 명백한 구분이 이루어져 독립성을 보인다. 그러므로 사무엘서와 열왕기서는 하나님 나라가 왕 제도를 통해서 실제적으로 진행된 역사를 기록하는 목적을 보인다. 11~12장은 그 자체의 맥락 속에서 의미 있는 것이

기도 하지만 더 넓은 맥락인 왕 제도의 출범(8~12장) 속에서의 의미도 엄연히 존재하는 것이며, 더 궁극적으로 두 책 전체(사무엘서, 열왕기서) 속에서의 의미가 특별히 중요한 것이다.

### 1. 문맥(11~12장) 자체 속에서의 의미: 새 제도로 새롭게 출범시키는 길갈에서의 언약 갱신

11~12장[2]을 좁은 의미의 맥락, 즉 그 자체의 문맥에서 보면 하나의 주제를 다루는데 그것은 지도자의 세대교체이다. 그러나 이 상투적인 어구는 이 본문에 대한 정확한 표현이 아니다. 이 두 장은 단순히 지도자 개인의 교체뿐 아니라 근본적으로 하나님 나라가 옛 지도 체제에서 새로운 지도 체제로 전환하여 실제로 출범하는 것을 소개하기 때문이다. 즉 사사 제도를 통하여 하나님 나라를 지도하시던 하나님이 드디어 새로운 체제인 왕 제도를 백성의 요구를 따라서 실행하시는 것을 이 장들은 보고한다. 즉 좁은 의미인 옛 지도자의 은퇴와 새 지도자의 등장만을 다루는 것이 아니라, 넓은 의미인 옛 제도의 은퇴와 새 제도의 출범을 소개하는 것이다.

그런데 하나님의 나라는 언약과 목적과 수단이 중요한 관계를 이룬다. 하나님의 나라는 하나님께서 이 땅에서 이루기 원하시는 '궁극적인 목적'(ultimate purpose)이다. 인격 당사자 간의 공적 관계를 법적으로 맺는 '언약'(베리트)은 이 목적을 이루는 역사적, 합법적 수단(historical proper means)이다.[3] 언약 갱신이 인위적으로 필요할 때에 항상 이루어진다고 볼 수 없다. 그러나 오늘의 사건과 같이 역사적으로 아주 중요한 것을 다룰 때에 이런 언약 갱신이 이루어졌음을 본문은 보고한다.[4] 사무엘상 12장에 나타난 언약 갱신의 모습은 하나님 나라의 일대 전환 속에서 일어난 것이다. 이것은 하나님 나라의 첫 번째 전환에서 일어난 것과 유사하다. 아브라함과 함께 시작된 하나님 나라의 적극적인 변화와 관련된 것이다. 즉 창세기 1~11장까지는 하나님의 나라가 소극적으로 진행되었으나, 12장부터는 아브라함의 자녀이면 하나님 나라의 씨가 되고, 두 문명(애굽, 바벨론)의 통로인 가나안에 그 땅을 만드

는 적극적인 것으로 변하였다. 이러한 하나님 나라를 이루는 수단으로 하나
님이 사용하신 것이 족장 언약(창 15, 17장)이다. 그 이후의 가장 중요한 변화
는 이스라엘이 충만한 씨로서 맺은 최초의 언약인 시내산 언약(출 19~24장)이
었고 그것을 계속해서 적용해 나간 것이 모압 언약(제1차 세겜 언약, 신 27장; 수
8:30~35), 제2차 세겜 언약(수 24장)이다.

그러나 이제 전혀 새로운 나라의 모습을 지도 체제의 전환으로 이루어 가
는데 그 구체적인 수단이 언약 갱신인 것이다. 그것을 구체적으로 살펴보면
다음과 같다.

1) 역사적 서언(historical prologue)5(12:6~12)
언약의 강한 당사자인 하나님의 은혜로운 행하심과 언약의 약한 당사자
인 이스라엘의 범죄와 연약을 소개한다.

2) 언약법(covenant stipulation)을 지킬 것을 도전함(12:13상, l4상, 15상, 20~21, 24)
'이제'(weatah hinneh, weatah)라는 전환구로써 백성의 관심을 집중시키고
새로운 언약법을 명령한다.[6]

3) 축복과 저주의 선포(blessing and curse sanctions)(12:l4하, 15하, 25)
축복과 저주는 언약 형성의 중요한 요소이다.

4) 언약 당사자의 만남의 하나인 신현의 실현(theophanic sign as an aspect of
　　the meeting of the covenant partners)(12:16~18상)
여기서 사무엘은 언약(조약) 형성에서 필수적인 언약 당사자들의 직접 대
면의 하나인 하나님의 나타나심을 이 언약의 현장에서 (초)자연적인 현상(우
레와 비)을 보임으로써 소개한다.

5) 언약 체결 예식과 피로연(covenant ratification ceremony and its celebration)
(11:14~15)

여기서는 간단하게 언약 갱신 체결 예식이 피로연과 같이 소개되었는데, 이 양식은 신명기 27:1~8과 유사하다.[7]


## 2. 넓은 맥락(8~12장)에서의 의미

이제 이 본문의 더 넓은 의미를 찾아보자. 그것은 사무엘의 노년에 보이는 사사 제도의 한계 속에서 이스라엘 백성들이 왕 제도를 요구한 것이 드디어 성취된 것을 나타낸다.

> 사무엘의 아들들의 타락(8:1~3)
> 백성들의 왕에 대한 요구와 하나님의 책망, 그러나 허락하심(8:4~22)
> 사울의 선택(9장)
> 사울의 형식적·내용적 기름 부음과 객관적으로 뽑힘(10장)

이런 맥락 속에서 두 가지의 특별한 의미를 나타낸다. 하나는 사울의 등장과 관련된 것이고, 다른 하나는 사무엘의 퇴장과 관련된 것이다.

첫째로, 사울의 등장은 몇 가지 과정을 거치며 이미 철저히 준비되었다. 9장에서 당시 지도자 사무엘을 통하여 사울이 하나님이 지시하신 새 시대의 하나님 나라의 지도자임이 명확하게 드러났다. 사울은 잃어버린 암나귀를 찾아가는 형식적인 과정을 통하여, 이스라엘의 지도자로 선택되었다. 이어서 형식적으로 사무엘에 의해서 기름 부음을 받고(10:1~8), 그 형식의 실제적인 의미인 하나님의 영이 사울에게 임하는 내용적 기름 부음이 사울에게 임했다(10:9~16). 그리고 미스바에 공적으로 회집을 한 공동체 속에서 객관적으로 제비를 뽑아서 사울이 선정됨으로써 그 공정성이 증거 되었다. 이런 공적으로 권위를 부여받는 과정이 있었음에도 그것을 인정하지 않는 무리들이 있음으로 이스라엘 공동체에 긴장이 남아 있는 채로 10장이 끝난다. 이제

11~12장은 이 긴장을 해소하며 이 모든 것이 전적으로 하나님의 뜻이었음을 명확하게 밝힌다. 여기서 우리는 권위와 권세(또는 권능)를 구분된 개념으로써 설명할 수 있음을 알 수 있다. 즉 사울은 이미 10장에서 새 제도의 지도자로서의 권위를 부여받았다. 그러나 아직 그 권세(또는 권능)가 주어진 것이 증명되지 않았는데 이제 어떤 명백한 사건을 통하여 그것이 이뤄진 것이다.[8]

둘째로, 사무엘의 퇴장과 관련된 것이다. 사무엘의 퇴장식을 위하여 별도의 상황(시간, 장소)이 마련되지 않았다. 새 지도자가 완전한 권위와 권세(또는 권능)를 입고 등장한 시간에 완벽히 맞춘 것이다. 이것이 너무나 매끄럽게 진행되어서 마치 사무엘은 모든 일의 진행을 완벽히 알고 있고, 자기가 해야 할 역할을 명확하게 행함으로써 모든 것이 마무리된다는 확신을 갖게 한다. 그는 새 제도의 첫 지도자가 임직하는 날이 바로 첫 제도의 마지막 지도자인 자신이 은퇴하는 날임을 알고 그것을 진행하였다. 여기서 사무엘은 모세에 이은 첫 사사에 해당하는 대선배 여호수아가 했던 대로 그대로 행하는 것을 알 수 있다.

개인적 차원에서의 청산 및 권면(수 23장, 삼상 12:1~5)

공동체적 차원에서의 언약 갱신 예식(수 24장, 삼상 12:6~25)

### 3. 더 넓은 맥락(신명기적 역사서)인 전선지서에서의 의미

이제 우리는 이 본문이 가장 넓은 맥락에서 어떤 의미를 가지는가를 알아보자.[9] 먼저 이 문제는 이 문맥이 사무엘서, 즉 한 덩어리로 알려진 사무엘서와 열왕기서의 관점에서 볼 수 있다. 그리고 이 책들과 이 본문을 더 큰 덩어리인 소위 전선지서 혹은 신명기적 역사서로 알려진 여호수아와 사사기 그리고 룻기와의 관련 속에서 읽을 수 있다.

#### 1) 먼저 사무엘서와 열왕기서라는 큰 맥락에서 이 문맥을 읽을 수 있다

이 책들의 저자에 대해서는 두 가지 가능성으로 생각할 수 있다. 하나는 한 시점에 쓴 것이 아니라 역사적으로 (영감 받은) 사관들이 「조선왕조실록」과 같이 써 내려간 것을 모은 것이라는 가능성이다. 다른 하나는 이 역사의 가장 마지막인 예루살렘과 성전의 파괴와 포로로 끌려가는 현장을 목도한 사람이 쓴 것이라고 생각할 수도 있다. 이 문제에 대한 결론을 내리는 것은 너무나 어려운 일이다. 그러나 역사서를 의미 있는 책으로 믿는 믿음을 가졌다면, 이 둘 모두가 일관된 역사의식을 가졌다는 것을 믿을 수 있다. 즉 하나님 나라의 역사는 발전할 것이라는 소박한 믿음을 갖지 못하고, 언제든지 멸망의 위협이 앞에 놓여 있다는 의식은 사무엘서의 초기나 열왕기서의 마지막에서 동일하게 볼 수 있는 역사의식의 일부이다. 사무엘서와 열왕기서는 궁극적으로 왕 제도라는 새로운 제도를 하나님 나라에 도입한 것에 대한 역사적 판정을 나타내는 것이다.[10] 이 제도는 성공하지 못하고 하나님 나라는 망하게 되는 결과에 이를 것이다. 이 멸망은 당신 나라를 이루시는 하나님이 무능하여서 된 것은 결코 아니었고, 오직 언약의 다른 당사자인 이스라엘의 범죄 때문에 된 것임을 아는 것이 중요하다. 그러므로 하나님 나라에 있어서 새로운 제도가 시작되었다는 점에 지나친 장밋빛 환상을 투사할 수 없음을 명백히 해야 한다. 이 글을 읽는 사람들이 아직 왕국 시대에 있던 사람이건, 성전이 붕괴되고 난 뒤의 사람이건, 아직 이스라엘에 회복의 소망이 주어지기 전에 하나님 앞에서 언약의 한 당사자로서 자신과 자신의 조상들의 허물과 약점을 명확하게 인식하고 회개로 나아가는 것이 중요할 것이다. 이럴 때에 '자비'(חֶסֶד헤세드)의 하나님께서 나라를 새롭게 하시는 은혜를 베풀 것이다.

　이 점은 이 책들의 다른 사건에서도 잘 나타난다. 솔로몬이 엄청난 성전을 건축하고 나서 드리는 기도 속에서도 우리는 유사한 비관적 역사 전망을 읽는다(왕상 8장). 즉 새로운 것이 만들어지고 난 뒤에, 새롭게 인간이 만들었다고 하는 것이 얼마나 보잘 것 없는가를 보이고 하나님 나라 역사의 엄격한 진행에 겸손해야 할 것을 보여 준다.[11] 제도가 문제가 아니라 역시 언약의 당사자인 인간은 언제나 변하지 않고 그대로 인간일 뿐인 것이다. 이 본문 속에 나타나는 왕 제도에 대한 소극적인 기대는 바로 이 책들 전체의 영성의 기조에 부합하는 것이다.

2) 전선지서(신명기적 역사서) 속에서의 이 본문의 의미를 생각할 수 있다

11~12장은 특히 사사기의 마지막 부분의 내용과 서로 대조적이다. 사사기 마지막에는 왕 제도에 대한 지속적인 기대를 읽을 수 있다(삿 17:6; 18:1; 19:1; 21:25). 이것은 개인적 관점의 조망을 깊이 하여 하나님 나라의 역사를 기록한 룻기와의 비교에서도 볼 수 있다. 여기에 두 가지 모습을 생각할 수 있다.

첫째로, 이스라엘 언약 공동체끼리 싸움의 결과, 밭은 전멸되고 600명의 씨만 남는 위기에 처한 베냐민 지파이지만, 하나님이 새 제도인 왕 제도를 세우실 때에 첫 왕으로서 사울을 세우시기로 작정한 것은 완전한 은혜의 승리였다. 사사기는 하나님 나라 역사의 비참함의 밑바닥을 보게 하지만 동시에 그 속에서 왕 제도에 대한 소망을 걸고 있다. 이 소망을 베냐민 지파에서 볼 수 있는데 이것은 전적으로 하나님의 은혜의 결과였다.

둘째로, 룻기에서 베냐민 지파와 사울의 경우와는 대조적으로 밭이 문제가 아니라 씨가 말라버린 어떤 집안에서 엉터리 같은 밭(모압 여인 룻)에 자비로 얻어진 씨(보아스)가 다시 뿌려지고 여기서 하나님 나라의 새 제도에 뽑힐 수 없는 뿌리가 내려짐을 소개한다. 이 두 경우에 나타나는 새 제도에 대한 소망은 이스라엘이라는 인간의 본성이 변할 수 없음에 대한 비판력이 사라졌기 때문이라고 볼 수는 없다. 본문은 이런 기조에 선 이전의 맥락과 대조됨으로써 건전한 견제를 이룬다. 새 제도에 대한 기대는 할 수 있으나 지나친 기대는 말아야 한다. 아무래도 제도는 인간이 만든 것이며 인간이 어떻게 언약적으로 신실하게 행동하느냐에 따라서 결과는 달라지는 것이기 때문이다. 하물며 이스라엘이 범죄 함 가운데 요구한 제도에는 더할 것이다. 이런 왕 제도에 대한 소극적인 기대라는 측면에서는 이 본문은 철저히 신명기적이라고 할 수 있다(신 17:14~20).

이제 이 두 경우 모두에서 우리는 본문의 의미를 잘 정리해야 할 것이다.

즉 왕 제도에 대한 요구는 이스라엘 편의 범죄의 결과였지만 하나님의 언약적 자비로 허용되었다. 이런 의미에서 어느 정도 기대는 해도 될 것이나 궁극적인 문제는 이스라엘, 인간들 자체 속에 있다. 결국 제도에 의존한 결과는 이스라엘의 멸망으로 이어질 것이다. 그러나 여기에 대역전 드라마가 숨겨져 있다. 즉 이스라엘의 범죄의 결과로 요구된 왕 제도라 할지라도 그것을 허용하신 자비로운 언약의 하나님은 왕 제도로 진행된 500여 년의 이스라엘 역사가 비록 실패로 넘어가도 그 자비의 손길을 놓지 않을 것이다. 인간이 만든 왕 제도에 할례를 베풀고 거룩하게 해서 사용하시는 하나님은 그것을 다시 당신의 나라를 완전하게 인도하는 도구로 쓰실 것이다. 바로 다윗의 그 한 후손이 영원한 왕으로 일어나면 완전한 하나님의 나라는 설 것이다. 이런 것을 명확하게 바라보지는 못했지만, 언약적 자비의 하나님을 신뢰한(영감받은) 역사가는 예루살렘 성전이 파괴되며 이스라엘이 포로가 된 후에도 여호야긴 왕의 재등극을 일말의 소망으로 삼고 가장 마지막에 기록하는 용기를 발휘한 것이다. 이 더 큰 은혜의 승리를 우리는 이제 보고 누리고 있다.

이제 다시 본문으로 돌아가 보자. 하나님이 준비하신 첫 번째 은혜의 승리, 즉 죽어가던 베냐민 지파의 씨가 엉터리 같은 밭(약탈한 여인들)에서 난 아이를 새 제도의 첫 지도자로 세우는 환희를 우리는 이 본문에서 본다. 그러나 이제 곧 그렇게 부어진 은혜는 사울의 범죄로 곧 쏟아버려질 것이다. 또 하나님은 더 큰 두 번째 은혜의 승리의 보자기로 당신의 언약 백성을 감쌀 것이다. 이것이 다윗을 통한 왕 제도를 견고히 하는 것이다. 이 본문은 이런 상황 속에서 새 제도가 만들어진 것에 대한 '크게 기뻐함'(11:15)을 어느 정도 인정하고 즐기지만, '너희와 너희 왕이 다 멸망하리라'(12:25)의 섬뜩한 경고로 헛되게 부풀 수 있는 거짓 소망의 풍선을 터뜨리려고 침을 놓으려는 모습을 보인다.

# 본문 주해

## 1. 인정받는 사울: 새 지도자의 권세(또는 권능)를 위해서 하나님이 일으키신 사건(11:1~13)

먼저 10장과의 관련 속에서의 11장을 살펴보자. 앞에서 언급한 것처럼 10장까지는 사울이 왕이 되기에 필요한 요소들이 만들어져 갔다. 이제 남은 것은 사울이 실제적으로 백성의 지도자로 인정받는 것이었다. 왜냐하면 이런 과정을 거쳤음에도 그를 왕으로 인정하지 않는 백성들이 있었기 때문이다(10:27). 즉 사울은 왕으로서의 권위를 공적으로는 인정받았으나 지도자로서의 실제적 카리스마인 권세(또는 권능)를 가졌는지는 증명되지 않았다. 그런데 이런 긴장이 11장에서는 완벽히 해소되었다. 10:27에서 보인 사울의 잠잠함은 이제 이 사건이 벌어졌을 때의 사울의 사자후(11:7)와 완전한 대조를 이룬다. 사울 자신이 원한 권위가 아니라 하나님이 인정하신 권위를 세우시는 과정에서, 사울이 드러내지 아니하고 침묵할 때에 하나님이 일으키신 사건을 통하여 자연스럽게 그 권위를 인정받도록 하셨다. 그러나 이것은 그의 생애의 후반부에 정반대로 나타난다. 그는 왕으로서의 권위를 인정받기 위해(신접자에게 호소할 정도로) 절규를 하며 인간적 노력을 쏟지만 아들과 함께 비참한 죽음을 당할 때 침묵이 요구된 것과 완전한 대조를 이루는 것이다.

### 1) 전환점이 된 사건과 상황: 길르앗의 야베스를 침공한 암몬(1~5절)

요단 동편 이스라엘의 형제 국가인 암몬은 이스라엘과 항상 애증 관계를 유지하였다. 그들이 강할 때에 먼저 건드릴 수 있는 영역은 요단 동편에 있는 이스라엘 지파들이었다. 암몬의 수도 랍바암몬(Rabbahammon)은 요단 동쪽의 이스라엘의 중심부인 갓과 르우벤 사이의 동쪽에 위치하였다. 이스라엘은 북쪽에서 남쪽으로 므낫세 반 지파, 갓 지파, 르우벤 지파로 나누어져 있는데, 그중에서도 가장 북쪽 변두리에 있는 므낫세의 길르앗 야베스를 공격해 들어갔다. 암몬은 이스라엘이 가나안 정복 때에 이웃해 있는 헤스본 왕

시혼의 땅을 차지한 것에 대해서 늘 역사적인 부담을 안고 있었다. 그들은 입다가 사사가 되었을 때에 침공하여 길르앗이 자신의 땅임을 주장하고 전쟁을 일으켰다(삿 11장). 이제 다시 나하스라는 강하고 야심찬 지도자가 나타나서 다시 전쟁을 벌인 것이다.

그러나 암몬 지도자의 야심은 단지 이 지역에만 있는 것이 아니라 이스라엘 전체에 수치를 주는 것을 목적으로 하고 있었다. 작은 지역을 완전히 점령함으로써 전쟁의 의사가 이스라엘 속에 있는지를 알아보고 심리적으로 우위를 점하려는 전략이었다(11:2). 야베스의 사자들이 나가서 강대국-약소국 간의 불평등 조약(suzerainty treaty)을 맺고 조공을 바치려고 작정하였으나, 야베스 사람의 눈을 빼어야 조약을 맺는다는 가혹한 조건을 내세움으로써 이스라엘에게 수치를 주려고 한다는 것을 공공연히 선포하였다

그 결과 이것을 야베스 안에서 처리할 수 없게 되고 자연히 이스라엘 공동체 전체에 알려질 수밖에 없었고, 당시 공적 왕으로 세워진 사울에게 보고할 수밖에 없었다. 이때의 사울은 그야말로 밭에서 소를 모는, 아직까지는 왕으로서의 공적인 모습이 아닌 목자의 모습만을 보일 뿐이었다. 백성의 통곡과 그 사유를 들은 사울은 크게 분개하여 하나님 나라를 위해서 드디어 자신의 일을 할 수 있게 된 것이다.


2) 하나님이 처리하신 하나님의 사건(6~11절)

이 사건은 진정으로 하나님께서 일으키신 사건이라는 점이 처음부터 명백하게 나타났다. 나하스는 하나의 도구였을 뿐이다.

먼저, 사울이 반응한 행동은 그가 경험하였던(10:9~13) 하나님의 신에 다시 크게 감동되는 것이었다. 그 결과 사울의 노가 크게 일어난다. 그리고 결단성 있는 행동을 하였다. 그는 공동체의 단결을 요구하는 표로 각을 뜬 소의 조각들을 각 지파에 보냈다. 그리고 드디어 자신을 사무엘의 앞에 과감히 내세웠다. "누구든지 나와서 사울과 사무엘을 좇지 아니하면"(7절).

이어서, 하나님 나라를 위한 '거룩한 전쟁'(holy war)에 주시는 '하나님을

두려워함'(פחד YHWH파하드 야웨)이 백성들 마음속에 임하였다(G. V. Rad, 대하 14:13; 17:10; 20:29; 렘 42:5). 그 결과 그들은 한 사람같이 사울에게 나아왔고 야베스의 요단 맞은편에 있는 베섹에 모였다. 그들은 하나님의 시간을 과감히 결정하였다. "내일 해가 더울 때에 너희가 구원을 얻으리라"(9절)고 야베스의 사신들에게 약속을 하였다. 그리고 새벽에 삼대를 나누어 요단을 건너고 약속한 대로 해가 더울 때까지 야베스를 포위한 암몬을 쳐서 완벽한 승리를 거두었다.

### 3) 드러난 지도자의 도량(12~13절)

여기에서 드디어 사울은 새 지도자로서의 자신의 권위를 완전히 세우게 된다. 사건이 진행된 형태가 특이하다. 백성들은 아직까지 사무엘을 최고의 지도자로 생각하고 있었고 그래서 그들은 사무엘에게 물었다. "백성이 사무엘에게 이르되"(12절). 그러나 우리는 사무엘의 대답이 아니라 사울의 대답을 대신 듣는다. "사울이 가로되"(13절). 그리고 그가 큰 도량을 가진 사람임을 알게 된다. "이날에는 사람을 죽이지 못하리니"(13절).

### 4) 설교를 위한 적용

#### (1) 하나님이 세우신 지도자

이 사건은 그 자체로 의미 있는 것이 아니다. 암몬에게서 이스라엘이 승리를 쟁취하는 것이 최종 목적이 아닌 사건이다. 미루어 두었던 최종 목적은 사울이 실제적인 카리스마를 지닌 지도자로 백성에게 인정받는 것이었다. 그러므로 이 사건은 철저히 하나님이 일으키신 사건이고 암몬의 지도자 나하스의 야심은 이것을 이루는 수단에 불과하였다. 뿐만 아니라 그 과정도, 그 결과도 완벽히 하나님의 시간에 만들어졌다.

### (2) 소박한 지도자상

진정한 지도자의 모습을 이 본문은 보여 준다. 사울은 왕으로서의 외적인 권위를 내세우기 위하여 어떤 작업을 하지 않았고, 그저 현재의 모습대로 목축하는 것을 유지하였다. 다만 그는 하나님이 일으키신 사건이 일어나자 하나님의 영에 감동되었고, 그에 맞는 행동으로 소들을 각 떠서 공동체 전체에 보내는 과감한 일을 하였다. 그리고 승리 후에 절제되지 못한 모습이 아니라, 넓은 도량의 지도자임을 보였다. 그러나 그가 이런 소박한 지도자상에서 벗어나 인위적인 방법으로 권위를 유지하려고 했을 때에 정반대의 비참한 경험을 한 것은 이것과 완전한 대조를 이룬다. 하나님이 세우신 지도자는 하나님 방식의 지도자로 머물러야 하는 것이다.

## 2. 옛 제도의 종언과 옛 지도자의 은퇴와 길갈 언약(11:14~12:25)

이 본문을 일반적으로 고별 설교라는 하는데, 이것을 모세나 여호수아의 은퇴식과 비교하기도 한다. 그러나 신명기에 나오는 것도 단순한 모세의 고별 설교가 아니라 모압(세겜)에서의 언약 갱신이었고[12] 여호수아서의 내용(수 23~24장)도 단순한 여호수아의 고별 설교일 뿐 아니라 세겜에서의 제2차 언약 갱신인 것이다.[13] 이제 이 본문의 주제도 단순한 고별 설교가 아니라 새 제도의 출범과 함께하는 길갈에서의 언약 갱신임이 명백해진다. 이것을 위해서 이 본문과 명백한 관계를 맺는 여호수아 23~24장과 비교하는 것이 필요하다.

### 1) 미완의 예식이 드디어 완성되다(11:14~15; 10:17~27)

사무엘이 사울을 왕으로 세우는 미스바에서의 공동체 회집은 미완성으로 끝났다. 모든 백성들이 그가 선정됨에 동의하는 것은 아니었기 때문이다. 그러나 이제 그 긴장은 사라지고 한 사람도 사울의 왕됨에 이의를 달지 못하였다. 이제 사무엘은 그 예식의 마지막 점을 찍는 행사를 하도록 이스라엘 공동체를 다시 길갈로 불러 모은다.[14] 그래서 이미 10장의 회집에서 사울을 왕으로 삼았으나 이제 명실상부하게 왕으로 삼는 행사를 하는 것이다. 그때에 드려지지 못했던 화목제를 드리고, 언약 갱신 축하 피로연을 행하였다

2) 유사한 역사적 본문(수 23~24장, 여호수아의 은퇴와 세겜에서의 제2차 언약 갱신)
　　과의 비교에서 나타난 특징
여러 면에서 유사성이 드러나는 이 두 본문을 비교하면서 그 의미를 더 명백하게 살펴보자.

(1) 새로움의 허무함
먼저, 두 본문은 하나님 나라가 새로운 전환점에 섰을 때를 보고한다. 여호수아 23~24장은 이제 이스라엘이 가나안 정복을 끝내고 정착 생활에 들어가면서 일어난 새로운 세대교체를 보고하는 것이다. 마찬가지로 사무엘상 12장은 하나님 나라가 이제 새로운 차원으로 옮겨가면서 새 제도(왕 제도)를 구비하는 사건을 보고하는 것이다. 그렇지만 두 본문은 새로운 제도가 주어지고 새로운 시대가 열렸다고 흥분하지 않는다. 오히려 그 속에서 진정으로 문제되는 것은 언제든지 중요한 인간 자신인 것을 명백하게 한다. 그래서 새 제도, 새 시대를 맞이하여 오히려 역사가 부정적으로 흘러가서 결국에는 이스라엘이 망할 수밖에 없음을 말한다(수 23:13; 24:19~20; 삼상 12:25). 해 아래 새것은 없고 언제나 헌 인간들만이 있을 뿐이다.

(2) 이중 구조: 개인적 차원의 권면(보고)과 공동체적 언약 갱신
이 두 본문은 지도자의 개인적 차원과 공동체적인 차원에서의 처리라는 이중 구조를 지니고 있는 공통점이 있다. 여호수아 23장에서 여호수아는 개인적 차원에서의 은퇴 설교를 하고 있는 것과 같이(수 23:14 "보라 나는 오늘날 온 세상이 가는 길로 가려니와"), 사무엘상 12:1~5에서 사무엘은 개인적인 차원에서 오해받을 수 있는 것을 명백히 청산한다. 자신의 아들들이 청렴하지 못했으므로 생길 수 있는 오해의 한 점이라도 있으면 해결하려고 한 것이다(삼상

8:1~3). 그리고 자신에게 죽음이 찾아오기까지 이스라엘을 향한 기도를 멈추
는 죄를 범치 아니할 것을 약속하였다(삼상 12:23).

그러나 곧 이어서 여호수아는 여호수아 24장에서 이스라엘을 세겜에 불
러모아 제2차 세겜 언약을 맺게 했듯이, 공동체적인 차원 즉 이스라엘의 언
약 갱신으로 나아간다. 물론 여기서 언약 갱신의 구체적인 모습이 다 명백히
드러나는 것은 아니지만, 앞에서 지적했듯이 그 실제적인 모습을 여러 면에
서 찾을 수 있다.

### (3) 역사를 통한 교훈

언약 갱신에서 과거 역사의 회고는 아주 중요한 과제였다. 그 회고는 근
본까지 올라가는 것이었다. 즉 족장에서부터 애굽 생활, 그리고 광야 생활에
서 정착 생활까지 포괄한다. 최근의 전투, 여호수아 24:9에서는 모압 왕 십
볼의 아들 발락과의 싸움이, 그리고 여기에서는 암몬 왕 나하스와의 전투(삼
상 12:12)가 생생하게 서술되고 있다. 이 서술에서의 핵심 내용은 모든 것은
하나님이 하셨다는 것이고 이스라엘이 한 것이라고는 범죄와 하나님의 심
판에 부르짖음 밖에 없다는 것이다. 이런 두 본문의 역사적 회고의 궁극적
목적은 근본적으로 연약하고 악한 이스라엘의 심성 자체를 드러내고 겸손
하게 역사 속에서 행하도록 만드는 것이었다. 결국 이 두 본문에서 백성들이
모두 겸손하게 되었다(수 24:21, 24; 삼상 12:18~19). 사무엘상 12장에서는 이스
라엘이 왕을 구한 범죄를 고백하는 데까지 내려갔다.

### (4) 자비로운 언약의 당사자이신 하나님만 섬기라

이런 교훈의 궁극적인 목적은 언약의 하나님을 떠나지 말고 계속해서 언
약의 대상으로 섬기는 것이다(수 24:16~18; 삼상 12:20). 또한 모든 종류의 우상
과 헛된 것들을 섬기지 말아야 할 것이다(수 24:2, 14, 15 강 저편의 신들, 애굽의 신
들, 아모리인들의 신들; 삼상 12:21 유익하게도 못하며, 구원하지도 못하는 헛된 것). 다만
여호수아의 경우에는 우상을 섬기는 것들에 대해서 강력히 경고하나, 여기

서는 여호와가 왕이 되심에 대한 부인의 죄가 얼마나 큰가를 말한다.

### (5) 언약적 저주 선포

이어서 두 본문에서 언약의 하나님은 축복도 준비하시지만 특별히 언약적 저주를 명백하게 시행하실 것임을 두 본문에서 모두 강조적으로 표현하고 있다(수 24:19~20; 삼상 12:15, 25).

### (6) 언약 갱신 예식(제2차 세겜 언약/길갈 언약)

두 본문에서 언약 갱신 예식이 드러나는데, 모두 예식적 차원보다 설교적 차원이 강조되었다. 다만 사무엘상의 경우는 11~12장을, 10장의 미완의 예식을 완성하는 차원에서 보아야 하는 특이점을 고려하여야 할 것이다. 이미 사무엘상 10:25에서 왕 제도 형성을 위한 법체계가 사무엘을 통해서 주어졌고, 그것이 언약문서로 기록되었다.

사무엘상 11:14~15에서 화목제를 드리는 언약 제사가 드려졌고 크게 기뻐하는 언약의 피로연이 행해졌다. 그리고 언약의 역사적 서언(historical prologue)과 함께 축복과 저주를 실제적으로 선포하였다. 이는 여호수아 24장과 같이, 언약 갱신 예식의 차원을 드러낸다. 백성들이 공적으로 회집되었다(수 24:1 "하나님 앞에 보인지라"; 삼상 12:7, 16 '가만히 섰으라'). 여기서 두드러지고 여호수아서에서 약하게 표현된 것(수 24:1 "하나님 앞에")은 언약 당사자의 만남인 신현을 경험하는 것이다(삼상 12:16~18). 그 이유는 여호수아서의 경우 백성들이 특별히 범죄 한 것은 없으나, 여기서는 백성들이 자신들의 심각한 범죄를 인식하게 하는 의미에서 하나님이 자연 현상을 사용하신다. 밀 베는 때는 이스라엘의 건기에 해당하는 데 이때에 우레와 비가 내리는 것은 있을 수 없는 일이다. 그런데 하나님이 살아 있는 언약의 하나님이심을 이스라엘에게 명백히 보이는 것이 필요했기 때문에 그러한 자연 현상을 보이신 것이다.

3) 설교를 위한 적용

하나님 나라를 위하여 새 시대의 문을 열거나 새 제도의 시행에는 언약 갱신이 필요하다. 제도와 시대는 바뀌어도 하나님과 이스라엘의 언약 관계는 늘 새롭게 동일해야 할 것이기 때문이다. 그런데 그 언약 갱신은 그 당시의 상황이 요구되는 것에 강조점을 둘 수밖에 없다. 이 본문에서는 제도에 소망을 걸고, 그것이 무슨 구세주라도 되는 것처럼 여겨질 때에 헛될 수밖에 없음을 궁극적으로 강조해야 할 것이다. 언약 갱신의 5대 요소는 모두 필요하다. ① 언약 당사자의 쌍방 정의, ② 언약 당사자의 직접 대면, ③ 언약법의 수여와 설명, ④ 언약 체결 예식, ⑤ 언약 체결 축하 피로연. 이 가운데 무엇이 어떻게 필요한가를 아는 것은 각 시대의 지도자가 판단할 몫이다. 이 점에서 여호수아와 사무엘은 탁월하게 성공하였고 후대의 지도자들에게 새로운 지혜를 배우도록 이 본문을 통해 권면하고 있다.

# 0**6**

# 하나님의 마음에 합한 자와
# 사람의 눈에 합한 자

사무엘상 13~16장 주해와 적용

## 본문의 개요: 신학적 주제

### 1. 사울을 버리심과 다윗을 택하심: 중심을 보시는 하나님

성경에 나오는 여러 가지 제도 가운데 이스라엘의 역사에 많은 영향을 준 제도 중의 하나는 왕정 제도이다. 실로 왕정 제도는 온 이스라엘에게 축복의 통로이자 재앙의 원인을 제공함으로써 이스라엘 백성의 운명과 깊은 관련을 가지고 있었다.

사실 사무엘서의 저변에 깔려 있는 배경(*Sitz im Leben*)을 규정하고 그 본질에 대한 정의를 내리는데 있어서는 학자들끼리 논의가 다양하지만 사무엘서의 다윗 왕정 옹호적 성격은 오래 전부터 지적되어 왔다. 사무엘서는 다윗과 그의 집안을 하나님이 선택한 왕정으로 소개하고 있다. 사무엘서는 다윗의 인간으로서나 왕의 직무를 감당하는데 있어서의 잘못된 점을 지적하는데는 전혀 주저하지 않는다. 그러나 많은 약점과 실수에도 불구하고 다윗이 야웨께서 선택하신 왕이라는 주제는 사무엘서 전체를 통해 변함없이 흐르는 확신이다. 그러나 문제는 다윗은 이스라엘의 첫 번째 왕이 아니라 사울에 이어 아니 정확하게 이야기 하자면 사울의 아들로서 잠시 북쪽 지방을 통치했던 이스보셋에 이어 이스라엘을 통치한 왕이었다는 점이다. 그러므로 사울 가족과 직접적인 혈통적 연관이 없는 자로서 사울의 왕위를 이어받은 다윗은 자신의 왕위의 정당성을 이스라엘 백성들에게 설명할 필요성이 생기게 되었다. 다시 말해 사무엘서는 왜 첫 번째 왕이었던 사울이 계속해서 왕이 되지 못하고 다윗이 계속적인 왕조를 약속받았는지를 설명할 필요가 있었다. 위의 문제에 대해서 사무엘서는 사울은 사람의 눈에 합한 자로서 사람의 뜻을 하나님의 말씀보다 더욱 의지함으로써 하나님께 버림받았으며 다윗은 사람의 눈보다는 하나님의 마음에 합한 자로서 사람의 뜻보다는 하나님의 뜻에 순응하였음으로 하나님께 영원한 왕조를 약속받았다고 전해 주고 있다. 사실 이스라엘의 왕은 하나님의 율법 아래 있는 자로서 중요한 결정을 내려야 할 상황에서 사람의 판단에 의지할 것이 아니라 마음에 의지하는 하나님의 판단을 의지해야 했다.

사무엘상 13~16장은 구체적으로 사람의 판단 기준에 의지했던 사울이 어떻게 하나님께 버림받게 되었으며 사울을 대치할 하나님의 마음에 합한 자로서 다윗이 어떻게 선택되었는지를 보여 주고 있다.

사무엘서는 먼저 이스라엘 왕정의 시작 배경에서부터 사울과 다윗의 비교를 시작한다. 사무엘서 이전의 사사기는 사사 시대의 중앙 통제력 부재가 여러 가지 문제들을 촉발시켰음을 알려 주고 있다. 우선 외부의 군사적 위협을 효과적으로 대응할 수 없는 모병이 잘 되지 않았다. 그 예로 드보라 사사 때에는 열두 지파 중 여섯 지파만이 전쟁에 참여하였고, 입다 당시에는 에브라임 지파가 참여하지 않았다. 또한 중앙 통제력의 부재는 사사기 19장에서 나타나는 바와 같이 이스라엘 지파 내에서의 갈등을 효과적으로 통제하지 못하였다. 특히 철기로 무장한 블레셋의 위협은 그동안 이스라엘 백성이 경험했던 위협과는 비교가 안 될 정도로 강력한 것이었다. 삼손의 부분적인 성공은 블레셋의 위협을 더욱 가중시켰다. 결국 하나님의 임재를 상징하였던 법궤를 블레셋에게 빼앗기는 사건까지 발생하게 되었다. 법궤까지 탈취 당하자 이스라엘 백성들은 외부의 군사적인 위협을 효과적으로 대처할 방법으로 왕정을 요구하게 되었고, 결국 하나님은 사울을 그들의 왕으로 허락하게 되었다. 그러나 처음부터 하나님의 경고를 무시한 백성의 요구로 인해 왕으로 옹립되었던 사울은 하나님의 말씀보다는 백성의 뜻에 더 많은 영향을 받게 되었고 이것이 그가 하나님께 버림받은 결정적인 이유였다. 그리고 그를 대신하여 사람의 눈이 아니라 하나님의 마음에 합한 다윗을 택하는 장면이 13~16장에서 소개되고 있다.

### 2. 고대 이스라엘 왕정 초기의 왕의 직무

사울과 다윗을 비교함에 있어서 사무엘서는 고대 이스라엘 왕정 초기의 왕의 직무를 그 기준으로 사용한다. 고대 이스라엘의 왕은 이스라엘의 사사가 가지고 있었던 직무를 이어받았다. 이스라엘의 사사들에게는 두 가지 주요 직무가 있었다.

첫째는, 군대를 인도하여 이스라엘을 외부의 침략자나 적들로부터 구해 내는 것이었다. 사사기 2:16에는 "여호와께서 사사를 세우사 노략하는 자의 손에서 그들을 건져 내게 하셨으나"라고 쓰여 있고, 사사기 3:10은 "여호와의 신이 그에게 임하셨으므로 그가 이스라엘 사사가 되어 나가서 싸울 때에 여호와께서 메소보다미아 왕 구산 리사다임을 그 손에 붙이시매 옷니엘의 손이 구산 리사다임을 이기니라"고 언급하면서 군사적 지도자로서의 사사의 직무를 소개하고 있다.

둘째는, 이스라엘인들 사이의 화합을 유지시키는 재판관으로서 사회적 갈등에 대한 법적 판결을 내리는 재판관의 역할을 감당했다(참고 삿 4:5; 삼상 7:15; 삼하 15:4). 즉 사사는 전쟁에서의 지도자였으며 평화 시에는 질서를 유지시키는 재판관의 역할을 감당했다. 따라서 사사의 직무를 이어받은 이스라엘의 왕들도 전쟁에서는 전쟁 지도자로서 이스라엘을 승리로 이끌어야 했으며, 그의 통치 가운데 하나님의 백성들로 하여금 하나님의 율법을 지키게 하는 의무가 있었다.

이스라엘 왕이 이 두 가지 직무를 어느 정도 감당하느냐에 따라서 왕의 평가가 달라졌다. 이 두 가지 직무를 수행하는 능력은 사울과 다윗, 사울의 아들인 요나단과 다윗을 비교하는 데 중요한 자료로 사용되고 있다.

### 3. 버림받은 자의 아들이요 택함 받은 자의 친구로서의 요나단

사울 집안의 버림받음과 다윗의 선택을 살펴보는데 있어서 사울의 아들이요 다윗이 왕위를 이어받는데 결정적인 역할을 한 요나단에 대해서 살펴볼 필요가 있다. 사무엘서의 등장인물 중에서 요나단은 하나님으로부터 버림받은 왕의 아들이자 하나님께 선택받은 왕의 친구로서 그 역할이나 인물묘사에 있어서 매우 복잡한 해석을 필요로 한다.

이스라엘 역사에 있어서 유력한 인물인 사무엘, 사울, 다윗과 같은 시기에 살았던 요나단은 이들 세 영웅 사이에 일어난 권력 이동에 있어서 매우 중요한 역할을 감당하였다. 사무엘서에 묘사되고 있는 요나단은 다윗과 절친한 친구라는 것 이외에 사울과 다윗 사이의 중재자였고, 사울의 아들로서 왕위가 사울에게서 다윗으로 옮겨가는데 제일 중요한 역할을 감당했다. 이런 중재자의 역할을 감당하기 위해 종종 요나단은 사울과 동일시되거나 그를 대치하였다고 평가되어 왔다.

학자들은 흔히 사무엘상 13~14장에서 사울이 몰락하는 반면 요나단이 부각된다는 평가를 내려왔다. 여기서 한 가지 의문이 생긴다. 왜 요나단은 자신의 아버지가 몰락하는 가운데 부각되고 있는가? 이 의문의 답은 사울과 다윗 사이의 중재자로서의 요나단의 역할 속에서 찾을 수 있다. 요나단을 매개로써 왕위를 사울에서 다윗으로 옮기려고 한다면 성경은 우선 사울의 확실한 후계자로서의 요나단의 입지를 굳힐 필요가 있다. 그리고 때로는 사울을 대신할 수도 있는 존재로 묘사할 필요가 있다. 요약하면 사무엘상에서 요나단은 사울과 다윗 사이의 왕권 이동에 있어서 중재자 역할을 성공적으로 수행하기 위해 사울이 몰락하고 있는 가운데 부각되어야 했던 인물이다.

그러나 버림받은 왕의 후계자인 요나단을 항상 긍정적으로 묘사하는 일방적인 평가는 독자들을 혼란스럽게 하였다. 요나단이 그렇게 긍정적인 인물이라면 왜 하나님은 요나단을 왕으로 세우지 않으시고 다윗을 왕으로 선택하셨을까? 그동안 이 질문의 대답이었던 요나단이 버림받은 사울의 아들이라는 사실은 의문을 완전히 제거해 주지는 못한다.

성경의 인물에 대한 현대의 평가 속에서 과실이 언급되지 않는 사람들이 거의 없다. 직접적이든 간접적이든 족장들이나 족장의 부인들을 비롯해 모세, 아론, 다윗, 솔로몬 같은 성경 속의 위대한 인물들은 하나같이 잘못을 지적받고 있다. 그러나 현대 주석서들은 요나단에게만은 호의와 연민을 갖게 한다. 현대의 평가 속에서 요나단은 확실한 과오 없이 이 세상을 살다간 양보심 많은 의인으로 묘사된다. 특히 사람의 과오에 대해서는 그가 어떤 사람인지를 막론하고 그의 잘못을 적나라하게 지적했던 성경 저자의 경향으로 볼 때 요나단에 대한 현대의 평가는 과히 특이한 경우이다. 그렇다면 '과연 요나단은 무오한 사람이었는가?' 성경은 이 질문에 대해 분명하게 아니라고 전한다. 특히 성경은 다윗과의 왕으로서의 자질 비교에 있어서 요나단의 열등함을 확연히 드러내고 있다. 다윗과의 우정과 하나님의 뜻에 순종하여 자신에게 주어질 왕위를 다윗에게 양보한 것 때문에 요나단은 대부분의 학자들에게 긍정적으로 평가를 받아왔다. 그러나 아이러니하게도 요나단이 따르고자 했던 하나님의 뜻에 의하면 요나단은 버림받은 왕의 아들로서 왕이 될 수 없었다. 그러므로 성경은 앞에서 살펴본 이스라엘의 왕이 가지는 두 가지 중요한 직무를 수행하는데 있어서 요나단이 적합하지 않은 성품을 가졌음을 간접적으로 나타내고 있다.

특히 사울 집안의 몰락을 묘사하고 있는 13~14장에 나타나는 요나단을 아직 등장하지도 않은 다윗의 친구로서가 아니라 지금 하나님께 버림받고 있는 사울의 후계자로서 다윗의 왕위의 있어서의 제일 강력한 라이벌로 이해하는 것도 의미 있는 일이라 할 수 있다. 더 나아가 사울에 대한 버리심이 언급되고 있는 13:13~14과 15:26~28에 의하면 사울에 대한 하나님의 버리심이 사울에게만 한정되는지 아니면 그의 자손들까지 포함되는지가 확실하지 않다. 20:30~31까지의 요나단에 대한 사울의 책망에 근거한다면 적어도 사울은 하나님의 저버리심이 자신에게만 한정된 것이요 그의 아들 요나단이 왕위를 계승하기를 희망했다고 볼 수 있다. "이새의 아들이 땅에 사는 동안은 <u>너</u>(요나단)<u>와 네 나라</u>(요나단의 나라)가 든든히 서지 못하리라 그런즉 이제 보내어 그를 내게로 끌어오라 그는 죽어야 할 자니라"(20:31). 이러한 사울의 바람은, 다윗이 등장하는 16장 이전까지의 요나단의 모습이 다윗의 친구로 서가 아니라 사울과 같이 버림받은 왕조의 후계자로서 평가받아야 한다는 필요성을 드러내고 있다.

그러므로 사무엘서는 사울뿐만 아니라 그의 후계자였던 요나단의 실수를 통해 왜 사울의 집안이 왕조를 형성할 수 없었고 다윗이 선택받게 되었는지 보여 주고 있다.


## 사울과 요나단의 첫 번째 실수: 사람의 눈에 합한 자들(삼상 13장)

백성들의 요구에 의해 선택된 후 하나님의 말씀보다는 백성의 목소리를 청종하다가 하나님께 버림받은 사울을 13~15장에서 보게 된다. 사울을 왕 으로 옹립할 때처럼(9~11장) 이번에도 결정적인 역할을 수행한 사람은 사무 엘이다.

백성들의 요구에 따라 세워진 사울이 하나님께 버림받게 되는 첫 번째 사 건이 13장에 언급되고 있다. 사울 집안의 첫 번째 실수는 사울이 백성들에 의해 왕으로 선택된 가장 큰 이유였던 전쟁 때 나타난다. 이스라엘 왕정의 일차적인 목적은 블레셋과의 전쟁에서 승리하는 것이었다. 따라서 왕이 이 것을 효과적으로 수행하는지 못하는지는 그의 통치의 성공과 실패를 결정 하게 된다. 실제로 사울이 왕으로서 백성들에게 칭송을 받는 모습은 이방인 들과의 전쟁에서 승리를 가져오는 모습이었다(11:12~15). 그러나 백성들에게 왕으로서 인정받은 것이 전쟁에서였듯이 그가 하나님께 버림받는 것도 전 쟁이었다.

이스라엘 왕정 초기에 이스라엘의 왕이나 왕이 되고 싶은 사람은 전쟁터 에서 그의 능력을 증명해야만 했다. 고대 근동에서 왕은 군사적 위기에서 그의 백성들을 구해 낼 지도자로서의 의무를 가지고 있었다. 사무엘서에서도 군사적 지도자로서의 자질은 왕으로서 사울과 다윗을 평가하는데 중요한 근거였다.

이것은 왕으로 기름 부음 받은 자가 그의 군사적 능력을 검증받아야 했다는 점에서도 강조된다. 사실 블레셋의 군사적 위협은 초기 이스라엘의 왕정이 세워지는 데 결정적인 역할을 했다. 최근의 인류학적 논의들은 이스라엘에 국가가 생기게 된 배경을 단순히 블레셋의 군사적 위협으로만 보는 데에 많은 의문을 제시하고 있다. 그러나 비록 군사적인 위협이 이스라엘 왕정형성의 유일한 이유는 될 수 없어도 중요한 이유였음에는 틀림없었고 이에 따른 왕으로 기름 부음 받은 자의 군사적 자질은 초기 이스라엘 왕정 시대에 왕을 평가하는데 중요한 요소였음을 부인할 수 없다.

왕으로 기름 부음 받은 자로서 사울과 다윗은 사무엘상에서 군사적인 승리를 통해 자신들이 왕의 직무에 적합한 자임을 증명해야 했고 그런 후에야 공식적으로 왕위에 오를 수 있었다. 사울과 다윗이 왕으로 세워지는 과정을 살펴보면 초기 이스라엘 왕정에서 왕을 세우는 데에는 세 단계가 있었음을 알 수 있다. 첫 번째 단계는 왕으로서 기름 부음을 받고, 두 번째 단계는 군사적인 행동을 통해 자신이 왕으로서의 직무를 충분히 감당할 수 있음을 증명하고, 마지막 단계는 공식적으로 등극하는 순서이다. 다윗도 사울과 똑같이 기름 부음을 받아 하나님의 신을 입은 다음에(10, 16장) 전쟁을 통해 군사적 지도자로서의 자질을 시험받았고(11, 17장), 그 이후에야 왕으로 등극할 수 있었다. 이것은 왜 사울이 앞으로 왕이 될 기름 부음 받은 자로 선포된 10장에서 바로 왕으로 등극하지 않고 사무엘이 사람들을 돌려보내고 있는지(10:24~25)에 대한 개연성 있는 해답을 제시해 주고 있다. 더 나아가 그의 초기 활동 속에서 사울은 군사적 지도자로서의 역할을 감당하고 있고, 11:12~15은 이스라엘 백성들이 사울의 전쟁 수행 능력을 보고 그가 이스라엘의 왕으로서의 충분한 자격이 있음을 깨달았다고 밝히고 있다.

이스라엘의 왕이 등극하는 세 단계는 다윗과 골리앗과의 전투 이야기(17

장)가 왜 다윗이 기름 부음을 받은 직후(16장)에 위치하고 있는지에 대한 해답도 제공해 주고 있다. 즉 다윗과 골리앗의 전투 이야기는 다윗이 이스라엘의 왕이 되는데 있어서 기름 부음 받은 자로서의 군사적 능력을 시험하는 테스트로서의 역할을 감당하고 있다고 할 수 있다. 골리앗과의 전투에서 승리했음을 밝힘으로써 성경 저자는 다윗이 여호와와 이스라엘 백성들 모두에게서 왕으로서 자질이 충분한 자임을 밝히고 있다. 또한 왕의 직무 중 가장 중요했던 전쟁 수행 능력은 사울과 요나단에 비해 다윗이 우월했다고 주장하는 중요한 근거가 된다.

이제 사울의 첫 번째 실수가 소개되고 있는 13장부터 자세히 살펴봄으로써 하나님께 버림받은 왕의 집안(사울과 요나단)과 새롭게 기름 부음 받은 왕이 어떻게 대비되고 있는지 살펴보자.

### 1. 요나단의 무모한 용기(1~7절)

사울과 요나단의 첫 번째 실수를 전하고 있는 구절은 블레셋과의 전투를 위한 대치 상황을 묘사하는 것에서 시작된다. 그러나 이 대치 상황은 자신이 행할 것을 가르칠 때까지 7일을 기다리라는 10:8의 사무엘의 명령과 절묘한 긴장 관계를 형성하게 된다. 특히 이 전쟁으로 인해 초래된 위기 가운데 이를 해결하기 위해 모인 장소가 사무엘이 기다리라고 명령했던 길갈이었다는 점은 위의 전쟁 기사가 사무엘의 명령과 무관하지 않음을 보여 주고 있다 (13:4; 10:8).

2절을 살펴보면 이스라엘이 왕정을 요구한 이유 중 하나였던 정규군이 나타나고 있다. 2절에서 묘사되고 있는 군사 3,000명은 전쟁을 위해 소집된 모병군이라기보다는 상비군이라고 할 수 있다. 사울이 이 중 2,000명을 자신의 지휘하에 믹마스와 벧엘에 두고, 나머지 1,000명을 요나단의 지휘하에 베냐민 기브아에 두었다고 한 표현은 요나단이 사울과 공동으로 이스라엘의 군대를 지휘할 만큼의 지위에 이르렀음을 암시하고 있다.

또한 2절에서 이야기하는 군사 배치를 통해 사울이 블레셋을 양면에서 공격하여 물리칠 계획을 세우고 있었음을 알 수 있다. 군사적으로 절대적인 열세에 있었던 사울은 블레셋 진영을 양면으로 공격해서 믹마스 계곡을 점령하려는 전략을 가지고 있었다. 믹마스는 베냐민 지파의 성읍으로 예루살렘 동북쪽 약 12km 지점에 위치해 있다. 특히 이곳은 남쪽으로는 '와디 수웨이닛'이라는 계곡 및 험준한 고개들로 연결되어 있는 군사적 요충지였다. 벧엘산 역시 해발 950m나 되는 고지여서 이들 두 곳에 군사를 배치했다는 것은 사울이 군사적인 열세를 전략을 통해 극복하려고 했음을 알려 준다. 그러나 이런 사울의 계획은 모든 전쟁은 하나님께 속하였다는 이스라엘의 전통 신앙과 비교해 볼 때 하나님께 구하기에 앞서 인간적인 전략을 의지했다는 의심을 떨쳐버릴 수 없게 한다.

한편 많은 학자들은 13장의 전투 장면은 사울이 몰락하고 요나단이 부각되는 내용이라고 이해해 왔다. 그러나 요나단을 다윗의 친구로서가 아니라 버림받은 왕의 후계자로 이해하고 성경을 본다면, 본문에서 왕이 될 후보자로서의 요나단의 자질 부족을 발견하는 것은 어렵지 않다. 비록 하나님이 직접적으로 요나단을 버리셨다는 성경 본문을 찾을 수 없지만 버림받은 왕의 후계자로서 요나단―특히 다윗과 비교해서―은 왕으로는 부족한 사람으로 묘사되고 있다. 학자들은 종종 다윗과 골리앗의 단독 전투 장면이 묘사되고 있는 17장을, 요나단의 불완전한 승리가 묘사되어 있는 13~14장과 대조한다. 왕으로 선택받은 다윗과 버림받은 왕의 후계자인 요나단의 단독 전투에서 상당한 유사점을 발견할 수 있다. 두 이야기 모두 전투 초기에는 이스라엘이 도망하였고(6~7절; 17:24), 그 후 적들이 도망하였고(14:22; 17:51이하), 이스라엘의 승리로 끝나는(14:23; 17:51) 공통점을 가진다. 따라서 이들 두 이야기는 다윗과 요나단의 전투 능력을 비교하는 좋은 자료가 된다. 전투 능력은 이스라엘의 왕이 가져야 할 가장 중요한 자질 중에 하나였으므로 이는 왕이 될 후보자로서 다윗과 요나단을 비교하는 좋은 근거가 될 수 있다. 본문을 자세히 읽어보면, 비슷하게 병행하고 있는 이 두 전투 이야기에서 다윗이 요나단보다 우월하다는 것을 나타내려는 성경 저자의 의도를 찾는 것이 별로 어렵지 않다.

3절에서 특별한 이유가 언급되지 않은 채 수행된 요나단의 블레셋 수비대 공격은 어마어마한 블레셋의 보복을 가지고 왔다. 블레셋 사람들은 타격을 받기보다는 오히려 군대를 정비하고 이스라엘을 공격하게 되었다. 성경은 또한 요나단의 이런 무모한 공격이 양면 공격을 통해 블레셋을 기습 공격하려던 사울의 계획을 무산시켰음을 알려 준다.

더 나아가 13장의 첫 번째 전투에 있어서 블레셋이 베냐민 지파의 땅 중심부에 진을 치고 있었고, 블레셋이 군사를 일으키자 나타난 이스라엘의 반응(6~7절)과 전쟁 도구에 있어서도 블레셋이 압도하고 있었다는 사실(22절)을 고려한다면 과연 이스라엘이 진정으로 전쟁을 원했고 이를 위해 잘 준비하고 있었는지에 대해 의심하게 된다. 만약 이스라엘이 완전한 전면전의 준비가 되어 있지 않았다면 요나단이 아무런 이유 없이 블레셋의 수비대를 공격한 것은 매우 무모한 용기에서 비롯된 것이다.

4절에 따르면 사울이 블레셋 진영을 공격한 것으로 인해 블레셋 사람들에게 가증스럽게 여겨졌다. 그러나 이때 백성들은 잘못된 정보를 가지고 있었다. 거의 모든 주석가들이 제안하는 것과 같이 블레셋 수비대를 공격한 사람은 사울이 아니라 요나단이었다. 사울이 온 땅에 걸쳐 나팔을 불고 전쟁을 선언했기에 이스라엘 사람들은 사울이 블레셋 수비대를 공격한 줄 알고 있었다.

여기서 간과하지 말아야 할 점은 일련의 유사점에도 불구하고 17장의 다윗의 단독 전투와 13~14장의 요나단의 단독 전투 사이에는 뚜렷한 차이점이 있다는 사실이다. 이는 전쟁에서 이스라엘에게 승리를 가져와야 하는 왕으로서의 자질에 있어서 요나단에 대해서 다윗의 분명한 우월성을 나타내고 있다.

요나단이 특별한 이유 없이 블레셋 수비대를 공격함으로써 이스라엘에게 엄청난 위협을 초래했던 사실은 골리앗과 싸울 때 확실한 이유가 있었던 다윗과 분명히 대조된다. 사무엘서는 다윗이 골리앗과 싸우러 나가는 이유에 대해 여호와의 이름을 모독하는 골리앗을 죽임으로써 온 땅으로 하여금 여호와께서 이스라엘과 함께하심을 알게 하기 위함이었음을 확실히 밝히고 있다(17:26, 36, 45~47).

17장에서는 골리앗이 이스라엘 진영을 향해 한 사람을 뽑아 트로이 전쟁에서 파리스와 메네라우스가 벌였던 것과 같이 전쟁의 승패의 결정적인 원인을 제공하는 단독 결투를 벌일 것을 제안했고 이를 다윗이 받아들였다. 그러므로 다윗과 골리앗의 단독 결투의 결과는 전쟁의 승패와 깊은 관련이 있었으므로 다윗이 골리앗을 이긴 것은 이스라엘 진영에 큰 힘이 되었고, 결국 이스라엘은 전쟁에서 승리할 수 있었다.

그러나 요나단의 단독 전투는 오히려 블레셋 사람들의 엄청난 보복과 증오를 가져오게 되었다(4~5절). 이는 전쟁에서 승리를 가져와야 하는 왕의 자질을 고려해 볼 때 왕으로서 요나단의 부정적인 성품과 함께 군사적 리더십에 있어서 다윗이 요나단보다는 월등했음을 보여 주는 확실한 증거를 제공하고 있다.


### 2. 사울의 첫 번째 실수(8~15상절)

요나단의 무모한 블레셋 수비대 공격으로 초래된 블레셋의 공격은 이 공격을 대비하기 위해 번제를 드리는 사울의 첫 번째 실수의 배경이 되었다. 한편 요나단의 첫 번째 전투에서 그의 무모한 용기 이외에 더 큰 실수를 찾을 수 있다. 13장의 전투에서 사울의 수동적인 모습에 비해 능동적인 요나단의 모습을 비교하면서 학자들은 이것이 사울의 몰락과 요나단의 부각을 드러낸다고 해석해 왔다. 그러나 블레셋 사람들이 군대를 모으고 이스라엘과 싸우려고 할 때 사울은 사무엘이 명령한 대로 그를 7일 동안이나 기다리고 있었다(8절). 성경은 제사를 드린 이후 사울의 변명 가운데서도 사울이 10:8의 사무엘의 명령을 되새기고 있음을 언급한다. 본문에 의하면 비록 이것을 끝까지 지키지 못해서 하나님께 버림받게 되었지만 사울은 사무엘상 10:8의 사무엘의 명령에 따라 그를 기다리고 있었다. "사울이 사무엘의 정한 기한대로 이레를 기다리되 사무엘이 길갈로 오지 아니하매 백성이 사울에게서 흩어지는지라"(8절). 블레셋과의 치열한 전투에 앞서서 사울은 전쟁에 나가기 전에 이스라엘 백성이 드려왔던 종교적 의식을 인도할 사무엘을 기다리고 있었다. 사무엘에게 하는 사울의 변명에서 이것을 확실히 알 수 있다.

> "사무엘이 가로되 왕의 행한 것이 무엇이뇨 사울이 가로되 백성은 나에게서 흩어지고 당신은 정한 날 안에 오지 아니하고 블레셋 사람은 믹마스에 모였음을 내가 보았으므로 이에 내가 이르기를 블레셋 사람은 나를 치러 길갈로 내려오겠거늘 내가 여호와께 은혜를 간구치 못하였다 하고 부득이하여 번제를 드렸나이다"(삼상 13:11~12).

사울은 결국 사무엘의 명령을 지키지 못했다. 그러나 이것은 요나단의 특별한 이유 없는 공격으로부터 초래된 블레셋의 공격에 의한 것이었으므로 요나단의 무모한 공격이 사울의 첫 번째 실수에 그 배경을 제공했다는 것은 부인할 수 없다.

요나단이 길갈에서 기다리라고 했던 사무엘의 명령을 알고 있었는지는 알 수 없지만, 요나단 자신이 "내 부친이 대소사를 내게 알게 아니하고는 행함이 없나니"(20:2)라고 말하고 있으므로 사울이 자신과 함께 이스라엘 군대를 이끌 요나단에게 사무엘의 명령을 전했다고 보는 것이 옳을 것이다. 만약 요나단이 사무엘의 명령을 알고 있었다면 그가 블레셋 진영을 단독으로 공격한 것은 매우 큰 과오다(3절). 만약 그가 몰랐더라도 사울이 요나단의 기습 공격으로 기인한 블레셋의 엄청난 위협으로 인해 사무엘의 명령을 어기고 스스로 번제를 드렸으므로 사울이 하나님의 버리심을 받는 데 결정적인 정황을 제공한 사람이 바로 요나단이었다는 지적은 피할 수 없다.

블레셋의 위협 가운데서 사울의 군대는 아직까지 완전한 조직을 갖추지 못하였으므로 사울은 완전한 통제력을 발휘하기 힘들었다. 특히 블레셋의 엄청난 군사력은 이스라엘 백성들로 하여금 두려움에 흩어지게 하였다. 이제 그의 군대를 다시 정비하고 사기를 진작시키기 위해 번제와 화목제로 대표되는 종교 행위를 하기로 결정했다. 구약성경에서 전쟁에 앞서 번제와 화목제를 드리는 것은 전쟁의 승패를 하나님께 둔다는 믿음의 표현으로 나름대로 신중한 종교적 행위였고 아울러 스스로를 하나님의 군대라고 생각하는 이스라엘 백성들에게 종교적 헌신을 강조하는 것은 전쟁 수행에 있어서 매우 중요한 요소로 작용할 수 있었다. 사울 역시 이것을 알고 있었고 희생 제사야말로 승리를 불신하는 군사들을 다시 한 번 뭉치게 할 수 있는 중요한 방법이라고 믿었다. 그러나 문제는 사울에게는 희생 제사를 드릴 권한이 없었다는 점이다.

여기서 사무엘이 왜 정한 기간에 오지 않았는지에 대해서는 확실한 답을 알 수 없다. 그러나 번제 드리기를 마치자 사무엘이 도착했다는 표현은 아직 약속한 7일이 저물지 않았음을 시사한다고 볼 수 있다. 또한 사무엘이 늦은 이유에 대해 성경이 아무런 언급을 하지 않고 있다는 사실은 약속한 시간에 오지 않은 사무엘이 전혀 문제가 되지 않음을 암시하고 있다.

그러나 사무엘에게 제사를 드린 이유를 설명하는 사울은 군대가 흩어지고, 전쟁을 시작하기 이전에 적절한 종교적 행위가 있어야 했고, 사무엘이 도착할 시각이 넘어서(11절), 자신의 판단에 근거해서 부득이 그렇게 행동할 수밖에 없었다고 전하면서 자신의 행동에 대한 정당성을 주장하였다. 사울의 대답의 요점은 자신이 부득이한 상태였다는 점이다(12절).

여기까지의 모습을 살펴본다면 사울에게 동정심을 가질 수 있다. 그는 개인적인 욕심이나 열정으로, 공격적으로 희생 제사를 드린 것도 아니며 의도적으로 옛 제사장권을 가로채기 위하여 그렇게 한 것도 아니었다. 그러나 여기서 간과해서는 안 될 사실은 그가 일반 사람이 아니라 왕이라는 점이고 왕에게는 일반 사람에게 요구되는 것과는 다른 점이 요구된다는 사실이다.

이스라엘은 비록 형식적으로는 왕정을 시작했지만 여전히 본질상으로는 신정 국가(神政國家)였다. 이 사실은 사울의 왕권이 세워지는 때에도 사무엘에 의해 계속해서 반복된 교훈이었다(12:12). 따라서 이스라엘은 아직까지는 왕의 독단적인 판단에 의해서 다스려지는 나라가 아니었다. 왕정과 함께 이스라엘에는 하나님께 드리는 제의를 관장하는 제사장과 하나님의 뜻을 전하는 선지자가 존재하고 있었다. 그러므로 사울은 사무엘의 선지자와 제사장으로서의 역할을 무시해서는 안 되었다. 따라서 그가 제사를 드린 것은 이스라엘의 신정 국가 됨을 부정하는 행위였다.

그는 왕으로서 전쟁에서 이스라엘 백성을 이끌 권한을 가지고 있었으나 제사장으로서의 행위를 할 수 없었다. 그 중요한 기능을 수행할 수 있는 자는 그가 아니라 사무엘이었다. 따라서 그가 번제와 희생 제사를 드리는 것은 당시 왕으로서 주어진 권한 밖의 일이요 사무엘의 영역을 침범하는 월권행위였다. 비록 그가 이스라엘 백성을 위해서 부득이하게 제사를 드렸다고 하지만 그것은 인간적이고 실용적인 판단 기준에 근거한 것이었다. 그러나 이스라엘의 왕은 인간적이고 실용적인 판단 기준에 의해 자신의 의무를 수행할 자가 아니라 하나님의 말씀과 그 판단 기준에 의해 자신의 의무를 수행할 자였다. 따라서 뒤이어 나오는 처벌에서도 사울은 사람으로서 책망과 버림을 받는 것이 아니라 왕으로서 책망과 버림을 받고 있다.

인간적인 판단에 의해 수행된 사울의 제사는 사무엘로부터 강력한 책망을 초래한다. 이 책망 부분에서 사울을 계속해서 왕으로 묘사하고 있고 또한 그 실수의 대가가 왕과 왕의 나라에 집약되고 있는 것은 사울이 한 사람으로서가 아니라 이스라엘의 왕으로서 하나님께 버림을 받고 있음을 암시한다. 특히 왕이 명령을 지켰을 때에는 여호와께서 이스라엘 위에 사울의 나라를 영영히 세우셨을 것이라는 표현은 사울의 왕위가 끝나게 된 원인이 하나님께 있는 것이 아니라 사울에게 있었음을 분명히 하고 있다. 또한 사울을 버리고 하나님께서 새롭게 세우실 왕의 조건을 통해, 사울이 무엇 때문에 하나님께 버림을 받았는지 밝히 알 수 있다. 하나님은 그 마음에 맞는 사람을 구하여 그 백성의 지도자를 삼으시겠다고 전한다.

이스라엘을 군사적 위험에서 구출해야 한다는 의무 외에 초기 이스라엘의 왕은 이스라엘 백성들로 하여금 하나님의 법을 준수하게 할 의무가 있었다. 이를 위해 이스라엘의 왕은 사람의 판단 기준인 눈을 의지할 것이 아니라 하나님의 판단 방법이셨던 중심(마음)에 의지해 판단해야만 했다(참고 16:7). 즉 이스라엘의 왕은 판단에 있어서 중심에서 나오는 힘과 신적인 통찰력을 의지해야 했고, 백성들로 하여금 하나님의 뜻에 순응하도록 인도할 수 있는 내면적 통찰력을 가지고 있어야 했다. 이사야 11:3~5과 잠언 21:1은 이상적인 왕은 내면적 통찰력이 필요함을 시사한다.

> "그가 여호와를 경외함으로 즐거움을 삼을 것이며 그 눈에 보이는 대로 심판치 아니하며 귀에 들리는 대로 판단치 아니하며 공의로 빈핍한 자를 심판하며 정직으로 세상의 겸손한 자를 판단할 것이며 그 입의 막대기로 세상을 치며 입술의 기운으로 악인을 죽일 것이며 공의로 그 허리띠를 삼으며 성실로 몸의 띠를 삼으리라"(사 11:3~5).

> "왕의 마음이 여호와의 손에 있음이 마치 보의 물과 같아서 그가 임의로 인도하시느니라"(잠 21:1).

따라서 사무엘서는 사람의 눈과 판단 기준에 입각하여 제사를 드린 사울을 하나님께서 버리시고 이제 사람의 판단 기준이 아니라 하나님의 판단 기준에 맞추어 이스라엘을 통치할 새로운 왕을 선택하실 것을 선언하고 있다.

그런데 여기서 한 가지 살펴볼 사실은 여기서 사울만이 버림받은 것인지 아니면 사울의 자손들까지 버림받은 것인지 확실하지 않다는 점이다. 한 가지 분명한 것은 사울은 자신만이 버림받은 것으로 이해하고 있었다는 점이다. 다윗을 도와준 요나단을 책망하고 있는 20:31에서 사울은 다윗이 살아 있는 한 요나단과 요나단의 나라가 든든히 서지 못하리라고 함으로써 다윗만 죽일 수 있다면 요나단이 자신의 뒤를 이어 왕이 될 수 있다는 확신을 드러내고 있다(20:30~31). 비록 자신은 하나님께 버림을 받았지만 자신의 후손들은 직접적인 버림을 받지 않았다고 확신한 사울은 이제부터 사무엘이 이야기한 하나님의 마음에 합한 자로 택함을 받을 사람을 주목하게 된다.

### 3. 첫 번째 버림받은 이후 상황(15하~23절)

사울이 첫 번째 버림받은 이후의 상황을 묘사하고 있는 본문은 더욱 어려운 상황에 놓이게 되었음을 묘사하면서 이스라엘 백성들에게 필요한 것이 무엇인지 다시 한 번 강조하고 있다.

사울과 함께한 자가 600명만 남았다는 표현은 인본적으로 사울이 드린 제사가 실패였음을 알려 준다. 사울이 설명한 그가 번제를 드린 이유는 흩어지는 이스라엘 백성을 다시 모으고 전쟁을 준비하기 위해서였다. 그러나 하나님을 의지하는 것을 배제한 채 사무엘의 영역을 침범한 사울의 월권행위는 3,000명이었던 군사가 600명으로 줄었다는 표현을 통해 그 효과를 거두지 못했음이 밝혀지고 있다. 또한 당시 이스라엘과 블레셋의 무기의 비교는 사울을 비롯한 이스라엘이 더욱 어려운 처지에 놓이게 되었음을 나타내고 있다. 철을 제련하여 가공하는 기술은 주전 2000년경 소아시아의 힛타이트 족속에 의하여 크게 발전되었다. 이 철기 기술은 주전 1200년경 해양 민족으로 알려진 블레셋 민족에 의해 처음 팔레스틴에 전래되었다. 그러나 사울 당시까지만 해도 이스라엘은 철기 제품이 풍부하지 못했다. 그 이유는 팔레스틴에는 철광석이 많이 나지 않았고 본문에서도 알 수 있듯이 군사력의 증가를 우려한 블레셋 거민들이 이스라엘 백성들에게 철기 문명을 전수하는 것을 통제했기 때문이다(19~21절).

사무엘서가 사울의 첫 번째 실수를 묘사하고 있는 13장을 마무리하면서 당시 이스라엘에 철공이 없었고 싸우는 날에 오직 사울과 요나단의 손에만 칼이나 창이 있었다는 사실을 언급하고 있는 이유는 앞으로 벌어질 전쟁이 쉽지 않음과 함께 이 전쟁에 승리하기 위해서는 인간적인 판단 기준을 뛰어넘는 기준이 필요함을 암시한다.

## 4. 설교를 위한 적용

이스라엘의 왕으로서 하나님께 버림을 받고 있는 사울의 모습은 하나님의 종으로 부름받은 자들에게 요구되는 모습이 무엇인지 알려 주는 동시에 하나님의 일을 하는 사람들이 저지르기 쉬운 오류를 지적해 주고 있다. 앞에서 살펴보았듯이 인간적인 면에서 사울의 행동은 동정심을 얻을 수 있다. 블레셋의 막강한 공격에 이스라엘 백성은 두려움에 떨었고 전쟁에서 이스라엘을 규합하여 승리를 이끌어야 했던 왕으로서 사울이 제사를 통해 이스라엘 군대를 재정비하고 이스라엘 백성들에게 종교적 평안을 주고자 했던 것은 인간적인 판단 기준에 의하면 부득이한 결정이었고 사울도 그렇게 믿고 있었다. 그러나 사울은 평범한 백성이 아니요 하나님이 이스라엘 백성을 위해 지도자로 선택한 왕으로서 자신의 주위에서 벌어지는 여러 가지 사건들을 평가하고 이를 해결해 가는데 있어서 인간적인 판단 기준보다는 하나님의 판단 기준을 적용해야만 했다. 그러나 백성에 의해 왕이 된 사울에게는 백성의 상황과 뜻이 하나님의 말씀과 명령보다 더 커 보였고 결국 그는 하나님의 말씀에 근거하여 행동하기보다는 인간적인 판단 기준에 근거하여 제사를 드리게 되었다. 결국 이것은 왕으로서의 치명적인 실수로 이어졌고 결국 하나님은 인간의 판단 기준에 의해 통치할 자가 아니라 하나님의 마음에 맞게 이스라엘을 통치할 자를 찾게 된다. 이것은 지금 하나님의 일을 수행하고 있는 자들에게도 똑같이 적용되는 기준이다. 하나님의 일을 수행하는 자들은 인간적인 판단 기준이 아니라 하나님의 말씀에 근거해서 판단하고 결정해야 할 것이다. 만일 하나님의 일을 수행하는 자들이 하나님의 말씀보다는 인간의 생각이나 판단 기준을 앞세운다면 하나님께서는 하나님의 말씀에 근거해서 자신의 일을 수행할 다른 사람을 찾으실 것이다.

마지막으로 다윗의 라이벌이지만 왕으로서는 부족함을 보이는 요나단의 모습은 적어도 16장에서 다윗이 등장하기 전의 요나단의 모습을 평가하는데 있어서 색다른 시각이 필요함을 암시하고 있다.

# 요나단의 실수: 내 눈이 이렇게 밝았거든(삼상 14장)

13장이 전쟁 인도자로서 승리를 가지고 오는 것이 아니라 큰 위기를 초래한 요나단의 모습에서 왕으로서의 부족한 자질을 드러냈다면 14장은 왕의 두 번째 직무, 즉 이스라엘 백성들로 하여금 하나님의 율법을 지키게 하는데 있어서 실패하는 요나단의 모습을 보게 된다. 아이러니하게도 13장에서 블레셋 수비대를 무모하게 공격하여 강력한 군사적 위기를 초래하고 결국 사울에게 사무엘의 명령을 어기고 제사를 드리게 하는 배경을 요나단이 제공하였듯이, 14장에서는 사울이 블레셋과의 전쟁에 앞서 선포한 금식령을 결국 그 명령을 듣지 못했던 요나단이 범하게 되고 더 나아가 백성들로 하여금 아직 전쟁이 끝나지 않았음에도 노획물을 잡아 피까지 먹는 범죄를 저지르게 하는 배경을 제공한다. 결국 사울과 요나단 부자는 서로에게 왕으로서의 자질에 큰 상처가 되는 사건들의 중요한 계기를 제공하게 된다.

14장에서 확인할 수 있는 사실은 요나단과 백성들의 범죄로 인해 하나님은 진노하시게 되었고(37~38절) 결국 그 죄가 요나단에게 있음을 성경이 분명히 밝히고 있다는 점이다(42~43절). 요나단이 자신의 죄를 인정하고 백성들이 그를 위해 신원함으로써 요나단은 목숨을 구하게 되지만 과연 백성의 신원으로 인해 모든 문제가 해결될 수 있는 것인가 의문을 가지게 된다. 사실상 요나단을 신원한 백성들 가운데는 요나단의 말에 충동되어 하나님께 속한 노획물을 취하고 피를 먹은 자들도 있기 때문이다. 더 나아가 성경 본문은 사울의 번제에 응답하시지 않으심으로써 분명한 하나님의 진노가 있음을 밝히고 있지만 이후에 나오는 구절에서 하나님의 진노가 어떻게 풀렸다는 확실한 언급없이 14장은 끝나게 된다. 결국 사울의 번제에 대한 하나님의 무응답과 요나단의 실수에 대한 하나님의 용서에 대한 언급을 드러내지 않고 있다는 것은 14장이 사울뿐만이 아니라 요나단도 이스라엘을 다스릴 왕으로서 하나님으로부터 버림받고 있음을 암시하고 있다고 할 수 있다. 이제 14장을 자세히 살펴봄으로써 그 과정을 더 정확히 살펴보자.

## 1. 다윗과 비교되는 요나단의 승리(1~23절)

13~14장을 보면 전쟁을 시작한 것도 요나단이요(13:1~2) 이 전쟁을 끝낸 것도 요나단이었다. 비록 요나단의 무모한 용기로 인해 야기된 위기이지만 14장은 이스라엘이 결국 이 전쟁에서 승리하고 있음을 알려 주고 있다.

승리를 위해 아무것도 조력하지 않은 사울에 비해 요나단은 이스라엘의 승리를 위해 능동적으로 싸웠으며 이는 백성들에 의해서도 인정받았다(45절). 14장 전반부의 모습만 본다면 요나단은 이미 사울을 능가하고 있으며 전쟁 지도자로서 왕으로서의 긍정적인 자질을 드러내고 있다.

그러나 요나단의 전쟁 수행 과정에서 요나단의 용맹한 모습뿐만이 아니라 다윗의 단독 전투와 비교해 볼 때 요나단이 가지는 열등감도 찾을 수 있다. 1절에서 요나단은 그의 무기 든 자와 같이 블레셋 진영에 들어가서 싸운 반면 다윗은 아무런 도움 없이 혼자서 골리앗과 대결하고 있다(17:50). 따라서 다윗은 단독으로 골리앗을 죽였지만, 14장은 정확하게 말해서 요나단의 전투에서 블레셋 사람들을 죽인 사람은 요나단만이 아니라 무기 든 자도 같이 죽였음을 시사하고 있다. 많은 학자들이 지적하듯이, 이를 통해 14장이 요나단의 용맹성을 나타내고 있지만 17장의 다윗과 골리앗과의 전투 장면과 비교해서 열등함 또한 나타내고 있음을 간과해서는 안 될 것이다. 특히 이스라엘 왕정 초기에 왕의 후보자들은 전쟁터에서 자신의 전쟁 수행 능력을 입증해야 했으므로 전쟁 수행 능력에 있어서 요나단이 다윗에 비해 열등하다는 것은 그가 왕의 직무를 수행하는데 있어서 다윗보다 열등함을 드러낸다고 할 수 있다.

또한 6절에서 요나단은 전쟁에 앞서 하나님의 뜻을 물어보고 있다. 이것은 전쟁에 앞서서 신중한 자세를 가지는 것이라고 평가될 수 있다. 특히 표징을 구하는 것은 기드온이 양털로 인한 표징을 구한 것을 연상케 한다(삿 6:34~40). 여기서 요나단은 전쟁에 있어서의 하나님의 전권을 인정했으며 자신이 하나님에 뜻에 따라 행동할 것이라는 각오를 나타내고 있다. 그러나 이런 긍정적인 면과 아울러 다윗의 단독 전투 장면과 비교할 때 열등한 점 또한 지적될 수 있다. 17:37에서 다윗이 전투에 나가기에 앞서 처음부터 하나님이 그와 함께할 것을 확신하고 있는 것과는 대조적으로 요나단은 처음에는 승리에 대한 확신이 없었고 블레셋의 반응의 표징을 보고 확신하게 된다(6~10절).

그러나 이 전쟁의 결과는 이스라엘의 승리였다. 요나단과 병기 든 자의 기습으로 인해 블레셋의 주력 부대는 하나님이 일으킨 공포에 떨게 되었고(16절) 눈이 멀어 서로를 치게 되었다. 이런 현상은 하나님께서 일으키는 전쟁의 전형적인 예였다(삿 7:22). 여기에 당시 블레셋 진영에 있었던 히브리인들이 이스라엘과 합세하여 전세를 더욱 이스라엘로 기울게 하였다. '히브리'라는 말은 흔히들 이스라엘을 대표하는 말로 이해되고 있지만 실제로는 고대 근동에서 땅이 없고 특정한 정치 체계의 보호를 받지 못하는 사회적 집단을 일컫는 말이었다. 따라서 이스라엘 백성들도 히브리였지만 히브리 가운데는 이스라엘 사람들이 아닌 자들도 있었다. 여기서 이스라엘과 연합한 세력들은 이스라엘 사람들이 아닌 자로서 블레셋의 노예나 용병으로 전쟁에 참여한 자들로 블레셋이 혼란을 겪자 이스라엘과 연합한 자들이라고 할 수 있다.

이제 이스라엘은 완전한 승리를 거두게 되었으며 블레셋은 서쪽으로 퇴각하지 않을 수 없게 되었다. 그리고 23절은 이 승리가 이스라엘의 승리가 아니라 하나님의 승리라고 분명히 밝히고 있다.


## 2. 부전자전(父傳子傳): 요나단의 실수(24~35절)

비록 무기 든 자와 함께했던 요나단의 두 번째 공격은 하나님의 간섭으로 인해 성공한 것처럼 보이지만 그의 성공은 뒤에 나오는 금식법 위반으로 인한 신성모독죄로 인해 퇴색된다. 14장에서 요나단의 과오는 더욱 확실해진다. 대부분의 주석가들은 금식령을 선포한 사울의 잘못을 지적하고 있다. 그러나 이스라엘이 특별한 무기도 없고 음식을 먹지 않았음에도 불구하고 믹마스에서 아얄론까지 블레셋 사람을 쳤다는 사실을 고려할 때(13:22; 14:31)

과연 사울의 명령을 어리석다고 해도 되는지 의심하게 된다.

금식은 종종 이스라엘이 국가적인 재난에 닥쳤을 때 행해졌다. 예를 들어 사무엘은 블레셋 사람들의 군사적 위협 앞에서 모든 이스라엘 백성들을 미스바에 모이게 하여 금식을 선포한다(7:1~6). 더 나아가 사울의 금식령이 적절했는지에 대한 본문의 증거가 부족하다는 사실은 이 에피소드의 초점이 금식령의 필요성에 있지 않다는 사실을 알려 준다.

그러므로 이제는 초점을 바꾸어야 한다. 사울의 금식 명령의 필요성과는 달리 본문에서 금식에 대한 반응에 있어서 요나단의 경솔함과 부주의를 발견하기는 그리 어렵지 않다. 사울은 블레셋과의 전쟁에 앞서서 하나님에 대한 온전한 헌신의 징표로 모든 군인들에게 금식을 선포했다. 그러나 이 명령은 요나단의 부주의하고 실용적인 생각으로 인해 파기되었다(27~30절). 요나단은 자신이 금식 명령을 어겼을 뿐만 아니라 굶주렸던 이스라엘 사람들로 하여금 아직 전쟁이 끝나지 않은 상태에서 노획물을 취하고, 동물을 피와 같이 먹는 의식법을 어기게 만들었다(32절, 참고 레 17:10~14; 신 12:23; 창 9:4).

물론 그가 사울의 금식령을 듣지 못했으므로, 땅에 흐르고 있는 꿀을 찍어 먹은 행동은 부지중 일이므로 그 자체를 크게 문제시할 수는 없다. 그러나 그의 잘못은 그 이후에 확연히 드러난다. 백성이 사울의 금식령을 알리자 요나단은 그의 아버지를 공개적으로 비난한다.

> "요나단이 가로되 내 부친이 이 땅으로 곤란케 하셨도다 보라 내가 이 꿀 조금을 맛보고도 내 눈이 이렇게 밝았거든 하물며 백성이 오늘 그 대적에게서 탈취하여 얻은 것을 임의로 먹었더면 블레셋 사람을 살륙함이 더욱 많지 아니하였겠느냐"(삼상 14:29~30).

사울의 금식령에 대한 요나단의 비판은 철저하게 실용적인 생각에 근거한 것이다. 27, 29절에 반복해서 나오는 '내 눈이 이렇게 밝았거든'은, 보통 '새로운 힘을 얻었다'란 뜻으로 해석되는데(시 13:3) 눈에 근거한 사람의 통찰력과 마음에 근거한 내면적 통찰력의 대조를 암시한다. 이것은 인간의 눈에 의지한 외면적 판단력이 아니라 내면적 통찰력에 의지해야 하는 왕의 자질에 있어서 요나단의 분명한 결점을 드러내고 있는 것이다.

더욱 큰 문제는 사람의 통찰력에 의지해서 나온 요나단의 발언이 사람들로 하여금 하나님의 성스러운 법과 시내산 계약을 준수하게 해야 하는 의무를 수행하지 못하고 있는 점이다. 비록 요나단이 직접 고기를 먹으라고 명령하지는 않았지만, 그의 말은 이스라엘 군사들을 자극하기에 충분했다. 요나단의 금식령 비판에 자극받은 굶주린 이스라엘 백성들은 탈취한 양과 소와 송아지를 취하고 피 있는 채 먹는 범죄를 저지르게 되었다(31~32절).

이스라엘 사람들은 생명이 피에 있다고 생각했기 때문에 이스라엘의 의식법은 어떠한 피도 먹는 것을 금하고 있다.

> "무릇 이스라엘 집 사람이나 그들 중에 우거하는 타국인 중에 어떤 피든지 먹는 자가 있으면 내가 그 피 먹는 사람에게 진노하여 그를 백성 중에서 끊으리니 육체의 생명은 피에 있음이라 내가 이 피를 너희에게 주어 단에 뿌려 너희의 생명을 위하여 속하게 하였나니 생명이 피에 있으므로 피가 죄를 속하느니라 그러므로 내가 이스라엘 자손에게 말하기를 너희 중에 아무도 피를 먹지 말며 너희 중에 우거하는 타국인이라도 피를 먹지 말라 하였나니"
> (레 17:10~12).

특히 전쟁이 아직 계속되고 있으므로 아직은 전리품을 취할 때가 아님에도 불구하고 요나단의 제안은 일반적인 전리품 취득의 법도 어긴 것이다. 이러한 불경한 행위는 결국 사울에게 보고되었다.

군사들이 전리품을 취하여 고기를 피 채 먹었다는 소식을 듣자 사울은 그들의 불신을 책망하고 큰 돌을 자신에게 굴려오라고 명령한다(33절). 예로부터 큰 돌은 희생 제사를 위한 제단을 쌓는데 사용되었다. 사울은 백성들에게 하나님을 위한 제단을 쌓으라고 명령한다(34~35절).

### 3. 자신의 범죄를 인정하는 요나단(36~46절)

이어서 사울은 블레셋에 대한 성전(聖戰)을 선포한다. 그러나 이때 제사장이 하나님의 허락하심을 먼저 구하라고 조언하였고 결국 사무엘상 30:8에서 다윗이 에봇을 통해 전쟁에 있어서 하나님의 허락을 구했듯이 사울 역시 하나님께 두 가지 질문을 한다. "사울이 하나님께 묻자오되 내가 블레셋 사람을 쫓아 내려가리이까 주께서 그들을 이스라엘의 손에 붙이시겠나이까"(37절). 그러나 그는 아무런 대답도 듣지 못한다. 전통적으로 하나님의 침묵은 거절과 노하심을 뜻한다. 이는 결국 누군가의 죄악으로 인해 하나님이 이 전쟁과 함께하지 않으시겠다는 결의의 표현이다. 따라서 이제 남은 작업은 죄가 누구에게 있는지를 밝히는 일이다.

두 번의 제비뽑기를 통해 엄숙한 신의 판결이 내려졌다. 죄가 요나단에게 있었고 그가 저주를 받아야 할 사람이었다. 성경에서는 흔히 죄인을 색출할 때 제비뽑기를 사용하였고(수 7:14~18; 욘 1:7) 이는 하나님의 절대적 주권과 역사하심을 인정하는 행위로 이해되었다(잠 16:33). 결국 이런 제비뽑기로 인해 죄가 요나단에 있음이 밝혀진 것은 하나님의 노하심이 요나단으로 비롯되었음을 밝히는 일이었다.

요나단 역시 자신이 비록 부지중에 행한 일이긴 하나 죄를 피할 수는 없다고 고백한다(43절). 이에 대해 많은 해석가들은 요나단이 자신의 잘못을 시인할 수 있는 겸손함을 지닌 자라고 긍정적으로 평가하나 분명한 것은 두 번의 제비뽑기를 통해 하나님께서 죄가 요나단에게 있음을 분명히 밝히시고 요나단 자신도 그것을 인정하고 있다는 사실이다.

그러나 이스라엘 백성들이 요나단을 변호한다.

"백성이 사울에게 말하되 이스라엘에 이 큰 구원을 이룬 요나단이 죽겠나이까 결단코 그렇지 아니하나이다 여호와의 사심으로 맹세하옵나니 그의 머리털 하나도 땅에 떨어지지 아니할 것은 그가 오늘 하나님과 동사하였음이니이다 하여 요나단을 구원하여 죽지 않게 하니라"(삼상 14:45).

결국 백성들의 탄원에 의해 요나단은 죽음을 면하게 된다. 대부분의 주석가들은 이 장면을 통해 백성들의 신임을 받고 있는 요나단의 긍정적인 모습을 강조하고 있다. 그러나 여기서 지나치지 말아야 할 의문이 있다. 누가 요나단의 죄를 용서할 수 있는가? 과연 백성들이 금식령을 어긴 요나단의 죄를 용서할 수 있는가? 오히려 그들 역시 의식법을 어긴 자들로서 처벌받아야 하는 자 아닌가? 구약성경에 의하면 오직 하나님만이 선과 악을 판단할 수 있다. 요셉은 이것을 알고 있었기에 자신의 종이 되겠다고 하는 형제들의 제안을 거부하면서 "두려워 마소서 내가 하나님을 대신하리이까"(창 50:19)라고 반문한다. 이런 전통을 접어 두고서라도 37절의 하나님의 침묵을 어떻게 이해할 것인가? 37절에 의하면 하나님은 이스라엘의 죄로 인해 진노하셨다. 과연 하나님께서도 사울과 같이 요나단에 대한 백성들의 변호를 받아들였다고 볼 수 있는가? 그렇다면 하나님께서 요나단의 죄를 용서하셨다는 증거를 과연 어디서 찾을 수 있는가? 위의 질문들에 대해 아무런 대답도 본문에서는 찾을 수 없다. 그렇다면 37절은 버림받은 왕의 후계자인 요나단에 대한 하나님의 버리심의 증표로 생각하는 것도 가능하다.

특히 백성들의 탄원에 결국 자신이 선포한 처벌을 수행하지 못하는 사울의 모습 속에서 하나님의 말씀보다 백성들의 목소리를 더욱 두려워함으로써 하나님께 버림받았던 사울의 또 다른 실수를 발견할 수 있다(참고 삼상 15:24). 아울러 14장에 나타난 요나단의 경솔함과 부주의는 고대 유다 사람들이 생각했던 이상적인 왕의 모습은 분명 아니었다.


## 4. 사울의 업적과 그의 집안(47~52절)

14장은 사울의 통치를 요약하는 것으로 끝맺는다. 사울은 일차적으로 외부의 군사적 위협을 극복하기 위해 왕으로 세워졌고 이것이 어느 정도 성공했다(47~48절). 또한 52절은 그가 군사적 지도자로서의 자신의 모습을 확고히 하기 위한 노력을 게을리하지 않았음을 밝히고 있다. 겉으로 보기에 사울은 아직까지는 패배자의 삶은 아니었다. 그러나 이스라엘 왕에게는 군사적 지도자 외에 더욱 중요한 직무가 있었다. 그것은 이스라엘 백성들로 하여금 하나님의 율법에 순종케 하는 일이다. 그러나 이 일에 있어서는 아무런 노력을 하지 않고 있는 장면은 앞으로 전개될 본문에서 그가 무엇으로 인해 하나님께 버림을 받게 되는지 암시해 주고 있다.

### 5. 설교를 위한 적용

사무엘상은 요나단이 사울과 다윗 사이의 중재자로서, 왕위 전수에 대한 하나님의 계획에 순종하고 이를 준행했다고 전한다. 만약 본문이 요나단을 버림받은 왕의 후계자 또는 자신에게 올 왕권을 다윗에게 양도하는 자로 묘사하고 있다면, 그리고 사울에 대한 하나님의 버리심이 사울에게 국한되는 것이 아니라 그의 왕조에까지 적용되는 것—사실 사울은 그가 죽을 때까지 한 번도 왕위에서 물러난 적이 없었다—이라면(13:13~14), 끝으로 사무엘이 13:14에서 언급한 대로 여호와께서 그 마음에 맞는 사람을 구하여 그 백성의 지도자를 삼으시기로 계획하고 계신다면, 버림받은 왕의 후계자로서 요나단을 비록 왕위 전수의 중재자로서는 가능하지만 이상적인 왕으로서는 부족한 성품을 가졌다는 사실을 부각시킬 수 있다는 전제는 충분히 가능하다. 다른 한편으로 그동안 요나단의 부정적인 성품이 성경에서 발견됨에도 불구하고 자신에게 올 왕위를 다윗에게 양보함으로써 왕위가 사울에게서 다윗으로 오는데 결정적인 역할을 한 중재자라는 이유만으로 요나단을 너무나도 옹호하고 이상화해 오지는 않았는지 반성할 수 있다.

여기서 요나단의 성품 전체를 부정하는 것은 아니다. 그의 인생을 궁극적으로 평가한다면 요나단은 성경에서 가장 겸손한 사람들 중에 하나이다. 그러나 최소한 하나님이 선택하신 다윗이 등장하기 이전의 요나단의 모습을 통해 이스라엘의 이상적인 왕의 모습에 있어서 부정적인 성품을 찾아가는 것은 사울 집안이 아니라 다윗에게 향한 하나님의 뜻을 분명히 밝히는데 의미 있는 해석이라고 할 수 있다.

더 나아가 요나단의 부정적인 면을 통해 궁극적으로 더욱 빛나는 요나단의 긍정적인 면을 발견할 수 있다. 13~14장에서 자신이 하나님이 선택하신 이스라엘의 왕으로서의 자질 부족을 깨달은 요나단은 이제 하나님이 선택하신 다른 이에게 관심을 돌리게 된다. 그리고 17장의 골리앗과의 싸움을 통해 하나님이 선택하신 사람이 다윗임을 알았을 때 그는 자신의 모든 것을 희생하며 다윗에게 향한 하나님의 뜻에 순응하였다. 여기서 왜 요나단이 그토록 다윗에게 헌신했으며 자신의 왕위를 아무런 미련없이 넘겨줄 수 있었는지 확실한 이유를 찾게 된다. 자신은 하나님이 선택한 이스라엘의 왕이 아님을 다윗이 등장하기 전에 이미 깨달은 요나단은 하나님의 뜻이 자신이 아니라 다윗에게 있음을 더욱 확신하게 되었고 그런 하나님의 뜻에 순응하기 위해 최선을 다해 살았다. 이 점이 요나단에게 있어서 정말 위대한 점이다.

인간은 자신이 하나님께 선택받았음으로 알고 하나님께 영광 돌리긴 쉽다. 그러나 하나님이 자신이 아니라 다른 사람에게 뜻을 가지고 있음을 인정하고 그런 하나님의 뜻에 순응하는 것은 아무나 할 수 있는 일이 아니다. 이것이 사울과 요나단의 평가를 그토록 다르게 만들었던 근본적인 이유들 중 하나이다. 사울은 하나님이 자신을 대신하여 다윗을 세웠음을 알았을 때 그 뜻에 순응하지 않고 그를 죽임으로써 다윗에게 향한 하나님의 뜻을 바꾸어 보려고 하였다. 그러나 결국 그러한 노력은 자신을 비롯한 세 아들이 한 곳에서 동시에 죽는 비극을 초래하였다. 반면에 다윗에게 향한 하나님의 뜻에 순응했을 때 요나단은 성경에서 가장 긍정적으로 평가받는 인물들 중 하나가 되었다.

13~14장에서 나타나는 몰락하는 사울 집안의 모습은 지금 내 목적과 뜻에 부합하는 여부와 상관없이 하나님의 뜻에 온전히 순응하며 살아갈 각오가 되어 있는가를 다시 한 번 질문하게 한다.

## 순종이 제사보다 나으니라(삼상 15장)

판단에 있어서 외모에 근거하지 않고 중심에 근거하는 내면적 통찰력은 이스라엘의 왕이 가져야 할 매우 중요한 자질이었다. 사무엘상을 통해 다윗은 하나님께 감동받은 내면적 통찰력을 소유한 것으로 묘사되고 있는 반면 사울은 내면적 통찰력보다는 인간의 통찰력에 의지하여 결국 왕으로서의 직무를 올바로 수행하지 못하고 있음이 전해진다. 버림받은 왕으로서 사울은 왕의 외모는 갖고 있었지만 왕의 마음을 갖지 못했고 결국 하나님의 판단 방법인 마음에 근거해서 판단하지 못했다.

내면적 통찰력과 인간의 통찰력의 차이는 사울이 두 번째로 하나님께 버림을 받은 15장에서 확연히 드러난다. 13~14장에서 인간적인 판단에 근거해 행동함으로써 하나님께 버림받고 있는 사울 집안의 몰락을 살펴보았다. 그런데 15장은 사울이 아말렉과의 전쟁 가운데 또다시 하나님의 명령을 어기고 불순종하는 장면이 나온다. 14장의 마지막은 사울이 전쟁 준비에 열중한 모습으로 끝나고 있으며 그 준비는 아말렉과의 전쟁에서 나타났다. 그러나 사울이 성공적으로 수행한 아말렉과의 전쟁에서 더 큰 범죄를 저지르고 있다고 15장은 전한다. 사울과 그의 백성들은 아말렉을 쳐서 그 모든 것을 진멸하라는 하나님의 명령을 어기고 아각 왕과 함께 육축 가운데 좋은 것을 남겼다. 사울은 이미 13장에서 '기다리라'는 사무엘의 명령을 어기고 제사권을 행함으로써 하나님께 책망을 받았는데, 그에게 다시 주어진 기회를 그는 또다시 놓치고 말았다. 만약 이번에 하나님께 절대적 헌신과 순종의 모습을 보였다면 그의 운명이 새롭게 전개될 수도 있었을 것이다. 그러나 불행하게도 그는 이번에도 불순종함으로써 왕으로서 하나님께 완전히 버림받게 된다.

첫 번째와 마찬가지로 이번에도 그를 범죄케 한 것은 인본주의적 생각이었다. 백성의 요구로 인해 왕이 된 사울은 끝까지 백성의 목소리를 하나님의 말씀보다 더욱 중하게 여김으로써 하나님께 버림받게 된다.

13장에서 사울은 블레셋의 위협 앞에서 두려워하고 흩어지는 백성을 위해 제사를 드렸다. 군사적 위협 앞에서 하나님의 말씀보다는 백성의 안위를 먼저 생각한 것이다. 이번에도 사울은 백성이 남겨온 아각과 육축들을 하나님의 말씀에 순종하여 진멸하지 못하고 용인하고 제사를 위해 남겼다. 이 역시 진멸하라는 하나님의 말씀보다는 백성의 행동을 더욱 두려워 한 인본주의적 사고에서 비롯된 죄악이었다(24절). 그러나 이 같은 행동은 백성들로 하여금 하나님의 율법을 지키도록 인도해야 할 이스라엘의 왕의 직무를 고려할 때 그의 왕권에 있어서 매우 심각한 문제를 초래한다. 이제 그가 하나님께 어떻게 완전히 버림받고 있는지 15장을 통해 살펴보자.

### 1. 사울이 아말렉을 치다(1~9절)

15장은 "여호와께서 나를 보내어 왕에게 기름을 부어 그 백성 이스라엘 위에 왕을 삼으셨은즉 이제 왕은 여호와의 말씀을 들으소서"라는 사무엘의 말로 시작한다(1절). 사울이 왕된 것이 자신의 능력에 의해서가 아니라 하나님의 기름 부음에 인함이라는 사무엘의 선언은 이스라엘의 왕인 사울이 자유로운 사람이 아니라 다만 사무엘을 통해 전해지는 하나님의 뜻을 수행하는 의무를 가짐을 강조하고 있다. 이는 이스라엘의 진정한 권력은 하나님의 뜻에 있고 왕은 여기에 전적으로 순응하여야 함을 의미한다. 또한 이 같은 서론은 하나님의 말씀을 듣지 않고 하나님의 뜻에 순종하지 않은 것이 15장의 주제임을 시사하고 있다.

사무엘을 통해 사울에게 주어진 하나님의 명령은 아말렉 족속을 진멸하는 것이다(2절). 아말렉 족속은 에서의 손자인 아말렉의 후손으로(창 36:12, 16; 대상 1:36) 이스라엘 민족이 출애굽 직후 르비딤 광야에 이르렀을 때 후미에서 기습 공격을 감행한 매우 호전적인 민족이었다. 따라서 아직 완전한 전투능력을 갖추지 못한 이스라엘을 위협했던 아말렉 족속에 대해 하나님께서는 천하에서 도말할 것을 선언하시고 이스라엘 백성들에게 그들의 진멸을 명령하셨다(출 17:14; 신 25:19). 특히 그들은 단순히 출애굽한 이스라엘 백성을 위협한 것이 아니라 출애굽을 통해 이스라엘의 선조들에게 주신 약속을 이행하시고자 했던 하나님의 구원 계획을 위협한 것으로 이스라엘뿐만 아니라 더 나아가 하나님의 대적이었다. 따라서 이제 하나님께서는 사울로 하여금 그들을 진멸하도록 명령하신다.

특히 2절에서 명령하는 주체가 '만군의 여호와'라고 밝히고 있는 것은 이 전쟁의 주체가 누구인지 확실히 밝히는 것이다. 만군의 여호와는 천군 천사를 지휘하는 하나님으로도 해석될 수 있는데 특히 이스라엘과 관련해서는 전쟁에서 이스라엘을 친히 인도하시는 하나님을 묘사할 때 종종 사용되었다. 따라서 아말렉과의 전쟁을 명령하시는 하나님을 만군의 여호와로 부르고 있는 것은 지금 행하고 있는 아말렉과의 전쟁이 인간들의 전쟁이 아니라 하나님께서 친히 인도하시는 거룩한 전쟁임을 밝히는 것이다(삼상 17:45; 삼하 5:10).

15장에서 행해지는 전쟁이 하나님의 성전(聖戰)이라는 사실은 3절에서 아말렉을 진멸하라는 명령에서도 분명해진다. '진멸하다'(חרם하람)는 원래 '금지하다' 혹은 '바치다'라는 의미이나 사역형으로 쓰일 때에는 '분리시키다', '금지시키다'라는 의미가 된다. 따라서 아말렉 족속과 그들의 모든 재산이 당해야 할 '진멸'(חרם헤렘)은 그 백성들을 죽이고 동물들과 재산들을 불태워 버림으로써 하나님께 그 원수와 그들의 물품들을 헌정하는 관례적인 행위였다[신 13:17(16); 수 6:17]. 특히 이방인과 그들의 물품들은 이방신에게 바쳐진 것으로써 전쟁의 모든 전리품의 소유자이신 하나님의 거룩하신 속성에 맞지 않는 것들이므로 그들의 가치를 고려하지 않고 모두 진멸해야 하는 것이다.

그러나 9절은 사울과 백성들이 아각과 기름진 육축들을 남김으로써 하나님의 명령에 불순종하였음을 전한다. 특히 백성들을 하나님의 말씀대로 살도록 지도해야 하는 이스라엘의 왕으로서의 직무를 감당해야 하는 사울에게서 이 같은 행위는 매우 심각한 것이었다. 사울은 일차적으로 자기 자신이 하나님의 명령에 순종치 않았고 더 나아가 이스라엘 백성으로 하여금 하나님의 명령을 순종하도록 지도해야 하는 왕으로서의 직무를 소홀히 한 죄를 면할 수가 없게 되었다.

## 2. 사무엘의 책망과 사울의 변명(10~31절)

과연 사울이 아각을 살려 둔 것이 개인적인 이해 관계를 위해서인지 아니면 하나님께 예배하기 위해서인지 확실하진 않지만 11절은 사울이 성전(聖戰)을 수행하라는 하나님의 명령을 어긴 것으로 인해 하나님이 그를 왕으로 세우심을 후회하셨다고 전한다. '후회한다'는 표현은 성경에서 자주 사용되는 신인동형론적 표현으로 하나님이 자신의 잘못을 인정하신다는 의미로서가 아니라 다만 인간의 죄에 대한 하나님의 아픈 심정을 표현한 것이라고 할 수 있다(창 6:6, 7).

아각과 기름진 육축을 남겨 놓은 의도가 사울의 인본적인 생각에서 비롯되었다는 사실은 '자신을 위해 갈멜에 기념비를 세웠다'고 전하는 12절에서 분명히 드러난다. 15:2, 3에서 계속해서 밝혔듯이 아말렉과의 전쟁이 하나님의 전쟁이었으므로 사울은 마땅히 하나님께서 승리하신 것을 기리는 기념비를 세워야 했다. 그러나 사울은 자신의 명성을 기리기 위한 기념비를 세우고 있다. 이는 하나님께 돌려야 할 영광을 자신에게 돌린 행위였고 진멸하라는 하나님의 명령에 불순종한 것(9절)과 더불어 더 악한 죄를 저지른 것이다. 특히 전쟁에서 자신의 업적을 드러내기 위해 기념비를 세우는 것은 이방 왕들의 전형적인 행위였다. 따라서 15장에서 사울은 그를 처음에 요구할 때 백성들이 필요로 했던 이방 왕의 모습을 그대로 보여 주고 있다(8:5, 20).

이후 사무엘이 이르게 되었고 육축 소리로 인해 사울의 죄악을 직감하고 그를 책망하게 된다. 17절에서 사무엘은 사울이 처음 왕이 되었을 때를 되새기면서 그에게 무엇이 잘못되었는지 지적하고 있다.

17절에서 사울이 처음 왕적 소명을 받았을 때 겸비한 자세를 취했던 것을 언급하면서(9:21) 그런 모습 속에서 사울이 하나님께 기름 부음을 받아 왕이 될 수 있었음을 밝힌다. 이는 그런 겸손이 없어진 현재의 사울은 더 이상 하나님께서 인정한 왕이 될 수 없음을 반증하는 것이다.

하나님의 말씀을 청종치 않음을 책망하는 사무엘에게 사울은 백성이 마땅히 멸할 것 중에 가장 좋은 것으로 하나님께 제사하기 위해서 육축을 남겼다고 대답한다. 이는 죄의 근원이 백성에게 있지 자신에게는 있지 않음을 나타내려는 시도였고 그의 변명은 이스라엘의 왕으로서 백성이 하나님의 말씀을 불순종하려고 할 때 그들을 이끌어 순종케 해야 한다는 왕으로서의 직무에 대한 무지에서 비롯된 것이다.

이에 사무엘은 22절에서 사울이 몰랐고 지키려고 하지도 않았던 진리를 선포한다. "순종이 제사보다 낫고 듣는 것이 숫양의 기름보다 나으니"(22절)라는 선포는 제사 자체를 거부하는 것이 아니라 참 제사를 요구하는 것이다. 여러 예언서 본문들은 순종이 희생 제사보다 더 낫다고 말한다(사 1:10~11, 13; 렘 7:21~26; 호 6:6; 암 5:21~24; 미 6:6~8). 하나님은 결코 제사라는 외적인 형식에 만족하시는 분이 아니다. 오히려 하나님은 "너희의 무수한 제물이 내게 무엇이 유익하뇨"(사 1:11)라고 말씀하신다. 이를 통해 하나님께서 요구하시는 것은 제사 자체가 아니라 제사 드리는 자의 마음임을 알 수 있다. 또한 하나님께서 이스라엘을 애굽에서 이끌어 내신 것은 결코 그들에게 제사를 받기 위함이 아니라 이스라엘 백성들이 오직 하나님의 말씀을 청종하며 순종하는 것을 원하셨다고 예레미야는 선포한다(렘 7:21~26).

23절에서 사무엘은 하나님께서 사울을 버리심이 그가 먼저 하나님의 말씀을 버림에서 비롯되었다고 선포하고 있다. 이에 대해 사울은 자신의 죄악을 고백하면서 자기 입으로 그 죄악의 근원에 그가 하나님의 말씀보다 백성의 말을 두려워하였다는 인본주의적 관점이 있었음을 밝힌다(24절). 이 같은 사울의 고백을 통해 성경 저자는 사울의 제일 큰 실수가 하나님의 말씀보다는 사람의 말을 청종한 것임을 밝히고 있다. 따라서 이런 고백은 사울이 아각을 살려 두고 짐승들을 살려 둔 것이 하나님에 의해 감동된 마음에 의한 통찰력에 근거하지 않고 사람의 통찰력에 근거해 내린 결정이었음을 알려 주고 있다. 즉 그 출발점부터 백성에 의해(8:4, 5) 왕으로 선출된 사울은 끝까지 백성의 말을 무시할 수가 없었고 결국 하나님의 말씀보다는 백성의 말을 더욱 중요시하고 청종하게 되었다. 이것은 하나님께로부터 버림을 받게 되는 결정적인 이유이다. 이 같은 사울의 행동은 15장 초반부에서부터 계속적으로 왕은 여호와의 말에 순종하여야 한다는 사실을 강조한 것과 대조된다.

그러나 자신의 잘못이 하나님보다는 백성을 더욱 두려워한 것임을 고백한 사울이었지만 여전히 그는 백성의 눈을 의식해서 사무엘에게 자신을 용서하고 자신과 함께 돌아가 백성 앞에서 여호와께 경배할 것을 간청한다(25절).

이런 요구에 대해 사무엘은 완강히 거부하고 그 이유로 사울이 여호와의 말씀을 거절한 것과 그 결과 여호와께서도 그가 왕으로 다스리는 것을 거부하신 사실을 언급한다(26절).

사무엘이 가려고 할 때 사울이 그의 겉옷자락을 붙잡았고 결국 사무엘의 옷자락이 찢어지게 되었다. 이것을 사무엘은 사울의 왕국에 대한 하나님의 심판의 상징으로 해석한다(27~28절). '찢어진지라'란 히브리어 '카라'(קרע)는 28절의 '이스라엘 나라를 왕에게서 떼어서'라는 표현에서 '떼어서'와 같은 단어이다. 성경에서 옷자락은 흔히 왕국으로 상징화되었다. 예컨대 열왕기상 11장에서 아히야는 자신의 외투를 열두 조각으로 찢어서 그중 열 조각을 여로보암에게 주었다. 이것은 통일 왕국이 분열되어 이중 열 지파를 다스릴 권한이 여로보암에게 주어지게 될 것이라는 징조였다(왕상 11:29~31).

그러므로 사무엘은 자신의 겉옷자락이 찢어진 것이 우발적으로 일어난 것이 아니라 사울의 왕위가 폐하여질 것임을 보여 주는 하나님의 표징(sign)으로 해석하였다.

한편 28절에서 사무엘은 하나님께서 이스라엘 나라를 사울에게서 떼어 사울보다 더욱 나은 왕의 이웃에게 주실 것임을 선포하고 이것은 변개하심이 없는 하나님으로 인해 반드시 이루어질 것이라고 선포한다.

사실 외모에 있어서 사울을 능가할 사람이 없다(9:1~2). 이것은 사울 뒤에 그보다 더 좋은 선택으로 하나님께 선택받은 자가 외모와 더불어 더 중요한 내면에서도 훌륭한 사람임을 암시한다. 다시 말해 전쟁을 수행하는 자로서의 왕의 직무를 감당하는 외모에 있어서 사울은 모든 이스라엘 가운데서 뛰어났다. 그러나 이스라엘 왕에게는 또 하나의 더욱 중요한 직무가 있었는데 그것은 이스라엘 백성들로 하여금 하나님의 율법을 지키게 하는 것이다. 이를 위해 이스라엘의 왕은 외모뿐 아니라 보다 더 중요한 마음에 있어서 하나님께 합한 자이어야만 했다. 따라서 새로이 하나님께 선택받은 사람은 전쟁 수행뿐만 아니라 그 중심에 하나님의 말씀을 두고 사울과는 달리 하나님의 말씀을 백성의 말보다 더욱 중하게 여길 자이어야만 했다. 여기서 내면적 통찰력이 새로운 이스라엘의 왕을 선택하는 중요한 기준이었음을 알 수 있다.

30절은 이런 선포에도 불구하고 사울이 여전히 인간적인 안목을 중요시함을 드러낸다. 그는 "내가 범죄하였을지라도 내 백성의 장로들의 앞과 이스라엘의 앞에서 나를 높이사 나와 함께 돌아가서 나로 당신의 하나님 여호와께 경배하게 하소서"라고 간청한다. 자신이 하나님보다는 백성의 말을 청종하여 하나님께 범죄하였다고 고백한 사울이었지만 여전히 백성에게 보일 자신의 모습에 집착하고 있다. 이는 하나님의 뜻보다는 백성의 뜻을 중요시했던 인본주의적 사고가 사울에게서 얼마나 뿌리 깊게 자리 잡고 있었는지를 보여 주는 좋은 예라고 할 수 있다.

### 3. 사울과 사무엘의 결별(32~35절)

결국 사무엘은 사울과 함께 돌아오고 사울은 하나님께 경배한다. 그러나 이것은 사무엘이 사울을 용서해서가 아니라 사울이 이루지 못한 하나님의 명령을 수행하기 위해서이다. 즉 돌아와서 사무엘은 사울이 준행하지 못한 15:2~3에서의 하나님의 명령을 수행한다. 그는 아각을 처형함으로써 이전에 사울에게 주어졌던 진멸이라는 하나님의 과업을 완수한다. 15장 초반부에 주어진 아말렉을 진멸하라는 하나님의 명령은 결국 수행된다. 그러나 그것은 사울에게서가 아니라 사무엘에게서 이루어지고 사울의 왕위는 하나님으로부터 거절당하고 하나님은 사울을 왕으로 세우심을 후회하신다. 34~35절에서 나타나고 있는 사울과 사무엘이 각자의 길을 가는 장면은 이제 사울과 사무엘에게 놓인 길이 궁극적으로 다른 길임을 암시한다.

13~15장에서 사울이 하나님의 판단 방법인 마음에 근거한 내면적 통찰력에 의지하지 않고 사람의 눈에 의지한 인간의 통찰력에 근거해 판단함으로써 하나님께 버림받았음을 밝히고 사무엘은 하나님께서 사울보다 더 나은 사람을 새로운 왕으로 세우실 것임을 선언한다(15:28).

이와 같이 하나님의 말씀보다 앞세운 인간의 안목과 욕심은 다른 모든 죄의 시발이 될 뿐 아니라 자신을 파멸의 길로 인도하는 올무가 된다. 특히 하나님이 선택한 지도자가 하나님의 말씀보다는 인간의 견해를 중시하는 인본주의적 신앙을 갖는다면 그 결과는 사울의 결과와 별반 다를 것이 없을 것이다. 이제 하나님은 새로운 선택을 하신다. 외모에 있어서 사울보다 뛰어난 사람이 없었으므로(삼상 9:2), 사울은 지금 내면적인 면에서 그보다 더 나은 사람에 의해 대체되고 있다. 하나님은 인간적인 안목으로는 왕으로서 이스라엘의 가장 최고의 선택이었던 사울을 버리시고 하나님의 견해에 맞는 또 다른 왕을 선택하신다. 그 왕은 인간적인 안목이나 견해가 아니라 하나님의 뜻을 제일 중요시 하는 하나님의 마음에 합한 자가 될 것이다.

지금 목회자들 앞에도 두 가지 선택의 길이 놓여 있다. 하나님의 말씀보다 인간의 말을 두려워하고 청종하여 하나님께 버림받을 것인가 아니면 하나님의 말씀을 인간의 뜻보다 두려워하여 하나님의 마음에 합한 자로 쓰임받을 것인가?


# 하나님의 마음에 합한 자(삼상 16장)

13~15장에 걸쳐 계속 보이는 대로 사울과 요나단은 하나님이 택하신 백성 이스라엘을 위하여 하나님의 통치를 대리할 신정적 왕으로는 여러모로 부적격한 자라는 판단을 두 차례에 걸쳐 받게 된다. 사울로 인해 슬퍼하고 있는 사무엘에게 하나님은 이미 사울에게 예견하셨던 바와 같이(15:28) 인간

의 판단 기준이 아니라 하나님의 마음에 합한 자를 택하시고 그에게 기름 부을 것을 명령하신다. 문제는 그 시기가 아직 사울이 건재한 때였으므로 새로 왕으로 선택된 자에게 기름을 부어야 하는 사무엘이나 기름 부음을 받은 당사자에게 놓인 길이 결코 평탄치 않을 것이라는 점이다. 그러나 비록 사울의 적의가 예상되지만 이를 무릅쓰고 하나님께서는 사무엘에게 이새와 그의 가족을 희생 제의에 초청하라고 말씀하신다(1~5절). 이새의 아들들 중 일곱 명이 사무엘 앞을 지나가며 심사를 받았으나 그들 각자가 지니고 있는 외적인 호감에도 불구하고 그들은 선택되지 못한다. 결국 아버지조차도 왕이 될 자로 예상하지 못했던 막내아들 다윗이 소환된다.

기름 부음 받을 당시 다윗은 인간적 관점으로만 본다면 이미 거절된 형들에 비해 전혀 왕이 될 만한 외적인 우수성을 가지고 있지 못했다. 그러나 하나님의 관점에서 볼 때, 사울을 선택했을 때의 판단 기준이었고 형들이 다윗에 비해 우월성을 가졌던 외적인 조건보다는 사울과 그의 형들에게 부족했던 내적 조건이 하나님께 합한 자가 바로 다윗이었다. 기름 부음을 받을 당시 하나님의 신이 다윗에게 임하게 된다. 그러나 사울이 기름 부음을 받은 후에 곧바로 이스라엘의 왕이 되지 않은 것처럼 다윗에게 기름 부은 후 사무엘은 다시 자신의 집으로 돌아갔고 다윗은 이제 이스라엘의 왕으로서 그의 자질을 증명해야 했다(6~13절).

한편 하나님의 신이 임했던 다윗과는 반대로 사울에게서는 하나님의 신이 떠났고 대신 하나님이 다스리시는 악령에 의해 고통 받게 된다. 여기서 사울과 다윗이라는 두 인물을 통해 하나님의 영이 함께하지 않는 자와 함께하는 자의 뚜렷한 대비를 발견할 수 있다. 악령에 의해 고통 받을 때 사울은 음악을 들려줄 연주자를 찾아보라는 권면을 받는다. 이때 사울의 한 신하는 다윗을 음악적 재능과 함께 더욱 중요한 자질을 가진 자로 사울에게 소개했고, 사울은 다윗을 자신에게로 데리고 오라 명령한다. 궁전에 도착한 다윗에게 사울은 깊은 애정을 갖게 되었고 그에게 자신의 병기 든 자로서 계속 자기 곁에 머물 것을 명령한다. 이후 다윗은 수금 연주자로서 연주를 통해 사울의 고통을 경감시켜 주었다(14~23절).

이제 16장을 통해서 이스라엘의 왕으로 하나님의 선택받은 다윗이 사울의 궁전에 들어오게 된 이야기 속에서 하나님께 버림받은 자와 하나님께 새로 선택받은 자 사이에 나타날 미묘한 갈등을 예상할 수 있다.

### 1. 기름 부음을 명령받는 사무엘(1~5절)

15장의 마지막 절은 사울에 대한 하나님의 버리심을 선포한 사무엘이 그를 죽는 날까지 다시 보지 않았고 사울로 인해 매우 슬퍼했다고 전하고 있다. 이런 슬픔이 계속되고 있을 때 하나님은 이제 새로운 일을 시작하신다. 사무엘의 슬픔은 사적인 감정만은 아니었다. 오히려 사울의 폐위 이후 닥칠지 모르는 이스라엘의 환란을 걱정한 데서 비롯되었다고 할 수 있다. 그런데 이러한 슬픔에 잠긴 사무엘에게 1절에서 하나님께서는 자신이 이미 사울을 이스라엘 왕으로서 거절하셨기에 그 슬픔이 부적절함을 밝히고 하나님께서 예선한 새로운 사람에게 기름 부을 것을 명령하신다. 개역성경에 '예선하였더라'고 번역된 히브리어 '라이티'(ראיתי)에는 '기쁨으로 보았다'라는 뜻이 담겨 있다(삼상 16:17; 창 22:8; 41:33; 왕하 10:3). 특히 이 단어는 종종 특별한 선택의 행위를 뜻할 때 사용되었다(창 41:33). 본문 역시 '하나님께서 사울을 대신할 왕으로 세우실 왕으로 기뻐하심으로 택정하셨다'(엡 1:9)란 뜻으로 해석될 수 있다. 즉 하나님은 사울을 이스라엘의 왕으로서 거절하시면서 이미 '여호와의 마음에 맞는 사람'(13:14), '사울보다 나은 자'(15:28)를 찾으시겠다고 선포하셨고 이제 그 선택의 결과를 선포하고 계신다. 인간적 관점으로는 왕으로서의 조건을 가졌지만 하나님께서 원하시는 신정주의적 통치를 수행해 나가는데 있어서는 실패한 사울과 달리, 새롭게 하나님께 선택된 자는 하나님의 신정 정치를 이어갈 자로 하나님의 기쁘신 뜻에 따라 왕이 될 자이다. 이것은 하나님의 기쁘신 뜻에 따랐다는 언급이 없는 사울의 선택과는 분명한 차이가 있는 것으로 이미 선택받을 때부터 사울과 다윗의 차이가 분명하게 드러나고 있음을 시사하고 있다.

새로운 왕에게 기름을 부으라는 하나님의 명령은 사무엘에게는 두려움으로 다가왔다(2절). 비록 하나님께서는 사울을 두 차례에 거쳐 이스라엘의 왕으로는 적합지 않은 자로 선언하셨지만(13, 15장) 다윗이 이스라엘의 왕으로 등극하기 전까지는 여전히 이스라엘의 공식적인 왕은 사울이었다. 그러므로 사무엘이 만일 다른 사람을 왕으로 기름 부을 경우 그 일은 반역 행위임이 틀림없었다. 더 나아가 이미 하나님께 버림받은 사울은 당연히 이스라엘의 새로운 왕을 세우는 직무를 가지고 있는 사무엘의 행적을 주목했을 것이다. 이를 알고 있었던 사무엘은 하나님의 명령에 주저할 수밖에 없었다. 그러나 하나님께서는 이새와 그 아들들에게 제사를 청하러 왔음을 전하라 하여 사무엘의 염려를 불식시켜 주셨다.

여기서 드리는 제사는 암송아지를 제물로 사용하는 것을 고려할 때 화목제였을 것이다(레 3:1~5). 한편 그동안 이 구절에 있어서 거짓말을 명하시는 하나님의 행위가 논란이 되어 왔다. 그러나 당시 사울은 이미 하나님의 버림을 받은 자이고 만약 사무엘이 이스라엘의 왕으로 삼고자 다윗에게 기름을 부으러 간다는 사실을 안다면 어떤 사태가 발생할지 모르는 상황이었다. 그래서 하나님께서는 이런 사실이 완악한 사울에게 알려지기를 원치 않으셨고, 또한 다윗을 통한 구속사의 흐름이 위협받기를 원치 않으셨다. 따라서 사무엘이 제사를 드리러 간다고 한 것은 거짓말이라고 할 수 없다. 왜냐하면 하나님은 종종 당신의 대적들에게 진리의 비밀을 감추셔서 구속사를 이루어 가시기 때문이다. 예수님 역시 복음의 비밀을 악인들에게서 감추시기 위하여 종종 비유로 말씀하셨다(마 13:10~17). 칼빈은 이 구절에 대해 사무엘이 백성들과 함께 하나님과 제사를 드리는 것은 자연스러운 일이었고 특히 새로이 왕이 될 사람을 기름 붓는 중요한 행사에서 하나님께 제사드리는 것은 너무도 자연스러운 일이라고 해석한다. 특히 사울도 기름 부음을 받을 때 제사와 깊은 연관이 있었다(9:12).

3절에서 하나님은 이새의 집에서 '나를 위하여' 한 사람에게 기름을 부으라고 명하신다. '나를 위하여'란 구절은 '하나님의 영광을 위하여'라는 뜻으로 해석될 수 있다. 이는 이제 기름 부음을 받을 자가 하나님의 마음에 합한 자로 장차 하나님의 뜻을 좇아 이스라엘을 통치하는 신정 왕국을 이룰 자임을 예시해 준다(삼하 7:17). 이런 표현은 하나님의 말씀보다는 백성의 말을 두려워한 사울의 인본주의적 성향과 대조적이라고 할 수 있다.

4절에서 사무엘이 오는 것을 보고 베들레헴의 장로들이 떨며 평화를 위해 오심을 묻는다. 그러나 여기서 장로들은 사무엘에 대한 경외심으로 인한 것이나(21:1), 자신들이 하나님의 뜻에 맞지 않게 살아서 그로 인해 징벌을 받게 된 것이 아닌가 근심했다기보다는 정치적인 위험을 알기 때문에 떠는 것이라고 보아야 한다. 특히 사무엘은 왕위 옹립자이면서도 왕위 파괴자였다. 베들레헴의 장로들은 아직 사울이 왕위에 있을 때 왕위 옹립자로서 사무엘의 방문은 마을 전체가 사울의 미움을 사게 되는 이유가 되지 않을까 걱정한 것이다. 2~3절에 나타나는 사무엘이나 베들레헴 장로들의 반응을 고려할 때 하나님뿐만 아니라 사울 역시 새로운 왕이 선택되는 것에 관심이 있었고 이는 기름 부음 받는 다윗의 앞날이 그리 순탄치만은 않을 것임을 예시하고 있다. 그러나 근심하는 베들레헴 장로들을 안심시키고 사무엘은 이새와 그의 아들들을 제사에 초청한다.


## 2. 기름 부음 받는 다윗(6~13절)

6~9절에는 다윗의 형들이 왕의 후보로서 테스트를 받는 장면이 나온다. 엘리압을 보았을 때 사무엘은 그가 이스라엘의 왕이 될 인물이라고 생각했으나 7절에서 하나님은 그를 버렸다고 밝히고 사람은 외모를 보지만 하나님은 중심을 본다고 선언하신다.

6절에서 사무엘은 엘리압의 외모를 보고 하나님이 택정한 자인 줄로 생각했다. 그는 여전히 이전에 사울을 택했을 때 가졌던 평가 기준으로 새롭게 기름 부음 받을 자를 평가하고 있다(10:23~24). 7절에서 용모와 신장을 보지 말라는 명령은 인본주의적 판단 기준을 버리라는 의미로써 용모와 신장으로 인해 왕으로 선택된 사울을 연상케 한다(9:2; 10:23). 그런데 여기서 엘리

압을 버렸다는 표현은 하나님께 별다른 죄악을 저지르지 않은 엘리압에게
는 너무 지나친 표현이라는 느낌을 버릴 수가 없다. 그런데 '버렸다'라는 히
브리어 동사 '마아스'(מאס)는 사울을 거부할 때도 사용되었던 단어로써(15:23,
26; 16:1), 엘리압은 단순히 다윗의 장형이 아니라 이미 하나님께 버림받은
사울을 예표함을 암시한다. 엘리압에 대한 거부는 이스라엘이 외모를 중시
하여 왕을 선택했고 그렇게 선택된 사울도 하나님의 말씀보다는 외모를 더
욱 중시하다가 버림받았음을 사무엘로 하여금 상기시키고 똑같은 실수를
다시 범하지 말라는 경고라고 할 수 있다. 이어서 하나님은 사람과 하나님의
판단 기준의 차이를 언급하신다. 외모는 '육신의 눈'을 의미하는 것이라면
'중심'은 '마음의 눈'을 의미한다고 할 수 있다. 이는 인간은 육신의 눈을 가
지고 사람의 외적 용모, 신장, 배경 등을 보지만 하나님께서는 마음의 눈을
가지고 사람의 내적 겸손, 신앙, 인격, 진실성 등을 감찰하신다는 의미다(대
상 28:9; 시 7:9; 눅 16:15). 특히 이런 언급은 외모를 보고 선택한 사울과는 달리
다윗은 중심을 보시는 하나님의 판단 기준에 의해 선택되었음을 강조한다.

결국 다윗의 형들 가운데서는 아무도 선택되지 못하고 들에서 양을 치고
있었던 말째인 다윗이 불려온다. 11절에서 다윗을 묘사하고 있는 '말째'는
히브리어로 '하카탄'(הקטן)인데, '가장 어린'이란 의미 외에 '가장 작은'이란 의
미도 있다는 점에서 당시 다윗의 모습은 사울의 '가장 큰 키'와는 대조된다(삼
상 9:2; 10:23). 다윗이 양을 치고 있었다는 점에 대해 고대 근동에서 왕은 종
종 '목자'로 인식되었다는 사실을 연상할 수 있으나 그보다는 아버지인 이새
도 왕을 택하는 자리에 다윗이 참석하는 것이 어울리지 않는다고 생각할 정
도로 당시 다윗은 인간의 판단 기준에 의해서는 왕으로서의 자질이 상대적
으로 부족했다고 해석하는 것이 더욱 개연성이 있다.

한편 하나님께서는 외모를 보지 않는다는 7절 말씀과, 다윗의 이상적인
외모를 묘사하는 12절 말씀이 해석상의 문제를 제기한다. 12절에 나타난 사
무엘 앞에 온 다윗에 대한 묘사는 이전에 외모를 보지 않는다는 하나님의 판
단 기준에는 분명 부합되지 않는다. 학자들은 7절과 12절의 불일치를 해결

하기 위해 많은 노력을 해왔다. 12절은 독자들에게 다윗이 엘리압과 비견되는 좋은 외모를 가지고 있었음을 확실히 하고 있다. 일반적으로 12절에서 다윗을 소개하고 있는 세 가지 표현은 남자로서의 긍정적이고 이상적인 모습으로 여겨져 왔고 12절에서 다윗은 아름다운 남자로 소개되고 있다. 얼굴색이 붉다거나 붉은 머리카락을 가지고 있다는 것은 구약성경에서 흔하지 않은 외모이고 이런 다윗에 대한 묘사는 다윗을 다른 사람은 가지지 못한 매력의 소유자로 소개하고 있다. 아이러니하게도 다윗에 대한 12절의 묘사는 하나님께서 중요한 사항으로 고려하지 말라고 명령하신 아름다운 눈과 좋은 외모라는 두 가지 모습을 포함하고 있다. 12절의 표현에서 저자는 마치 외모적 관심을 가지고 판단하는 사람들에 흥미를 끄는 성품으로 다윗을 소개하고 있다.

구약성경에서 일반적으로 외모는 이스라엘의 남녀 영웅 ─ 요셉(창 39:6), 에스더(에 2:7), 유아 모세(출 2:2) ─ 에 대한 전통적인 묘사의 한 부분이었다. 일부 학자들은 7절과 12절의 불일치를 다윗과 사울을 대조하기 위한 시도의 일환으로 이해한다. 즉 외모와 중심은 선택과 거부의 대조 개념이라기보다는 다윗이 첫 번째 왕이었던 사울보다 더 좋은 선택임을 밝히는 표현으로 이해될 수 있다. 즉 엘리압의 외모를 통해 연상되는 사울의 외모적 준수함과 그의 거부는 왕위를 이어받은 다른 후보자가 이전의 왕이었던 사울과는 다르고 그보다 더 좋은 선택임을 시사한다. 사무엘 역시 사울의 거부를 선포하는 15:28에서 "사무엘이 그에게 이르되 여호와께서 오늘 이스라엘 나라를 왕에게서 떼어서 왕보다 나은 왕의 이웃에게 주셨나이다"라고 전함으로써 다윗이 사울보다 더 좋은 이스라엘의 왕이 될 것이라고 간접적으로 시사하고 있다.

앞에서 살펴본 바와 같이 사람의 판단력에 의한 행동과 하나님에 의해 주도되는 마음으로 인한 판단력에 의한 행동의 대조가 사무엘서에서 사울과 다윗을 비교하는 중요한 기준이었다. 사울은 왕으로서의 외모는 가지고 있었으나 이상적인 왕의 마음과 판단력은 가지지 못했다. 훌륭한 통치자가 되기 위해서 이스라엘의 왕은 하나님에 의해 주도되는 마음으로 인한 판단력을 가지고 불완전하고 제한적인 인간의 판단을 뛰어넘어야 했다. 7절과 12절의 불일치는 용모와 키를 보지 말라는 하나님의 명령(7절)이 외모를 하나님의 선택의 유일한 증거라고 이해하지 말고, 내면적 아름다움을 유다의.왕을 선택하는데 있어서 더 중요한 증거로 삼으라는 명령으로 이해해야 함을 시사한다.

13절은 기름 부음을 받을 때 다윗이 여호와의 영에 크게 감동되었다고 전한다. 이 장면은 사울이 기름 부음 받을 때 하나님의 영이 임한 장면을 연상케 한다(10:10). 그러나 사울에게 임한 여호와의 영은 그가 하나님께 버림받자 그에게서 떠나버렸다(16:14). 한편 하나님의 영이 다윗에게 임했을 때 사울에게서 떠났다는 사실은 다윗과 사울의 삶의 대조를 분명하게 드러낸다.

### 3. 사울의 부름을 받는 다윗(14~23절)

기름 부음 받은 다윗에게 하나님의 영이 내린 것과는 대조적으로 하나님께 버림받은 사울에게서는 하나님의 영이 떠난다(14절). 하나님의 영이 어떤 사람에게 임하였다가 떠났다는 표현은 구약에서만 볼 수 있는 독특한 표현으로 구약 시대의 성령 사역의 특징과 밀접한 관련이 있다. 구약 시대의 성령은 일시적이고 한정적으로 역사하였다. 즉 구약의 성령의 주요 사역 중 하나는 하나님의 사역을 감당하는 자들에게 특별한 능력을 공급하는 것이었다. 그러므로 여호수아(신 34:9), 사사들(삿 3:10; 6:34; 11:29; 13:25), 선지자들(겔 2:2; 느 9:20)이 자신에게 주어진 사역을 감당할 때 하나님의 영의 도우심을 힘입었다. 그러나 이와 같은 하나님의 영의 도우심은 영영히 지속된 것이 아니라 하나님께 맡은 바 특정한 사역이 끝났을 때는 더 이상 역사하지 않았음을 알 수 있다.

특히 하나님의 영을 받은 자들이 하나님께 순종치 아니하고 범죄 했을 경우에는 하나님이 그 영을 거두어 가셨다. 사울 이전에 나타났던 이 같은 예를 삼손에게서 찾을 수 있다(삿 16:20). 하나님의 영이 삼손에게 임재해 계실 때는 그가 무서운 괴력을 발휘할 수 있었으나 그가 범죄 함으로 인하여 하나님의 영이 떠난 후에는 블레셋인들에게 힘없이 붙잡히고 말았다. 그러나 신약 시대에 이르러 성령은 각 성도들 안에 내주하셔서 그들의 보혜사로서(요 14:16, 26; 15:26; 롬 8:26) 그들 속에 역사하시며 능력을 공급하사 하나님의 일을 감당케 하신다. 즉 개인의 입장에서 볼 때 구약 시대에는 하나님의 영이 잠시 임했다가 떠나시는 반면에 신약 시대에는 영구적으로 내주하신다는 결정적인 차이가 있다. 이런 구약 시대 하나님의 영의 성격을 고려할 때 하나님께 버림받은 사울에게서 하나님의 영이 떠나고 있음을 이해할 수 있다. 이는 사울에게서 올바른 왕정 수행을 위한 능력이 사라졌음을 의미하는 것이다.

하나님의 영이 떠난 사울은 악령에 의해 번뇌케 된다. 여기서 중요한 것은 사울을 번뇌케 한 악령이 하나님의 부리심을 받는다는 표현이다. 그러나 이것이 하나님께로부터 악령이 나왔다는 의미보다는 하나님께서 허락하신 한도 내에서만 역사할 수 있는 악령을 가리킨다고 할 수 있다(욥 1:12). 실제로 하나님은 아비멜렉과 세겜 사람들 사이에 악한 영을 보내셨으며(삿 9:23) 미가야 선지자 시대에는 거짓 선지자들의 입술에 거짓을 말하는 영을 주셨다(왕상 22:19~22). 다시 한 번 이 표현은 하나님의 영이 임한 다윗과 사울을 대조시키는 역할을 한다.

15절에서 사울의 신하들은 수금 연주로 그의 번뇌를 완화시킬 연주자를 구할 것을 조언한다. 정신 질환을 치료하는데 있어서 음악이 효과적인 방법이라는 것은 이미 알려진 사실이다. 사무엘상 10:5과 열왕기하 3:15은 고대 사회에서 음악을 통한 심리적 치료 요법이 있었음을 암시한다. 그러나 사울의 경우 그의 번뇌가 하나님의 영이 떠난 결과에서 나온 것이므로 음악을 통한 심리적 요법은 근본적인 치료법이 될 수 없었고 단지 임시방편에 불과할 뿐이었다.

18절에서 수금 연주자를 구해 오라는 사울의 명령에 마치 기다렸다는 듯이 사울의 신하 중 한 사람이 다윗을 천거한다. 그러나 다윗을 소개하는 그의 표현은 사울이 원하는 수금 연주자를 훨씬 넘어선 묘사였다. 사울이 원하는 사람은 수금을 잘 연주해서 사울의 번뇌를 완화시킬 자였다. 그러나 이 자격에 덧붙여서 다윗이 용감하고 유능한 싸움꾼이며 언변이 좋고 결정적으로 하나님이 함께하는 자라고 사울의 신하는 소개한다. 이 언급에서 과연 지금 사울의 신하가 누구에게 다윗을 소개하고 있는지 의아해 하지 않을 수 없다. 그는 사울이 아니라 독자들에게 다윗을 수금 연주자로서가 아니라 새롭게 왕으로서 기름 부음 받은 자로 소개하고 있다. 그렇지 않다면 어떻게 사울의 신하가 작은 성읍인 베들레헴에 있는 다윗을 그렇게 잘 알고 있었을까? 더군다나 하나님이 그와 함께하신다는 표현은 기름 부음 받았을 때 다윗의 모습을 연상케 한다.

실제로 18절에서 다윗에게 적용되는 표현들은 전통적으로 이상적인 이스라엘의 남자 지도자에 대한 묘사이다. 다니엘과 그의 세 친구는 성경 저자에 의해 바벨론의 느브갓네살 왕과 독자들에게 비슷한 방식으로 소개되고 있다(단 1:3~4).

악기를 다루는 기술 이외에 소개되는 성품 중에 첫 번째 두 성품인 용기와 무용은 군사로서의 모습이다. 앞에서 언급했던 바와 같이 외부의 군사적 위협에서 이스라엘을 구원해야 할 직무를 가지고 있는 이스라엘 왕에게 요구되는 가장 기본적인 자질 중에 하나는 전쟁에서의 뛰어남이다. 이에 다윗은 호기와 무용을 겸비한 자로 소개되고 있다.

초기 이스라엘 왕정 시대에서 왕이나 왕이 되고 싶은 자는 전쟁터에서 자신의 능력을 발휘해야 했다. 전쟁에 있어서 자신의 능력을 증명해야 할 왕이 될 후보자로서 사울과 다윗은 사무엘상에서 전쟁에서의 승리를 통해 자신이 왕으로서 합당한 자임을 증명해야 했고 그 이후에야 비로소 이스라엘의 왕으로 등극하게 된다. 골리앗을 죽인 후 불려진 "사울의 죽인 자는 천천이요 다윗은 만만이로다"(18:7하)라는 노래는 다윗의 군사적 능력과 왕으로서의 자질을 인정받았음을 시사해 주면서 사울로 하여금 이제 다윗에게 얻을 것이 자신의 나라밖에 없음을 알게 하고 다윗을 주목하게 한다(18:8~9).

또한 '구변 있는 자'라는 표현 역시 다윗이 왕으로서의 자질을 갖췄음을 의미한다. 하나님께서 모세를 처음 부르셨을 때, 언변은 지도자에게 매우 중요한 성품이었다. 모세는 자신이 언변이 없으므로 이스라엘의 지도자로서는 부족하다고 하나님의 부르심을 거부한다. 이는 당시 지도자는 말을 잘해야 된다는 사실을 간접적으로 시사한다. 하나님 역시 말을 잘하는 아론을 그에게 붙여 주심으로써 이스라엘의 지도자는 말을 잘해야 된다는 사실을 인정하신다. 실제로 사무엘상은 다윗이 언변이 좋았다는 사실을 여러 곳에서 시사하고 있다. 17:34~36에서 다윗은 사울에게 자신이 골리앗과 싸워서 이길 수 있음을 설득했다. 그리고 24:10~20에서 다윗은 사울에게 자신이 왜 사울을 죽이지 않았는지를 고대의 잠언을 들어 설명하고(24:13) 사울로 하여금 다윗이 왕이 되고 이스라엘의 왕조가 그의 손에 의해 만들어질 것임을 시인하게 한다(24:20). 26:18~20에서도 다윗의 언변을 느낄 수 있다. 여기서 다윗은 사울에게 왜 자신을 죽이려고 하는지를 묻고, 아브넬과 이스라엘 사람들 앞에서 사울 스스로 잘못을 시인하게 만들었다(26:21).

특히 구약성경에서 '언변'은 흔히 지혜와 연관되어 이해된다(창 41:33; 신 1:13; 4:6; 왕상 3:12; 사 3:3; 5:21, 29:14; 렘 4:22; 호 14:9; 잠 2:6; 15:23; 16:21~24; 25:11; 29:20). 언변과 지혜의 확실한 연관성은 요셉에게서 나타난다. 좋은 언변은 고대 애굽에서 지도자가 되고자 하는 사람에게는 매우 중요한 자질이었다.

더 나아가 군사적 지도자 이외에 유다의 왕은 이스라엘 백성을 재판하고 그들이 시내산 계약을 준수하게 만들어야 하는 재판관으로서의 직무가 있었다(9:16~20).

정의를 실현할 이스라엘 왕의 직무는 구약성경 여러 곳에서 나타나고 있다(삼하 23:3~4; 잠 28:15; 29:14; 31:8~9). 따라서 이스라엘의 왕이 재판관으로서 자신의 직무를 잘 감당하기 위해서는 지혜가 필요했고 솔로몬 역시 이스라엘을 통치하는데 제일 먼저 필요한 자질이 지혜임을 인정하고 있으며(왕상 3:6~9) 신명기는 지혜가 여호수아를 지도자로 삼게 만든 중요한 성품이었음을 시사한다(신 34:9). 잠언은 지혜의 가장 확실한 증거 중에 하나가 언변이라고 소개하면서 언변이 이스라엘 왕에게 매우 중요한 자질임을 교훈하고 있다. “하나님의 말씀이 왕의 입술에 있은즉 재판할 때에 그 입이 그릇하지 아니하리라”(잠 16:10).

특히 사무엘상에서 지혜는 내적 통찰력으로 묘사된다. 이스라엘의 왕은 이스라엘이 하나님의 법을 준수하게 할 의무가 있었고 이를 위해서는 하나님의 판단 방법이셨던 내면적 통찰력이 필요했다(16:7). 이사야 11:3~5과 잠언 21:1은 이상적인 왕에게 내면적 통찰력이 필요함을 시사한다. 이미 언급한 대로 이스라엘 왕은 눈에 의지한 인간의 통찰력과 요구에 의존하지 말고, 하나님에 의해 감동한 마음에 의지한 내면적 통찰력을 가져야 했다. 16:18에서 사울의 신하는 다윗이 언변으로 대표되는 내적 통찰력의 소유자임을 밝히고 있다.

‘준수한 자’라는 표현 역시 다윗의 매력적인 외모를 의미하면서 또한 왕으로서의 자질을 나타낸다. 15:12에서 묘사하는 다윗의 외모에 대한 해석에서도 살펴보았듯이 비록 내적인 아름다움보다는 열등하지만 외적인 아름다움이 이스라엘 왕에게 바람직한 자질로 인식되고 있었다. 실제로 다윗은 요셉, 다니엘, 모세 등 이스라엘의 영웅들과 같이 내면적인 아름다움과 아울러 매력적인 외모를 가지고 있었다(16:12~13). 다윗의 준수한 외모는 하나님의 선택의 증거로 나타나고 있다. 그러나 외모에 대한 묘사는 하나님이 함께하신다는 종합적인 신학적 평가를 제외하고는 다윗을 묘사하는 말 가운데 제일 마지막에 나왔다. 이런 점은 다른 성품보다 외모적 아름다움이 덜 중요하다는 것을 의미하며 간접적으로 다윗의 왕으로서의 자질이 내면에서 나오는 것이었음을 시사한다. 또한 이런 사실은 사무엘상이 외모보다는 중심을 강조하는 여호와의 생각을 공유하고 있음을 나타낸다. 그러나 16:12은 매력적인 외모가 비록 내적인 아름다움보다 더 중요하게 평가되어서는 안 되지만 이스라엘 왕에게 있어서 바람직한 자질이었다는 것을 부정하지는 않는다.

끝으로 왕으로서의 다윗의 매력은 하나님과의 친밀한 관계를 나타내고 있는 '하나님이 그와 함께 계신다'는 표현으로 보증되고 있다. '하나님이 그와 함께 계신다'라는 구절은 사무엘상 18:12, 14, 28과 사무엘하 5:10에서 다윗을 묘사하는 데 사용되고 있고, 사무엘상 17:37과 20:13에서는 다윗에게 일어나기를 기원하고 있다.

'하나님이 그와 함께 계신다'는 묘사는 앞에서 언급한 다윗의 긍정적인 성품이 하나님의 은혜에 기인된 것임을 암시한다. 또한 이 구절은 다윗이 기름 부음 받을 때 여호와의 신에 의해 감동된 장면을 연상케 한다(13절).

요약하면 18절에서 사울의 신하는 다섯 가지의 묘사를 통해 당시 사람들에게 잘 알려져 있던 이상적인 이스라엘 왕의 모습으로 다윗을 사울에게 소개하고 있다.

사울의 신하로부터 다윗을 소개받은 사울은 다윗을 데려오라고 명한다. 결국 다윗은 사울 앞에 서게 되었고 사울은 그를 사랑해서 자신의 병기 든 자로 삼는다(16:21). 이스라엘 왕에게 있어서 병기 든 자는 왕과 매우 중요한 관계를 형성하고 있었다. 요나단에게 있어서 병기 든 자는 그를 도와 단독 전투를 수행하고 있고(14:1) 주인의 죽음 뒤 자살을 택한 사울의 병기 든 자의 모습(31:4~6)속에서 고대 이스라엘에서 왕과 병기 든 자의 밀접한 관계를 예상할 수 있다. 22절에서 사울은 다시 사신을 이새에게 보내 다윗이 왕궁에서 영구적인 직무를 수행토록 할 것임을 통보하였고, 다윗은 그가 처음 사울에게 소개되었을 때의 직무로 돌아가 사울 앞에서 수금을 연주하여 성공적으로 사울의 번뇌를 완화시켰다(23절).

그러나 16장은 하나님께 버림받은 자와 그를 대신하여 새롭게 이스라엘의 왕으로 기름 부음 받은 자와의 첫 만남이 겉으로 드러나는 것과 같이 평온하게만은 끝나지 않고 있다는 여러 가지 증거를 보여 준다.

우선 19절에서 사울은 다윗을 자신의 궁으로 데리고 올 것을 명령하면서 다윗을 양을 치고 있는 자라고 묘사한다. 이 구절은 사울이 어떻게 다윗이 양을 치고 있는 줄 알았는지 의심케 한다. 과장된 신하의 소개 속에서도 다윗은 양을 치고 있는 자로는 소개되지 않고 있다. 한편 다윗이 기름 부음 받을 당시 다윗은 양을 치고 있었고, 기름 부음을 명령받을 당시 사무엘이 느꼈던 두려움과 사무엘의 방문을 받았을 때 베들레헴 장로들의 반응 등은 당시 사울이 사무엘의 행적을 주시하고 있었고 그로 인해 비밀스럽게 이루어졌던 다윗의 기름 부음이 사울에게 알려졌을 가능성을 배제할 수 없게 만든다. 이 의문은 이후에 사울이 다윗을 사랑하여 자신의 병기 든 자로 세우고 있는 것이 과연 순수한 마음에서였는가 의심하게 만든다. 사울은 다윗을 만나자마자 그가 원래 원했던 수금 연주자가 아니라 병기 든 자로 다윗을 삼고 있다. 앞에서 언급했듯이 병기 든 자의 제일 큰 직무는 왕을 항상 옆에서 수행하면서 그를 지키는 것이요 왕에게 충성을 다하는 것이다. 사울이 다윗을 사랑했다는 표현 역시 구약성경에서 등장하는 남자들 간의 사랑은 감정적인 요소보다는 정치적인 요소가 많았다는 점에서 그 무게가 가벼워지고 있다.

아무튼 16장에서 다윗은 사울을 대치할 하나님의 더 좋은 선택으로써 성공적으로 등장하고 있지만 하나님께 버림받은 왕의 왕궁에서 하나님께 버림받은 자의 병기 든 자와 수금 연주자로 있게 되었다는 점이 결코 앞으로 전개될 기름 부음 받은 자로서의 삶이 순탄하지 않을 것임이 시사되고 있다.

### 4. 설교를 위한 적용

인간은 외모를 보고 판단하지만 하나님은 중심을 보고 판단하신다. 사람의 판단 기준과 하나님의 판단 기준의 차이점을 밝히는 이 말씀은 다윗과 사울을 구분하는 결정적인 기준이 되었다. 특히 중심을 보시는 내적 통찰력은 지금도 하나님께서 자신의 사역을 감당하고 있는 자를 평가하시는 중요한 기준으로 사용되고 있다.

기름 부음을 받기 전에 '막내'라는 다윗의 상황은 아버지에게조차도 왕으로서의 자질을 인정받지 못하게 했다. 비록 내적인 강함에도 불구하고 다윗은 외적인 면에서는 아무런 내세울 것이 없었다. 그런 다윗을 하나님께서 선택하셨다는 사실은 지금 인간적으로 볼 때 아무런 내세울 것이 없는 자들에게도 희망의 메시지로 다가온다. 실제로 하나님이 사용하신 신앙의 선조들 중 많은 사람은 인간적인 판단 기준에 의하면 전혀 그 일에 합당하지 않은 자들이었다. 막내였던 다윗이 이스라엘의 왕으로서는 합당치 않는 자였던 것과 마찬가지로 언변이 좋지 않았던 모세는 하나님의 구원계획을 바로와 이스라엘 백성들에게 선포할 자로서는 합당하지 않은 자였다. 바울 역시 "편지들은 중하고 힘이 있으나 그 몸으로 대할 때는 약하고 말이 시원치 않다"(고후 10:10)는 평가를 받았다. 이는 설교자로서는 합당치 않는 모습이었다. 그러나 하나님은 당시 그들보다 훨씬 좋은 조건을 가지고 있었던 다른 사람들을 사용하지 않으시고 그들을 사용하셨다. 하나님만 의지하겠다는 그들의 내면의 힘과 조건을 보신 것이다. 인간과 다른 판단 조건을 가지신 하나님은 작은 자 가운데서 위대한 가능성을 보시는 분이다. 사울을 버리시고 다윗을 새롭게 선택하시는 하나님의 판단을 통해 이제 인간적으로는 아무 내세울 것이 없는 자들에게도 희망의 씨앗이 돋아나고 있다. 하나님의 부르심을 받아 그의 사역을 감당하고 있고 또 사역을 준비하고 있는 자들이 과연 자신을 어떤 기준으로 평가하고 있는지 돌이켜 볼 필요가 있음을 16장은 전하고 있다.

더 나아가 이 세상에서 하나님의 통치를 대행할 이스라엘의 왕으로서 사울이 결국 외적인 인간의 눈에 의지하여 인본적인 판단력에 근거해 행동함으로써 하나님으로부터 버림받은 사실과 내적인 마음의 눈을 통해 판단할 더 나은 자로 묘사되고 있는 다윗의 모습 속에서 하나님이 자신의 일을 수행할 자에게 원하는 자질이 무엇인지 다시 한 번 생각하게 된다.

사무엘서는 다윗이 누린 하나님의 사랑과 축복의 중요한 근거가 마음이었음을 알려 준다. "주의 말씀을 인하여 주의 뜻대로 이 모든 큰일을 행하사 주의 종에게 알게 하셨나이다"(삼하 7:21). 솔로몬 역시 다윗의 마음이 자신에 대한 하나님의 축복의 중요한 이유였음을 밝히고 있다. "주의 종 내 아비 다윗이 성실과 공의와 정직한 마음으로 주와 함께 주의 앞에서 행하므로 주께서 저에게 큰 은혜를 베푸셨고"(왕상 3:6).

우리는 과연 하나님의 거룩한 사역을 감당하고 있는 자들로서 하나님의 평가 기준에 의해 합당한 자로 살아가고 있는가? 스스로 점검해 보자. 우리는 사울과 같이 인간적인 판단력에 의존해서 우리의 주어진 사명을 감당하고 있는가? 아니면 말씀과 기도를 통한 하나님과의 깊은 교제를 통해 얻어지는 내면적 통찰력에 의존해서 하나님이 우리에게 허락하신 귀한 직분을 감당하고 있는가? 사무엘서는 우리에게 질문하고 있다.

# 07

# 하나님을 대신하여 싸운 사람

사무엘상 17~18장 주해와 적용

## 문제의 제기(삼상 17장)

우리에게 너무나 익숙해서 그 주제나 메시지가 너무나 분명한 본문을 설교할 때, 설교자는 그 본문에 대하여 두 가지 질문을 던져 볼 필요가 있다. 첫째는, 우리가 너무나 당연시하는 그 해석과 그 메시지가 정말 옳은가 하는 질문이다. 둘째는, 그 본문에는 그 메시지가 전부인가 또는 다른 시각이나 다른 관점에서의 신선한 해석과 메시지는 없는가 하는 질문이다. 그렇지 않으면 자칫 본문을 왜곡한 메시지 아니면 빤히 보이는 메시지를 반복하게 될 수 있다.

17장은 골리앗과 다윗의 전투 현장을 중심으로 한 이야기이다. 이것은 너무나 유명하고 익숙한 이야기여서 심지어 그리스도인이 아닌 사람들도 이 사건에 대해서만은 자신 있게 이야기하고 인용하곤 한다. 우리는 전통적으로 이 사건을 '골리앗을 물리친 다윗'이라는 제목으로 요약해 왔다. 이러한 제목 아래 선포되는 메시지는 '다윗은 믿음의 용단을 가지고 담대하게 골리앗을 향하여 달려갔고, 하나님은 이러한 다윗을 도와서 기적적으로 골리앗을 물리치고 승리하게 하셨다'이다. 또한 적용은 우리도 다윗처럼 믿음의 결단을 가지고 나가면 아무리 불가능해 보이는 일일지라도 우리 앞에 나타나는 삶의 골리앗들을 하나님의 도움으로 능히 이길 수 있다는 것이다.

그러나 과연 그러한가? 이 싸움은 다윗의 싸움을 하나님이 곁에서 도와주신 싸움인가? 아니면 하나님의 싸움을 다윗이 대리인으로 싸운 싸움인가? 다윗 자신은 이 싸움을 어떻게 말하고 있는가? 칼과 창과 단창으로 무장한 골리앗을 물매와 돌로 넘어뜨린 영웅 다윗의 이야기가 이 본문의 진정한 메시지인가? 이러한 질문들을 염두에 두고 이제 본문을 살펴보자. 먼저 본문이 제시하는 상황의 흐름을 따라 사건을 개괄적으로 파악하면서 한두 가지 쟁점에 초점을 맞춰 보도록 하겠다.

### 1. 위기 상황(1~3절)

블레셋 군대와 사울을 중심으로 한 이스라엘 군대가 골짜기 하나를 사이에 두고 대치하게 됨으로써 이스라엘의 위기 상황이 고조되고 있다. 이 싸움의 이스라엘측 총수인 사울은 이미 하나님께 버림받은 자임을 앞의 15~16장에서 본 우리는 현재 이스라엘이 심히 위험한 상황에 처해 있음을 감지할 수 있다. 하나님께 버림받은 지도자가 이끄는 전쟁이 승리할 수 없을 것이기 때문이다.

그런가 하면 한편으로는 사울이 아닌 다른 인물, 즉 이 싸움을 승리로 이끌 새로운 인물의 등장에 대한 암시를 포착할 수도 있다. 그는 하나님께 버림받은 사울을 대체하는 사람이 될 것이다. 그렇다면 하나님은 누구를, 어떠한 방식으로 등장시키실 것인가? 이러한 관점은 지금부터 전개될 본문에 대하여 기대와 박진감을 가지고 접근하게 한다. 이 본문을 가지고 블레셋 군대를 우리의 영적인 원수로 해석하여 '우리의 대적 원수는 골짜기 하나를 사이에 두고 우리와 대치하고 있다. 이 원수는 언제라도 우리를 위협하며 쳐들어올 수 있으므로 우리는 정신을 차리고 깨어 있어야 한다'는 식으로 설교하는 것은 지나친 메시지 사냥이 될 수 있다.

### 2. 골리앗의 등장과 모습(4~7절)

골리앗은 기골이 장대한 자요(4절), 완전 무장한 자요(5~7상절 '놋투구, 오천

세겔 무게의 놋갑옷, 놋경갑, 놋단창…'), 완벽하게 신변 안전장치를 갖춘 자(7하절 '앞서 행하는 방패 든 자')이다. 어느 누구도 감히 그를 무너뜨릴 수 없는 강한 자임이 강조되어 있다. 아무도 물리칠 수 없는 강한 자임이 부각되면 될수록 그를 물리쳤을 때, 물리친 자의 엄청남이 더 효과적으로 드러날 것이다. 설교자가 골리앗의 무장한 모습을 일일이 언급하며 각 모습에 어떤 특별한 의미를 부여하려고 할 필요는 없다. 완전한 무장을 했다는 점을 한마디로 강조하면 될 것이다.

### 3. 골리앗의 모욕적인 언사(8~10절)와 사울과 이스라엘의 반응(11, 24절)

골리앗은 자신을 블레셋의 대표로 높이고 이스라엘 군대를 사울의 종으로 깔보면서 자신감에 차서 이스라엘 군대에 대한 극도의 모욕적 언사로 일대일 격투를 부추긴다. 그런데 이러한 모욕에 찬 도전에 대하여 사울과 온 이스라엘은 놀라며 크게 두려워하고 있다. 여기의 '놀랐다'는 말은 극단의 공포심에 빠졌음을 의미하며, '두려워하였다'는 말은 정신적으로 완전히 압도당하여 기가 질려 버렸음을 의미한다. 이스라엘 모든 사람이 그 사람을 보고 심히 두려워하여 그 앞에서 도망하고 있다(24절).

이 대목에서 설교자는 앞 장에서 어떠한 일이 있었는지를 기억해 내어 사울과 이스라엘 군대의 이러한 행동의 의아스러움을 부각시킨 후, 그 원인 규명에 초점을 맞춘 설교를 시도해 볼 수 있을 것이다. 사울이 누구인가? "이스라엘 자손 중에 그보다 더 준수한 자가 없고 키는 모든 백성보다 어깨 위는 더"(9:2)한 사람 아닌가? 밭에서 소를 몰고 오다가 백성의 우는 소리를 듣고 하나님의 신에 감동되어 분노가 일어나서 암몬 족속을 쳐서 야베스 족속을 구해 낸 용사가 바로 사울이었다(11장). 그럼에도 사울이 지금 무엇을 하고 있는가? 한편 군사 몇을 데리고 자원하여 블레셋 진중에 넘어 들어가서 그곳에 큰 소동을 일으켰던(14장) 용사 요나단도 이 무리 가운데 있었을 텐데, 그 용맹스럽던 요나단은 무엇을 하고 있는가?

사울과 온 이스라엘이 골리앗 앞에서 이러한 반응을 보일 수밖에 없었던 이유를 두 가지로 설명할 수 있다. 첫째는, 그들이 골리앗이 쏟아 붓고 있는 모욕과 능멸의 진정한 의미를 파악하는데 실패했다는 것이다. 골리앗의 언사는 단순히 사울 개인이나 이스라엘 군대에 대한 모독이 아니라 할례 받지 않은 이방 족속이 하나님에 대해서 행하는 모독이었다. 그의 언사가 갖는 이러한 의미는 후에 똑같은 상황을 목격하고 분노와 결전의 반응을 나타낸 다윗에 의하여 분명해진다. 다윗은 골리앗의 언사를 할례 받지 못한 자가 사신 하나님의 군대를 모욕하고 있는 것으로 파악했으며, 그 사실로 인해 분노했던 것이다(26, 36절). 둘째는, 사울이 이미 여호와의 신이 떠나버린 사람이었음을 인식한다면 그가 그러한 반응을 나타낸 것은 필연적인 사실로 받아들여질 수 밖에 없다는 점이다. 그러므로 사울이 11절과 같은 반응을 한 것은 앞에서 그에게 어떠한 일이 있었는지를 아는 독자에게는 사실 크게 놀랄 일이 아니다. 사울에게 있어서 보다 근본적인 문제는 그가 골리앗 앞에서 두려워했다는 점이 아니라 하나님의 신이 그에게서 떠났다는 점이다. 그가 두려워한 것은 원인이 아니라 결과일 뿐이다. 그러므로 설교자가 이 장면을 가지고 "사울은 두려워하지 않아야 했는데 두려워했습니다. 우리는 아무리 어려운 일이 닥쳐도 사울처럼 놀라고 두려워하는 사람이 되지 않아야 하겠습니다"라는 식으로 설교하는 것은 올바른 적용이 아니다.

### 4. 다윗의 등장(12~15, 17~18절)

"사울과 온 이스라엘이 블레셋 사람의 이 말을 듣고 놀라 크게 두려워하니라"(17:11). 그리고 갑자기 "다윗은 유다 베들레헴 에브랏 사람 이새라 하는 자의 아들이었는데"(12절) 하고 전환되는 다음 무대는 우리를 새로운 기대로 흥분시키기에 충분하다. 이미 1~3절의 위기 상황을 통하여 사울을 대체할 새로운 인물의 출현에 대해서 암시를 받은 우리가 별안간 등장하는 다윗이라는 이름에 긴장과 기대를 갖고 다음 문맥으로 끌려 들어가는 것은 당연한 반응일 것이다. 특히 우리는 구약에서 족보가 제시될 때는 이제 새 역사가 시작된다는 것을 암시한다는 것을 알고 있다. 물론 본문은 충분한 족보의 제시는 아니지만 그러나 어투나 분위기로 보아 다윗을 제시하는 이 본문 또한 동일한 맥락에서 이해할 수 있을 것이다. 이제 이 다윗으로 말미암은 새 역사가 시작될 것임을 암시 받는 것이다. 설교자는 본문이 채택하고 있는 이러한 극적 반전의 묘미를 회중들도 실감하도록 설교를 전개할 필요가 있다. 본문이 무엇을 말하는가 하는 것과 그 무엇을 어떻게(혹은 어떤 방식으로) 말하고 있는가 하는 것은 설교자에게 있어서 동일하게 중요한 문제이다.

사실 우리는 다윗의 내력에 대하여 앞 장에서 이미 들어서 알고 있다. 그런데도 17장에서 다시 다윗을 마치 처음 소개하는 것처럼 등장시키는 것은 어찌 보면 어색할 뿐 아니라, 본문의 일관성에 대한 의구심을 일으킬 만하다. 그래서 어떤 학자들은 사무엘상 기자가 17장에서는 16장을 기록한 것과는 다른 자료를 사용하고 있는데, 그 자료는 골리앗과의 싸움 사건으로부터 다윗 이야기를 시작하고 있는 자료일 것이라고 주장하기도 한다. 그러나 굳이 그렇게 생각하지 않아도 된다. 본문은 이제 본격적으로 다윗으로 말미암은 새 역사가 시작되고 있음을 그러한 방식으로 선언하고 있다고 보아도 무방할 것이다. 이 반대편에서는 사울이 본격적으로 스러져 가고 있고, 그것에 대한 직접적인 방법과 암시적인 방법을 동원한 증언이 바로 다음 장인 18장의 내용이기도 하다.

17장은 독자만이 아니라, 본문 속의 사울에게도 다윗이 골리앗과의 싸움을 계기로 처음 만난 사람인 것처럼 기술하고 있다(17:55~58). 그러나 사울이 불과 몇 년 전에 자신을 위하여 궁중 악사로 일했고(16:21~25; 17:15) 심지어 골리앗과 싸우기 직전에 자신의 군복을 입혀 주기까지 했던 다윗을 전혀 처음 만난 사람처럼 기록하고 있는 것은 본문의 불일치나 실수라기보다는, 오히려 독자를 향한 계산된 의도라고 봐야 할 것이다.


## 5. 다윗이 목격한 현장(16, 19~25절)

양을 치고 있던 다윗은 싸움터에 나가 있는 세 형들을 방문하고 오라는 아버지의 지시를 받고 블레셋 군대와 이스라엘 군대가 항오를 벌이고 있는 골짜기 곧 전투 현장에 갔다. 거기서 다윗은 블레셋 사람 골리앗이 장대한 몸과 완전한 군장을 과시하며(16절), 이스라엘을 모욕하고 조롱하는 현장을 목격하였다(23절). 골리앗은 40일을 조석으로 나와서 그렇게 하는 중이라고 덧붙였다(16절). 골리앗의 언사는 이스라엘에게 큰 모욕이었다. 그들 자신도 골리앗의 언사의 의미를 이스라엘에 대한 '모욕'으로 알고 있었다(25절). 다윗도 그것을 '치욕'과 '모욕'으로 여겼다(26절). 이스라엘을 모욕하는 골리앗의 모습과 함께 다윗이 목격한 또 하나의 상황은 그러한 모욕을 당하면서도 골리앗 앞에서 "심히 두려워하여 그 앞에서 도망"(24절)하는 이스라엘 군대의 모습이었다. 이 두 광경을 목격한 다윗의 반응은 어떠했는가?

### 6. 다윗의 분노와 결전(26~37절)

골리앗의 망언은 다윗으로 하여금 분노케 하였다. 그리고 그 분노는 골리앗과의 맞대결을 결단하게 하였다. 왜 다윗이 분노하는가? 그 이유를 아는 것은 이후 다윗의 처신과 이 사건 전체의 본질을 이해하는 데 있어서 결정적으로 중요하다. 다윗의 분노 이유는 간단하다. "이 할례 없는 블레셋 사람이 누구관대 사시는 하나님의 군대를 모욕하겠느냐"(26절).

'이 할례 없는 블레셋 사람', '살아 계시는 하나님의 군대'라는 두 구절 속에서 이 상황에 대한 다윗의 현실 인식의 단면을 볼 수 있다. 하나님의 언약과는 상관도 없는 이 이방족속이 감히 살아 계시는 하나님의 군대를 이렇게 모욕할 수 있단 말인가? 골리앗의 언사에서 다윗이 꿰뚫어 본 것은 골리앗이 결코 모욕당할 수 없는 하나님을 모욕하고 있다는 사실이다. 골리앗 사건의 핵심 문제는 결국 하나님에 대한 모욕이었다는 점을 확인이라도 시켜주듯이 본문은 후에 골리앗과 다윗이 대결하는 현장에서 골리앗이 그 신들의 이름으로 다윗을 저주했다는 사실을 부연하고 있다(17:43). 그러므로 싸움의 본질은 골리앗의 신들과 다윗의 신 사이의 문제인 것이다. 골리앗이 하나님을 모독하고 있는 것이라는 인식은 다윗에게는 중대한 문제였다. 다윗은 골리앗과의 맞대결을 허락 받기 위하여 사울 앞에 나아갔을 때도 자신이 골리앗과 싸워야 되는 이유와 자신이 이길 수밖에 없는 이유에 대해 다음과 같이 주장한다. "사시는 하나님의 군대를 모욕한 이 할례 없는 블레셋 사람이리이까"(36절).

이 현실에 대한 다윗의 인식은 분명하다. 그의 논리는 이렇다. 골리앗은 하나님을 모독하고 있다. 그는 하나님을 모독함으로써 사실은 이스라엘 군대가 아니라 하나님께 싸움을 걸고 있다. 그러므로 이 싸움은 골리앗과 이스라엘의 싸움이 아니라, 골리앗과 하나님과의 싸움이 되어버린 것이다. 이 싸움이 골리앗과 하나님의 싸움이라면, 누가 이 싸움에서 이길 것인가 하는 것은 이미 결정된 것이다. 만군의 하나님, 그리고 사신 하나님과 싸워서 이길 자가 그 누구란 말인가? 이 확신이 다윗으로 하여금 주위의 그 누구도 납득하지 못하는 행동을 담대하게 하게 한 원동력이 되었다. 그는 두려워 떨고 있는 사울에게 말한다. "그(골리앗)를 인하여 사람이 낙담하지 말 것이라 주의 종이 가서 저 블레셋 사람과 싸우리이다"(32절).

골리앗을 향하여 달려가면서도 그는 확신에 차 있다. "나는… 네가 모욕하는 이스라엘 군대의 하나님의 이름으로 네게 가노라 오늘 여호와께서 너를 내 손에 붙이시리니… 온 땅으로 이스라엘에 하나님이 계신 줄 알게 하겠고… 전쟁은 여호와께 속한 것인즉 그가 너희를 우리 손에 붙이시리라"(17:45~47). 승자와 패자가 이렇게 분명한 싸움인데 어느 쪽에 붙어야 되고 어떠한 입장을 표방해야 하는지는 너무나 분명한 것 아닌가?

두려워한 그들과 분노하며 나선 다윗이 근본적으로 다른 점이 여기에 있다. 그들은 이 싸움을 골리앗과 자신들과의 싸움으로 인식했다. 그래서 골리앗과 자신들을 견주어 보게 되었고, 그 결과 장대한 체구와 완벽한 무장의 골리앗에 비하여 턱없이 약한 자신들을 보게 된 것이다. 그리하여 이 싸움은 약한 그들이 강한 골리앗에게 무너지는 것이 분명한 싸움이라는 인식을 갖게 되고, 그러한 인식은 필연적으로 이들에게 놀라움과 두려움과 도망이라는 결과를 초래하는 것이었다. 그러나 다윗은 하나님을 모욕하는 골리앗과 하나님과의 싸움으로 인식하고, 골리앗과 그보다 비교할 수 없이 강한 하나님, 만군의 하나님을 비교한 것이다.

우리는 다윗의 이러한 모습 속에서 신앙인의 역사 인식의 틀을 제시받을 수 있다. 설교자는 하나님의 하나님 되심이 처참하게 무시당하는 현실을 직면할 때 그로 말미암은 분노가 있는지, 하나님의 하나님 되심은 반드시 드러나야 하고 또 드러날 수밖에 없다는 확신으로 인한 담대한 몸짓이 있는지를 도전해 보는 기회를 마련할 수 있을 것이다. 이 대목에서 분노와 확신에 차서 갈멜산에서 일을 벌였던 엘리야의 이야기는 같은 맥락에서 좋은 자료가 될 수 있을 것이다.

### 7. 엘리압의 분노(28절)

우리는 본문에서 다윗의 분노와 대조를 이루는 또 하나의 분노가 치솟고 있음에 주목할 필요가 있다. 그것은 다윗의 장형 엘리압의 분노이다. 엘리압의 분노는 다윗의 분노에 대한 분노이다. 다윗은 이방 족속 골리앗이 감히 하나님을 모독하고 있다고 분노하고 있고, 형 엘리압은 다윗이 능력도 없는 주제에 거대한 골리앗을 대항하는 방자함을 범하고 있다고 분노하고 있다. 그는 다윗을 가리켜 교만하고 마음이 악독하다며 노를 발하고 있다(28절). 다윗은 골리앗과 하나님을 짝지어서 보고 있고, 형은 골리앗과 다윗을 짝지어서 보고 있다. 다윗은 골리앗보다 더 큰 하나님을 보고 있고, 형은 골리앗보다 형편없이 모자라는 다윗을 보고 있다. 엘리압은 다윗이 골리앗과 감히 싸우고자 하는 의도를 그 싸움에 걸려 있는 상급(17:25~27)에 대한 이기적이고 사악한 욕심 때문이며, 피 흘리는 전쟁을 재미있게 구경하고자 하는 악독한 심보에서 나온 것으로 왜곡하는 어두움에 갇혀 있다. 다윗은 형의 시비를 한 마디로 잘라버리고(17:29) 상대를 하지 않는다(17:30). 설교자는 이와 같은 대조적인 두 분노를 부각시키면서 오늘날 청중을 위한 메시지의 실마리를 포착할 수도 있을 것이다.

## 8. 결단의 또 다른 근거(31~37절)

골리앗을 대항하여 싸우는 것에 대하여 형에게 극심한 비난과 제재를 당한 다윗은 사울에게도 역시 제재를 당한다. 다윗이 골리앗과 맞수가 안 된다는 논리를 펴는 사울의 관점도 별다르지 않다. 사울은 "네가 가서 저 블레셋 사람과 싸우기에 능치 못하리니 너는 소년이요 그는 어려서부터 용사임이니라"(33절)고 말한다. 다윗은 들에서 양을 지키면서 겪은 경험을 이야기한다. "주의 종이 아비의 양을 지킬 때에 사자나 곰이 와서 양떼에서 새끼를 움키면 내가 따라가서 그것을 치고 그 입에서 새끼를 건져 내었고 그것이 일어나 나를 해하고자 하면 내가 그 수염을 잡고 그것을 쳐 죽였었나이다"(34~35절). 비록 전투의 경험은 없어도 자신보다 비교할 수 없이 강한 것과 싸워서 이겨 본 경험은 있다는 것이다.

그리고 다윗은 다음 단계의 논리를 전개해 나간다. "주의 종이 사자와 곰도 쳤은즉 사시는 하나님의 군대를 모욕한 이 할례 없는 블레셋 사람이리이까 그가 그 짐승의 하나와 같이 되리이다"(36절). 사자도 곰도 쳤는데 하물며 이 따위 블레셋 사람이야 말할 필요가 있겠느냐는 투다.

여기서 다윗의 시각을 주목해야 한다. 그는 곰이나 사자의 힘과 골리앗의 힘을 비교하고 있지 않다. 골리앗보다 더 힘이 세고 더 무서운 곰과 사자도 쳤는데, 그보다 못한 이 정도의 사람이야 말할 필요가 있겠느냐는 게 아니다. 지금 상황에서는 오히려 사자나 곰보다 골리앗이 더 센 자이다. 다윗은 마치 이렇게 말하고 있는 것 같지 않은가? '내 아비의 양 새끼를 발톱으로 움켜가려 한 사자와 곰도 가만두지 않고 쳐서 죽였는데, 하물며 하나님의 양(이스라엘)을 모욕하며 칼과 창과 단창으로 움켜가려 하는 이 블레셋 사람이야 말할 것이 있습니까?' 이러한 관점에서 다윗이 목동의 기구로 골리앗을 물리친 이 사건에 목자와 양과 맹수의 상징성을 부여하여 해석하려는 견해도 있다.

다윗이 사울을 설득하고 확신시키기 위하여 털어놓는 자기 경험 이야기에서 주목해야 할 것은, 다윗은 자기가 사자와 곰을 쳐서 죽이고 양 새끼를

건져 낸 일을 다 말한 후에 그 모든 것이 여호와께서 하신 일이라고 결론내
리고 있다는 사실이다(37절). 그리고 그것을 근거로 이번에도 하나님이 자기
를 건져 내실 것을 확신한다. "여호와께서 나를 사자의 발톱과 곰의 발톱에
서 건져 내셨은즉 나를 이 블레셋 사람의 손에서도 건져 내시리이다"(37절).
자신이 한 것은 사실은 하나님이 하신 것이었다는 결론이다. 결국 다윗은 하
나님의 하나님 되심에 근거한 신학적 확신과 하나님 사이에서 체험한 자신
의 경험을 근거로 이 일을 벌이고 있다고 요약할 수 있다.

### 9. 만군의 여호와의 이름으로 나가는 자(38~54절)

마침내 사울은 다윗을 축복하며 출정을 허락하고, 자기의 군복과 놋투구
와 갑옷과 칼로 무장시킨다. 그러나 다윗은 사울이 갖추어 준 무장을 벗어버
리고 목동의 막대기와 물매와 물매용 돌을 가지고 전형적인 목동의 모습으
로 골리앗과의 결전을 향하여 나아간다. 다윗이 사울의 무장을 벗어버리고
간 것을 부각시켜서, 다윗이 새로운 왕으로 부상하는 데는 전적으로 하나님
의 도우심으로 되는 것이지 사울의 어떤 도움을 힘입어서 되지 않는다는 것
을 상징한다.

다윗은 자신이 싸우는 싸움의 의미를 알고 있을 뿐만 아니라, 이 싸움의
주체가 누구인지도 분명히 알고 있다. "나는 만군의 여호와의 이름, 곧 네가
모욕하는 이스라엘 군대의 하나님의 이름으로 네게 가노라"(45절). 즉 하나
님의 싸움을 싸운다는 선언이다. 다윗이 골리앗을 향하여 나아가면서 확신
에 차서 기세가 등등하여 외치는 말들은 얼마나 감동적이고 통쾌한 것인지,
굳이 단어단어나 구절구절을 해석할 필요도 없이 있는 그대로 읽어 주기만
해도 청중은 은혜를 받는다. "너는 칼과 창과 단창으로 내게 오거니와 나는
만군의 여호와의 이름 곧 네가 모욕하는 이스라엘 군대의 하나님의 이름으
로 네게 가노라… 오늘 여호와께서 너를 내 손에 붙이시리니… 온 땅으로 이
스라엘에 하나님이 계신 줄 알게 하겠고 또 여호와의 구원하심이 칼과 창에
있지 아니함을 이 무리로 알게 하리라 전쟁은 여호와께 속한 것인즉 그가 너

희를 우리 손에 붙이시리라"(45~47절). 하나님이 이 싸움의 실제적인 주관자요 당사자임을 다윗은 분명히 알고 있다. 다윗은 만군의 여호와의 이름으로 나아가는 자이다. 만군의 여호와의 이름으로 나아가는 다윗의 등장을 위하여 사울과 골리앗은 이제 길을 비켜 주어야 한다.

사울은 어떤 점에서 보면 자기의 이름으로 나아가는 자이다. '나는 어떻게 되는 것인가' 하는 것이 언제나 관심의 최우선에 있는 사람이다. 15장에서 그가 버림받은 결정적 이유의 핵심은 자기 것 챙기기, 자기 중심의 행동 양식 아닌가? 18장에서 그가 다윗을 미워하기 시작한 것도 결국은 자기 자신의 위치(이름)가 다윗에게 밀려나기 시작한다는 것 때문이었다. 반면 골리앗은 칼과 창과 단창의 이름으로 나아가는 자이다. 자기가 가지고 있는 것들의 힘을 근거로 인생을 살아가는 전형적인 유형의 사람이다.

만군의 하나님의 이름으로 나아가는 사람의 등장을 위하여 이제 이러한 사람들은 자리를 비켜야 한다. 사울처럼 하나님께 버림을 당하여 스러져 가든지, 골리앗처럼 하나님께 죽임을 당하여 사라져 버리든지 이제 이러한 사람들은 역사의 중심 무대에서 떠나가야 한다. 본문에서 이 세 사람을 통하여 세 가지 유형을 제시하고 있지만, 우리 신앙인의 삶의 현실에서는 한 사람 안에 이 세 가지 유형이 같이 자리 잡을 수 있다는 점을 착안한다면 설교자는 이 대목에서 또 하나의 메시지를 포착하여 적용할 수 있을 것이다.

## 10. 골리앗을 물리친 하나님

본문은 다윗이 골리앗과 싸운 싸움은 본질적으로는 하나님의 싸움이며, 골리앗을 물리친 것도 사실은 하나님이시라는 것을 다양한 방식으로 드러내고 있다. 무엇보다도 현장에서 싸운 다윗 자신이 이 점을 분명히 하고 있다. 45~47절의 다윗의 외침의 핵심은, 칼도 창도 아니고 다윗도 골리앗도 아니고 하나님께서 하신다는 것이다. "다윗이 이같이 물매와 돌로 블레셋 사람을 이기고 그를 쳐 죽였으나 자기 손에는 칼이 없었더라"(17:50). 다윗이 골리앗을 죽였음을 선언하면서 그러나 그 손에 칼이 없었다고 못을 박으며 끝맺음을 하는 것도, 실제로 골리앗을 죽인 것은 다윗이 아니라 하나님이었음을 드러내는 표현이 아닌가?

한편 '돌이 그 이마에 박히니 땅에 엎드러졌다'(17:49)는 기록이 의미하는 것은 무엇인가? 다윗이 그렇게 어려운 과녁을 명중시켰다는 관점을 취하는 설교자는 다윗이 평소부터 양을 지키는 자기 사명을 잘 감당하기 위하여 열심히 연습을 하였으며 하나님은 준비된 다윗을 사용하셨으니 우리도 평소에 잘 준비하는 삶을 살아야 된다는 메시지를 전개해 갈 것이다. 그러나 온몸을 갑옷으로 가리고, 얼굴 밖에는 노출된 곳이 없는 골리앗의 이마를 명중시킨다는 것은 거의 불가능한 일이라는 관점을 취하는 설교자에게는, 물매돌이 이마에 박혀서 골리앗이 엎드러졌다는 것 자체가 하나님이 역사하셨다는 증거로 떠오르게 될 것이다.

본문의 마지막 단락에서 사울에게 다윗이 전혀 생소한 사람으로 제시되고 있는 이유는 무엇인가? 어떤 이들은 골리앗을 물리치는 자에게 약속되어 있던 상급, 곧 사울의 딸을 준다는 약속을 지켜야 할 상황이므로 자세히 알아 볼 필요가 생겼기 때문에 사울이 다윗에 대하여 다시 처음 보는 사람처럼 물었을 것이라고 하기도 한다. 그러나 본문의 저자는 다윗이 골리앗을 물리치고 그 머리를 손에 들고 돌아오는 이 사건의 마지막을 사울도, 그의 장군 아브넬도 다윗에 대하여 전혀 아는 바가 없다는 것을 부각시킴으로써 다윗이 사실은 얼마나 무명한 사람인지를 강조하고 그가 이긴 이 싸움의 근거가 다윗에게 있지 아니함을 드러내려 한 것이라고 볼 수도 있다.

그러면 다윗은 어떤 사람인가? 그는 하나님을 대신하여 싸운 사람이었다. 결국 다윗의 싸움을 하나님이 도와주신 것이 아니라, 하나님의 싸움에 다윗이 동원된 것이다. 하나님의 하나님 되심이 무시되고 있고 모욕을 당하고 있는 현실을 인식할 뿐 아니라, 그러한 현실에 대하여 분노하며, 그 현실을 극복하려는 담대한 신앙의 몸짓을 한 다윗이 하나님의 하나님 되심을 밝히 드러내는 일에 도구로 사용된 것이다. 이것이야말로 우리 언약 백성들의 지극한 영광이요 사는 보람이 아닌가? 우리가 얼마나 잘되었는가가 아니라,

우리가 얼마나 하나님의 역사에 쓰임 받는 인생을 살고 있는가 하는 것이 우리의 관심사가 되어야 할 것이다.

## 뜨는 별, 지는 별(삼상 18장)

17장이 다윗의 데뷔를 다루고 있다면, 18장은 다윗이 새 역사의 주인공으로서 자리를 굳혀 가는 과정을 다루고 있다. 다윗의 부상을 드러내기 위하여 한편에서는 점점 스러져 가는 사울의 모습이 부각될 수밖에 없다. 따라서 18장은 자연스럽게 다윗과 사울을 여러 방면에서 대조시키는 것을 주요 방식으로 그 내용을 전개한다. 즉 뜨는 별 다윗과 지는 별 사울의 대조가 18장의 주요 그림이라고 할 수 있다. 그러므로 설교자가 18장에서 해야 할 중요한 임무는 이 대조들에 주목하여 그 성격과 의미들을 밝혀내는 것이다. 무엇보다 두 사람 사이의 대조는 하나님이 함께하는 다윗과 하나님이 떠나시는 사울의 대조, 다윗은 어떻게 지혜롭게 처신하고 있고, 사울은 어떻게 간계에 집착하고 있는가를 밝히는 대조, 다윗은 어떻게 사람들에게 인정을 받아가고 있고, 사울은 어떻게 사람들에게 소외되어 가고 있는가를 보여 주는 대조 등 다양한 국면에 따른 대조가 직접적인 언급과 때로는 암시적인 방식을 통하여 이루어지고 있다.

그리고 어떤 대조는 본문 전체에 걸쳐서 제시되고 있다. 그러므로 본문의 기록 순서를 따른 단락 구분의 방식보다는 대조되고 있는 주제를 따라 본문 전체를 넘나들며 살펴보는 방식이 더 적합할 것이다.

### 1. 우연히 된 일이 아니다

18장이 은연중에 강조하는 것은 17장에서의 다윗의 영웅적 등장이나 그 이후의 사울을 대체하는 인물로서의 정착이, 어찌하다 보니 일어난 우연의 사건이 아니며, 다윗은 얼떨결에 유명해진 풍운아가 아니라는 점이다. 본문은 두 가지 사실을 반복적으로 언급함으로써 이 과업을 수행하고 있다. 첫째는, 다윗이 지혜롭게 행하였다는 것과 둘째는, 하나님이 다윗과 함께했다는 것이다. 다윗에게 있어서 이 두 가지 사실은 떼려야 뗄 수 없는 관계이다. 다윗이 지혜롭게 행한 것은 하나님이 그와 함께하심의 결과이다. 여기서 지혜롭게 행했다는 것의 핵심은 17장에서 이미 드러난 대로 그가 '만군의 여호와의 이름으로' 나가는 자라는 사실과 무관하지 않을 것이다. 즉 하나님과의 관계 혹은 하나님 우선이나 하나님 편에서의 시각으로 행동을 하였다는 것으로 보아도 좋을 것이다. 이것은 사울과 얼마나 대조적인 모습인가! 다윗과 사울을 이야기하면서 여호와께서 다윗과 함께하셨다고 하는 것은 다른 한편으로는 여호와께서 사울을 떠나셨다는 것을 함축하는 것이다(12절). 그리고 다윗의 '지혜롭게 행함'의 부각은 사울의 '간계를 꾸밈'과 맞물려 있다. 설교자는 본문이 다윗에 대하여 이 두 가지 사실을 반복적으로 언급하고(5, 14, 15, 30절 지혜롭게 행함; 12, 14, 28절 하나님이 함께하심) 있으며, 그것을 스러져 가는 사람인 사울과의 대조적인 요소로써 부각시키고 있다는 사실을 주목할 필요가 있다.

## 2. 인간관계

여기서 대조는 몇 가지 양상으로 이루어지고 있다. 즉 다윗과 요나단의 인간관계와 다윗과 사울의 인간관계의 대조라고 할 수 있다. 다윗과 요나단은 생명과 같이 사랑하는 관계(1, 3절)인 반면, 사울은 시기의 눈초리로 다윗을 감시하는 관계를 맺어가다가(9절), 죽이기 위하여 여러 시도와 간계를 짜내는 관계로 발전시켜 간다(10~11, 17~25절). 그리고 종국에는 평생에 다윗의 대적이 되어버리는 인간관계로 귀착되고 만다(29절).

본문은 사울이 다윗과 이러한 인간관계를 형성해 가는 이유에 대해 하나님이 다윗과 함께하심을 보고 사울이 다윗을 두려워하였기 때문이며(12, 28절), 다윗이 크게 지혜롭게 행함을 보고 사울이 다윗을 두려워하였기 때문이며(15절), 사람들 심지어 자식까지도 다윗을 사랑하는 것을 보고 더욱 다윗을 두려워하였기 때문이었다고 말한다(28~29절). 그러나 결정적이고 근본적인 이유는 사울 안에 불타고 있는 자기 자신에 대한 집착이다. 여인들이 뛰놀며 노래한 '사울의 죽인 자는 천천이요 다윗은 만만'이라는 말에 불쾌하여 심히 노를 발하고 그날 이후로 시기의 눈으로 다윗을 관찰하기 시작한 것(8~9절)이 이러한 인간관계 형성의 결정적인 이유였다. 다윗을 칭송하는 여인들의 노래 소리를 듣자 즉각적으로 사울이 떠올린 것은 '다윗에게는 만만, 내게는 천천이라니, 결국 왕의 자리까지 그에게 가는 것이 아닌가!' 하는 것이었다. 그때부터 다윗을 보는 사울의 눈초리는 시기와 감시의 눈초리가 되어버린 것이다(9절). 사울은 자기의 이름(자기 자신)이 어떻게 되는가를 절대적 기준으로 살아가는 사람, 자기의 이름으로 나아가는 사람이었다. 다윗과 사울의 인간관계를 밝히는 것은 단순히 다윗은 억울하고 사울은 악했다는 것을 말하려는 데서 그치는 것이 아니다. 사울의 스러져감의 한 단면을 보여 주는 데 큰 의미가 있는 것이다.

### 3. 요나단의 등장

다윗이 요나단과 특별한 관계를 맺게 되는 것은 다윗이 새 역사의 주인공으로 정착하는 과정에 있어서 중요한 역할을 할 것을 암시하는 것이다. 우선 왕위를 물려받아야 함에도 결국 평생 원수의 관계로 전락해 버리는 사울과의 관계를 대체하는 중요한 의미를 갖는다. 어떻게 두 사람이 그렇게 신속히 깊은 인간관계를 맺을 수 있었는지에 대해 본문 안에서 그 실마리를 찾기란 결코 쉽지 않다.

그러나 14:6을 기억한다면 다윗과 요나단 두 사람이 그렇게 쉽게 깊은 인간관계를 맺은 것이 전혀 우연이거나, 이해할 수 없는 일이 아니라, 오히려 당연한 일이라는 것을 이해할 수 있을 것이다. "요나단이 자기 병기 든 소년에게 이르되 우리가 이 할례 없는 자들의 부대에게로 건너가자 여호와께서 우리를 위하여 일하실까 하노라 여호와의 구원은 사람의 많고 적음에 달리지 아니하였느니라"(14:6). 다윗이 골리앗을 향하여 달려 나가면서 선언했던 바로 그 말 아닌가? 다윗이 사울에게 말하는 것을 듣는 동안(18:1) 요나단은 14:6에서 블레셋의 진영을 넘어가며 자기가 품었던 생각과 정확하게 일치하는 것을 발견하고 아마 크게 감동했을 것이다.

역사관과 신앙관과 신앙 고백이 정확하게 일치하는 두 젊은이의 감동적인 만남인 것이다. 그리고 이것은 손상되어 버릴 사울 왕과의 인간관계를 대체하기 위한 하나님의 섭리적인 만남이라고 할 수 있을 것이다.

### 4. 하나님이 함께하는 사람, 하나님이 떠나는 사람

다윗은 하나님이 함께하는 사람(12, 14, 28절)으로, 사울은 하나님이 떠나시는 사람(12절)으로 대조시키고 있는 점을 주목해야 한다. 본문이 제시하는 다윗과 사울의 가장 극명한 대조가 바로 여기에 있다. "여호와께서 사울을 떠나 다윗과 함께 계시므로"(12절). 이후 본문은 여호와께서 다윗과 함께하셨다는 사실을 반복적으로 언급하고 있다(14, 28절). 이것은 다윗과 사울 사이의 극명한 대조일 뿐 아니라, 이후에 나타나는 이 두 사람의 대조적인 인생의 근본적인 원인이기도 하다. 사실 사울이 경험해야 했던 모든 비극의 근원에는 여호와께서 그를 떠나셨다는 사실이 자리 잡고 있다. 그리고 여호와께서 사울을 왕 삼으신 것을 후회하시고, 그를 버려 왕이 되지 못하게 하셔야 했던 이유를 우리는 이미 15장에서 알고 있다.

여호와께서 다윗과 함께하셨다는 것이 단순히 하나님의 신이 다윗에게 임하였다거나, 하나님이 다윗과 동행하였다는 정도의 의미가 아니라, 사울의 왕권을 다윗에게 넘겨주셨음의 암시적 선언이라는 것을 인식해야 할 것이다. 그러므로 사울의 다윗에 대한 두려움이나 다윗을 제거하려는 간계 등은 단순한 개인적 감정의 차원에서가 아니라, 왕권의 상실과 관련된 것으로 보아야 한다. 다윗도 자신의 인생의 대전환의 근원에는 여호와께서 함께하심이 있으며, 그것의 의미는 자신을 왕으로 택하시고 사울을 버리심이라는 것을 알고 있다. 훗날 그는 언약궤를 모셔오며 여호와 앞에서 기뻐 뛰며 춤추는 자신을 조롱하고 모욕하는 사울의 딸 미갈에게 말한다. "이는 여호와 앞에서 한 것이니라 저가 네 아비와 그 온 집을 버리시고 나를 택하사 나로 여호와의 백성 이스라엘의 주권자를 삼으셨으니 내가 여호와 앞에서 뛰놀리라"(삼하 6:21).

### 5. 지혜를 행하는 사람, 간계를 짜내는 사람

본문이 크게 부각시켜서 제시하는 두 사람 사이의 중요한 대조 가운데 하나는 다윗은 지혜롭게 행하고 있으나, 사울은 줄기차게 간계와 계략을 시도하고 있다는 점이다. 본문은 다윗이 지혜롭게 행하였음을 반복적으로 언급하는(5, 14, 15, 18, 23, 30절) 동시에 사울은 끈질기게 간계를 행하고 있음을 상세히 묘사하고 있다(17~19, 20~27절).

사울이 다윗을 천부장을 삼은 것도 다윗을 전장에서 죽게 하고, 왕 주변의 사람들과 접촉을 못하게 하려는 간계에서였다(13절). 그러나 다윗은 지혜롭게 행하여 오히려 온 유다와 이스라엘이 그를 좋아하게 하는 기회로 삼아 사울로 하여금 두려워하게 하였다(13~16절). 사울이 다윗에게 여호와의 싸움을 싸우라는 주문과 함께 자기의 딸 메랍을 주겠다고 할 때도(17절), 사실은 다윗을 전장으로 내몰아 죽게 하려는 사악하고 간교한 음모로 이루어진 일이었다. 이때도 다윗은 지혜롭게 처신하여 위험에서 벗어났다(18절). 사울은 그 딸을 다른 사람에게 주어버렸다(19절). 아마 딸을 준 대가로 아드리엘에게서 많은 패물을 받았는지도 모른다. 사울은 골리앗을 물리친 사람에게 딸을 주겠다고 약속했고, 이제 다윗에게 그 약속을 지키면 되는 것이었다. 사울의 간계는 그침이 없다. 사울은 다윗을 사랑하는 딸 미갈을 이용하여 다시 다윗을 죽이려는 간계를 더욱 치밀하고 철저하게 꾸민다(20~27절). 장인 될 사람에게 신부대를 지불할 재물이 없는 가난한 사람 다윗에게 미갈을 위한 신부대를 블레셋 사람의 양피 일백으로 바꾸어 주며 마치 큰 호의를 베푸는 것처럼 생색을 낼 때도 사실 속셈은 "다윗을 블레셋 사람의 손에 죽게 하리라"(25절)는 것이었다. 그러나 줄기찬 술책과 음모를 시도한 끝에 사울이 발견한 것은, 여호와께서 다윗과 함께하신다는 사실이었고, 하나님이 함께하시는 다윗이 지혜롭게 행하고 있다는 사실과 결국 자기의 술책대로 일이 진행되지 않고 있다는 사실 뿐이었다(28절). 이것은 사울로 하여금 하나님이 함께하시는 사람 다윗을 더욱 두려워하게 하였고, 그것은 다시 사울로 하여금 평생에 다윗의 대적이 되는 길을 택하여 가게 하였다(29절). 이것이 본문이 보여 주는 사울의 마지막 모습이다.

### 6. 떠오르는 사람, 스러져 가는 사람

그러나 무엇보다도 본문 전체를 지배하고 있는 대조는 다윗의 부상과 사울의 쇠망이다. 사실 다른 대조들의 목적은 다윗의 부상과 사울의 쇠망을 직접 혹은 간접으로 부각시키는 데 있다고도 할 수 있다. 본문이 직접적인 표현으로 혹은 간접적인 암시로 두 사람 사이의 이러한 대조를 어떻게 부각시키고 있는지를 살펴보는 것은 흥미로운 일이다.

본문은 다윗이 새로운 인물로 부상하고 있는 모습을 여러 단계로 제시하고 있다. 다윗은 어쩌면 다음 왕위의 계승자인 요나단에게 생명같이 사랑을 받게 되고(1~4절), 사울의 신하와 일반 백성으로부터도 인정을 받고(5절), 승전의 축제 마당에서도 사울보다도 더 칭송을 받으며(6~7절), 온 이스라엘과 유다가 다윗을 사랑하게 되고(16절), 사울의 딸 미갈마저도 다윗을 사랑하게 되고(20, 28절), 사울의 끈질긴 살인 음모에도 지혜로, 하나님이 함께하심으로, 위기를 모면하며(17~27절), 결국 그 이름이 존귀하게 된다(30절).

다윗이 이렇게 부상하는 다른 한편에서는 사울이 쇠망해가고 있다. 사울은 신하들로부터, 백성으로부터, 하나님으로부터, 온 이스라엘과 유다로부터, 그리고 자기 딸로부터도 소외를 당하는 입장에 처하는가 하면, 다윗에 대한 분노감(8절)이 점점 다윗에 대한 두려움으로 변하고(12절) 그 두려움이 점차 심도를 더해 가고 있다. 그러다가(15절, 29절) 결국 "다윗을 더욱더욱 두려워하여 평생에 다윗의 대적이 되"(29절)는 처지에 이르고 마는 것이다.

## 7. 결론

다윗과 사울에 대하여 18장 본문이 내리는 마지막 결론은 이렇다. "사울이 다윗을 더욱더욱 두려워하여 평생에 다윗의 대적이 되니라"(29절). 이것은 사울의 파멸 선언이다. 이 선언 바로 앞에 그 직접적인 이유를 "여호와께서 다윗과 함께 계심을 사울이 보고 알았고 사울의 딸 미갈도 그를 사랑하므로"(28절)라고 명시하고 있다. 사울은 하나님으로부터 멀어졌고, 사람으로부터도 멀어졌다. "이에 그 이름이 심히 귀중히 되니라"(30절)는 말은 그의 이름이 이스라엘뿐만이 아니라, 블레셋 등 주변 국가들에게까지 널리 알려지고, 이스라엘의 지도자로 인정받게 되었음의 선언이다. 이 일 후 한동안 다윗은 사울의 살의에 가득찬 증오와 간계에 쫓긴 정처 없는 도피생활로 점철된 인생역정을 겪게 된다. 그러나 결국 어떠한 결론에 이를 것인가를 여기에서 선언하고 있다. 즉 다윗은 흥해야 할 사람이고, 사울은 망해야 할 사람인 것이다.

## 설교를 위한 적용

우리는 17장을 하나님을 대신하여 싸운 다윗이라는 시각으로, 그리고 18장을 사울을 대체하는 새로운 인물 다윗이라는 시각으로 접근하여 그러한 관점 아래 각 장 전체의 흐름을 파악하였다. 그러나 한편의 설교로 한 장 전체를 다 설교하기는 어려울 것이다. 그래서 각 소단위 별로 나누어 전체의 흐름과 문맥들 가운데서 어떤 특별한 관점을 부각시킨 설교를 할 수도 있을 것이다. 무엇에 초점을 맞추어서 어떻게 설교할 것인가는 설교자가 본문과 청중 사이에서 결정해야 할 문제이다.

# 08

# 다윗의 고난과
# 요나단의 변치 않는 우정

사무엘상 19~20장 주해와 적용

## 본문의 개요

다윗의 고난은 하나님의 구속사라는 관점에서 볼 때 아주 중요한 의미를 지닌다. 하나님께서는 이제 사울 중심의 인본주의적 왕권 대신에 다윗을 통하여 신본주의적 왕권을 세우려고 하신다. 그런데 바로 이 상황에서 선민 이스라엘의 초대 왕으로 선출되었으나 신본주의적 자세를 갖추지 못하여 결국 그 왕위의 폐지를 예고 받은 사울이 순수한 여호와 신앙으로 신정 왕국의 새 왕으로 선출된 다윗을 부당하게 핍박하고 죽이려 하는 사건이 발생한다.

사무엘상 18~20장은 사울이 다윗을 시기하여 여섯 차례에 걸쳐 다윗을 죽이려고 한 일을 자세히 다루고 있다. 세 번은 창을 던져서 죽이려 했고, 두 번은 메랍과 미갈과 결혼시켜 주겠다는 조건으로 블레셋인들의 손에 죽을 것이 거의 확실한 상황으로 몰아넣었고, 또 한 번은 암살단을 보냈다.

그러나 하나님께서는 이러한 고난과 시련 가운데 있는 다윗을 홀로 두지 않고 계속해서 보호하셨다. 하나님께서 때로는 다윗을 위해 돕는 자들을 보내셨고, 때로는 직접 개입하셔서 구원하셨다. 그리고 다윗 또한 사울의 부당한 처사에 대하여 자기 자신의 생각이나 능력으로 대항하려 하지 않았다. 그는 여호와 하나님만을 의지하는 자세로 고난과 시련에 대처해 나갔으며, 고난 속에서 오히려 그가 하나님의 신정 왕국을 다스려 나갈 하나님의 종임을 더욱 분명히 드러내었다.

아무튼 하나님께서 다윗이 고난을 당할 때에 보내 주신 돕는 자들 가운데 가장 대표적인 사람이 바로 요나단이다. 19~20장에는 다른 이들도 등장하지만 가장 중요하게는 이 두 인물을 중심으로 전개되고 있으며, 그 속에서 하나님의 신실하신 구속의 역사를 드러내 준다.

## 본문 주해

### 1. 다윗을 돕는 자들(19장)

1) 요나단의 충언과 사울의 일시적 맹세(1~7절)

18장에는 다윗을 죽이려는 사울의 의도가 세 번씩(18:11, 17, 21)이나 표현되어 있다. 그러나 이러한 계획들이 실패하자 사울은 이제 공개적으로 다윗을 죽이라고 명령한다(1절). 요나단은 사울의 이러한 분명한 살인 의도를 보고서 다윗에게 이 사실을 알려 준다. "내 부친 사울이 너를 죽이기를 꾀하시느니라"(2절). 여기서 '꾀한다'는 말은 '찾고 있다'는 뜻이다. 우리는 이 말을 통해서 사울이 다윗을 죽일 기회를 계속적으로 노리고 있다는 것을 알게 된다.

요나단은 먼저 다윗에게 위험을 알리고 도피할 것을 권한 뒤에, 사울에게 다윗을 죽이려는 그의 행동이 잘못되었음을 직고한다(3~5절). 요나단은 아버지 사울에게 다윗은 아무런 혐의가 없다는 것과 그의 공적을 상기시키고, 무죄한 자의 피를 흘려서는 안 된다는 충언을 한다. 그리고 요나단의 충언을 들은 사울은 잠시나마 마음을 돌이켜 다윗을 죽일 것을 포기한다.

그런데 요나단의 충언에 의하면 다윗은 사울을 위하여 자기 생명을 아끼지 아니하고 충성을 다했던 신하였다. 그러므로 그런 다윗을 죽이려고 하는 것은 범죄 행위라는 것이다. 여기서 '범죄'라는 말은 '표적을 놓친다' 또는 '길을 잃어버린다'는 뜻이다. 즉 요나단은 하나님의 뜻에 따라 정직하고 지혜롭게 행함으로써 자기의 맡은 바 임무에 충실했던 다윗을 죽이려고 하는 것은 표적을 잃어버린 행위라고 지적한 것이다.

결국 여기서 깨닫게 되는 것은 다윗이 수차례에 걸쳐서 죽음의 위기를 맞게 된 이유가 하나님 앞에서 의롭고 바른 일을 하였기 때문이라는 것이다. 사실 사울이 다윗을 죽이려고 했을 때, 다윗은 바른 일만 행하고 있었다. 그는 블레셋 거인 골리앗을 죽여서 이스라엘의 난국을 해결했고, 불안정하고 고통스러워 하는 사울의 영혼에 안정과 치유를 가져다주었다. 그야말로 다윗은 이스라엘이 필요로 하는 사람이요, 또한 사울 왕에게 가장 필요한 사람이었다. 그러나 바로 그것 때문에 다윗은 거의 죽을 뻔하였다.

적용

다윗은 선한 일을 하고도 거의 죽을 뻔하였다. 사울은 다윗이 선했기 때문에 그를 증오했다. 이렇게 좋은 일을 했는데도 비난을 받을 때, 최선을 다했는데도 느닷없이 심한 반대와 핍박을 받을 때 우리는 매우 당황하게 된다. 우리가 잘못한 일에 대해서 벌을 받을 때에는 우리는 그 벌을 당연한 것으로 받아들인다. 그러나 잘한 일에 대해서는 그렇지가 않다. 이런 우리 마음을 대변이라도 하듯 다윗은 요나단에게 이렇게 항의했다. '내가 무슨 못할 일을 하였느냐? 내가 무슨 죄악을 지었느냐? 내가 자네의 부친에게 무슨 잘못을 저질렀기에, 그가 이토록 나의 생명을 노리는가?'(20:1).

그러나 다윗은 자신의 정당성을 주장하기 위하여 인간적인 방법을 동원하지 않았다. 또한 그 고난이 억울하다 하여 피하려고 하거나, 그 고난을 단축하려고도 하지 않았다. 그는 다만 여호와 하나님만을 의지하였다. 그리고 그에게 주어진 고난에도 하나님의 뜻이 있음을 믿었다. 그러므로 그는 묵묵히 고난을 받으며 하나님의 때를 기다렸다.

그의 이러한 모습은 선을 행하고도 비난을 받게 될 때, 우리 그리스도인들의 태도가 어떠해야 함을 가르쳐 준다. 우리가 진정 하나님의 주권과 섭리를 믿을진대, 비록 억울한 일을 당한다 하더라도 쉽게 포기하거나 좌절하지 말아야 할 것이다. 하나님의 뜻대로 살려는 사람은 어느 시대를 불문하고 많은 어려움을 겪는다. 그래서 베드로는 "애매히 고난을 받아도 하나님을 생각함으로 슬픔을 참으면 이는 아름다우나"(벧전 2:19)라고 말할 뿐 아니라 더 나아가 "선을 행함으로 고난을 받고 참으면 이는 하나님 앞에 아름다우니라 이를 위하여 너희가 부르심을 입었으니"(벧전 2:20~21)라고 하였다.

### 2) 미갈이 다윗을 도피시킴(8~17절)

요나단을 통해서 다윗을 사울의 손에서 구원하신 하나님께서는 이제 또 한 사람을 통해서 다윗을 구원하신다. 다윗이 블레셋과의 전쟁에서 다시 승리하자 사울은 또 한 번 시기심에 사로잡히게 되고 다윗을 죽이려고 한다. 사울은 악한 영에 시달리면서 수금을 타는 다윗을 죽이려고 창을 던지지만 다윗은 이를 극적으로 피하고 집으로 돌아간다. 사울은 계속해서 사람들을 보내 그를 죽이려고 하는데, 미갈이 지혜롭게 행동하여 다윗을 구한다.

그런데 미갈은 정작 다윗을 올무에 빠뜨리기 위해 사울이 다윗에게 준 자신의 둘째 딸이었다. 사울은 자신의 딸 미갈이 다윗을 사랑한다는 사실을 알고, 이것을 이용해 다시 한 번 다윗을 제거할 악랄한 음모를 꾸몄다. 그는 다윗에게 블레셋 사람 포피 백 개를 가져오면 미갈과 결혼시켜 주겠노라고 약속했다. 사울의 음모는 다윗이 블레셋 사람들과의 싸움에서 죽게 되기를 바라는 것이었다. 그러나 다윗은 사울의 잔인한 요구에도 아랑곳하지 않고 기쁘게 나아가 정해진 수의 두 배나 되는 성과를 올렸다. 결국 미갈은 다윗의 아내가 되었다.

그런데 바로 이 미갈이 이번에는 다윗을 돕는 인물로 등장하였다. 사울은 암살단에게 다윗을 지키다가 아침이 되면 그를 죽이라고 명령했다. 그러나 이 음모를 알아차린 미갈은 그날 밤 창문을 통해 다윗을 피신시키고, 남편의 침대에는 드라빔 우상을 누이고 그 머리에 염소 털로 짠 가발을 씌웠다. 아침이 되어 군인들이 오자 미갈은 다윗이 병상에 누워 있어서 나올 수 없노라고 말했다. 아마도 그 군인들은 무방비 상태의 환자는 죽이지 않는다는 암묵적인 결투 예법이 있었던 것으로 보인다. 그래서 그들은 다윗이 병들어 병상에 누워 있어서 죽일 수 없노라고 보고했다. 결국 사울은 자신의 딸에게 속아서 목적을 이루지 못하였다.

적용

이러한 사실에서 우리는 그 어떠한 인간의 악한 계획도 하나님의 계획과 섭리 앞에서는 헛된 것일 수밖에 없으며, 하나님은 오히려 그것까지라도 하나님의 뜻을 이루는데 사용하신다는 사실을 깨닫게 된다. 분명히 사울은 지금까지 자신의 아들과 딸로 인하여 자신의 목적을 이루지 못하였다. 10:1~7과 11~17절을 비교해 보면, 사울은 모든 신하에게 다윗을 죽이라고 했으나 사울의 계획은 자신의 아들 요나단에 의해서 좌절되었다. 또한 사울은 사자들을 통해서 다윗을 제거하려 하였으나, 이번에는 딸 미갈이 이를 방해하였다. 하나님께서는 원수의 아들과 딸을 통하여 하나님의 종을 보호하였다. 이 얼마나 놀라운 하나님의 역설인가? 이것이 바로 하나님의 헤아릴 수 없는 섭리의 역사이다. 오늘 그리스도인들은 바로 이 하나님의 역설적인 구원의 역사를 바라볼 수 있어야 한다. 어떤 사건에서든지 그 배후에서 역사하시는 하나님의 섭리와 보호하심을 바라볼 때(참고 롬 8:28) 우리는 비로소 "주는 나의 산성이시며 나의 환난 날에 피난처심이니이다"(시 59:16)라는 다윗의 고백을 이해할 수 있게 된다.

3) 여호와 하나님의 강권적인 개입(18~24절)

사울의 아들과 딸을 통하여 사울의 손으로부터 다윗을 구원하신 하나님께서는 이제 직접 역사하심을 통하여 다윗을 구원하신다. 미갈의 도움을 통하여 사울의 손에서 벗어난 다윗은 그 길로 사무엘이 있는 라마로 도피한다. 그리고 사무엘에게 이 모든 것을 알리고 사무엘과 함께 나욧으로 피한다. 이러한 사실은 곧 사울에게 알려졌고(19절), 사울은 다시 한 번 다윗을 죽이고자 자객을 보낸다. 그러나 이번에는 하나님의 영이 사울의 부하들에게 임하

여 예언하게 하므로 사울의 계획은 실패로 돌아간다(20절). 그 이후로 사울은
두 번 더 부하들을 보내지만 매번 결과는 마찬가지였다. 그래서 마침내 사울
은 자신이 직접 다윗을 제거하기 위하여 라마 나욧에 이르지만, 그 역시 하
나님의 강권적인 역사로 말미암아 그 부하들과 동일한 체험을 하게 된다. 즉
하나님의 영이 그를 강하게 사로잡아 그로 하여금 예언하게 만들었고, 심지
어는 옷을 벗고 사무엘 앞에서 예언을 하며, 하루 밤낮을 벗은 몸으로 누워
있게 하였다(23~24절). 하나님의 강하고, 저항할 수 없는 권능 앞에 사울은
그야말로 아무런 힘을 발휘할 수 없었다.

한때는 위인이었으나 지금은 키만 클 뿐 더 이상 위대하지 않은 사울, 자
기 통제력을 잃고 체면도 잃은 채 옷을 벗고 하나님의 종 앞에 무력하게 누
워 있는 사울의 모습은 그가 처음에 이스라엘의 왕으로 등극할 때의 영광스
러운 모습과는 너무나도 대조적인 모습이다. 사울의 이러한 모습은 처음 사
울에게 하나님의 영이 임했을 때의 모습(10:9~13)과는 너무나 다르며, 이제
사울의 권세와 합법성 그리고 왕으로서의 권위가 그의 죽음 이전에 이미 끝
난 것임을 보여 준다.

### 적용

결국 다윗을 잡으려는 사울의 직접적인 행동도 하나님께서 직접 개입하
시는 바람에 완전히 실패로 끝나고 말았다. 우리는 여기서 사람을 끝까지 지
켜 주시는 하나님의 강권적인 역사와 보호하심을 볼 수 있다. 지금까지 우리
가 살핀 19장의 말씀에 의하면 하나님께서 그의 백성들을 보호하시기 위해
서 사용하시는 도구들과 자원들의 다양함을 한층 더 깊이 인식하게 된다. 사
울은 계속해서 하나님의 사람을 죽이고자 하였으나, 그러한 시도들은 항상
실패로 끝나고 말았다. 그때마다 하나님께서 다윗을 구해 주셨던 방법들은
각기 다른 것이었다. 처음에 그는 하나님께서 함께하심으로 인하여 블레셋
군대의 손에서 구원함을 받았으며, 그 다음에는 요나단의 중재와 미갈의 재
치로 구원함을 받았고, 그리고 결국에는 하나님의 영의 강권적인 역사를 통

하여 구원함을 받았다.

이렇게 하나님께서는 하나님의 백성들을 보호하고자 하실 때, 여러 가지 방법들과 수단들을 모두 활용하신다. 하나님께서는 우리가 위험에 처해 있을 때, 우리들이 전혀 상상할 수조차 없는 방법으로 구원하시며, 심지어는 우리가 보기에 우리에게 치명적인 것으로 여겨지는 것들을 통해서 역사하신다. 그리고 우리가 전혀 예상치 못했던 장소를 통하여, 우리가 도무지 알 수 없는 사람들을 통하여 일하기도 하신다. 그리고 결국 이 모든 것들을 통하여 하나님께서는 자신의 목적을 이루신다. 따라서 우리는 성도들의 유일한 피난처는 오직 하나님의 품밖에 없다는 사실(시 46:1)을 항상 기억하고, 그분에게만 우리의 거처를 삼아야 할 것이다(시 91:9~10).

## 2. 다윗과 요나단의 우정의 언약(20장)

### 1) 요나단의 협조를 구하는 다윗(1~11절)

다윗은 사울이 라마 나욧에서 하루 밤낮을 벗은 몸으로 예언하고 있는 동안 그곳을 떠나 요나단에게 갔다. 다윗은 요나단을 통하여 사울 왕의 자신에 대한 살해 의도가 확실한지를 다시 한 번 최종적으로 확인하고자 했다. 지금까지 다윗은 사울의 신하로서 자기가 할 수 있는 모든 충성을 다하였다. 그러한 자세에도 불구하고 사울의 살해 위협은 이제 극에 달하기 시작하였다. 마침내 다윗은 사울을 피해 다른 곳으로 가기로 결심한다. 그렇지만 그는 여기서 다시 한 번 왕의 마음을 확인하고자 한다. 신하로서 뚜렷한 이유 없이 왕을 떠나는 일은 불충이기 때문이다. 그래서 다윗은 최종적으로 요나단에게 사울 왕의 본심을 파악하여 주기를 요청하였다. 요나단은 다윗의 요청을 흔쾌히 받아들이고 "내가 너를 위하여 그것을 이루리라"(4절)고 약속한다. 사실 처음에 요나단은 다윗의 이 절실한 형편을 몰랐다. 왜냐하면 요나단은 라마 나욧에서 벌어진 사건을 모르고 있었기 때문이다. 그러나 이제 다윗과 사망 사이는 한 걸음뿐이라는 사실을 알게 되었다(3절). 이런 다윗의 절박한 상황을 이해한 요나단은 다윗을 돕기로 약속한다. 그리고 둘은 사울의 의중을 알아보기 위한 계획을 세운다. 다윗은 자신들이 하나님 앞에서 맺은(18:3~4) 언약을 요나단이 충실하게 지킬 것을 다시 한 번 요구하고, 요나단은 다윗과의 신실한 우정을 지키겠다는 의지를 다시 한 번 확인한다(9절).

### 적용

우리는 여기서 다윗에 대한 요나단의 우정이 진실 됨을 보게 된다. 광기와 발광, 비열함과 증오를 겪는 과정에서도, 다윗은 요나단과의 우정을 통해 진정한 사랑을 경험한다. 다윗에 대한 요나단의 사랑과 우정은 하나님께서 실의에 빠진 다윗을 위로하고 지탱할 수 있도록 공급해 주신 샘물이었다.

우리는 이 세상을 살아가면서 많은 사람들을 만나게 되지만 많은 경우에 있어서 사람들은 우리의 겉모습만을 볼 뿐이다. 사람들은 나를 만나고 판단할 때에 내가 그들에게 어떤 이용 가치가 있는지를 저울질한다. 그리고 우리에게서 무엇을 얻어낼 수 있을지를 계산한다. 만약 그들의 생각에 내가 별로 필요한 사람이 아니라고 판단이 되면 그들은 우리를 한 사람의 인간으로 대하려 하지 않는다. 그들은 우리를 그들 곁에 있는 많은 사물들 가운데 하나로 대한다. 그들은 우리를 우리 이하의 존재로 대우한다.

그런데 우리의 삶에 이와는 다르게 접근해 오는 사람이 있다. 그는 우리를 이용할 목적으로 바라보지 않고, 다만 넉넉한 마음으로 우리 내면의 진실에 대해 관심을 가지며, 우리의 약점을 잡거나, 그것을 통해서 우리에게 흠집을 내려고 하지 않는다. 그는 우리의 속생각을 함께 나누며, 우리의 삶의 어려움을 이해해 주고, 우리를 진심으로 도와주려고 한다. 그가 바로 친구이다. 우리에게 진실한 친구 요나단이 있는가? 아니, 우리는 우리 자신들 바로 옆에 있는 이들에게 요나단이 되고 있는가? 요나단이 되는 일은 위대한 일이다. 요나단이 없었다면 하나님의 기름 부음을 받은 종 다윗이 소명을 포기하고 실족하였을 수도 있다. 나에게 요나단이 필요하듯이, 오늘 많은 사람들에게 요나단이 필요하다. 주님께서는 바로 내가 요나단이 되기를 원하신다.

2) 다윗과 요나단의 언약(12~23절)

다윗과 요나단은 사울의 다윗 살해 의사를 최종 확인할 방도를 강구한 후에(20:1~11), 다시 한 번 향후 비상 사태가 발발할 것을 염려하여 순수한 친우로서 상호 보호 언약을 체결한다(12~17절). 그리고 사울의 의사를 최종 확인하여 이를 다윗에게 연락할 방법을 재삼 계획한다(18~23절). 그러나 여기서 그 구체적인 내용을 살펴보면 요나단과 다윗의 우정의 언약은 단지 인간적인 약속이 아니었음을 알게 된다. 만일 요나단이 다윗의 인물됨만을 보고 우정을 나누었다면 그것은 인본주의적인 것에 지나지 않는다. 그러나 그들의 우정의 언약은 하나님의 '인자'(חֶסֶד 헤세드 14절)에 근거한 언약이었다. 즉 그들의 우정의 언약은 하나님의 신실하심을 근거해서 맺은 것이었다. 그러므로 이 언약에는 인간적인 우정 이상의 의미가 있다. 그들의 언약은 하나님께서 보증하는 우정의 언약이었다. 요나단은 그것을 알고 있었다.

하나님 앞에서 맺은 우정의 언약은 이제 그들의 미래를 인도하게 될 것이다. 그리고 요나단은 하나님께서 다윗과 함께하심을 알고 있었다(13절). 그래서 그는 다윗의 제안을 수락하면서 이제는 장차 이스라엘의 왕이 될 다윗에게 자비를 구한다. "너는 나의 사는 날 동안에 여호와의 인자를 내게 베풀어"(14절) 살려 주고, '내 집에서' 그와 같이 하여 줄 것을 당부한다(15절). 요나단은 하나님께서 다윗을 안전하게 지키실 것이며, 그의 적들을 파괴하실 것을 알고 있었다(16절). 그러기에 그는 "다윗의 집과 언약"(16절)을 하였고 다윗에게 "다시 맹세케 하"(17절)여 언약을 재확인하였다.


적용

사실 요나단은 마음 먹기에 따라서 차기 왕권 경쟁자인 다윗을 반역죄로 체포하여 그의 아비에게 넘겨줌으로써 자신의 위치를 확보할 수 있었다. 그러나 요나단은 그것이 하나님의 섭리가 아니라는 것을 알고 있었다. 그는 이전에 사울과 함께하셨던 하나님께서 이제는 사울의 불신앙으로 말미암아 그를 떠나시고, 다윗과 함께하심을 알았다(13절). 그리고 인간의 힘과 수단과 방법으로는 이러한 하나님의 섭리를 돌이킬 수 없다는 사실도 잘 알고 있었다(16절). 그러므로 그는 이제 다윗 가의 영영한 위(位)를 인정하고, 오히려 다윗에게 장차 그와 그의 후손들에게 자비를 베풀 것을 요청한다(14~15절). 이러한 그의 판단은 정확하게 옳았다. 우리는 사무엘하 3~4, 9장에서 요나단이 예견한 모든 내용이 이루어지는 것을 보게 된다.

결국 우리는 요나단의 태도 속에서 인간의 명예와 권력에 연연하지 않고, 하나님의 섭리에만 전적으로 순응하는 신앙의 자세를 발견하게 된다. 하나님의 섭리와 역사에 대한 요나단의 겸손한 순종의 신앙은 결국 사울의 집안의 몰락에도 불구하고 그의 가족과 후손들을 구원해 내었던 것이다(삼하 9장). 우리는 이러한 사실에서 자기를 부인하고 하나님을 바라보는 자만이 진정한 승리와 은혜를 얻게 됨을 깨닫게 된다(마 16:24~25; 눅 14:26~27). 하나님의 섭리에 대한 철저한 순종은 우리에게는 패배가 아니라, 진정한 의미에서의 승리요, 우리가 하나님의 자비와 은혜 가운데 거할 수 있게 되는 가장 중요한 요소이다. 오늘 우리의 실패의 원인이 무엇인가? 그것은 자기의 것을 포기하지 못함이요, 주님의 뜻에 철저하게 순종하지 못함에 있지 아니한가?

### 3) 요나단의 성실한 약속 이행(24~42절)

다윗과 함께 다시 한 번 언약을 확인한 요나단은 이제 사울의 본심을 최종적으로 확인하고(24~34절), 그 사실을 다윗에게 알린 뒤에 서로의 이별을 매우 슬퍼한다(35~42절). 우리는 이 장면에서 요나단의 성실한 약속 이행을 보게 된다. 요나단으로부터 다윗이 월삭 만찬에 참석하지 못한 이유에 대해 들은 사울은 다윗이 살아 있는 동안은 자신의 왕위를 계승할 요나단의 자리가 확보되지 않을 것이므로, 다윗은 반드시 죽어야 한다며 노를 발한다(31절). 이것은 사울이 다윗을 살해하려고 한 직접적인 동기를 밝히는 최초 언급이다.

사실 사울은 일찍이 자신의 왕권이 박탈당하고 다른 사람에게 그 지위가 넘겨지리라는 하나님의 음성을 들은 바가 있다(15:26~29). 그는 다윗이 바로 하나님께서 신정 왕국을 위하여 세운 차기 왕이라는 사실도 알고 있었다 (18:12). 그러기에 그는 더욱더 다윗을 죽이려고 했다. 참으로 어리석게도 그는 다윗만 제거하면 그의 왕권이 지켜지리라고 착각했던 것이다. 그러나 그런 그의 행동은 하나님의 절대 주권에 대한 어리석은 도전이요, 참으로 우매한 인간의 행동에 지나지 않았다.

하나님께서는 인간적으로 볼 때 당연히 사울의 편이었어야 할 요나단을 들어 도리어 그의 어리석음을 지적하신 것이다. 이것은 얼마나 역설적인 모습인가? 요나단은 이 모든 사실을 보고 있었다. 그래서 그는 육신의 길을 따르기보다는 하나님의 섭리의 길을 따랐다. 일의 진전을 뒤늦게 알게 된 사울은 요나단이 "이새의 아들을 택한 것"(30절)에 대해서 분노하였다. 그리고 다윗을 향한 그의 분노는 단창이 되어 요나단의 가슴을 향하여 날아간다(33절). 이로써 아버지와 아들 간의 관계도 파괴되어 버리고 말았다. 요나단은 하나님이 다윗을 왕으로 세우기로 작정하셨다면 사람이 그것을 막을 수 없음을 알았다. 그러기에 그는 다윗과 이별을 하면서 다시 한 번 그들 사이의 우정의 언약을 확인한다. 그리고 입맞추며 다윗을 축복하며 떠나보낸다(42절).


적용

요나단은 명예와 권력의 유혹 및 아버지 사울과의 혈연의 정(情)에도 불구하고 다윗과의 약속을 성실히 이행함으로써 후세에 진실한 '우정'의 대명사로 남게 되었고, 신앙의 승리자로 기억되게 되었다. 그러나 요나단이 다윗과의 약속을 성실하게 지킨 것은 단순한 인간적인 우정 그 이상의 의미가 있다. 요나단이 아버지 사울에게 결과적으로 불충하고 다윗에게 충실한 것은 단순한 우정 관계 때문만이 아니라는 말이다. 그는 다윗을 통해 새로운 하나님의 통치가 이스라엘에 임할 것을 알고 있었다. 그러기에 그는 다윗을 따르는 자가 되기 위하여, 다시 말해서 하나님의 통치를 따르기 위하여 그의 아버지를 미워할 수밖에 없었다. 그러므로 요나단이 부모를 공경하라는 계명을 어기면서까지 다윗에게 신실한 것은 곧 그가 하나님 앞에 충성을 다한 것이며, 하나님께만 신실하게 행한 것과 같은 것이었다. 즉 요나단의 다윗을 향한 충성과 성실은 곧 하나님을 향한 충성이요, 하나님께 성실함을 의미한 것이었다.

여기서 우리는 하나님의 백성들에게 요구되는 '충성의 도'(the cost of royalty)를 보게 된다. 하나님을 따르기 위하여 자신의 혈육과도 끊었어야만 했던 요나단의 모습 속에서 우리는 주님의 말씀을 생각하게 된다. "무릇 내게 오는 자가 자기 부모와 처자와 형제와 자매와 및 자기 목숨까지 미워하지 아니하면 능히 나의 제자가 되지 못하고"(눅 14:26). 누가 진정 주님의 제자가 될 수 있는가? 하나님의 절대 주권을 인정하는 가운데, 이를 위하여 내가 치러야 할 대가를 마다하지 아니할 때, 하나님께서는 "내가 너희를 고아와 같이 버려두지 아니하고"(요 14:18)라는 약속의 말씀을 반드시 이루시고, 결국에는 우리로 하여금 진정한 승리를 맛보게 하실 것이다.


## 설교를 위한 적용

우리가 지금까지 살펴본 대로 다윗과 요나단의 우정 이야기는 단순히 인간적인 우정의 미덕을 기리는 데서 그치지 않는다. 영적으로 볼 때, 사울의 다윗에 대한 핍박은 사탄과 세상의 그리스도와 성도들에 대한 핍박을 보여 준다. 그리고 이에 대한 다윗과 요나단의 우정의 언약을 통한 대응은 성도들이 어떻게 그런 핍박에 대처해야 하는가를 가르쳐 준다. 그러므로 다윗과 요나단의 우정 이야기는 하나님의 구속사의 과정 속에서 두 사람의 우정의 언약이 어떻게 쓰임 받고 있는가를 보여 준다.

요나단은 하나님의 섭리에 순종하여 하나님의 세우신 종을 돕는 일에 적극적으로 동참함으로써 결국 하나님의 구속사에 동참하는 영광을 누리게 되었다. 그리고 이와 더불어 그는 참 우정으로 정의의 편에 서는 인물로도 영원토록 기억되는 보너스를 얻게 되었다.

자기밖에 모르는 오늘날과 같은 세상 속에서 요나단이 그리워진다. 과연 우리는 내 안에서 요나단의 모습을 볼 수 있는가?

# 09

# 환란과 핍박 중에도
사무엘상 21~24장 주해와 적용

## 본문의 개요: 도망자 다윗

억울한 누명, 정처없는 도망길, 끊임없는 추적, 아슬아슬한 위기 탈출….
영화 〈도망자〉는 언제 보아도 손에 땀을 쥐게 하는 '스릴'과 '서스펜스'의 연
속이다. 그러나 자신이 실제로 도망자의 신세가 되면 상황은 전혀 달라질 것
이다.

다윗의 경우가 그러했다. 사울의 시기와 오해 때문에 생명의 위협을 느낀
다윗은 어쩔 수 없이 도망 길에 나선다. 다윗은 요나단을 통하여 사울의 살
의를 확인한 후에, 모든 미련을 버리고 고달픈 도피 생활을 본격적으로 시작
한다.

고난의 가시밭길, 이것이 정녕 왕이 되는 길이요, 하나님의 뜻을 이루는
방법인가? 다윗의 고난은 그가 왕으로 기름 부음을 받고 그에게 하나님의
영이 임한 사실과 부합되지 않는 것같이 보인다. 그러나 본문(삼상 21~24장)은
고난을 통하여 부르심의 목적을 이루어 가는 하나님 나라의 원리를 긴장감
넘치는 이야기로 풀어 나간다.

## 본문 주해

### 1. 하나님의 공급: 놉으로 간 다윗(21:1~9)

요나단과 헤어진 다윗이 처음으로 찾아간 곳은 제사장들의 성읍인(22:19) 놉이었다. 놉은 실로가 파괴된 후 대신하여 성소의 기능을 담당하였다. 다윗이 왜 놉으로 갔는가? 이전에 그가 라마 나욧으로 가서 선지자 사무엘의 보호를 받았던 사실(19:18~24)을 고려할 때, 그가 놉으로 간 것은 제사장 아히멜렉을 통하여 하나님의 복 주심과 인도의 확신을 받기 위함일 것으로 생각된다(22:15). 그러나 본문은 다윗이 여호와께 신탁을 구한 것을 기록하지 않고 먹을 떡과 싸울 무기를 구한 사실만을 부각시킨다. 일용할 양식과 자신을 보호할 무기는 도망자의 가장 절실한 필요이다. 하나님은 먼저 제사장을 통하여 '여호와 앞에서 물려 낸 떡'(6절)을 배고픈 다윗에게 일용할 양식으로 공급하신다. 그리고 다윗에게 골리앗의 칼이 주어지나 이 칼은 그를 위기에서 구하지 못한다. 다윗은 오직 하나님만이 그의 보호자가 되심을 발견한다.

왜 다윗은 아히멜렉에게 사실대로 말하지 않았을까?(2절) 그가 제사장에게 비밀 작전 수행중이라고 둘러댄 일은 결국 제사장들의 죽음을 초래하지 않았는가? 이전에 다윗은 사무엘에게 사실대로 다 말하고 그의 보호를 받은 적이 있었다(19:18). 다윗은 아마도 극도의 두려움에 사로잡혀 있었거나(참고 10, 12절), 함께 있는 도엑을 보고 아히멜렉을 보호하려고 사실대로 말하지 않았을 수 있다. 본문은 독자의 호기심에 답하지 아니하고 하나님이 다윗의 필요를 공급하신 사실만을 강조한다.

다윗의 도피생활에는 늘 위험이 잠복하고 있었다. '에돔 사람' 도엑의 언급(7절)은 다윗에게 언제 어떤 모습으로 닥칠지 모를 위기상황을 암시한다. 도엑은 하나님의 종이 처한 위급한 상황을 최대한 활용하여 하나님 나라의 일을 망치고 자기 이익을 챙기려는 기회주의자들을 대표한다. 그는 하나님의 목적을 좌절시키는 데 성공한 것 같이 보인다(22:18~19). 그러나 그는 자기도 모르는 사이에 엘리 집안에 대한 심판의 예언(2:31~33)을 성취하는 도구로, 제사장 아비아달을 다윗에게 붙여(22:20~23) 다윗 왕국을 견고하게 세우는 일에 도구로 사용되었을 뿐이다.

적용

세상에서 하나님의 부르심을 따라 그 목적을 이루며 살아가고자 애쓰는 성도의 길은 가장 위태로운 길처럼 보인다. 도처에 생존과 안전과 신앙의 위협이 도사리고 있다. 인간적 연약성 때문에 하나님의 계획과 목적이 좌절될 것만 같은 때가 한두 번이 아니다. 그러나 하나님은 먼저 그의 나라와 의를 구하는 자들의 진정한 필요를 책임져 주시는 가장 확실한 공급원이다. 하나님은 또한 하나님 나라의 일을 방해하는 사람들을 통해서도 그의 목적을 이루어 가신다. 그러므로 성도의 길은 하나님의 주권적 섭리 안에서 가장 안전한 길이다.

## 2. 하나님의 보호: 가드의 아기스에게 피한 다윗(21:10~15)

놉을 떠난 다윗이 다음으로 찾아간 가드는 블레셋 5대 도시 중 하나이다. 그는 가드와 이스라엘과의 정치적 역학 관계를 이용, 그곳을 도피처로 삼으려고 생각한 듯하다. 그러나 가드 왕 아기스의 부하들은 다윗을 받아들이는 일이 초래할지도 모르는 위험한 상황을 정확하게 파악하고 있었다. 그것은 새끼 호랑이를 키우는 일이다. 사태의 위급성을 알아챈 다윗은 심히 두려워하였으나(10, 12절), 기지를 발휘하여 미친 체함으로써 위기에서 벗어난다. 자신의 '연극'이 블레셋 사람들의 경각심을 완화시키고 당시의 풍습에 따라 죽임을 당하지 않게 하리라는 다윗의 심산이 그대로 적중한 것이다.

그렇더라도 미친 체하다가 쫓겨난 일은 장차 왕이 될 사람에게는 어울리지 않는 구차한 방법같이 보인다. 가까스로 호구에서 벗어났다 하더라도 비참한 생각에 불평과 원망이 터져 나왔을 법한 상황이다. 그러나 다윗의 마음에는 감사와 찬양이 흘러넘쳤다(시 34편). 이 사건은 그가 여호와께 피한 것이요, 하나님의 선하심을 맛보아 알게 된 은혜의 체험이었다(시 34:8). 다윗은 이 사건을 통하여 평생의 진리를 배웠다. "의인은 고난이 많으나 여호와께서 그 모든 고난에서 건지시는도다"(시 34:19).

적용

성도의 '구원'은 항상 내가 원하는 시간에, 내가 원하는 고상한 방법만을 통해서 오는 것이 아니다. 위기의 순간에 하나님이 성도에게 주시는 지혜는 실천적이고 현실적이다. 하나님은 당신의 영광을 드러내기에 가장 적실한, 성도가 구원의 은혜를 누리는 데에 가장 효과적인 방법을 사용하신다. 하나님은 그의 다양한 백성들을 다양한 위기에서 건져 내는 다양한 방법을 가지고 계신다. 하나님의 '구원'의 은혜를 경험한 사람들은 그 방법이 어떤 것이든 기쁘게 감사와 찬양을 드리게 된다.

### 3. 지도자 양성 코스: 아둘람 공동체(22:1~5)

가드에서 도망 나온 다윗이 아둘람 굴로 피하자 400명의 사람들이 모여들어 '아둘람 공동체'를 형성하였다(1~2절). 그들은 환난 당한 자들, 빚진 자들, 마음이 원통한 자들이었다. 그들의 신앙은 보잘 것이 없었다. 하나님의 말씀을 멋대로 갖다 붙이고(24:4), 심지어 어려울 때는 다윗을 돌로 쳐 죽이고자 하였다(30:6). 다윗은 한이 많고 상처투성이며 거칠고 신앙적으로 정돈되지 아니한 오합지졸을 믿음의 용사로 훈련시키면서 최고의 제왕학을 배우고, 부하들은 최상의 지도자 훈련 과정을 밟게 되었다.

부모의 안위를 걱정한 다윗은 그들을 모압 왕에게 맡긴다(3~5절). 가드 왕과는 달리 모압 왕은 다윗의 청을 받아들여 도망자 다윗의 짐을 크게 덜어 준다. 모압이 다윗에게 호의를 베푼 것은 정치적인 고려도 있었겠으나(14:47), 다윗의 증조모 룻이 모압 출신인 것과 깊은 관련이 있었을 것이다(룻 4:14, 22). 모압 여인 룻은 나오미와 여호와를 선택하여 모압을 떠났지만, 이 모압을 하나님은 다윗을 위하여 요긴하게 사용하신다. 긴 안목에서 볼 때 나오미가 겪은 불행은 다윗을 위한 준비였다.

다윗은 선지자 갓을 통하여 '유다 땅으로 가라'는 인도를 받는다(5절). 사람의 말과 자신의 지혜를 의지하는 사울과는 달리 다윗은 예언의 말씀을 의지한다. 하나님의 말씀에 대해 다윗은 '내 발의 등이요 내 길에 빛이다'(시 119:105)라고 고백한다. 문자 그대로 하나님의 말씀에 목숨을 걸고 순종한 결과 다윗은 점차 쇠망하는 사울과는 대조적으로 점차로 흥왕한다.

적용

교회의 유능한 지도자, 하나님 나라의 충성된 일군을 훈련시키기 위한 좋은 세미나와 훌륭한 선생들이 많다. 그러나 무시하기 쉬운 코스가 있다면 그것은 순종의 과정이다. 그리고 소홀하게 대하기 쉬운 교사가 있다면 그는 고난이라는 스승이다. 어떤 세미나, 어떤 교사도 성도의 고난과 순종을 대체할 수 없다. 하나님은 고난과 순종을 통하여 당신의 목적을 이루어 가시기 때문이다. 그러므로 성도들은 "하나님을 사랑하는 자 곧 그 뜻대로 부르심을 입은 자들에게는 모든 것이 합력하여 선을 이루"(롬 8:28)는 것을 알고 환난 중에도 기뻐한다.

### 4. 승리의 방법: 도엑과 아비아달(22:6~21)

사람들이 다윗에게 몰려드는 동안, 사울은 한 나라의 왕이면서도 모든 사람이 다 자기를 버렸다는 극도의 소외감에 시달리고 있었다. '너희가 다 공모하여 나를 대적하며… 내 아들이 오늘이라도… 나를 치려' 한다(8절). 그는 제사장 아히멜렉도 다윗의 반역 음모에 연루되어 있다고 생각한다(13, 17절). 사실과 상상의 뒤범벅이 빚어낸 사울의 혼란스러운 마음은 하나님의 영이 떠난 결과로써(16:13~14), 그로 하여금 극단적인 행동으로 치닫게 만든다. 급기야는 여호와의 제사장들을 학살하는 신성모독죄를 범한다. 사울이 제사장 성읍을 '진멸'한 것은(18~19절) 그가 하나님의 종이 아닌 하나님의 대적자가 되었다는 증거이며 그 자신이 이미 '진멸' 당할 자가 되었음을 보여 준다.

총기를 잃어버린 왕 주변에는 기회주의자들이 들끓는 법이다. 도엑이 그 좋은 예이다(9~10, 18~19절). 충직한 부하의 진실된 보고 같이 포장된 도엑의 말은 사울에게 입맛대로 해석하라고 던져진 자료에 불과하다. 도엑은 사울이 원하는 정보를 주었다. 세속적 기회주의자는 하나님 백성의 불행을 자기 탐욕을 채울 기회로 삼는다. 그러나 하나님의 주권은 앞서 언급한 바와 같이 도엑을 예언 성취와 목적 달성의 도구로 사용하실 뿐이다. 하나님은 목전의 기막힌 패배를 영원한 승리의 디딤돌로 사용하신다.

사울의 심문에 대한 아히멜렉의 대답(14~15절)은 다윗의 무죄에 대한 의로운 증거이다. 아히멜렉은 자기가 취한 외형적 행동은 인정하나 반역적 동기는 부정함으로써 자신의 결백을 변증한다. 안타깝게도 그가 진실을 말한 대가는 너무나 컸다. 자신과 다른 제사장들이 이 때문에 죽임을 당한다. 그러나 그가 밝힌 진실은 다윗의 순전성을 입증하여 다윗을 통해 이루어지는 하나님 나라의 확립에 이바지한다.

대학살에서 가까스로 살아남은 제사장 아비아달(20~23절)도 승리의 방법을 보여 준다. 아비아달이 다윗 진영에 합류함으로써 다윗이 선지자들뿐만 아니라 제사장들의 지지를 받게 되었다. 백성들은 제사장에 대한 다윗의 태도와 사울의 태도가 천양지차인 것을 보고 다윗을 마음으로부터 지지할 것이다. 놉에서의 제사장 몰살 사건은 참으로 불행한 비극이다. 그러나 이 일을 계기로 다윗은 '남은 자' 아비아달을 통하여 하나님의 구체적인 인도를 받고, 이스라엘 왕으로서의 합법성과 정당성을 인정받는다.

적용

승리의 삶을 위한 상세한 방법론이 각광받고 있다. 그러나 하나님 나라의 승리는 진리의 사람들을 통하여 이루어진다는 사실에 주목하여야 한다. 진리가 당장에는 손해와 패배를 초래하는 것 같으나 하나님은 진리의 사람들, 곧 '남은 자'들을 통하여 패배를 승리로 바꾸신다. 하나님의 나라는 남은 자를 통하여 멸망하거나 쇠하지 않을 뿐 아니라 더욱 견고해져 간다. 그러나 하나님을 대적하는 자는 하나님이 대적하셔서 결국 심판을 받게 된다. 그러므로 그리스도인은 어떤 경우에도 궁극적인 승리의 확신을 가지고 진리의 길을 힘차게 걸어가야 한다.

### 5. 하나님의 말씀: 그일라의 구원(23:1~14)

블레셋 사람들이 그일라 사람의 추수를 약탈한다는 소식을 전해들은 다윗은(1절) 위험을 무릅쓰고 그들을 구원한다. 다윗은 도피 중에도 백성들을 보호함으로, 사실상 왕의 역할을 감당한 것이다. 다윗은 나아가서 그일라가 자기 때문에 놉처럼 해를 당할까 염려하여 그들이 배반할 줄 알면서도 조용히 그들을 떠나간다(10, 13절). 다윗은 자기의 안전과 이익보다 백성의 안녕을 앞세우는 진정한 이스라엘 왕의 표상이다.

다윗이 이렇게 의롭게 행동할 수 있었던 것은 하나님의 인도를 받았기 때문이다(23:2, 4, 9). 다윗은 자기나 다른 사람의 생각대로 행하지 않고 여호와의 뜻을 묻고 확인하여 실천에 옮겼다. 반면 사울은 정보원의 첩보와 자기의 지혜만을 의지하고, 주어진 상황과 하나님의 뜻을 자기가 원하는 대로 해석한다(7절). 하나님은 다윗을 자기 손에 붙이기 위하여 그를 그일라 성에 들어가게 하셨다. 이런 사울이 선지자의 예언과 제사장의 에봇을 통해 하나님의 인도를 받는 다윗을 잡지 못함은 너무나 당연하다. "사울이 매일 찾되 하나님이 그를 그의 손에 붙이지 아니하시니라"(14절). 하나님이 지키시는 한 그 누구도 다윗을 잡을 수 없다. 어떤 것도 다윗이 왕 되는 것을 막을 수 없다.

### 적용

'내 코가 석 자'라는 말이 있다. 즉 내가 어려운 상황에 처해 있으면 다른 사람의 고통을 돌아볼 여유가 없어진다. 이러한 인간적 연약함을 누가 탓할 수 있겠는가? 그러나 하나님의 부르심과 말씀을 좇아 자신에게 닥칠 위험과 손해를 무릅쓰고 형제의 유익을 먼저 구하는 사람, 그 사람은 하나님이 친히 돌보신다. 그 누구도, 그 어떤 것도, 그에 대한 하나님의 계획을 좌절시킬 수 없다.

## 6. 뜻밖의 구원자: 십 광야에서의 위기 탈출(23:15~23)

그일라에서 철수한 후에 허탈감에 빠진 다윗은, 같은 유다 지파인 십 사람들에게 배반을 당하기에 앞서, 요나단의 언약적 사랑(16~18절)을 경험한다. 요나단은 변치 않는 우정으로 친구 다윗을 찾아가 하나님의 말씀으로 위로한다(17절). 그는 말씀으로 다윗의 믿음을 북돋아 주며 그로 하여금 여호와를 힘있게 의지하게 하였다(16~18절). 곤고한 다윗에게 요나단의 격려는 말할 수 없는 위로가 되었을 것이다. 하나님은 다윗을 가장 미워해야 할 사람을 사랑의 사도로 보내셔서 다윗을 위로하신다.

사울과 십 사람들은 완벽한 공조체제를 갖추고 다윗 체포작전에 나선다(19~23절). 탈출구가 보이지 않는 절체절명의 순간에(24~26절), '나의 구원이 어디서 올꼬?'라고 부르짖는 다윗의 절규가 들리는 듯하다. 이때 하나님은 절묘한 타이밍으로 뜻밖의 구원자를 보내신다(27~28절). 하나님은 할례 받지 못한 블레셋 사람들, 곧 이스라엘의 대적을 통하여 다윗을 구원하신 것이다. 요나단은 다윗을 떠날 수밖에 없었으나, 하나님은 늘 다윗과 함께 계셔서 그를 보호하셨다.

### 적용

'무한경쟁 시대'는 사람마다 다른 모든 사람을 대상으로 홀로 싸워야만 한다는 강박관념을 양산해 낸다. 그러나 교회는 고독한 믿음의 군상이 아니라 믿음 안에서 사랑으로 하나 된 사람들의 공동체이다. 하나님은 때때로 믿음의 위로자를 보내셔서 곤고한 성도의 마음을 지켜 주신다. 이 사람들이 인간적인 한계에 부딪치면 어떻게 되는가? 하나님은 이번에는 하나님 나라의 대적자를 통해서라도 당신의 백성을 보호하신다. 하나님은 항상 우리 곁에 계시는 영원한 '요나단'이다.

## 7. 여호와의 마음에 합한 종: 사울을 살려 주는 다윗(24장)

도망만 다니던 다윗에게 드디어 절호의 기회가 왔다. 막다른 골목으로 쫓겨 엔게디의 한 동굴에 숨어 있었던 다윗과 그의 부하들은 사울을 죽일 수 있는 완벽한 기회, 어쩌면 부하들의 주장대로 '하나님이 주신 기회'를 맞이한다(3절). 어떤 바보가 두 번 다시 오지 않을 이런 좋은 기회를 그대로 흘려보낼 것인가?

그러나 이 기회는 다윗에게 최대의 시험이었다. 이 사건을 통하여 다윗은 자신의 가장 깊은 내면을 그대로 드러낼 수밖에 없게 되었다. (1) 다윗의 부하들은 단순하고 호소력 있는 논리를 전개하였다. 사울은 우리의 원수, 그가 죽지 않으면 우리가 죽는다. 여호와께서는 "내가 원수를 네 손에 넘기리니 네 생각에 좋은 대로 그에게 행하라"고 말씀하셨다(4절 개역개정). 물론 여호와께서는 그렇게 말씀하신 적이 없다. 아마도 부하들은 사울이 다윗을 핍박하는 상황과 다윗이 기름 부음 받은 사실에서 자기들이 원하는 '하나님의 말씀'을 추론해 내었을 것이다. (2) 그러나 다윗은 부하들의 자의적인 해석과 편의주의적인 적용을 즉시 물리치고, 하나님 중심적인 원리를 내세운다. 하나님의 기름 부음을 받은 자에게 손을 댈 수 없다(6절). 사울의 겉옷 자락을 벤 것만으로도 양심의 찔림을 받는 다윗은, 의로우신 하나님께 심판을 호소하며 그분의 손에 모든 것을 맡긴다(9~15절). 다윗의 결정은 기회를 낭비하는 어리석음 같으나 실상 하나님의 마음에 합한 선택이었다. 다윗은 중심을 보시는 하나님의 시험에 합격한 것이다.

다윗의 '합격 통지서'는 사울의 입을 통해서 전달되었다(16~21절). 다윗의 진심에 감동한 사울은 일시적이나마 자신의 불의와 다윗의 의로움을 인정하고 다윗이 왕이 될 것이라는 확신을 표명하였다. 다윗은 사울의 말을 통하여 하나님의 신실하심을 확인한다. 하나님은 자기 마음에 합한 다윗에게 확신을 주기 위하여 사울의 입을 통하여 자신의 약속을 확인시켜 주셨다.


적용

하나님은 외모를 보지 않으시고 중심을 보신다. 편의주의는 때때로 효율성의 논리로, '천재일우'의 상황으로, 말씀의 왜곡된 모습으로 나타나 성도의 중심을 시험한다. 편의주의는 중심에 하나님을 진정으로 사랑하고 의지하는 것이 없으면 따라갈 수밖에 없는 매력을 가지고 있다. 그러나 믿음은 승리를 가져온다. 하나님의 목적은 사람의 편의주의적 선택, 성급한 판단과 행동에 의해서가 아니라 믿음의 역사와 소망의 인내를 통하여 아름답게 이루어져 간다.

## 설교를 위한 적용: 고난의 유익

하나님의 부르심은 순탄한 앞날만을 보장하지 않는다. 정반대로 위험과 고난, 환난과 핍박을 불러올 수 있다. 본문은 고난의 소극적 불가피성을 넘어서 적극적 필요성을 강조한다. (1) 성도는 환난과 핍박 중에도 믿음을 지켜야 한다(찬송가 383장). 산 믿음은 위기 때 더욱 힘을 발하는 법이다. 위기 때 무력한 믿음은 무용한 믿음이다. 하나님은 위기의 때에 신실한 성도의 마음을, 특별히 그의 믿음을 지켜 주신다. (2) 하나님의 종은 고난을 통하여 필요한 연단을 받는다. 환난과 핍박을 통하여 신앙과 인격과 지도력을 키운다. 하나님은 고난을 통하여 당신의 종을 만들어 가신다. (3) 하나님은 환난과 핍박 중에도 그의 목적을 이루어 가신다. 고난 '중에도' 자기 종을 지키시고, 고난을 '통하여' 연단하시며, 고난을 '주셔서' 그의 목적을 이루어 가신다. 그러므로 어떤 핍박과 환난도 하나님의 목적을 좌절시킬 수 없다. 궁극적으로 다윗의 고난은 그의 자손 예수 그리스도의 고난을 통해서 완성된다. 성도는 고난을 통하여 영광으로 나아간다. "생각하건대 현재의 고난은 장차 우리에게 나타날 영광과 비교할 수 없도다"(롬 8:18 개역개정). 그러므로 "선을 행하되 낙심하지 말지니 포기하지 아니하면 때가 이르매 이루리라"(갈 6:9 개역개정).

# 10

# 슬럼프에서 원래의 모습으로

사무엘상 25~26장 주해와 적용

## 본문의 개요

사울과의 대면에서(24장) 다윗은 그를 죽일 수 있었음에도 여호와의 기름 부음 받은 자를 결코 해(害)하지 않겠다는 각오로 자신의 감정을 절제하고 있다. 앞으로 펼쳐질 26장에서도 그는 인내와 진실함으로 이러한 보복의 유혹을 또 이겨 내고 있다.

그러나 25장에 비춰진 다윗의 모습과는 매우 대조적이다. 그의 감정은 어이없게도 나발이란 자로 인해 쉽게 폭발하고 있다. 다윗은 나발의 집안을 몰살하려고까지 하고 있다.

이 사소한 행동은 이후 다가오는 그의 통치에 영원한 오점을 남길 수도 있는 일이었다. 다윗은 잠시 여호와의 소명인 이스라엘의 왕이 되는 것을 망각할 위기를 맞고 있는 것이다. 이렇게 다급한 위기의 상황에서 다윗을 깨닫게 한 사람은 바로 아비가일이란 지혜로운 여자였다.

## 본문 주해

### 1. 다윗과 나발 그리고 아비가일(25장)

#### 1) 사무엘의 죽음(1절)

사무엘의 죽음을 다른 곳이 아닌 여기에 기술한 것은 단순히 그가 바로 이때 죽었기 때문만은 아닌 것 같다. 그렇다면 이야기 진행에 있어서 그의 죽음을 여기서 언급하는 것은 무슨 의미를 지닐까? 그것은 사울 왕으로부터 왕권을 박탈한 '폐위자'(kingbreaker)로서의 그의 사역이 끝났음을 암시한다.

그는 여호와께서 사울로부터 왕권을 빼앗아 가실 것을 두 차례나 선언한 적이 있었다. 사울은 시간이 흐를수록 사무엘의 선언이 현실화되어 가고 있음을 24:20~21에서 시인했다. 사울이 이 선언에 동감한 것을 감안하면, 사무엘의 '사울 죽이기'가 드디어 막을 내리는 순간인 것이다. 그리고 이제는 사무엘이 사무엘서의 진행에 있어서 더 이상 감당할 역할이 없는 것이다. 그러므로 이곳에서 그의 죽음이 언급되는 것은 당연한 것으로 여길 수 있다.

#### 2) 나발과 아비가일(2~8절)

저자는 이 짧은 문단에서 등장인물들을 정확하게 묘사해 나가고 있다. 아비가일과 나발은 마치 지혜와 어리석음이 성육신한 것 같고 다윗은 불량배같이 나발을 협박하여 대가(protection money)를 요구하고 있다.

저자는 나발을 소개할 때, 먼저 그의 넘치는 부를 이야기하고 있다(2절). 그리고 나서야 그의 이름을 말한다(3절). 레벤슨(Levenson)은 이것에 대해 나발에게 있어 재물이 그의 인격을 앞서고 있음을 묘사한다고 하였다. 그의 삶은 재물로 정의되며, 그는 재물을 지키기 위해 사는 사람이다. 그는 자신의 재물을 즐기다가 죽어 가는 일종의 구두쇠였다. 그의 이름 '나발'이 의미하는 것같이 그는 '바보'였다. 비록 갈렙의 피를 받았지만 갈렙과는 질적으로 다른 사람이었다. 그는 "완고하고 행사가 악하"(3절)였다고 기록되어 있다.

그는 전형적인 졸부였다.

이러한 나발과는 대조적으로, 아비가일은 총명하고 아름다운 여자였다. 그녀의 용모가 다윗의 관심을 끌었는지는 알 수 없지만, 이 이야기에서 중요한 것은 그녀의 총명함이다. 그녀의 총명함과 아름다움은 그녀가 다윗에 비견될 만한 여성(counterpart)임을 암시한다. 3절에서 그녀의 아름다움을 표현하는 단어는 이미 다윗에게 적용된 단어이기도 하다(16:12).

다윗은 나발의 부가 가장 잘 드러나는 양털을 깎을 때, 나발이 가장 공격받기 쉬울 때, 그에게 사람들을 보내 보호에 대한 대가를 요구했다. 물론 겉으로는 '평화… 평화… 평화'(6절)를 말한다. 그러나 실제적으로 5~8절의 내용을 살펴보면 협박에 가깝다. '너의 집안에서 평화가 없어질 수도 있다'는 것을 암시한다.

다윗은 그의 소년들에게 나발에게 가서 "네 손에 있는 대로 네 종들과 네 아들 다윗에게 주기를 원하노라"(8절)고 전하라고 한다. 물론 이러한 다윗의 요청이 '좋은 날 같이 나누자'라는 좋은 의미로 해석될 수도 있겠지만, 대부분의 학자들은 다윗의 행동을 좋게 여기지 않는다. 나발의 손에는 지금 많은 것이 있다. 그리고 다윗은 그로부터 큰 액수를 요구하고 있다. 다윗과 600명에 달하는 그의 무리는 이 순간에 목축업자들을 위협하여 돈이나 뜯어내는 불량배와 다를 바 없는 사람들이 되어 있었던 것이다.


### 3) 나발이 다윗의 요구를 거부함(9~13절)

나발은 결코 협박자의 어떤 요구도 들어줄 수 없다는 입장을 취했다. 그리고 다윗을 비웃었다. 그가 다윗을 알지 못했을 리 없다. "근일에 각기 주인에게서 억지로 떠나는 종이 많도다"(10절)라는 발언은 그가 다윗과 사울의 관계를 알고 있었음을 시사한다. 나발은 다윗의 협박이 별것 아니라고 생각해서였든지, 자신의 능력으로 충분히 그를 대적할 수 있다는 자신감에서였든지 다윗의 요구를 철저하게 거부하고 있다. 이 소식을 들은 다윗은 분개해서 400명의 군사를 이끌고 나발을 치러 나섰다. 여기서 우리는 성화되지 않은 권력의 실체를 본다. 아무리 다윗과 같은 사람이라도 별수 없는 것이다. 그의 권력은 지금 폭력으로 퇴보해 가고 있다. 우리는 항상 힘을 조심스럽게 사용해야 한다.

그런데 다윗이 왜 사울 사건에서와는 달리 이렇게 쉽게 이성을 잃은 것일까? 그리고 무엇이 그를 일종의 폭력배로 전락시켰는가? 아마도 긴장이 풀렸던 것 같다. 우리가 하나님과 가장 가까워졌다고 느끼는 바로 그 순간에 사탄은 우리에게 비수를 꽂을 수 있다. 사울을 죽이지 않고 돌려보냄으로써 일생의 최고 영적 승리를 이룬 다윗이 바로 그 다음 순간에 힘없이 망가지는 모습을 보라. 영적인 승리 후에 적절한 후속책이 없으면 이렇게 망가질 수 있는 것이다.

### 4) 아비가일의 개입(14~22절)

다윗이 나발을 치러 나서는 순간, 나발의 집에서는 일대 소동이 일어났다. 종이 아비가일에게 그날 있었던 일을 보고하며 후한이 두렵다고 말했던 것이다. 그런데 그의 발언은 전적으로 다윗이 옳고 주인 나발이 잘못되었다고 고하고 있다. 이렇게 함으로써 저자는 나발에게 '노란 카드'를 주어 그의 몰락을 예비하고 있다. 한편 다윗은 이를 갈며 코에 뜨거운 김을 내뿜으며 나발의 집을 향하여 행진하고 있다. 그는 몇 번씩이나 선을 악으로 갚는 그의 집안을 몰살시키겠다고 다짐하고 있다(21~22절).

### 5) 아비가일의 지혜(23~31절)

종에게서 상황의 위급함을 들은 아비가일은 급히 떡, 포도주, 고기, 곡식 등을 나귀에 실어 종들과 함께 먼저 보낸 후 그들의 뒤를 따랐다. 다윗과 마주치자 그녀는 즉시 나귀에서 내려 그의 발 앞에 엎드리며 입을 열었다. 그녀의 발언 내용은 앞으로 큰일을 할 분이 후회할 만한 과오를 범해서야 되겠느냐의 논리로 정리할 수 있다.

아비가일은 먼저 다윗을 '내 주'로 치켜세우고 자신을 '당신의 여종'으로 낮추며 다윗의 진노를 달램으로써 몰락으로 치닫고 있는 자신의 집안의 운명을 바꾸고 있다(24절). 이는 나발의 빈정댐과는 커다란 대조를 이루며 저자는 마치 지혜가 있는 자는 다윗의 비범함을 인정하게 된다는 것을 암시하는 듯하다. 그녀는 모든 것을 자신의 불찰로 돌렸다(24절). 다윗은 전혀 생각지도 않았던 사람이 출현하여 모든 것을 자신의 잘못으로 고백하는 말을 듣고는 행군을 무작정 계속 강행할 수는 없었을 것이다. 다윗의 기세를 누그러뜨린 그녀는 일이 이렇게 된 것은 자기가 다윗이 보낸 사람들을 보지 못했기 때문이라고 말하고 있다(25절). 즉 자신이 이 일을 알았더라면 결코 이와 같은 결과는 초래되지 않았을 것이라고 그녀는 주장한다. 여기서 지혜로운 사람의 모습을 볼 수 있다. 처음에는 상대방 앞에서 무조건 자신을 낮춰 대화를 시작한 다음, 그리고 적절한 시간이 되면 자신의 입장을 설명하는 것이다.

그녀는 다윗에게 자신의 남편 나발을 안중에 두지 말아 달라고 간구한다. 그는 나발(바보)에 불과하니 지혜가 총명한 다윗이 상대할 만한 자가 아니라는 것이다(25절). 그런데 아내가 외간 남자에게 이렇게 남편을 비하해도 되는가? 물론 문제가 제기될 수도 있겠지만 아비가일에게는 집안의 생사가 달린 순간이다. 그리고 모든 것이 남편의 어리석음에서 시작된 것이라는 점을 감안할 때 문제가 되지 않는다.

여기서 한 가지 생각해 볼 문제는 아비가일의 남편 이름이 정말 나발(바보, 멍청이)이었을까 하는 점이다. 아마도 이 이야기 안에서만 사용되는 이름이었을 것이다. 어떤 부모가 자식에게 '바보, 멍청이'라는 이름을 주겠는가!

이미 아비가일은 다윗의 신앙에 대하여 많이 들어 알고 있었던 것 같다. 26절을 보면 그녀는 자신이 다윗 앞에 서게 된 것은 '살아 계신 하나님이 다윗으로 하여금 친히 보복하는 일을 막기 위해서'라고 주장하고 있다. 그녀는 순간적으로 흐려진 다윗의 판단력을 간접적으로 꼬집고 있는 것이다. 지혜롭고 믿음이 좋은 다윗이 이 말의 의미를 놓칠 리 없었을 것이다.

그녀는 '다윗의 원수들은 모두 나발과 같이 되기를 원하나이다'라는 선언을 했다. 어떻게 되라는 것인가? 이 말은 38절 이후에 잘 어울리는 발언이다. 그러나 여기에서 이러한 선언을 함으로써 그녀는 나발에게 '빨간 카드'를 주고 있다. 나발은 더 이상 말 한마디 하지 않는 엑스트라로 변해 버린다. 다만 죽음만이 그를 기다릴 뿐이다. 즉 아비가일의 이런 발언은 나발을 이야기 안에서 죽이고(making a literary killing) 있는 것이라고 할 수 있다.

아비가일은 다윗이 하나님의 섭리에 의하여 이스라엘의 왕이 될 것임을 인정했다(28~31절). 나발의 가장 큰 과오를 굳이 말하자면 그가 다윗을 무시해서 화나게 했던 것이다. 그는 다윗의 인격과 존재를 전적으로 무시했다(참고 25:10~11). 아비가일은 여호와께서 반드시 다윗을 위하여 든든한 집을 세우실 것이며(28절), 그가 의롭기에 여호와께서 이 일을 꼭 이루실 것이라며(28절) 남편의 과오로 망가진 다윗의 자존심을 세워 줌으로써 다윗의 불편한 심기를 가라앉혀 위기를 모면하고 있다.

그녀는 또한 다윗의 모든 원수들은 망할 것이며 여호와께서 분명히 다윗을 이스라엘의 지도자로 세우실 것임을 확신했다(30절). 그 후 본론으로 들어갔다. 왕이 된 후에 '다윗은 무죄한 피를 흘린 사람이다' 혹은 '여호와를 의지하지 않고 직접 자신을 위하여 보복한 사람이다'라는 오명을 남겨서는 안 된다는 것이 그녀의 논리였다. 즉 앞으로 대범한 자가 될 것인즉 이 순간에도 대범하라는 권면이다. 그녀는 다윗의 장래를 확신하면서 '여호와께서 당신을 왕으로 세우실 때, 나를 기억하라'는 말로 끝을 맺는다. 그녀의 발언은 지혜로움의 절정이다.

여호와께서는 사울 때문에 조금은 초조해지고 위축되어 있으며, 자칫 잘못하면 조직 폭력배로 변해 버릴 위험에 놓여 있는 다윗에게 아비가일을 통하여 그의 사명을 다시 한 번 확인시켜 주심으로써 위기를 면하도록 할 뿐만 아니라 미래의 이스라엘의 왕으로서 가야 할 길을 다시 걸을 수 있도록 은혜를 베푸신 것이다.


## 6) 다윗의 반응(32~35절)

잠시 동안 이성을 잃었던 다윗이 아비가일의 지혜로운 논리 앞에 고개를 숙였다. 그리고 그의 피 흘림을 막아 주신 여호와께 감사를 드렸다(32절). 이들의 영적 주파수가 같아졌던 것이다. 다윗의 마음속에 희미하게 사라져 가던 소명 의식이 되살아나는 순간이었다. 친히 나발에게 복수하여 자신도 모르는 사이에 자신의 미래를 곤경에 빠뜨릴 뻔했던 어리석음에서 탈출해 다시 한 번 하나님의 주권에 원수 갚음을 맡기는 순간이었다. 이러한 사실을 의식한 다윗이 아비가일을 축복했다. 그의 축복은 여호와께로부터 시작하여 아비가일에게 끝나고 있다. "너를 보내어 나를 영접케 하신 이스라엘의 하나님 여호와를 찬송할지로다 또 네 지혜를 칭찬할지며 또 네게 복이 있을지로다"(32~33절). 대략적으로 다윗의 일생을 살펴보면 그는 큰일에는 대범했던 사람이다. 그러나 사소한 일에는 약했던 자이다. 이런 사실은 우리에게 커다란 도전과 교훈을 준다. 다윗은 그가 아비가일을 만나지 않았을 경우 일어났을 일을 다시 한 번 확인하고(34절), 그녀에게 평안을 빌어 주며 집으로 돌려보냈다.

### 7) 나발의 종말(36~38절)

아비가일이 집에 돌아와 보니 이스라엘의 미래 왕을 모욕한 남편이 스스로 왕 노릇 하고 있었다(36절). 나발은 자신의 물질적인 풍요로움을 과시하는 양 마치 왕의 잔치와 같은 큰 잔치를 벌여 놓고 연회에 빠져 있었다. 아비가일은 그가 술이 깨기를 기다렸다가 전날 있었던 일을 그에게 알렸다. 그는 낙담하여 몸이 돌과 같이 되었다가 열흘 후에 죽었다. 아비가일이 다윗에게 '다윗의 원수는 모두 나발과 같이 될 것이라'(26절)는 말이 두렵게 성취되는 순간이다. 아마 큰일을 당할 뻔한 충격이 그를 강타한 것 같다.

그러나 사무엘의 저자는 그의 죽음의 이유를 신학적으로 분명하게 밝히고 있다. "여호와께서 나발을 치시매 그가 죽으니라"(38절). 다윗이 나발을 죽이지 않으니, 하나님께서 그를 죽이신 것이다. 저자는 원수 갚음이 하나님께 달려 있음을 다시 한 번 강조하고 있다.

## 8) 다윗의 결혼(39~44절)

나발이 죽었다는 소식이 다윗에게 전해지자 다윗은 자신을 대신해서 나발을 벌주신 여호와께 감사드린 후, 지체하지 않고 아비가엘에게 청혼한다. 아마도 그녀의 품위 있는 자태와 넘치는 지혜가 그의 눈에 계속 아른거렸을 것이다. 나발이 죽었으므로 그의 모든 소유는 그의 아내 아비가일의 소유가 되었다. '사람이 천하를 얻는다고 한들 생명을 잃는다면 무슨 소용이 있겠는가'라는 말을 실감나게 한다. 이 말처럼 그렇게 재물을 사랑했던 나발의 최후를 보라. 또한 다윗이 아비가일을 아내로 맞이했으니 나발의 모든 재산이 그에게 넘어왔을 것이다. 다윗이 종들을 보내어 나발에게 '네 손에 있는 대로 주라'(25:8)고 한 말이 새롭게 들린다. 이 일로 인하여 다윗은 상당한 재물을 얻게 되었고 이 재물로 정치적, 경제적 기반을 다져 나갔을 것이다.

이 사건은 마치 다윗을 대적하는 자는 모든 것을 빼앗길 것이며 다윗이 그것들을 차지할 것이라는 경고를 내포하고 있는 듯하다. 이런 원리가 벌써 다윗과 사울 사이에서 상당히 성취되었다.

## 2. 다윗이 십 광야에서 사울을 다시 살려 줌(26장)

스스로 남의 피를 흘리는 과오를 남기는 것도 피했고 지혜로운 여자를 아내로 얻은 다윗에게 다시 한 번 시험이 찾아왔다. 그의 목숨을 빼앗을 수 있었는데도 살려 준 다윗의 은혜를 잊은 사울이 다시 그를 죽이겠다고 달려온 것이다. 사울은 이런 자신이 얼마나 싫었을까? 그의 내면적 갈등을 상상해 보라. 하나님은 사울의 목숨을 다윗에게 주시지만 다윗은 자기 손 안에 놓여진 사울의 목숨을 다시 놓아줌으로써 철저하게 여호와의 주권이 자신과 사울 사이의 문제를 해결해 주실 것을 바라고 또한 믿었다.

### 1) 다시 찾아온 다윗 사냥 계절(1~5절)

다윗이 몇 번씩이나 자신은 사울에게 결코 위협적인 존재가 아님을 말하였고 사울 자신이 24장의 사건을 통하여 확인하였음에도 불구하고, 사울은 왜 그를 계속 자신의 왕권에 가장 큰 위험을 가져다주는 자로 생각하고 있을까? 아마도 사울이 의식하고 있는 다윗에 대한 여호와의 헤아릴 수 없는 섭리에 대한 시기심 때문이었을 것이다. 사울은 여호와께 버림받았는데, 그를 버린 하나님은 다윗의 편에서 모든 것을 이루어 나가시는 것이 아닌가! 처음부터 승산 없는 싸움인줄 알지만 그래도 여호와께 대들어 보는 사울이 불쌍할 뿐이다.

### 2) 다윗의 손에 놓인 사울의 목숨(6~12절)

사울이 자신을 찾아 십 광야에 왔다는 말을 들은 다윗은 스루야의 아들 요압의 아우 아비새와 야밤에 사울의 진영을 찾아갔다. 스루야의 아들들은 요압, 아비새, 아사헬인데, 이들은 다윗의 친척일뿐만 아니라 그에게는 가장 충성스러우면서도 잔인한 부하들이었다. 훗날 그들은 다윗을 정치적 곤경에 빠뜨릴 뿐만 아니라 다윗에게 위협이 될 정도로 권세를 가진 자들이었다(삼하 3장).

곤히 잠들어 있는 사울의 모습이 이들의 눈에 들어왔다. 아비새는 하나님이 당신의 원수를 당신의 손에 넘기셨다 하고 탄복하며 다윗을 대신해서 자신이 사울을 죽이기를 원했다. 그러나 다윗은 다시 한 번 사울은 여호와의 기름 부음을 받은 종이기에 손을 댈 수 없다고 단호하게 아비새의 친절을 거절했다(9, 11절). 훗날 다윗의 이러한 철저한 신념을 알지 못하고 스스로 판 구덩이에 빠진 자가 있었다. 그가 바로 사울의 자살을 도왔다고 스스로 떠들어대던 아말렉 소년이었다(삼하 1장).

이 과정에서 다윗은 그가 여호와의 주권에 사울과의 모든 문제를 맡겼기에 자신이 사울에게 손을 대지 않더라도 여호와께서 그를 이렇게 다루실 것을 확신하며 두 가지 방법을 말하고 있다. 그가 질병이나 사고로 죽거나, 전쟁에 나가서 죽게 될 것이다. 다윗은 자신이 사울을 얼마든지 죽일 수 있었다는 증거로 그의 물병과 창을 취하여 사울의 진영을 빠져 나왔다.

다윗이 사울 곁에서 훔친 물건은 창이었다. 창은 이야기 진행에서 매우 중요한 위치를 차지하고 있다. 사울이 다윗과의 갈등에서 자주 사용했던 주요 무기가 창이 아니었던가? 골리앗을 죽이고 돌아온 다윗이 그를 위하여 수금을 타고 있을 때 사울은 그를 창으로 죽이려 했다(18:10~11). 다윗이 블레셋 사람들과 싸워 이기고 돌아와 사울을 위하여 수금을 탈 때에도 그를 창으로 찔러 죽이려 했다(19:9~10). 요나단이 다윗의 억울함을 호소하자 사울이 화가 나서 요나단을 죽이려고 던진 것도 창이었다(20:33). 그러므로 다윗이 사울에게서 창을 빼앗은 것은 사울은 더 이상 다윗을 위협하는 존재가 되지 못할 것을 상징한다. 사실 이 사건 이후 다시는 사울이 다윗을 위협하지 못한다.

다윗이 아비새와 함께 그를 잡으러 온 사울의 진영에 이렇게 쉽게 침입하여 그의 물병과 창을 가지고 나올 수 있었던 것은 여호와께서 그들을 깊이 잠들게 하셨기 때문이라고 저자는 기록하고 있다(12절). 이 사실을 독자들에게 제시해 줌으로써 저자는 24장에서 다윗이 동굴 안에서 사울을 만나게 된 것이 결코 우연이었거나 그가 운이 좋아서 일어난 일이 아니었음을 드러내고 있다. 다윗이 결코 순간의 충동에 의해 사울을 살려 준 것이 아니라 확고한 신념에 의해 내린 결정임을 밝히고 있다. 저자는 24장에서와 같이 다윗의 의로움을 부각시키고 있다.

### 3) 다윗과 아브넬(13~16절)

다윗은 사울의 군대에게서 안전하게 도망할 수 있는 거리를 확보한 다음 사울의 진영을 향하여 소리쳐 자신이 다녀갔음을 밝혔다. 그런데 재미있는 것은 아브넬의 반응이다. 다윗이 "아브넬아!" 하고 외쳤는데 아브넬은 "누가 왕을 부르느냐"라고 대답하고 있다. 물론 아브넬이 지금 이스라엘 진영에 제2인자로 와 있으므로 그를 부르는 것은 곧 사울을 부르는 것과 같다는 의미일 수도 있다. 그러나 저자는 아브넬의 이러한 발언을 통하여 그의 야심과 이스라엘 왕국에서의 그의 실제적인 위치를 암시하는 듯하다.

24장에서 다윗은 사울을 직접 불렀다. 그런데 여기서는 왜 아브넬을 부르는가? 비록 사울이 아직도 왕으로 군림하지만 아브넬이 사울 정권의 실질적인 권위자라는 것을 다윗이 의식한 것 같다. 다윗이 헤브론에서 유다의 왕이 된 다음에 그와 사울 집안을 중심으로 한 이스라엘과의 싸움이 한동안(7년 정도) 지속된다. 이 기간 동안 이스라엘의 실권자는 왕으로 군림하고 있던 사울의 아들 이스보셋이 아니라 아브넬이었다. 리스바라는 사울의 첩에 대한 에피소드 때문에 아브넬과 이스보셋의 관계는 금이 가고 아브넬은 다윗과 협상하여 이스라엘을 그에게 넘겨주기로 결심하기에 이르렀다(삼하 3장). 사울이 죽은 후 아브넬은 사울 집안의 절대적인 권위자로 모습을 드러낸 것이다. 사울은 지금 왕으로서의 권위를 잃어 가고 있었다. 본문의 이런 면모는 사무엘하 3장을 예상케 하는 것 같다.

다윗의 발언은 처음에는 아브넬을 높여 주는 듯하다가 이스라엘의 최고의 용사가 고작 이 정도밖에 되지 않느냐 하고 사정없이 다그쳤다. 신하로서 왕을 자신의 생명같이 보호해야 할 의무가 있는데 그렇게 하지 못한 것은 결국 왕에게 죄를 지은 것밖에 되지 않을 뿐만 아니라, 여호와의 기름 부음을 받은 자를 위험에 빠뜨렸으니 하나님 앞에 죄 지은 것이라는 점을 암시하고 있다(16절). "너는 죽어야 마땅하다." 이 말은 철저하게 아브넬을 면박하는 발언이다.


4) 다윗과 사울(17~25절)

상황을 파악한 사울이 먼저 다윗에게 말을 건넸다. "내 아들 다윗아!" 사울의 갈대 같은 심정을 상상해 보라. 죽이고 싶어도 죽일 수 없고, 미워하고 싶어도 미워할 수 없는 다윗! 그 다윗을 쫓아 이곳까지 왔다가 다시 한 번 참패를 당한 그의 심정은 어떠했을까? 다윗은 자신이 결백하며 결코 사울의 적이 아님을 다시 한 번 확인한다.

그는 사울이 자신을 쫓는 가능성에 대해 두 가지를 생각한다. 첫째, 여호와가 사울로 하여금 자신을 쫓게 하셨다는 것이다. 그러나 독자들은 이 가능성이 희박하다는 것을 알고 있다. 둘째, 잘못된 충고에 근거하여 사울이 자신을 쫓고 있다는 것이다. 이런 경우에는 그 사람이 여호와의 저주를 받을 것이라고 단호하게 경고함으로써 자신의 결백을 간접적으로 주장했다.

두 가지 가능성 중 어떤 것이 실제이든 간에 다윗에게는 같은 결과를 초래했다. 여호와의 기업인 이스라엘 땅을 떠나 다른 나라에 거해야 하며, 그들의 신들을 섬기는 신세가 될 수밖에 없다는 것이 그의 주장이었다. 그렇게 되면 그는 첫 번째 계명을 어기게 되는 것이다. 그러므로 다윗은 사울에게 호소한다. 제발 이런 일이 일어나지 않도록 자기를 그만 쫓아 달라고 한다. 사울이 다윗을 쫓는 것은 마치 천하를 통치하는 왕이 벼룩 한 마리를 수색하러 나온 것과 같이 어리석은 일이라는 것이다.

여기서 흥미로운 점은 날이 갈수록 세력을 키워 가는 다윗을 지켜보며 그가 왕으로 군림할 순간만 기다리고 있는데, 당사자인 다윗은 자신이 처한 현실을 매우 힘들게 받아들이고 있다는 점이다. 우리의 삶에서도 이러한 순간들이 있다. 너무나도 감당하기 힘들어 절망 속에서 아픔을 호소하지만, 그 순간이 바로 우리가 새롭게 태어날 수 있는 계기를 마련해 주는 기회일 수 있다.

다윗의 설득력 있는 논리와 그를 죽이지 않은 자비에 감동하여 사울은 다윗에게 진실된 마음으로 고백한다. '내가 네게 범죄 하였다'(21절). 그리고 자기와 같이 궁으로 돌아갈 것을 요청했다. 다윗이 같이 갈 리 없다. 물론 이 순간의 사울은 진실하고 믿어도 되는 인물이다. 그러나 언제 그가 또 변할지는 아무도 모르는 일이다. 다윗은 사람을 보내 창과 물병을 찾아가라 하며 다시 한 번 여호와께서 제가 왕께 베푼 자비대로 나에게 긍휼을 베푸시기를 원한다는 말을 남김으로써 자신이 여호와 앞에 떳떳함을 강조했다.

사울도 다윗의 주장에 동조했고, 그에게 복을 빌어 주었다. 그리고 두 사람은 각자 자기 갈 길로 갔다. 이것이 다윗과 사울의 마지막 만남이었다. 앞으로 독자들은 사울을 한 번 더 만나게 된다. 그것은 점쟁이를 찾아가는 초라한 모습의 사울이다. 나머지 공간은 온통 다윗의 이야기로 꾸며져 있다. 사울은 더 이상 다윗을 위협할 수 있는 존재가 아니다. 그는 다만 이빨 빠진 호랑이에 불과하며 형 집행을 기다리는 사형수와 같다.

## 설교를 위한 적용

다윗은 두 가지 위험에서 탈출했다. 첫째는, 불량배로 전락할 수 있는 위험이었다. 그러나 그때 지혜로운 여인 아비가일이 그를 구했다. 둘째는, 사울의 창이었다. 이 일은 전적으로 여호와께서 하신 일이었다. 동시에 그는 두 가지를 얻었다. 그는 아내와 많은 부를 얻었다. 그리고 사울로부터 완전한 승리를 얻어 냈다. 심판은 하나님께 속한 것이라고 고백한 그에게 내린 축복들인 것이다. 그럼에도 다윗은 쫓기는 신세를 면치 못한다. 그러나 그는 본문의 사건에서처럼 여호와의 주권에 자신을 던짐으로써 모든 역경을 헤치고 드디어는 이스라엘의 왕이 될 수 있었다.

그가 위대한 신앙인으로 평가될 수 있었던 것은 바로 이러한 신앙 때문이었다. 하나님께서 우리 삶에 무엇을 원하실까? 바로 이러한 믿음이 아닐까?

# 11
# 두 지도자의 서로 다른 두 길

사무엘상 27~28장 주해와 적용

## 다중 시각에서 본 사무엘상 27~28장의 의미

필자는 사무엘상 11~12장에 대한 연구에서[1] 한 본문을 '다중 시각'(multiple viewpoint)으로 볼 수 있고, 그 속에서 현란한 의미들이 발견될 수 있음을 보았다. 이것은 특별히 연속적인 사건을 소개하는 역사서의 경우에 아주 잘 드러난다.

이제 이 글에서 사무엘상의 후반부에 위치한 27~28장의 '다층적 의미'(multiplestage of meaning)에 대해 연구해 보고자 한다. 먼저 가장 좁게는 이 글이 담겨 있는 사건의 맥락(27~31장) 속에서의 의미와 두 기름 부음 받은 자인 사울과 다윗이 공존하는 상황(16~31장)에서의 의미, 그리고 사무엘서와 열왕기서 속에서의 이 사건의 의미, 마지막으로 가장 넓게는 소위 전선지서 또는 흔히 신명기적 역사서로 불리는 역사서 속에서의 의미가 무엇인지를 연구해 보려고 한다.

### 1. 사건의 맥락(27~31장)에서의 의미: 기름 부음 받은 두 종이 대적의 손에 스스로 들어가는 위기 상황과 그 해소

우선 이 본문의 가장 근접한 맥락을 어떻게 설정하느냐에 대해 통일된 의견이 제시된 것은 아니다. 일반적으로 27장과 28장은 두 기름 부음 받은 종이 위기 상황 가운데 스스로 들어가는 것이 서로 대응되는 것으로 생각되기는 한다.[2] 그러나 27~28장에 이어서 나오는 29~31장과 연관된 것으로 사무엘서 전체, 적어도 초반부에 나타나는 두 지도자를 대조시키면서 세대교체를 소개하는 방법을 또다시 적용시킨 것으로 보이지는 않는다.

먼저 사무엘상 초반부를 보면 지도자로서 사무엘의 등장을 엘리 계열의 지도력의 붕괴와 나란히 발전적으로 기록하는 것을 알 수 있다.

A1 사무엘 소개(탄생)(1:1~2:11)

   B1 엘리의 아들 소개(2:12~17)

A2 사무엘의 행실(2:18~21)

   B2 엘리의 아들의 행실(2:22~36)

A3 사무엘의 소명과 첫 메시지(3:1~21)

   B3 엘리와 그의 아들의 죽음(4:1~22)

사무엘상의 후반부에서도 동일한 방식으로 두 지도자 사울과 다윗을 소개한다. 오랜 시간 동안 기름 부음 받은 두 지도자가 공존하는 시대는 이제 막을 내리는 것이 그 역사적 상황이다. 사무엘상의 초반부는 이것이 짧게 묘사되었으나(1~4장), 후반부에서 두 지도자가 공존하는 상황에 대해서는 길고 복잡하게 묘사한다(16~31장). 이제 이 긴장이 절정에 이르며 최종적으로 해결되는 것을 27~31장이 모두 묘사한다.

A1 대적의 손에 스스로 들어가는 다윗(27장)

   B1 대적의 손에 스스로 들어가는 사울(28장)

A2 대적의 손에서 극적으로 구출되는 다윗(29~30장)

   B2 대적의 손에서 극적으로 죽는 사울(31장)

이렇게 사무엘상의 초반부와 후반부는 지도자의 교체에 대해 흥미 있는 유사성과 역동성을 보인다. 그러므로 27~28장은 어떤 지도자에게는 긍정적이나 또 다른 지도자에게는 부정적인 대단원의 막을 내리는 전반부를 소개하는 것이다.

### 1) 극단적 대책

본문의 구체적인 내용은 먼저 두 지도자 모두 극한의 상황 속에서 그 어려움을 타개하기 위해 스스로 대적의 손에 들어가기로 작정한 점이다. 사울은 자신이 그렇게 반대하던 대적인 신접한 여인에게 조언을 구한다. 결국 그는 죽은 사무엘의 거짓된 영과의 만남에서 철저한 절망을 얻어 기력을 소진하는 데까지 이른 것이다. 사울은 이스라엘의 언약의 하나님이 명령한 것을 어겨 가면서까지 이 일을 이루었다. 반면 다윗은 죽음의 일보 직전까지, 사자굴과 같은 블레셋 땅으로 다시 들어가는 극단적인 행동을 취한다(21:10~15). 어쩔 수 없는 상황 속에서 다윗이 찾은 최종적인 도피처는 역설적이라고도 할 수 있다. 그곳은 바로 이스라엘 대적의 입 속이었던 것이다. 모든 사건을 돌아보면, 어떤 의미에서 이렇게 되기까지의 결론은, 하나님이 몰아가신 섭리라고 할 수밖에 없다.

### 2) 속임수 사용

두 지도자가 모두 속임이라는 상황으로 들어갔고 그것이 결국에는 발각되거나 의심을 받게 된다. 사울은 변장하고 들어가서 엔돌의 신접한 여인을 죽이지 않겠다는 서약을 했으나 곧 그 정체가 드러나고 만다. 그러나 그는 다시 죽은 사무엘의 거짓 영의 지옥 같은 심판을 믿고(28:16 "여호와께서… 네 대적이 되셨거늘"), 이제 마지막으로 회개할 수 있는 기회조차 포기하는 실수를 저지른다.

반면 다윗은 충성을 맹세하고 다시 한 번 가드 왕 아기스의 신하가 되는 모험을 강행한다. 그러나 다윗은 자신의 충성을 드러내기 위해, 또한 자신을 위장하기 위해서 남방 땅을 공격하여 한 사람도 살리지 않음과 동시에 자신이 공격한 곳이 유다 남방인 것처럼 허위 보고를 한다. 아기스는 이 보고를 믿음으로써 다윗이 유다의 미움이 되고 영원히 자신의 신하가 된 것으로 속는다. 그러나 이 속임은 잠시였고, 위기가 일어났을 때(29장), 다시 다윗은 본래 그가 받던 의심을 부분적으로 받게 되어(21:10~15), 블레셋과 이스라엘의 전투에 블레셋 편에서 참가하는 것이 거부되었다. 그러나 이 의심 받음이 오히려 더 큰 어려움 즉 자신의 동족과 싸워야 하는 것과 자신의 위장이 드러날 수 있는 엄청난 위기에서 그를 구출해 준 하나님의 섭리였다. 그러나 다윗은 이제 남은 최종적인 위기를 극복해야 했다. 즉 자신의 영토인 시글락이 아말렉의 공격을 받아서 모든 것이 탈취 당한 것과 함께 자신의 신하들이 자신을 죽이려는 위기를 맞은 것이다. 이 위기도 그는 하나님을 의지하여 벗어날 수 있었다(30:6).

### 2. 넓은 맥락(16~31장)에서의 의미: 두 지도자가 공존하는 위기 상황의 절정

27~28장은 근접한 27~31장의 맥락에서만이 아니라, 더 넓게는 두 기름 부음 받은 지도자가 공존하는 맥락에서도 그 의미를 찾아볼 수 있다. 사실 이 본문은 첫 지도자 사울이 등장하는 곳에서부터(9장) 둘째 지도자 다윗이 유일한 지도자로 활동하는 때까지(삼하)의 넓은 맥락에 속하는 것이다.

역사상에 나타나는 하나님 나라의 역동적인 의미는 인간이 예측하기 힘든 때가 많다. 새로운 하나님 나라를 인도하는 제도인 왕 제도는 속성상 세습적이 될 수밖에 없다. 그런데 그렇지 않고 전혀 다른 사람에게 왕위가 옮겨질 수 있다는 사실을 이 맥락은 보여 준다. 물론 이것은 우리나라 조선이 수립되던 것과 같은 반역성 혁명은 아니었고, 다만 인간적인 오만과 그것에 대한 하나님의 정하시고 허용하신 뜻에 의해서 된다는 점이 근본적으로 다르다. 그렇기 때문에 기름 부음 받은 한 왕이 있는 상황에서, 하나님은 전혀 상관이 없는 다른 가문의 사람에게 기름 부으신 것이다. 결과적으로 한 국가에 기름 부음 받은 두 지도자가 존재하게 된 것이다. 이것을 통해 나타나는 하나님 나라의 심리적·사회적·역사적 역동성은 실로 엄청나다.

1) 사울의 클라이맥스(climax)

다윗의 경우 그의 자발성에 대한 보상과 하나님께서 세습 체제를 허락하신 것으로 미루어 생각해 본다면, 사울이 만약 지속적인 겸손과 지혜로운 행동으로 하나님 앞에서 왕직을 수행했다면 현재의 비관적인 결론은 나지 않았을 것이다. 다시 말해 하나님의 일방적이고 자의적인 버림이 사울을 이런 결말에 처하게 한 원인이 아니라, 사울 자신이 결과의 적극적인 원인이 된 것이다. 소위 운명이라고 표현된 결말은 하나님의 책임 아래에 두어질 것이 아니라, 인간의 하루하루의 삶에 의하여 만들어질 뿐이다.

이 점은 그때까지 전대미문의 사건이었던 이삭이 받은 '두 아들에 대한 계시에서 살펴볼 수 있다. 두 아들이 나올 것이나, 큰 자가 작은 자를 섬기리라.' 그것은 이삭이 가진 수동성, 즉 아버지를 너무나 인간적으로 의존하려는 본성을 극복하여서 전혀 새로운 차원의 하나님 나라를 이루도록 이삭에게 보낸 하나님의 초대장이었다. 이 역사의 고차 방정식을 야곱과 같이 저차원적으로 푸는 것이 유일한 운명적 결론은 아니었다. 그것은 비참한 허송세월이었을 뿐이다. 야곱 개인의 생애는 벧엘에서 벧엘로 원위치 하는 것이 고작이었기 때문이다. 이삭은 역동적인 계시에 무관심했다. 야곱은 비록 그것을 운명적으로 받아들이지는 않았지만, 역시 너무나 인간적으로 능동적인 것만으로 채워 버렸다.

27~28장 앞부분에서 사울이 처한 상황은 아직 운명적인 것은 아니었다. 그리고 이 장에서 죽은 사무엘의 거짓 영을 만나고 나서도 운명적인 것은 아니었다. 하나님 나라에서는 결정론적 운명이란 없고, 다만 최악의 시나리오만이 제시될 뿐이었다. 그 마지막에서 소위 사무엘이라는 자의 말을 듣고 나서, 사울이 다시 돌이켜 근본적인 회개를 하고 그것이 거짓 영임을 증언하고, 엔돌의 여인을 죽이며 새로운 시작을 하는 것이 불가능하지는 않았을 것이다.

### 2) 다윗의 클라이맥스

이 역동성은 사울의 경우에서 생각할 수 있는 것일 뿐 아니라, 정반대편에 서 있는 다윗의 입장에서도 나타나는 것이다. 후발 주자로 뛰어야 하는 그의 입장에서 싸워야 할 싸움의 성격은 너무나 특이하다. 그는 성격이 다른 두 대적과의 싸움을 해야 했고, 이 두 싸움의 성격과 원리는 서로 상이했다. 밖의 대적, 즉 이스라엘의 외적과의 싸움은 칼로 하는 것이라면, 이스라엘 내부의 적, 그것도 먼저 기름 부음 받은 왕과의 싸움은 칼로 하는 것이 아니었다. 오히려 그 왕이 칼로 나올 때 자신은 칼을 휘두를 수 없어 오히려 늘 도망만 다녀야 했다. 또 기름 부음 받은 자의 옷을 베었다는 것 때문에 양심의 가책으로 애통해야 하는 싸움이다. 그래서 그 싸움은 사울의 칼을 피해 오랫동안 정처 없이 도망 다니는 생활, 어디서 공격이 들어올지 알 수 없는 불안을 견디며 하나님의 행하심(기름 부음)에만 소망을 걸며 인내하는 생활, 모든 종류의 배신(부하의 배신)을 늘 염두에 두어야 하는 생활로 하는 싸움이었다. 심지어는 밖의 대적에게 속임수로 그 수하에 들어가서 두 번이나 몸을 의탁하며 목숨 건 생활을 해야 하는 고통스러운 싸움이다. 무엇보다도 어려운 것은 언제 이 싸움이 끝날 지 알 수 없는 것이다.

그러나 이제 이 모든 것이 극을 향해 치닫고 있다. 둘 다 이 고비만 넘기면 되는 것이다. 그러나 그것이 마지막 고비라는 사실은 그 속에서 마라톤을 하고 있는 사람에게는 전혀 보이지 않고 오직 그것을 구경꾼(독자)에게만 알려진 것이다. 그래서 구경꾼(독자)이 그 속에서 소리 없이 두 사람에게 격려와 충고를 보낼 것이다. 그러나 결국 이 본문은 구경꾼(독자)을 이제 다시 주인공의 자리에 초대하여 그 역사적 여행을 하도록 하는 것이 목적이다. 원리적으로 독자는 이런 질문을 해야 할 것이다. 하나님의 계시를 독자 자신은 운명으로 받아들일 것인가? 아니면 언제든지 이스라엘과 언약을 맺은 '자비'와 '정의'의 하나님께 호소하여 역사를 막판 뒤집기로 승부할 수 있다고 볼 것인가? 구체적으로 독자 자신이 사울이라면, 또 다윗이라면 어떻게 행동할 것인가? 이 두 기름 부음 받은 자가 던진 과감한 승부수는 모두 전대미문의 것이었다. 또 이렇게 생각할 수는 없는가? 사울이 다윗적인, 또는 다윗이 사울적인 승부수를 던지는 것이 이 순간에 불가능한가? 확률로 해석되는 세속 역사에서는 거의 대부분 기계적으로 진행되거나 혹은 무의미한 삶의 연속으로 묘사되지만, '언약'이 근본이 되는 하나님 나라에서는 언제든지 새로운 막판 뒤집기의 역사를 이룰 수 있을 것이다.[3]

### 3. 더 넓은 맥락(사무엘서~열왕기서)에서의 의미: 새 제도(왕 제도)에서 진정 으로 관건이 되는 것은 무엇인가

앞에서 지적한 바와 같이 지도자의 교체라는 이 본문의 주제가 다루어지는 방식은 사무엘상의 초반부에 같은 주제가 다루어지는 방식과 동일하다. 즉 지도자의 교체를 설명할 때 두 지도자를 교차적, 발전적으로 소개하면서 결국에는 유사한 결론에 이르는 것을 본다. 다시 말해 하나님이 택하신 차세대 지도자의 신실함과 그에 대한 하나님의 언약적 신실함이 긍정적인 역사를 만든다는 것이다.

이것은 더 넓은 맥락인 사무엘서와 열왕기서 전체 속에서 이 본문들의 의미를 다시 생각하게 한다. 이것은 결국 하나님 나라의 새로운 제도인 왕 제도 하에 이루어진 이스라엘 역사의 찬란한 시작과 비참한 끝을 안다. 이런 맥락 속에서 이 두 지도자의 상반된 행동(27~28장)과 그 결과(29~31장)는 무엇을 의미하는가? 그것은 하나님 나라에서는 새 지도 체제나 새 제도가 궁극적인 관건이 아니며 소망의 원천이 아니라는 것이다. 왕 제도는 옛 제도인 사사 제도에 대한 새로운 대안으로 각광을 받았으나, 궁극적으로 그것에 기대할 것이 아님을 처음부터 보여 준 것이다.

대망의 새 제도의 첫 왕인 사울이 종국적으로 극단적인 행동(신접한 여인을 찾아 자문하는 것)을 통해 자기 파멸의 길을 재촉한 사실은, 이스라엘 역사의 끝을 관통하는 독자에게 진정으로 인간에게는 기댈 언덕이 없음을 실감나게 할 것이다. 하나님 나라의 끝에 서서 전혀 계시가 보이지 않는 너무나 절망적인 사람이라 할지라도, 자포자기하여 신접한 자를 죽이라는 하나님의 계시를 뒤집고 오히려 그것에 매달리던 사울처럼은 결코 하지 않아야 할 것이다. 다시 말해 이스라엘의 붕괴의 책임을, 언약에 신실했던 하나님께 묻거나 이스라엘의 언약적 범죄를 간과하고 약화하는 일은 하지 않아야 할 것이다. 적어도 지금 언약의 하나님의 자비에 호소하여, 역사적 죄에 대한 공동체적 회개와 그 죄에 대한 심판으로 받는 고난의 날을 단축하게 하심을 간구하는 일부터 시작할 수 있을 것이다.

반면에 그렇게까지 쫓겨 다니면서 오직 하나님의 계시만 붙들고 인내하였던 다윗의 역사는, 그 역사를 관통하는 독자에게 엄청난 충격으로 남을 것이다. 한 나라 안에 두 지도자를 동시에 둔, 하나님의 이해할 수 없는 계시를 가슴에 박힌 못과 같이 지니고 다니면서 이원적인 전투를 행하다가 이제 마지막으로 과감한 승부수를 던졌던 한 위대한 왕 다윗의 경우는, 패배를 경험하는 독자에게 아직도 할 수 있는 일이 남아 있음을 깨닫게 할 것이다. 우리 속에 어떤 제도가 주어지든, 그 속에서 다윗과 같이 싸움을 능동적이고 적극적으로 싸우면, 이제는 더 넘어야 할 언덕이 없고 평화로운 초원이 펼쳐지는 것을 알 수 있을 것이다.

### 4. 가장 넓은 맥락(전선지서 또는 신명기적 역사서)에서의 의미: 현실(이스라엘 왕국의 무너짐)에서 우리가 할 수 있는 것은 무엇인가

사무엘서와 열왕기서는 룻기를 되짚어 그 앞에 있는 여호수아, 사사기와 역사적으로 철저히 대조적인 모습을 보여 준다. 이 두 책은 역사적으로 각각 400여 년이 걸린 이스라엘의 역사를 서술하는데, 하나는 사사 제도를, 다른 하나는 왕 제도를 하나님 나라의 지도 체제로 설명하고 있다. 역사서의 앞에 놓인 두 책은 본인의 이전 글에서 밝힌 바와 같이,[4] 하나님 나라의 언약적 전개를 대조적으로 소개한다. 즉 여호수아서는 결국 열두 지파 언약 공동체가 견고히 서서 다음 세대의 출발을 언약적으로 준비하는 것을 보고하지만, 사사기는 이 언약 공동체가 허물어진 채 다음 세대로 넘어가는 것을 보여 주고 있다. 다음 세대로 넘어갈 때에 나타난 중요한 변수는 하나님이 새로운 제도인 왕 제도를 허락하셨다는 점이다. 그래서 이 제도에 대한 기대, 정확하게 말하자면 그 제도를 허락하신 하나님에 대한 정당한 기대를 엿볼 수 있다.

이제 그 기대가 어떻게 채워졌는지를 후반부의 역사서에서 평가해 볼 수 있다. 우선 그 시작은 너무나 은혜로운 것이다. 언약 공동체가 붕괴된 근본적인 모습인 베냐민 지파가 궐이 나는(밭이 없어지는) 위기에서, 하나님의 특별한 섭리로 말미암아 이 베냐민 지파에서 새 제도의 첫 지도자가 나오게 되었다. 그러나 이것이 사울의 교만과 지혜가 없음으로 무효화되기 전에 하나님은 전혀 새로운 지도자를 오랫동안 준비하셨다. 그것은 씨가 말라버린 한 가정에 내린 씨가 견고히 서서 다윗을 통하여 그 다음 세대의 지도 체제를 이루는 기초가 된 것이다. 이것은 사울의 경우보다 더 경이롭고 은혜로운 것이었다.

이제 27~28(29~31)장에서는 은혜로 보존된 씨였던 사울이 궁극적으로 파멸하지만, 더 큰 은혜로 입양된 밭에서 나온 씨였던 다윗이 궁극적으로 승리하는 것을 볼 수 있다. 역사를 관통하는 독자에게 제시된 문제는 다음과 같은 것이다. 다 같은 은혜로 역사를 이어가는 씨들이 어떻게 이렇게 다른 결과를 만들 수 있는가? 여기에 대해 역사의 현시점을 사는 사람들이 어떤 자세로 살아가느냐에 달린 것이라는 답을 제시할 수 있다. 특히 역사가 막바지 한계 상황에 이르렀다고 판단될 경우, 우리는 어떤 행동을 하게 될까? 그렇게 거부하고 제거했던 가짜 계시에 거지처럼 매달리며 다시 호소하는 절망에 빠질 것인가? 아니면 과감한 믿음의 승부사 기질을 발휘하여 적진에 목을 내놓는 작전을 구사하면서 하나님을 의지하여 죽는 것이 곧 사는 것이라는 진리를 드러낼 것인가? 역사는 옛 제도(왕 제도)가 허물어지고 그 수행자(왕들)가 없어지도록 역사를 관통하는 독자는 이런 상황에서라도 사사기 말기의 비참한 역사 회고와 그 이후의 전망을 고대할 수 있다. 즉 언약의 하나님은 '신실하셔서'(אמת에메트) 언약적 심판을 이 옛 제도(왕 제도)를 향해 수행하실 것이다. 그러나 동시에 그 언약의 하나님은 '자비로우셔서'(חסד헤세드) 언약적 소망을 독자들이 전혀 예측하지 못하는 상황과 방법으로 이루어 주실 것이다. 물론 아직은 하나님의 자비에 호소할 때가 아니라 하나님의 신실함을 증언하고 동시에 이스라엘의 불신앙을 고백하면서 심판을 견뎌야 할 때인지 모른다. 그러나 그 이후에 올 자비의 시간을 대비하라. 사사 시대 사람들이 어떻게 사울과 다윗이 받은 것과 같은 은혜가 장차 부어질 것을 예측이라도 했겠는가? 이제 아주 오래되었지만 전혀 새롭게 보이는 방식의 하나님 나라 지도 체제(제사장 제도)와 그 나라를 이끌 사람들을 하나님이 포로 귀환 이후로(주전 540~39년) 만드시리라. 이것은 비록 이스라엘이 페르시아 제국의 한 피지배국으로 있어야 할 역사적 현실과도 완벽하게 조화할 수 있다.


## 본문 주해

### 1. 목숨을 내걸고 과감한 승부수를 던지는 다윗(27:1~28:2)

1) 다시 블레셋으로 들어가기로 결정하는 다윗(27:1~7)

이 결정은 마지막 승부수였다. 그러나 21:10~15에서 전개된 상황이 바뀐 것은 아니다. 여전히 아기스의 신하들은 다윗을 적으로 보고 있어서, 그가 오면 죽일 수 있었을 것이다. 그러나 다윗에게는 이 결정밖에 내밀 수 있는 다른 카드가 없었다. 이스라엘과 유다의 모든 지역에 거의 다 숨어 보았으나, 언제나 근본적인 위협에 직면해야 했다. 그것을 피할 길은 위장(미친 척함)하여 도망쳐 나온 그 길을 다시 위장(아기스의 신하가 되는 것)하여 걸어 들어가야 하는 것이다. 이 결정에 따르는 위험 부담은 이전보다 훨씬 더 큰 것이었다.

다윗에게는 처자식이 있었고, 부하가 600명으로 불어났기 때문에 이러한 결정은 결코 쉽지 않았을 것이다. 그러나 이것이 오히려 단신으로 건너가던 첫 번째와는 다르게 아기스의 믿음을 살 수 있는 요인이 될 수도 있다. 그리고 다윗의 전략이 예상대로 적중했다. 사울이 더 이상 다윗을 수색하지 않게 된 것이다. 다윗은 처음으로 1년 4개월(7절) 동안 평안한 세월을 보냈다. 그러나 이 평안의 세월은 이때까지 긴장의 생활에서 안식을 얻는 기간이기도 했지만, 마지막 긴장의 역사를 준비하는 세월이기도 했다.

### 2) 남방 정벌(27:8~28:2)

그 안정된 생활에서 처음으로 외적을 향한 전투를 수행하였다. 다윗의 군사들은 유다 남방의 지역을 습격하여 정복하고 전리품을 취해 아기스에게로 가져온 것으로 보고한다. 이것은 전투 수행 능력에 대한 평가의 의미도 있지만 또 한 번 아기스에게 위장전술을 구사한 것이다. 그들은 정복한 지역의 사람들을 모조리 죽임으로써 자신의 세력을 확장한다는 의심을 사지 않도록 하였다. 뿐만 아니라 자신들이 대적한 곳이 바로 자신의 부족인 유다(10절 "유다 남방과")가 사는 지역으로 보고함으로 다윗이 영원히 자기 부족을 떠나 아기스에 충성할 수밖에 없는 것으로 판단하도록 만들었다. 이것은 아기스의 말 속에서 명백하게 표현되었다(27:12). 다윗은 계속해서 적진 속에서 거짓을 말하는 전략으로 일관했다. 뿐만 아니라 이제 새로운 전투의 시간이 돌아옴에 따라서 블레셋이 이스라엘로 진격하려고 모병을 하게 되었다(28:1~2). 이때 아기스는 다윗의 참전을 요구하였고 다윗은 거절할 수 없었다. 아기스의 계산은 이번 전쟁으로 다윗의 유능함을 시험하고 영원히 자신의 '머리를 지키는 자'로 삼으려고 한 것이다. 이러한 사실로 미루어 볼 때 다윗은 점점 아기스의 신뢰를 받아가고 있음을 알 수 있다.

그렇지만 이러한 상황에서 다윗의 내면은 위기가 더 고조되어 갔다. 다윗은 과연 이번 전쟁에서 자신의 동족을 치는 모험을 감행할 것인가? 이 고조된 상황에서 갑자기 이야기는 사울에게로 바뀌어 전개된다. 이 고조되어 가는 긴장감을 잠시 독자의 상상에만 맡기는 것이다. 그리고 사울의 이야기에서 정반대의 극적 위기감을 경험하게 한다(28장). 이렇게 한 발자국 늦추어진 전개 속에 독자는 긴장감을 유지한 채 다음 사건을 기다리며 각 주인공의 총체적이며 정반대의 파국을 29~31장에서 맞게 된다.

이렇게 어려운 상황 속에서 과감하게 결정하고 진행하는 다윗이 궁극적으로 의존한 것은 무엇인가? 여기에 대해 본문은 침묵하나 다윗의 전체 이야기가 엮여진 본문에서는 몇 가지 추론이 가능하다.

첫째로, 다윗은 언약에 신실하신 하나님에 대한 신뢰가 있었을 것이다. "자비한 자에게는 주의 자비하심을"(삼하 22:26)이라는 상투적인 다윗의 구절에서 언약의 하나님의 보상적 행동을 기대했다. 즉 자신의 구체적인 행동에 대해서 반응해 주시는 하나님에 대한 신뢰가 있었다. 자신은 대적으로 찾아왔던 사울을 죽일 기회를 두 번이나 포기함으로 엄청난 포용의 사나이임을 보였고, 하나님도 자신에게 그렇게 대해 주실 것을 기대한 것이다.

둘째로, 다윗은 언약적 자비의 하나님이심을 기대했을 것이다. 그래서 다윗의 마지막 시에서 언약적인 하나님의 임재, 즉 언약 당사자들이 직접 대면에서 보인 자연 현상을 동반한 하나님의 힘 과시를 확신하였다(삼하 22:8~17).[5] 이제 이런 힘을 하나님은 자신과 언약을 맺은 언약 백성이 처한 위기 때에 과시하실 것이다.[6]

셋째로, 자신에게 부어진 기름의 특별한 의미에 대한 확신이 있었을 것이다. 이것은 이스라엘 어느 누구도 알 수 없고 오직 자신만이 알 수 있는 것이다. 누구도 갖지 못한 이 확신이 자신을 극단적 어려움 속에서 과감한 승부를 할 줄 아는 사람으로 만들 것이다.

넷째로, 수많은 세월 동안 도피하면서 하나님께서 자신을 절묘하게 감추시는 것을 경험함으로 이런 승부사의 모습을 발휘할 수 있었을 것이다. 다윗의 등장에서 이런 승부사의 모습을 보이기까지 진정한 의미의 성장은 사막 가운데, 광야 가운데서 만들어진 것이다.


## 2. 하나님의 뜻을 알기 위해, 명백한 하나님의 뜻을 거역하는 사울(28:3~25)

### 1) 전환점(3절)

기름 부음 받은 두 사람을 소개하는 27~28장에서 3절은 전환점에 해당한다. 3절은 먼저 기름 부음 받은 자인 사울을 소개하기 전에, 이전에 보고된 역사가 현재 사건이 일어나는 상황임을 나타내는 기능을 한다. 독자에게 상황을 객관적으로 알리는 것도 되지만 사울의 심정에 일어나는 것이 무엇인가를 드러내는 것이다.[7] 즉 사울에게 주관적으로 느껴졌고 찾고 싶었던 것이 무엇인가를 나타낸다. 그에게 다급했던 것이 무엇이며, 그 대신 찾았던 대안이 얼마나 엉뚱했던가를 나타낸다. 사울에게 있어서 그가 하나님의 뜻을 알기 위해 아쉬웠던 사람은 자신에게 기름 부은 사무엘이었을 것인데, 안타깝게도 그는 지금 장사 지낸 바 되었다. 그래서 찾은 대안은 자신이 하나님의 뜻을 따라 탄압했던 신접한 자다.

2) 모르는 하나님의 뜻을 알기 위해서 명백한 하나님의 뜻을 거역하는 죄를
    범하는, 또 하나의 기름 부음 받은 자 사울(4~7절)

사울이 택한 방법은 너무나 비정상적이었다. 현재의 상황을 타개하기 위해, 도무지 알 수 없는 하나님의 뜻을 알기 위해 명백한 하나님의 뜻(신 13:1~5; 18:9~14)을 거역하기로 한 것이다. 그런데 이런 행동은 이미 이전에 다급한 상황 속에 나타난 그의 행위 속에서도 씨앗을 발견할 수 있다. 또한 그것이 극단적으로 열매를 맺은 것임을 나타낸다. 사무엘상 13장에서 사울은 마음대로 제사를 드렸고, 15장에서는 하나님의 명령을 수정해서 수행하였다. 그것이 하나님이 사울을 버린 중요한 이유가 되었다. 제사보다 중요한 것이 하나님의 뜻에 대한 순종이라는 것이 핵심이다(15:22~23).

그러나 사울의 이 엉뚱한 행동은, 바로 전장(27장)에서 보았던 다윗의 엉뚱한 행동과 서로 상응한다. 즉 둘 다 극단적 위기 상황 속에서 적의 손에 자신을 맡기는 행동을 한 것이었다. 그러나 그 동기나 목적은 극단적으로 달랐다. 다윗은 언약의 하나님이 적진 속에서도 살아 계심을 확신한 가운데 적진 깊숙이 들어갔으나, 사울은 아무런 확신도 없이 내던져지듯이 자신을 그 속에 던진 것이다. 다윗은 이런 확신 속에서 계속해서 적을 속이며 생존할 수 있었다. 그러나 사울은 자신에게도, 거짓 사무엘의 영에게도 속으며 기진맥

진하게 된다.

사울이 당면한 상황은 이스르엘 평야 북쪽의 모래(Moreh) 언덕 위에 놓인 수넴에 진친 위풍당당한 블레셋 군대였다. 사울의 군대는 남쪽 길보아산에 진치고 있었다. 그런데 이런 상황에서 하나님은 어떤 방식으로든 계시를 주시지 않았다. 주관적으로 주어지는 꿈이나 선지자를 사용하지도 않으시고 제사장을 통해서 주시는 세 가지 가능성을 나타내는(28:6 '가능, 불가능, 침묵') 계시인 우림과 둠밈을 통해서도[8] 침묵하셨다. 그래서 그는 이방이 가진 계시의 수단인 신접한 자를 찾는 극단적인 방법을 택하였다. 엔돌은 블레셋이 진친 언덕의 동편에 위치하였는데 그는 그곳에라도 찾아가는 모험을 감행한 것이다.


### 3) 명백한 하나님의 뜻을 거역한 대가로 받은 속임수(8~19절)


(1) 사건의 사실성에 대한 관심

아마도 본문의 글을 읽는 많은 독자들은 여기에 묘사된 것이 과연 사실인가에 대해 깊은 관심을 가질 것이다. 특히 사무엘의 존재와 그의 말을 어느 정도 진정으로 받아들일 수 있는가가 중요한 관심사일 것이다.[9] 우선 여기에 나타난 사무엘이라는 인물이 진정한 사무엘이며 따라서 그의 말이 진실하다고 판단하는 이유로 소개할 수 있는 것은 다음과 같다.

첫째, 먼저 성경의 묘사 자체가 끝까지 이 인물을 사무엘로 표현하고 있다는 것이다. '자칭 사무엘'이라든지 또는 더 정확하게 '이 사무엘로 나타났으나 실제는 귀신'이라고 설명하지도 않는다는 것이다.

둘째, 사울이 그를 사무엘로 알았고 대화를 했다는 것이다.

셋째, 이 인물의 말에 실제 거짓된 내용이 없다는 것이다. 16~19절까지 그가 진술한 내용은 앞에 나온 내용과 일치한다.

넷째, 이런 설명은 성경 외적이며 다른 종교에 나타나는 경험적 증거와 일치한다는 주장이다. 실제 초혼의 습관은 여러 종교에서 볼 수 있는 일반적인 현상이기 때문이라는 것이다.

그러나 이런 판단에는 이 사건 자체 속에서는 그렇게 어려움이 없을지 모르지만, 이 본문 밖의 성경 전체와 관련해서 답해야 할 수많은 신학적 문제를 만들어 낸다. 그 대표적인 문제들을 제시하면 다음과 같다.

첫째, 하나님의 종의 영이 신접한 자의 손에 좌지우지될 수 있느냐는 것이다(15절).

둘째, 사울이 이 인물을 정확히 본 것이 아니라 그 여인이(영의 눈으로) 보았다고 하는 사람을 바로 사무엘로 믿었다는 점이다(13~14절).

셋째, 내일 사울이 죽게 된다는 것을 "나와 함께 있으리라"(19절)로 표현한 점이다. 사람이 죽고 나면 선악 간의 행위와 관계없이 모든 영혼들이 다 같이 있다는 것은 성경의 세계관과 상이하기 때문이다.[10] 여기 사무엘은 사무엘로 표현된 귀신일 뿐이라는 것이다.

이런 사실성의 문제에 대해서 후자의 견해가 훨씬 설득력이 있고 성경 전체 가운데 이 본문을 읽을 때 합당한 것을 알 수 있다.

첫째, 전자의 주장 가운데 사무엘로 표현된 것에 대해 성경은 현대적이고 과학적인 묘사를 하지 않는다. 그러므로 '사무엘'로 표현된 것이 진짜 사무엘일 수도 있지만, '자칭 사무엘'이 될 수도 있으므로 첫 번째 이유는 설득력이 있는 것이 아니다.

둘째, 사울이 사무엘로 알고 대화한 것은 이 사무엘을 직접 본 것이 아니라 신접한 자가 보았다고 주장하는 사람이다. 아마도 신접한 자의 목소리가 변조되어서 사무엘의 생전 목소리로 표현되었을 것이다. 설령 사무엘의 얼굴이 나타났다 하더라도 그것이 바로 사무엘인지 아닌지는 그 자체로 확인되는 것은 아니다.

셋째, 이 인물이 증언한 내용이 앞에 나온 내용과 일치된다고 하나, 생각해 볼 수 있는 중요한 것은 이 등장인물이 하는 말의 목적이다. 그것은 사울이 철저히 절망하도록 하여 다시 여호와께 소망을 두지 못하고 죽도록 만드는 것이다. 만약에 실제 사무엘이라면 이런 절망스럽고 저주스러운 말을 할 수 있을까? 오히려 그가 초혼자를 멸하라는 명백한 하나님의 뜻을 거역한 것에 대해 책망하여야 할 것이 아닌가? 그렇다면 이렇게 나타난 사무엘은 자신이 이렇게 나타난 것에 대해서 부인하는 것이 되므로 논리적으로 불가 능한 것이다.

넷째, 전자의 해석이 사실상 가장 강력한 증거로 받아들여지는 것은 성경 외적인 것으로, 이것이 어디서나 나타나며 한국에서도 흔히 나타나는 종교 적 현상이라는 것이다. 이 종교적 현상에서 일반적으로 알려진 것은 죽은 자 의 영혼을 빙자해서 영매들에게 나타난다는 것이다. 그러나 이런 종교 일반 의 현상에 대해서 성경은 전체적으로 속임수라고 규정한다. 죽은 자가 세상 의 일에 관심을 가져 영향을 미치는 것에 대해 성경은 인정하지 않는다. 그 행한 행위대로 하나님이 지정하신 곳에서 심판을 기다릴 뿐이다. 오히려 인 간을 괴롭히는 초월적인 존재에 대해서 귀신으로 설명할 뿐이지 귀신 자체 가 죽은 자의 영으로 표현되지는 않는다. 특별히 복음서에서 예수님께서는 사람들을 괴롭히는 초자연적인 존재를 쫓아내실 때에 죽은 자의 영으로 표 현한 적이 없다는 사실이 중요하다. 그러므로 일반 종교에서 죽은 자의 영혼 이 나타나는 것으로 표현한다든지, 그 매체가 된 사람의 입으로 죽은 자의 영혼이라고 표현된 것은, 사탄과 그 졸개인 타락한 천사인 귀신들이 이 세상 에서 자기 존재를 숨기는 위장 전술에 속은 것이라고 할 수 있다.

전자의 견해에 대한 이런 반증과 후자의 주장을 같이 고려하면 이 본문에 나타난 사무엘은 '자칭' 사무엘이며, '사무엘로 가장한 귀신'일 뿐이다. 그러 나 정작 고대인의 관심은 그가 누구인가 하는 문제가 아니라 이 사건이 전체 맥락에서 가지는 기능일 것이고, 따라서 우리 현대인도 여기에 관심을 가져 야 할 것이다.[11]


(2) 사건의 기능성에 대한 관심

이 사건은 전체 속에서 어떤 기능을 하는가? 그것은 이미 앞에 나왔던 대 응되는 본문, 즉 다윗이 적진에 들어가면서 했던 행동과 완벽한 대조를 이룬다. 거기서 다윗은 철저히 아기스를 속일 수 있었다. 그 속에서 대담하게 영역을 확장하는 일을 하면서 동시에 그 영역이 자신의 연고지인 유다 남방이라는 것을 밝히며 자신이 유다와 적이 되었음을 간접적으로 암시하는 전략을 구사했고, 이것이 먹혀들었다. 그런데 사울은 엔돌의 초혼녀에게 자신의 존재를 속이고 들어갔으나 금방 자신의 정체가 드러났다. 귀신의 영이 그것을 모를 리는 없기 때문이다. 그리고 이제는 그 영이 정반대로 사울을 속이는 전략을 구사하게 되었다. 광명의 천사로 가장할 수 있는 거짓 영이 이제 사무엘로 나타나서 적어도 목소리를 통해서[12] 사울을 책망한 것이다.

그러면 이렇게 사울을 책망하는 이유는 무엇일까? 그것은 사울이 최종적으로 여호와께 대한 소망을 가지지 못하고 회개할 기회도 얻지 못한 채 죽도록 만들기 위한 것으로 추론할 수 있다. 이것은 27장에서 보는 다윗에게 나타난 결과와는 정반대의 것이다. 27장의 사건을 통해 다윗은 하나님의 함께하심을 더 깊이 체험했을 것이다. 드디어 이런 경험을 통하여 29~30장에서 블레셋의 신복이 되어서 이스라엘과 전쟁을 해야 하는 긴장 속에서도 기다림으로써 하나님의 구출하심을 체험하였고, 자신의 신복들이 돌을 들어 자신을 치려고 할 때에도 하나님을 의뢰하여 최대의 위기를 탈출하는 체험을 하였다(30:6). 이것을 다음과 같이 요약할 수 있다.

27장: 대적을 속이는 다윗 → 계속해서 대적 속임 → 하나님에 대한 확신을 얻음
28장: 대적을 속이는 사울 → 발각되어 오히려 속임 당함 → 하나님께 절망/자살함

이 모든 것은 전체 사건의 맥락 중에서 이제 정점을 향해서 나아가는 것을 극적으로 드러내고 묘사하는데 중요한 전략인 것이다.

### 4) 좌절과 두려움 속에서 먹은 마지막 만찬(20~25절)

거짓 사무엘의 속임수에 속은 사울의 반응은 절망과 좌절, 그리고 기진함이었다. 게다가 만약 사울이 전투 때마다 금식하는 전통이 있었다면(14:24),

육신적 쇠약함과 정신적 붕괴가 겹쳤을 것이다. 그렇더라도 사울은 그 전통을 깨트리지 않으려고 음식 권함을 거절하였을 것이지만 결국 엔돌의 초혼녀와 부하들의 권고를 따라서 음식을 먹게 된다. 이 마지막 만찬은 그의 생애에서 가장 쓴 식사였을 것이다.


## 설교를 위한 적용

신학적으로 사울의 인생의 결론을 운명론적으로 저자가 서술하는 것처럼 여기는 경우가 있다. 건(D. M. Gunn)은 사울의 역사를 희랍의 비극이나 셰익스피어의 「맥베스」(Macbeth)나 「오셀로」(Othello)와 비교하면서 전체적인 주제를 신이 정해 준 상반된 운명과 씨름하는 인간들로 소개한다.[13] 그는 이런 사울에 비해 일방적으로 하나님의 총애를 받은 다윗의 경우를 대조시키면서 스코트 피츠마이어의 말을 이 경우에 쓸 수 있다고 소개한다.[14] "예술가는 서로 조화되지 않는 두 진리를 동시에 포용하고 기능하게 할 수 있는 사람이다."

그러나 이것은 신문학비평의 한계를 드러낸 잘못된 독법(wrong reading method)일 뿐이다. 다윗만큼 어려운 시련을 견딘 사람은 없었고, 하나님의 혹독한 단련을 버텨 낸 사람이 없을 것이다. 반면에 사울만큼 편안한 위치에 있으면서 회개하며 새롭게 할 수 있는 기회를 오랫동안 여러 번 가진 경우도 없을 것이다. 건의 견해를 뒷받침해 주는 것처럼 보이는 구절은 단지 16:11~16의 "여호와의 부리신 악신"(14절)이다. 그러나 이 표현도 14절 앞부분의 "여호와의 신이 사울에게서 떠나고"라는 말에 주목하면서 이해해야 한다. 즉 여호와의 신이 떠나자마자 '신의 악한 영'이 찾아온 것이다. 개역한 글은 '여호와의 부리신 악신'으로 번역하면서 지나치게 여호와가 모든 것의 동인이 되는 것으로 해석했다(16:14). '하나님이 부리신 악신'으로 번역된 '루아흐 엘로힘 라아'(רוּחַ־אֱלֹהִים רָעָה)는 '신의 악한 영'으로 번역할 수 있다(16:15,

16). 여기서 저자는 의도적으로 '여호와'(יהוה 야웨) 대신 '엘로힘'(אלהים)을 쓰는 것이다. 그렇기 때문에 이 엘로힘을 하나님보다 일반적인 신으로 번역할 수 있다. 그러므로 이 문맥과 상응하여 생각할 수 있는 것은 욥의 경우처럼 욥을 괴롭게 하도록 허용된 악령과 같은 것이다. 그러므로 여기서도 하나님이 적극적인 동인이 되었다기보다 악령이 사울을 자극하도록 허용하는 것으로 볼 수 있다. 오히려 더 중요한 사실은 이것을 통해서 다윗이 사울과 관계를 맺게 되는 전략을 하나님께서 간접적으로 수행하시는 것이 성공한 점이다. 오히려 하나님은 그 이전 13, 15장의 결정적 실패에 대하여 사울을 왕 삼으신 것을 후회하는 '신인동형론'(anthropomorphism)적 애통함을 보이신다 (15:35). 이 하나님의 애통함은 하나님의 행동, 즉 사울을 포기함의 결정적인 근거가 되었다.[15] 이 신인동형론적 표현은 하나님의 뜻을 인간의 수준으로 낮추어서 나타낸 것일 뿐이기 때문에 이것을 운명 혹은 숙명으로 오해할 수 없다. 그러므로 본문 속에서 나타내는 것은 전제 군주와 같이 아무렇게나 인간의 상황을 결정하는 신과 그 운명을 피하기 위해서 애쓰거나 그것을 즐기면서 사는 인간의 모습을 소개하는 것이 아니다. 또 여기서 절대적인 하나님과 피조물인 인간의 만남으로 묘사되는 것도 부족하다. 오히려 절대적인 사랑으로 인간을 자기의 백성 삼으시기 위해서 인간과 같은 차원으로 내려오셔서 언약적 한계 속에 매이는 하나님과 그 언약에 반응하며 엄청난 가능성 속에서 살아갈 수 있는 인간의 역동적인 관계가 핵심인 것이다.[16] 여기에는 어떠한 숙명이나 운명의 장난이 자리할 곳이 없다. 인간 각자의 삶의 결론은 이 놀랍고 엄청난 언약에 어떻게 반응하느냐에 달려 있을 뿐이며, 그 결과는 다윗과 사울의 경우처럼 하늘과 땅과 같은 차이를 보인다. 그렇다면 이런 것을 전횡적인 신이 마련한 숙명과 씨름하는 인간으로 묘사하는 현대 해석자들과 모든 종교현상에서 죽은 자의 영이 영매를 통해 말한다고 해석하는 것으로 생각하는 사람들은 모두 어두운 영에게 속은 것이다.

# 12

# 메시아를 기다리게 만드는
# 다윗의 생애
사무엘상 29~31장 주해와 적용

## 본문의 개요

사무엘상 전체에서 성경 기자는 '누가 하나님의 마음에 맞는 이스라엘의 왕인가' 하는 문제를 질문하고 답한다. 그 이스라엘 왕을 세울 사무엘의 출생과 성장, 선지자와 제사장으로서의 역할이 먼저 나온 뒤 사울과 다윗이 등장한다. 먼저는 사울이 왕으로 세워지고, 이어 그가 하나님의 뜻에 합당한 사람이 아니라는 것을 보여 준다. 그 후 하나님께서 다윗을 택하시면서, 사람이 택한 사울(참고 8:4~5)과 하나님이 택한 다윗(참고 16:12~13)을 비교해 나간다. 사무엘상 후반부에서는 사울이 어떻게 쇠락해가며 다윗이 어떻게 점점 왕으로 부상하는지를 보여 준다. 본문(29~31장)은 그 결말을 보여 주는 대목이다.

29장과 30장은 다윗과 아기스의 관계에 관한 세 가지 이야기의 마지막 부분이다. 첫 번째 이야기는 21:11~15까지이다. 여기서 다윗은 사울의 추격을 피하려고 가드로 도망하였으나 가드 왕 아기스가 그를 죽일 것을 두려워하여 미친 척한다. 아기스는 그가 미쳤다 하여 죽이지 않지만, 다윗은 다시 아둘람 굴로 도망한다. 그 이후 다윗은 계속 유다 광야에서 사울을 피하다가 다시 아기스에게로 간다(27:1~28:2). 아기스는 그를 자기 휘하에 받아들여 시글락을 그에게 주고, 다윗은 거기서 1년 4개월을 지낸다. 다윗은 시글락에서 유다를 돕는 행동을 취했지만, 아기스에게는 거짓으로 보고하며 속인다. 그러나 그 속임의 세월은 오래 가지 않았다. 왜냐하면 블레셋이 이스라엘과 전쟁을 준비하면서 함께 싸울 것을 명하였기 때문이다. 다윗도 거절할 수 없는 상황이다. 그도 기꺼이 싸움에 참여할 뜻을 밝힌다.

만일 다윗이 블레셋 군대와 함께 이스라엘을 대적하여 싸운다면 그는 명백하게 이스라엘의 왕이 될 수 없다. 하나님의 구원 역사가 이어져 나가는 가운데 맞게 되는 또 한 번의 위기의 순간이다. 그래서 성경 독자들에게는 궁금증을 더해 주는 대목이다. 그런데 성경은 그 사건을 계속 기록하지 않고 이야기를 사울에게 돌린다. 사울이 엔돌의 신접한 여인과 만나는 장면을 보여 준다. 다윗의 이야기는 미완성인 상태로 있다. 이 미완성의 다윗 이야기는 독자에게 긴장감을 더해준다. 이는 마치 창세기 기자가 요셉의 이야기를 이끌어 나가는 것과 같은 문학적 기법이다. 창세기 기자는 37장부터 요셉의 이야기를 말한다. 37장 끝에서 요셉이 애굽으로 팔려가는 것을 끝으로 장면이 유다에게로 넘어간다. 창세기 38장은 유다와 다말의 이야기이다. 애굽으로 팔려간 요셉은 어떻게 되었는지 더욱 궁금해진다. 다시 39장에 와서야 비로소 애굽에서의 요셉 이야기가 이어진다. 즉 창세기 38장 전체를 빼고 읽어도 이야기의 흐름에는 전혀 문제가 없다.

28장의 경우도 그렇다. 28:3~25의 사울 이야기를 빼고 읽더라도 이야기 흐름에는 전혀 문제가 없다. 사울의 이야기가 계속되는 동안에 독자들은 더욱 긴장하며 다윗의 다음 이야기를 기다리게 된다. 그냥 기다리는 것뿐 아니라 사울의 이야기 속에서 그 긴장은 더욱 고조된다. 사울이 엔돌의 신접한 여인을 통해 사무엘을 만나는 장면은 사울이 이제는 완전히 '구제 불능'이라는 사실을 확인케 한다. 반면 다윗에 대한 기대는 더욱 커진다. 그런데 이렇게 기대를 받고 있는 다윗이 자기 백성을 공격하는 자리에 들게 된다면 어찌 되겠는가! 왕은 자기 백성을 공격할 수 없다. 만일 다윗이 이스라엘을 공격하게 된다면 이스라엘 왕으로서의 자격에는 치명적일 수밖에 없다. 독자는 이스라엘의 새로운 왕이 다윗일 것이라고 생각하면서 여기까지 성경을 읽고 있는데, 그런 다윗이 왕으로서의 자격에 대한 심각한 위협을 받고 있는 것이다. 중간에 삽입된 사울의 실패가 더욱 긴장을 고조시킨다.


## 본문 주해

### 1. 다윗의 위기 탈출(29장)

#### 1) 1~5절

이렇게 28장 초두에 시작된 이야기의 갈등은 29장에 와서 비로소 해결된다. 블레셋의 모든 군대가 이스르엘 샘 곁으로 모일 때 아기스도 다윗을 데리고 함께한다. 이때 블레셋의 장관들이 다윗의 참전을 반대한다. 왜 이 히브리 사람을 참전시키려고 하느냐고 아기스에게 묻는다. 여기서 히브리 사람이란 이스라엘 민족을 가리키는 것이 아니라 사회적인 지칭인 것 같다. 즉 사회적으로 버림받은 비천한 계급의 사람을 말할 때 히브리 사람이라고 한 것 같다. 실제로 다윗의 군대는 사회적으로 버림받은 사람들이 다윗에게 의지해서 모인 무리들이다(22:2).

이때 아기스는 다윗을 변호한다. 오랫동안 다윗을 보았으되 그의 허물을 보지 못했다. 블레셋의 장관들은 다시 화를 내며 반박한다. 그러면서 이스라엘에서 부르는 노래를 인용한다. "사울의 죽인 자는 천천이요 다윗은 만만이로다"(5절). 사울은 이 노래를 듣고 다윗에게 경쟁심을 느꼈지만 블레셋은 이 노래로 다윗과 사울의 유대를 느낀다. 그들은 다윗이 계속적으로 사울에게 충성을 할 것으로 알고 있었다.


#### 2) 6~11절

이에 아기스는 자기 신하들을 설득하는 것을 포기하고 대신 다윗을 설득한다. 이때 아기스는 "여호와께서 사시거니와"하는 말을 한다. 아기스가 여호와를 믿는 사람이라는 뜻이 아니라 아마도 다윗에 대한 예우로 다윗이 믿는 신의 이름을 부른 것 같다. 아기스는 다윗의 거짓을 모른다. 다윗은 아기스에게 계속적으로 거짓을 말한다. 그는 왜 못 싸우느냐고 항변한다. 다시 아기스는 다윗을 설득하고 다윗은 싸움터를 떠난다.

여기서 '주'라는 말이 세 번 나온다(4, 8, 10절). 블레셋 장관들이 쓴 '주'라는 말은 물론 사울이다. 그런데 뒤에 나오는 '주'도 사울을 의미한다. 다윗은 애매한 말로 아기스를 속여 왔다. 아기스도 '주'라는 말을 쓰지만 이 말의 실질적인 의미는 사울을 뜻한다. 다만 아기스가 이를 모를 뿐이다.

이 부분에서 아이러니가 있다. 싸움을 하지 말아야 할 사람은 다름아닌 다윗이다. 그는 어찌하든지 싸움을 피해야 할 상황이다. 그런데 그는 싸우겠다고 하고 정작 싸움을 말리는 사람은 블레셋의 장관들과 아기스이다. 다윗은 당당하게 싸움터에서 떠난다.

다윗은 자신의 주 사울 왕을 위해 어떤 적이라도 맞서 싸울 준비가 되어 있다. 그 적에는 블레셋도 포함된다. 적국의 땅에서 벼슬을 하고 사는 미래의 왕, 이것이 다윗의 현재 모습이다. 그러나 성경에서는 정교하게 그것이 배신행위가 아님을 계속적으로 보여 주려 한다. 27장에서도 다윗은 비록 블레셋에 있는 몸이지만 유다를 이롭게 하는 행위들을 한다. 특히 아말렉을 격퇴한다.

29장은 다윗의 위기에 대한 이야기로 시작한다. 그리고 다윗의 위기는 곧 다가올 이스라엘 왕권에 대한 위기로 보이기도 했다. 처음에는 빠져나갈 구멍이 없는 것처럼 보였다. 그러나 다윗은 오히려 적들의 도움으로 당당하게 그 위기에서 벗어난다. 적들에게 그의 결백함과 충성을 보여 주면서 다윗은 모두에게 좋게 보이고 이야기는 끝났다. 여기에서 우리는 하나님의 손길을 느낄 수 있다. 즉 하나님은 자신이 왕으로 삼으려고 작정하신 다윗을 보호하신다. 하나님은 다윗이 어디에 있든지 그와 함께하셨다. 심지어는 적국인 블레셋 안에서도 하나님은 다윗과 동행하셨다. 이미 다윗이 미래의 왕이라는 것을 이로써 보여 주신다. 이것은 사울의 모습과는 매우 대조적이다.

29~31장까지 블레셋은 사울을 왕위에서 끌어내리고 다윗을 보호하는 역할을 하고 있음을 알 수 있다. 하나님은 심지어 이스라엘의 적을 사용하셔서라도 미래의 왕을 보호하신다.

본문에서 아기스는 세 번에 걸쳐서 다윗의 결백함을 말한다(3, 6, 9절). 아이러니하게도 다윗을 모르는 아기스가 다윗을 변호한다. 여기서 다윗의 속임수를 보아야 한다. 아기스의 정직함과 선함에 대하여 다윗의 속임이 더욱 두드러진다. 그러나 이러한 면을 도덕적으로 보아서는 안 된다. 만약 도덕적 관점으로 본다면 아기스나 블레셋 장관들의 도덕 수준이 다윗보다 높아 보인다. 그러나 성경은 세상적 기준에서의 도덕을 말하는 책이 아니다. 성경은 오히려 성경 기자의 의도나 신학적 관점에서 보아야 한다.

사무엘상 기자가 염두에 둔 독자는 누구였을까? 블레셋 사람의 입장이 아니고 그들에게 핍박을 받는 이스라엘 '히브리' 사람들이다. 그런데 그들은 여기에 나오는 다윗의 모습을 어떻게 볼까? 그들은 이 이야기를 읽으면서 다윗에게 꼼짝없이 속고 있는 적들을 보고 통쾌하게 생각할 것이다. 그렇게 강한 적들 한가운데 들어가서 종횡무진 마음대로 하는 다윗을 보고 함께 즐기며 기뻐하며 이 이야기를 읽을 것이다. 삼손이 비록 도덕적으로 문제가 있더라도 이스라엘 백성들에게는 그것이 문제가 아니다. 삼손이 혼자의 힘으로 모든 블레셋을 꼼짝 못하게 하는 장면을 보고 통쾌하게 생각한다. 삼손이 가사의 성문짝을 들고 나오는 장면을 상상해 보라(삿 16:1~3). 이스라엘 백성들은 삼손을 완전히 포위했다고 생각한 블레셋 사람들이 성문짝을 들고 가는 삼손을 보고 낭패한 장면을 상상하며 즐기는 것이다. 사사 에훗이 모압 왕 에글론을 암살하였을 때 그 신하들이 허둥대는 장면을 읽고 이스라엘 백성들은 얼마나 속시원했을지(삿 3:12~30)!

아기스가 세 번에 걸쳐 다윗을 변호하는 장면을 보고 빌라도가 예수님을 세 번 풀어주려고 했던 장면과 연결하여 생각할 수도 있다(눅 23:4, 14~15, 22). 빌라도도 아기스와 같이 전혀 사태를 파악하지 못했다. 다윗이 일반적 관점에서는 속임수를 쓰고 있지만 신학적인 면에서는 하나님 앞에서 가장 결백하게 행동하는 것을 보았다. 예수님도 그 당시 사회가 세운 인간적인 도덕 개념에서 보면 죄가 없다고 할 수 없다. 왜냐하면 예수님의 가르침과 삶은 기존 권위, 즉 인간들이 세운 삶의 방식과 기준에 도전한 것이기 때문이다. 다윗의 경우 더 큰 도덕률, 하늘의 법칙에서 보았을 때 그런 면은 전혀 문제가 되지 않고 더욱 기념하고 기뻐해야 할 일들이었다. 예수님의 경우도 마찬가지다. 기득권의 모든 모략을 이기시고 하나님의 뜻을 이루시는 예수님을 기뻐하고 기념해야 한다. 다윗도 예수님과 마찬가지로 사회적 불평등과 하나님의 뜻에 어긋나는 모든 것을 뒤집는 일을 함으로써 새로운 시대를 연다.

## 2. 다윗이 아말렉을 이김(30장)

### 1) 1~8절

블레셋과의 모든 일을 깨끗하게 마무리하고 다윗은 시글락으로 돌아온다. 거기서 그는 아말렉이 모든 것을 탈취해 간 것을 알게 된다. 어쩌면 이 공격은 전에 다윗이 아말렉을 공격한 것에 대한 복수일지 모른다(27:8~12). 다윗은 그때 한 사람도 살려 두지 않았다. 자기의 비밀이 새어 나갈까 두려워했기 때문이다. 이에 비해 아말렉은 사람들을 살려 두었다. 여자와 아이와 재산은 그대로 보존된 것을 알 수 있다. 이것이 다윗의 이전 공격과 비교가 된다(27:11). 결국 이들을 모두 구하게 됨으로써 다윗은 이스라엘에게는 이상적인 왕으로 비쳐진다.

그러나 지금은 당장 모든 사람들이 포로로 잡혀가고 재산을 다 잃은 백성들이 다윗을 돌로 쳐 죽이려 한다. 이러한 위기의 순간에 그는 여호와로 말미암아 새 힘을 얻는다. 그는 참으로 여호와의 뜻에 합당한 왕이다. 다윗은 죽음을 당할 뻔하다가 신앙으로 백성에게 다시 소망을 준다. 바로 여기에 백성의 대표로서 메시아의 모형적 기능을 감당하는 다윗의 모습을 볼 수 있다.

2) 9~15절

하나님은 또한 그에게 지혜를 주서서 제사장 아비아달을 불러 하나님께 묻게 하신다. 하나님은 그 물음에 응답하신다. 이 장면도 앞의 28장의 사울과 비교된다. 사울은 블레셋이 쳐들어오는 위기의 순간에 하나님과의 교제가 끊어져 그 뜻을 구할 수 없게 된다. 결국 그는 엔돌의 신접한 여인을 찾게 되는 큰 죄를 범한다.

반면 다윗은 하나님의 응답에 힘입어 아말렉을 쫓는다. 그는 마침내 시글락에서 약 24km 정도 떨어진 브솔 시내에 다다른다. 힘이 떨어진 200명은 여기에 남게 되고 400명이 계속 추격한다. 사실 이것이 다윗이 가진 군대의 전부이다. 다윗이 나발을 치려고 할 때 데리고 간 숫자도 이와 같다(삼상 25:13). 하지만 이 숫자는 아말렉 군대에 비하여 훨씬 적다. 그러나 이들은 자기들보다 훨씬 많은 수의 아말렉 군대를 이긴다. 아말렉 군대는 '400명밖에' 도망하지 못한다(17절). 아말렉이 크게 패하여 겨우 도망한 적은 숫자가 다윗의 군대 전체와 같은 숫자이다. 여기서도 또한 돋보이는 것은 다윗이 먼저 하나님의 뜻을 구하는 장면이다. 또한 그가 일단 하나님의 뜻을 확인한 다음에는 열심히 지혜를 짜내고 하나님의 뜻을 이루려고 노력한다. 빌립보서의 말씀대로 받은 구원을 열심히 이루려고 노력하는 면을 볼 수 있다(빌 2:12~13).

그들은 들에서 애굽 소년을 만나게 된다. 그 소년은 아말렉 사람의 노예였는데, 병이 들어 죽게 되자 그 주인이 버린 것이다. 아말렉 사람과는 달리 다윗은 그 소년에게 친절을 베푼다. 앞에서 말한 대로 모든 '히브리' 사람들이 다윗에게 모인다. 여기서 그는 가난한 자, 못 가진 자, 사회적으로 낮은 계급, 즉 '히브리' 사람의 왕으로 묘사된다. 그 애굽 소년도 그에게 마음을 열고 모든 정보를 제공한다.

그들 사이의 대화를 보면 애굽 소년이 다윗을 어떻게 보고 있는지가 잘 나타난다. 다윗은 아말렉 군대에 대하여 그 소년에게 물을 때 아말렉 군대를 불러서 '그 군대'라고 했다. 개역한글에는 잘 나타나지 않지만 이 말의 원래 뜻은 '도적 떼' 또는 '마적 떼'이다. 그런데 다윗이 이렇게 말할 때 그 애굽 소년도 "내가 당신을 그 '도적 떼'에게 인도하리이다"라고 말한다. 이미 아말렉을 미워하고 다윗을 신뢰하는 그의 마음을 읽을 수 있다. 다윗은 우연히 만나게 된 애굽 소년을 통해 아말렉의 모든 면을 알 수 있는 기회를 얻었다. 그러나 인간의 눈으로 볼 때 우연처럼 보이는 사건을 통해 하나님은 다윗에게 약속하신 말씀을 이루어 가신다.

### 3) 16~20절

다윗이 따라가서 만난 아말렉은 가장 부정적인 모양새를 하고 있었다. 그들은 전승을 기념하며 흥건히 먹고 마시고 있었다. 그들이 이렇게 먹고 마실 수 있는 것은 무고한 백성들의 것을 탈취했기 때문이다. 이 장면은 아말렉은 멸망당해 마땅하다는 것을 느끼게 해 준다. 다윗이 그들을 공격하였는데, 그들은 거의 다 죽고 400명 정도만 도망갈 수 있었다.

여기서 아말렉에 대하여 잠깐 짚고 넘어가야겠다. 왕권이 사울에게서 다윗에게로 넘어가는 과정에서 아말렉은 사무엘상 내에서 중요한 모티프 역할을 한다. 사울은 아말렉을 진멸하라는 여호와의 명령을 어기고 마침내 여호와께로부터 버림을 받는다. 반면 다윗은 아말렉을 완전히 무찌른다 (27:8~12; 30:17). 이 이야기에서도 성경은 우리가 일반 도덕적 시각으로만 보아서는 안 된다는 것을 가르치고 있다. 도덕적으로 보면 아말렉이 다윗보다 더 인정이 많아 보인다. 그들은 시글락을 공격해서 부녀자와 어린아이들을 살려 두었지만, 다윗은 한 사람도 살려 두지 않고 다 죽였다. 다윗과 사울을 비교해도 마찬가지다. 오히려 사울이 더 인정 많은 사람이다. 그는 하나님의 명령을 어기면서까지 아말렉 왕을 살려 두었다(15:9). 그러나 다윗은 그렇지 않았다.

이러한 면은 사사기도 마찬가지다. 사사기를 도덕적으로 이해하려고 한다면 심각한 오역(誤譯)이 나올 것이다. 본문이나 사사기 기자가 염두에 둔 독자가 누구인지를 생각해 보아야 한다. 그 독자들은 '히브리' 사람들이다.

블레셋과 아말렉에게 계속 피해를 보며 참된 왕을 고대하고 있는 약한 사람들이다. 그런데 여기서 자기들을 괴롭히던 사람들을 멋지게 속이고 통쾌하게 이기는 사람이 있다. 이 사람이야말로 그들의 왕이 되어야 할 사람이다.

눌린 자, 빼앗기는 자, 당할 수밖에 없는 사람들의 꿈을 이루어 주는 참된 왕이 바로 다윗이다. 이러한 다윗이 전쟁에서 통쾌하게 승리하고 돌아오게 되자 병사들이 소리친다. "이는 다윗의 탈취한 것이라." 여호와께서는 이 본문들을 통하여 이스라엘에게 다윗이 전쟁에서 이기는 참된 왕이라는 것을 계속 말씀하신다.


4) 21~25절

이 부분에서는 다윗이 새로운 세상, 새로운 질서를 세우는 새로운 왕이라는 면이 보다 확연히 드러난다. 다윗은 전투가 끝나고 다시 브솔 시내로 돌아온다. 거기서 남은 200명을 만나는데 비류들은 그 200명에게 처자만 돌려주고 전리품은 함께 나누기를 거부한다. 이때 다윗은 그들을 물리치며, 보호하시고 전리품도 얻게 하신 이는 여호와시라는 것을 말하며 함께 나눌 것을 명령한다. 이 명령은 한 번에 끝나는 것이 아니고 계속해서 이스라엘이 지켜야 할 '율례'와 '규례'가 된다. 여기서는 새로운 율례를 공포하는 왕으로서의 다윗을 볼 수 있다. 이러한 면이 모세의 율법에서도 계속해서 나오는 약한 자를 보호하는 법이다. 다윗도 약한 자였다. 그는 형제 중에서 여덟 번째였다. 그도 약한 자의 설움을 안다. 다윗과 함께한 자들도 '히브리' 사람들이었다. 힘의 중요성을 극적으로 보여 주는 전쟁을 치르고 돌아온 다윗을 통해 약자를 위한 법이 공포되는 것은 '힘의 질서'를 '약자를 보호하는 질서'로 바꾸는 것을 의미한다.

이것을 마태복음 20:1~16의 품꾼의 비유와 연결해 보면, 일한 만큼 받는 것이 아니라 모두 똑같은 임금을 받는다. 이때 오랜 시간을 일한 품꾼이 불평한다. 이때 주인이 그를 꾸짖으면서 나중된 자가 처음될 것을 말한다(마 20:16). 이것이 새로운 하나님 나라의 비유이다. 다윗은 여호와의 왕으로서 새로운 하나님 나라의 모형을 세우고 있는 것이다.

### 5) 26~31절

다윗이 시글락에 돌아와서도 남은 전리품을 자기가 갖지 않는다. 그것들을 나누어 유다의 장로들에게 보낸다. 이 장로들은 나중에 다윗이 왕이 될 때에 중요한 역할들을 담당한다. 다윗은 전리품을 보내면서 이것이 여호와의 원수들에게서 얻은 것이라고 명백하게 말한다. 이 장면이 암시하는 것은 장로들은 여호와의 친구이자 다윗의 친구라는 것이다. 또한 이들을 통해 다윗이 왕이 되고 또 여호와의 명령을 계속 수행할 것을 암시하고 있다. 다윗은 여기서 취하는 자보다는 주는 자로 나타난다. 인간이 세운 왕은 취하고, 취하고, 취한다(8:11~18). 그러나 여호와께서 세운 왕은 주는 왕, 관대한 왕이다. 여기서도 암암리에 사울과 비교하고 있다. 인간이 세운 왕은 취하기만 하고, 여호와께서 세운 왕은 주는 왕이라는 것을 보여 준다. 궁극적으로 생명까지 포함하여 모든 것을 주시는 참된 왕 예수님의 출현을 예고하는 장면이다.

결과적으로 30장은 인간적으로 보면 한 인간의 좌절을 딛고 승리하는 이야기이다. 관대함을 통하여 새로운 권력으로 나아가는 모습을 그려 준다. 그러나 이 장을 이해하는 열쇠는 6절과 8절이다. 여호와께서 다윗을 강하게 하시고 이긴다는 확신을 주셨다. 다윗은 그 말씀대로 충실히 행동했으며 여호와께서 기뻐하시는 일을 함으로써 참된 여호와의 왕이라는 것을 보여 주고 있다.


## 3. 사울의 죽음(31장)

이제 사무엘상에서의 긴장은 사울의 죽음과 함께 해결된다. 이 장에서는 사울의 죽음을 아주 간단하게 묘사하고 있다.

1) 1~7절

사무엘상은 이스라엘 백성들이 외침(外侵) 때문에 왕을 세워 달라고 요구한 것으로 전반부를 시작한다(8장). 하지만 이 책 후반부에서 블레셋 군대의 외침은 예전과 다름없이 이스라엘을 위협하고 있다. 그들이 원하는 왕을 세웠음에도 전혀 그 효과를 발휘할 수가 없었다. 사울은 블레셋을 물리칠 수도 없었고 그들을 효과적으로 방어할 힘조차 없었다.

31장 첫 부분에서는 이스라엘의 패배와 사울의 아들들의 죽음을 짧게 이야기하고 모든 초점을 사울의 죽음에 맞춘다. 사울은 블레셋 군대에게 잡혀 고문당하고 불명예를 당하는 것보다 죽음을 택한다(4절). 자기 연민도 없고 용기만이 보인다. 사울이 병기 든 자에게 죽여 달라고 하지만 그는 거절한다. 여호와의 기름 부음을 받은 자를 치는 것에 대한 두려움도 있는 것 같다. 사울은 죽음에 있어 불명예스럽지 않은 선택을 했다. 그도 역시 여호와의 기름 부음을 받은 자였다.

이렇게 치욕스러움보다는 자결을 택한 것이 다른 곳에서 나온다. 아비멜렉은 여인에게 죽었다는 조롱이 싫어서 자기의 병기 든 자에게 죽이라고 한다(삿 9:54). 삼손도 블레셋 사람들에게 놀림을 받기보다는 죽음을 택한다(삿 16:30). 사울은 그토록 오랫동안 무기에 의지해 살았는데 인생의 마지막 마무리도 무기로 한다. 이러한 사실은 오직 힘만을 의지하는 자의 최후를 말해 준다. '검을 가지는 자는 다 검으로 망한다'(마 26:52).

7절에서는 전투의 결과가 얼마나 큰지를 말해 준다. 전에는 이스라엘 백성들이 전쟁에서 피할 때 요단 저편 갓과 길르앗으로 도망을 했다(13:7). 이제는 요단 저편 사람들조차도 도망을 해야 하는 처지이다. 이스르엘 평지와 요단강변까지 모두 블레셋 사람들이 차지하고 살게 되었다. 여기서는 왕의 죽음이 이스라엘에게 어떠한 영향을 미쳤는지를 보여 준다. 왕이 없음으로 그들에겐 모든 소망이 사라진다. 다윗은 아주 멀찌감치 남쪽 끝 시글락에 있다. 하나님께서는 북쪽 끝에 있었던 사울의 죽음과는 다윗이 전혀 연관이 없다는 것을 보여 준다.

### 2) 8~13절

사울은 죽은 후 블레셋 사람들에 의해 불명예를 당하게 된다. 블레셋 사람들은 그의 목을 자르고 옷을 벗기고 몸을 벧산 성벽에 건다. 이를 모든 블레셋 지방에 통지하고 자기들의 신전에 고함으로 그 승리를 더욱 공고히 한다. 그러나 이러한 상황 가운데도 앞으로 그들이 결국 패배할 수밖에 없다는 것이 본문에 내포되어 있다. 우리말로는 그냥 '자기들의 신당'이라고 하는 대목이 있다(9절). 신당은 '우상들의 신전'이라는 말이다. 여기서 성경 기자는 '우상'이라는 말을 써서 그들이 참된 신이신 여호와께서 지목한 왕 다윗에게 패배하고 멸망할 것을 암시한다. 결국 그들은 우상을 섬기는 족속이다. 이들이 잠시 동안은 참 신을 섬기는 백성들을 이기는 것처럼 보이나, 종국에는 패배할 것이다. 여기서는 블레셋의 위협이 아주 크다는 것과 마침내 참 왕이 나타나면 그들은 패배할 수밖에 없다는 이중적 사실을 보여 준다.

사울은 불명예 뒤에 다시 명예로운 죽음을 맞는다. 그의 통치 초기에 암몬 사람들에게서 구해 준 야베스 길르앗 사람들이 그의 시체를 거둔다(11:1~15; 31:11~13). 야베스 길르앗은 하나의 모티프로써 사울의 통치의 시작과 끝을 말해 준다(inclusio). 그리고 너무나 인간적이었던 왕 사울의 죽음에 대한 안타까움이 있다. 왕이 되려고 노력했으나 하나님의 뜻을 떠난 왕으로서 죽음을 맞을 수밖에 없는 이중적인 정서가 사울의 죽음에 있다.

## 4. 29~31장의 의미

31장에서는 사울의 죽음의 이중성과 함께 다윗에 관해서도 이야기한다. 다윗의 모든 삶에서 사울과의 관계를 보아야 한다. 사울이 그렇게 다윗을 죽이려고 했어도 다윗은 절대로 사울을 죽일 수 없다는 것을 거듭 천명한다. 그래도 사울은 여호와의 기름 부음을 받은 자이다. 그래서 마지막 순간에도 사울의 죽음에 다윗은 전혀 개입되지 않았고 오히려 그의 죽음에 슬퍼할 수밖에 없다는 것을 사무엘하 1장에서도 보여 준다. 이것을 다른 말로 '다윗의 선악과'라는 말로 상징적으로 표현할 수 있다.

사실 선악과라는 말은 오직 아담의 경우에만 해당되는 말이지만, 그 뒤 모든 믿음으로 사는 사람들에게 그들의 신앙의 표현으로 볼 수 있는 어떤 상징적인 측면이 있다. '선악과'는 각 사람의 신앙을 표현하는 모티프로 볼 수 있다는 뜻이다. 아담은 하나님의 모든 은혜를 누리는 면에서 에덴 동산 중앙에 있는 선악을 알게 하는 나무의 실과는 먹지 말았어야 했다. 그렇다면 아브라함의 신앙의 표현, 즉 '아브라함의 선악과'는 무엇일까? 필자는 이삭이라고 생각한다. 아브라함의 신앙 여정은 그 전부가 상속자, 즉 이삭에게 맞추어져 있다. 아브라함이 이삭을 바침으로써 그의 신앙은 증거를 찾게 된다. 다윗에게 있어서는 그것이 사울이다. 인간적으로 보면 다윗은 사울을 죽여야 하지만 끝까지 그를 해치지 않고 그에게 충성한다. 그가 '여호와의 기름 부음을 받은 자'이기 때문이었다. 반대로 사울은 그의 통치 기간 내내 다윗을 죽이려고 쫓아다닌다. 또한 사울은 버려야 할 것을 버리지 못한다. 진멸해야 할 아말렉의 왕과 가축을 살려 주었고, 제사를 범함으로써 그의 나라가 오래가지 못할 것이 선포된다. 이렇게 누가 참된 여호와의 종인지를 정교하게 보여 줌으로써 다윗이 왕권으로 가는 마지막 과정을 29~31장까지 보여 준다고 볼 수 있다.


## 설교를 위한 적용

29~31장은 사울의 통치가 마무리됨을 보여 줌과 동시에 다윗이 여호와께서 택하신 참된 왕이라는 것을 말한다. 사무엘상 전체는 사실 누가 이스라엘의 참된 왕이냐 하는 문제를 풀어 나가고 있다. 따라서 우리는 본문에서 가장 위기의 상황, 심지어는 적진에 있을 때조차도 다윗을 지키시고 오히려 승리케 하시며 왕으로서의 준비를 하게 하시는 하나님을 만난다. 다윗은 결국 아말렉을 이기고 승리한다. 반면 사울은 여호와의 뜻대로 행치 못하여 마침내 죽을 수밖에 없다는 것도 보여 준다.

또한 본문은 누가 참된 여호와의 택하신 왕이냐 하는 문제를 지속적으로
보여 줌으로써, 결국 여호와의 택하신 이스라엘의 영원한 왕이신 예수님에
대한 그림자도 바라보게 한다. 예수님은 죽음을 직면하면서도 마침내 승리
하신다. 어떠한 어려움이 있더라도 끝까지 하나님의 명령을 지키려는 다윗
에게서 완전한 순종을 이루신 예수님의 모형을 본다. 더 나아가 본문은 예수
님은 생명까지 포함하여 모든 것을 자기 백성에게 주시는 참된 의로운 왕이
시라는 사실을 떠올리게 한다. 나중에 다윗도 결국 인간적인 결함을 보임으
로 인해 이스라엘은 진정한 왕 예수님을 더욱 고대하게 된다.

# 1부

## 4장

1. 라마(다임소빔)는 에브라임 산지에 속하는 곳이므로 베냐민 지역의 '라마'(예루살렘 북쪽 8km 지점)와 구분해야 한다.

2. 엘가나의 족보는 세 곳에 각각 다르게 기록되어 있다(1:1; 대상 6:25~27, 33~35). 이런 차이는 단순한 철자법의 차이(숩↔소배), 대용 이름의 존재(엘리후↔엘리압↔엘리엘) 또는 어떤 세대가 누락되었을 가능성에 의해 설명될 수 있다.

3. 1:3은 '만군의 여호와'(יהוה צבאות아도나이 체바오트)라는 칭호가 구약에서 처음 사용된 구절이다. 이사야서를 비롯해 선지서에서 흔히 사용되는 이 칭호는 영적이고 물질적인 세계에 대한 여호와의 다스림과 권위를 선포한다.

4. 공동번역, RSV, TNK에서 5절 앞부분을 '엘가나가 한나를 사랑하지만 한 몫만 주었다'라고 번역하고 있다. 하지만 브닌나가 해마다 제사를 드릴 때 한나를 더욱 괴롭혔다는 7절의 내용을 고려한다면 '두 몫을 주었다'라고 이해해야 한다.

5. 나실인은 머리카락을 자르지 않고 독주를 마시지 않았다. 머리카락은 자신이 권위 아래 있음을 나타내는 것이다. 따라서 나실인이 머리카락을 자르지 않은 것은 자신이 하나님의 권위에 절대적으로 순종한다는 것을 표현하는 행위다. 삼손의 경우, 하나님의 권위에 복종한다는 표시인 긴 머리카락이 그의 힘의 근원이었다.

6. 사무엘이란 이름은 '그의 이름은 엘'(하나님) 또는 '하나님으로부터 구하여진 사람'이라는 뜻이다. 만일 후자에 해당한다면, 그 이름은 '샤울 민 엘'을 단축시킨 형태일 것이다. '내가 여호와께 구하다'라는 뜻에 보다 적합한 이름은 사무엘이 아니라 사울(שאול샤울)이다. 실제로 1:28에서 동사 '샤알'의 칼 수동 분사형 '샤울'(구하여진, 드리다)이 사용되고 있다. 그러나 이 점에 근거해 사무엘의 출생 기사가 실제로 사울의 이야기라고 간주할 수는 없다. 사무엘 대신 사울이 주인공이라고 간주하는 또 다른 근거는 사울이 실로의 엘리 계열 제사장들의 지지를 받았다는 점이다(14:3, 18). 사무엘의 이름과 동사 '구하다'(שאל샤알) 사이에 의미상 아무런 관련이 없지만, 발음에서의 유사성이 있다. 사무엘의 이름이 '메슈알'(구하여진 사람)의 처음 두 자음의 위치를 전환시켜 만들어진 형태라고 생각할 수도 있다.

7. 히브리어 '샤알'은 칼 수동태나 히필형으로 '드리다'(구하게 하다, 구하여진)라는 의미이다.

8. 이 문장에서 주어는 명시되지 않고, 단지 동사가 3인칭 남성 단수형으로 나타난다. 그러므로 주어를 사무엘로 보는 것이 가장 자연스러우며, 따라서 이 구절은 예언적 묘사로 보인다. 그렇지 않다면 경배한 사람이 엘리라고 간주하거나 또는 공동번역, 표준새번역, 현대인의 성경, RSV처럼 주어를 3인칭 복수인 '그들'로 바꾸게 된다.

9. 개역 성경과 KJV을 제외한 대부분의 성경들은 70인역에 기초해 '수소 세 마리' 대신 '삼 년 된 수소 한 마리'로 읽는다(참고 NIV, ESV, RSV, NASB, 현대인의 성경, 공동번역, 표준새번역

등). 하지만 엘가나가 가져간 곡식과 포도주의 양이 민수기에 규정한 양의 세 배 가량인 것을 고려한다면, 수소도 세 마리로 보는 것이 타당하다.


**7장**

1. '쩨바오트'가 오경의 두 곳에서 언급되지만, 이 '쩨바오트'가 통상적인 '만군의 야웨' 또는 '만군의 하나님'을 말하기 위함이 아니라, '야웨의 군대'(출 12:41)와 '군대의 장관들'(신 20:9)을 말하고 있다. 아마도 초기 실로 전승에서 예루살렘 제의 전승으로 이전된 '쩨바오트'가 이후 주로 예언자들에 의해서 사용되었기 때문에 오경, 여호수아, 사사기에는 쓰이지 않았던 것으로 보인다.
2. 이 본문들은 70인역 본문의 장, 절을 말한다.
3. O. Eissfeldt, "Jahwe Zebaoth," *Kleine Schriften* Ⅲ (Tübingen: Mohr, 1966), 105, 각주 1번.
4. H. J. Zobel, art. צבאות, *ThWAT* Ⅵ (Stuttgart: Kohlhammer, 1989), 879.
5. D. N. Freedman, "The Name of the God of Moses," *JBL* 79 (1960), 156.
6. F. Schwally, *Semitische Kriegsaltertümer* I (Leipzig: Dieterich, 1901), 121.
7. H. Wildberger, *Jesaja*, BK X/1 (Neukirchen−Vluyn: Neukirchener Verlag, ²1980), 28~29; O. Kaiser, *Das Buch des Propheten Jesaja 1~12*, ATD 17 (Göttingen: Vandenhoeck & Ruprecht, ⁵1981), 56.
8. L. Köhler, *Theologie des Alten Testaments* (Tübingen: Mohr, ⁸1968), 33.
9. T. N. D. Mettinger, *The Dethronement of Sabaoth. Studies in the Shem and Kabod Theologies*, CB, OT Series 18 (Lund: CWK Gleerup, 1982), 123~26.
10. B. Duhm, *Israels Propheten*, Lebensfragen 26 (Tübingen: Mohr, ²1922), 64.
11. F. M. Cross, "Yahweh and the God of the Patriarchs," *HThR* 55 (1962), 255~59.
12. 메팅어는 '엘리온'과 '쩨바오트'의 표현은 쌍둥이 호칭이라고 본다(T. N. D. Mettinger, 앞의 책, 134).
13. V. Maag, "Jahwäs Heerscharen," H. H. Schmid, ed. *Kultur, Kulturkontakt und Religion* (Göttingen: Vandenhoeck & Ruprecht, 1980), 17~18, 26.
14. R. Smend, *Lehrbuch der alttestamentlichen Religionsgeschichte* (Tübingen: Mohr, 1899), 202.
15. J. Wellhausen, *Die kleinen Propheten* (Berlin: de Gruyter, ⁴1963), 77.
16. T. C. Vriezen, *Theologie des Alten Testaments in Grundzügen* (Neukirchen Kreis Moers: Verlag der Buchhandlung des Erziehungsvereins, 1956), 124~25.
17. O. Eissfeldt, 앞의 책, 110~13.
18. H. J. Stoebe, *Das erste Buch Samuelis*, KAT Ⅷ/1 (Gütersloh: Mohn, 1973), 95; V. Maag, 앞의 책, 6; W. H. Schmidt, *Königtum Gottes in Ugarit und Israel*, BZAW 80 (Berlin: Töpelmann, ²1966), 89~90; T. N. D. Mettinger, 앞의 책, 128.
19. V. Maag, 앞의 책, 6 이하.
20. R. de Vaux, "les chérubins et l'arche d'alliance, les sphinx gardiens et les trônes

divins dans l'ancien Orient," *MUSJ* 37 (1960/61), 123.

21. J. P. Ross, "Jahweh Seba'ot in Samuel and Psalms," *VT* 17 (1967), 79. 89~90.

22. A. Alt, "Gedanken über das Königtum Jahwes," in: *Kleine Schriften* I (München: C. H. Beck'sche Verlagsbuchhandlung, 1959), 350.

23. O. Eissfeldt, "Silo und Jerusalem," in: *Kleine Schriften* Ⅲ (Tübingen: Mohr, 1966), 422.

24. H. W. Wolff, *Hosea*, BK XIV/1 (Neukirchen-Vluyn: Neukirchener Verlag, ³1976), 277; J. Jeremias, *Der Prophet Hosea*, ATD 24/1 (Göttingen: Vandenhoeck & Ruprecht, 1983), 154.

25. H. W. Wolff, *Joel und Amos*, BK XIV/2 (Neukirchen-Vluyn: Neukirchener Verlag, ²1975), 304.

26. W. Eichrodt, *Theologie des Alten Testaments* (Stuttgart: Klotz, 1968), 120.

27. G. Fohrer, *Geschichte der israelitischen Religion* (Berlin: de Gruyter, 1969), 160.

28. W. Rudolph, *Micha, Nahum, Habakuk, Zephanja*, KAT XⅢ/3 (Gütersloh: Mohn, 1975), 223.

29. C. Westermann, *Das Buch Jesaja 40~66*, ATD 19 (Göttingen: Vandenhoeck & Ruprecht, ²1970), 114.

30. W. Rudolph, *Haggai, Sacharja 1~8, Sacharja 9~14, Maleachi*, KAT XⅢ/4 (Gütersloh: Mohn, 1976), 266.

## 10장

1. 야웨께서 사울을 버리는 사건을 세 차례 보도한다. 참고 사무엘상 13, 15, 28장.

2. 이런 이야기들은 9:1~10:16과 13장을 연결하는 편집적 본문으로 이 단락의 의미가 15장에서 비로소 분명해진다.

3. 그리고 28장에서 사울은 세 번째 버림받는다.

4. "블레셋 사람들이… 병거가 삼만이요 마병이 육천 명이요 백성은 해변의 모래 같이 많았다." 참고 프리츠 스톨쯔, 「사무엘 상하」 국제성서주석 8 (천안: 한국신학연구소, 1991), 140.

5. 이런 사상은 주전 8세기의 위대한 예언자들의 문하생들 사이에서 형성되었다. 앞의 책, 142. 조승현, "사회 정황에서 본 밧세바 이야기의 예언자적 특성(삼하 11~12장)," 평택대학교 신학전문대학원 박사학위논문(2008), 68~75. "밧세바 이야기(예언자 층)는 주전 8세기 예언자들(이사야, 호세아)과 주전 8세기 말에서 7세기 말까지 활동한 신명기 개혁가들 사이에 놓이게 된다. 그러므로 이 본문은 예언자 정신을 계승하고 있으나, 신명기 정신은 나타내고 있지 않다는 점에서 그 중간 시기의 사회적 정황을 반영하고 있으며, 여러 증거들로부터 예언자 집단에서 나왔다고 본다."

6. 이 장은 아각이 지휘하는 아말렉과의 전쟁를 보도하는 민담을 예언 집단이 개정한 본문이다. 이 단락은 DtrP에 속한다고 볼 수 있다.

7. 예언자를 통하여 하나님의 말씀이 전달되는 양식은 예언 문학에서 자주 나온다. 참고 스톨쯔, 앞의 책, 164.

8. 이 보도는 적장 아각을 살려 두었다(15:14~20)는 사실을 염두에 두지 않은 것 같다.

9. 예를 들어 예후에게 기름을 부었던 사건.

10. 주전 8세기 대예언자의 행동 양식.

11. 이것이 바로 다윗 상승/등극 이야기의 저자의 의도이다.

12. 그일라는 헤브론 북서쪽 약 813km 지점이자, 아둘람 남쪽으로 약 5km 지점 떨어져 있다.

13. 정확한 위치에 대하여 S. Herrmann, *Geschichte Israels in alttestamentlicher Zeit* (München: Chr. Kaiser Verlag, 1980²), 194, 각주 18을 참고하시오. "가드의 외곽 수비 지역에 위치한다."

14. M. Clauss, *Geschichte Israels: von der Frühzeit bis zur Zerstörung Jerusalems*, 587 v. Chr., (München: C. H. Beck, 1986), 72; A. H. J. Gunneweg, *Geschichte Israels bis Bar Kochbar*, ThW 2 (Stuttgart: 1984⁵), 74. 쿤네벡도 이와 유사한 견해를 피력하였다. "다윗은 그가 블레셋의 봉신으로 있으면서 확고한 군대의 성장을 위한 현실 정치적 길을 갈 수 있게 되었다." H. Donner, *Geschichte des Volkes Israel und seiner Nachbarn in Grundzügen*, ATDE 4/1 (Göttingen: Vandenhoeck & Ruprecht, 1984), 190.

15. H. Donner, 앞의 책, 191; S. Herrmann, 앞의 책, 194. "다윗은 일종의 전진 방어대를 형성하였다."

16. 그들의 거주지는 보통 팔레스타인 남부 지역이다(민 36:16). 창세기 36:16에서는 남쪽에 정착한 에돔의 후예로 설명된다.

17. 사울이 하나님께 버림받는 일은 앞서 언급되었듯이, 후기의 신학적 해석의 영역에서는 태생적 갈등으로 이해하였다.


## 13장

1. 이 글은 기본적으로는 필자의 박사학위 논문인 *From Mount Sinai to the Tabernacle: A Reading of Exodus 24:12~40:38 as a Case of Intercalated Double Plot* (Ph. D. diss.; University of Gloucestershire, 2002), 90~138에 기초하고 있다. 또한 이 글의 바탕이 된 한글판 논문은 필자가 사역하고 있는 웨스트민스터신학대학원의 학술지인 「개혁신학」 16 (2004), 145~165에 학술 논문의 형태로 실린 바가 있다. 이것을 최대한 이 책의 취지에 맞게 수정하고 잘못된 부분들을 바로잡아 이렇게 다시 쓴다. 이번에 이 글을 쓰면서 필자는 기존 논문의 내용을 새로운 연구를 통하여 보강하였다. 기존 논문들의 필요한 부분들을 이 글에 활용하는 것에 대해서는 「개혁신학」 편집장의 허락을 받았음을 밝힌다.

2. Robert P. Gordon, "David's Rise and Saul's Demise: Narrative Analogy in 1 Samuel 24~26," *TB* 31 (1980), 41의 지적을 보라. 이 문제에 대한 연구사는 P. Kyle McCarter Jr., *I Samuel*, AB 10 (Garden City, NY: Double day & Company, 1980), 386~87과 Ralph W. Klein, *I Samuel*, WBC 10 (Waco, Texas: Word Books, 1983), 235~38에 잘 정리되어 있다.

3. L. Koch, *The Growth of the Biblical Tradition* (New York: Scribner's, 1969), 142.

4. Klein, 앞의 책, 236~37. 이 글에서는 클라인의 목록 중 설득력이 큰 것들을 간추려서 제시한다.

5. 앞으로 편의를 위해 25장은 '나발 이야기', 24장과 26장은 '사울 이야기' 또는 '사울 이야기들' 이라고 하겠다.

6. Richard Levin, *The Multiple Plot in English Renaissance Drama* (Chicago and London: The University of Chicago Press, 1971).

7. 황소 머리의 이미지는 www.home.xnet.com/~stanko/head.hatm을 다시 복사한 것이다. 이 통찰력은 H. W. Janson, *A History of Art: A Survey of the Visual Art from the Dawn of History to the Present Day* (London: Thames and Hudson, 1962), 9~10에서 빌려 왔다.

8. 더블 플롯이라는 문학 기법을 빌려서 이 본문들을 이해하고자 한 시도는 성경신학 내에서는 필자가 유일한 것으로 알고 있다. 앞에서 언급한 필자의 논문 4장과 5장은 이 더블 플롯이라는 방법론에 대한 이론적 설명과 더불어 이 본문들에 대한 개괄적 분석을 제공하고 있다. 현재의 글은 제 4장과 5장의 일부를 수정, 보완하고 결합한 것이다.

9. 이 본문의 두 이야기의 연결성에 대한 기존 연구 중 가장 중요한 것으로는 R. Alter, *The Art of Biblical narrative* (New York: Basic Books, 1981), 3~22를 들 수 있다.

10. 앞에서 언급된 필자의 논문 제6~8장이 이 본문을 다루고 있다.

11. 이 본문에 대한 지금까지의 가장 탁월한 연구는 이미 앞에서 언급한 Gordon의 소논문이라고 생각한다.

12. 이 사무엘상 본문의 경우에는 더블 플롯으로 구성되어 있는 부분의 끝이 어디까지인지를 확정하는 것이 쉽지 않다.

13. 이 마가복음의 본문들을 더블 플롯의 관점에서 분석한 것을 보려면 필자의 논문 129~37을 보라. 마가복음의 이 본문들이 사용하고 있는 기법은 소위 Sandwich 기법 또는 intercalation 기법이라고 불려졌다. 이 본문들에 대한 이전의 가장 중요한 연구로는 Tom Shepherd, *Marcan Sandwich Stories: Narration, D efinition, and Function* (Berrien Springs: Andrew University Press)를 보라. Brenda Deen Schildgen, *Crisis and Continuity: Time in the Gospel of Mark* (Sheffield: Sheffield Academic Press, 1998), 100n. 5는 이 주제에 대한 좋은 참고 문헌 목록을 제공해 준다. 필자는 더블 플롯이라는 용어로 마가복음의 이 본문들의 연구가 통합되어져야 한다고 생각한다. 왜냐하면 이것이 마가복음의 고유한 기법도 아닐 뿐더러 위에서 제시한 성경의 다른 본문들과 궁극적인 의미에서 동일한 기법을 사용하고 있기 때문이다.

14. 통상적으로는 누가복음 1:5~2:52를 'Lucan Infancy Narrative'라고 해서 하나의 단원으로 본다. 그러나 누가복음 3:1~22를 함께 포함시켜서 읽을 때 1:5~2:52의 본문의 의미가 살아난다고 생각한다.

15. 예를 들어 고대 로마의 Seneca 전통의 고전적인 작품들을 더욱 특정 지으면 Plautus 와 Terence의 작품들은 더블 플롯 기법을 적극 활용하였다. 또한 중세 시대의 도덕극 (morality play)의 전통들, 아주 이른 시기의 영국 연극 전통상의 dumb show들이 이 기법을 적극적으로, 그리고 아주 높은 수준으로 사용하였다. 이에 대한 자세한 내용은 Levin, 앞의 책, 226~33; A. H. Gilbert, *Literary Criticism: Platoto Dryden* (New York: Wayne State University Press, 1940); Leslie G. Smith, "The Sub-Plotin Jacobean Drama: with Specia l Reference to Shakespeare, Heywood, Middleton and

Fletcher," (M. A. thesis: King's College, London), 19~21 등을 보라.

16. 혹시 이 리차드 레빈의 이론에 대한 소개가 부담스러운 분들도 있을 것이다. 그럼에도 불구하고 이 이론이 성경의 더블 플롯 본문들을 명쾌하게 설명하는데 더없이 중요하므로 독자들의 이해를 구한다.

17. 이 글을 읽는 분들 중에 허구적인 문학에 사용된 문학 기법이 성경에 사용된 것에 거부감을 갖는 분들이 있을 수 있다. 그러나 문학적인 기법이 성경의 역사 기록에 사용되지 말라는 법은 없다. 실제적인 역사를 기록하면서도 성경은 그 역사 기록이 후대의 성도들에게 최대한의 영향력을 행사하도록 하기 위해 탁월한 문학적 기법들을 적극 활용하고 있다. 기법은 효과를 위한 것일 뿐 그것이 성경의 역사성을 좌우하는 것은 결코 아니다.

18. 아리스토텔레스는 그의 책에서 사물 간의 연관 관계를 네 가지 '원인'(cause)으로 설파한 바 있다(*The Physics II*, iii. 194b 25; vii. 198a 14~25). 여기에서 '원인'이라고 통상적으로 번역되는 헬라어 단어는 '아이티아'(αιτια)인데, 이 단어는 (관계에 대한) '설명'이라는 의미로 이해하는 것이 더 적절하다. 레빈은 더블 플롯상의 이야기 간의 연결을 분석하는 패러다임으로 아리스토텔레스의 이 네 가지 연결 관계를 적용했다.

19. 이하의 네 가지 연결에 대한 해설은 Levin, 앞의 책, 5~20을 참고하라. 이 글의 목적 및 청중을 고려하여 레빈의 글의 인용에 대한 세세한 각주는 달지 않도록 하겠다.

20. 이 연극의 더블 플롯에 대한 체계적 연구는 앞에서 언급한 필자의 박사 논문 106~15쪽과 거기에 사용된 참고 문헌들을 보라.

21. 이에 대해서는 Klein, 앞의 책, 238과 McCarter, 앞의 책, 386~387이 이미 지적한 바가 있다. 그러나 이들이 지적한 것보다 훨씬 더 깊고 큰 차이점들이 두 장 사이에는 존재한다.

22. 이 글은 24~26장에 대한 Gordon, 앞의 책 (1980), 37~64의 탁월한 연구에 많이 의존하고 있다. 그는 R. Alter, "Biblical Narrative," *Commentary* 61 (1976), 61~67에서 제시한 '내러티브 유비'(narrative analogy)라는 개념을 통해 본문을 접근하고 있다. 또한 그는 '서사비평'과 거의 비슷한 방법론을 활용하는 것으로 보이는데, 그가 글을 쓴 당시의 학계의 정황을 생각해 볼 때 그의 방법론적 정밀성은 깊은 존경을 불러일으킨다.

23. Jeffries M. Hamilton, "En-gedi," *ABD*, II, 502~503; H. Darrell Lance, "Ziph," *ABD*, VI, 1104.

24. 이처럼 구조적인 배열 등을 통해서 내레이터가 독자에게 어떤 해석상의 단서를 제공해 주는 것을 서사비평의 용어로 '암시적 주석'(an implicit commentary)이라고 부른다. 이 암시적 주석이라는 것은 내러티브를 해석하는데 있어서 매우 중요한 요소이다.

25. Robert P. Gordon, *I & II Samuel: A Commentary LBI* (Grand Rapids: Regency Reference Library, 1986), 39, 181; Moshe Garsiel, *The First Book of Samuel: A Literary Study of Comparative Structures, Analogies and Parallels* (Jerusalem: Rubin Mass, 1990), 127.

26. Gordon, "David's Rise and Saul's Demise," 앞의 책 (1980), 42~51; Garsiel, 앞의 책, 129~30.

27. 이 점에 대해서는 D. Jobling, *1 Samuel*, Berit Olam (Collegeville: The Liturgical Press, 1998), 92도 언급하고 있다.

28. 이 표현이 이 두 구절에는 서로 다르게 되어 있다. 24:15 (BHS v. 16), "나의 사정을… 신원

하시고" (וירב את־ריבי 웨 야렙 엘 리비); 25:39, "나의 욕을 신설하사" (רב את־ריב חרפתי 랍 엘 리비 헤르파티).

29. Gordon, 앞의 책 (1980), 43~44; Garsiel, 앞의 책 (1990), 129.

30. Gordon, 앞의 책 (1980), 43; 앞의 책 (1986), 181; Garsiel, 앞의 책 (1990), 129.

31. 이 공식을 더 확대해 보면 우리는 다윗의 사람들(24:4), 아비새(26:7~8), 아비가일 (25:23~31)의 부정적 대비를 고려해 볼 수 있을 것이다. 다윗의 사람들과 아비새는 사울을 죽이라고 다윗에게 제안한 반면에 아비가일은 사울과 상응하는 인물인 나발을 죽이지 말 것을 다윗에게 권면했다.

32. '나발'이라는 단어는 '미련한 자'라는 뜻이 있는데, 사울은 자기 입으로 스스로의 입으로 자 신이 '어리석은 일을 하였다'라고 고백한다(26:21). 그러나 사용하는 단어는 차이가 있다. 이 점에 대한 지적은 D. Jobling, 앞의 책, 93에 나온다.

33. Gordon, 앞의 책 (1980), 53.

34. Robert Alter, "Biblical Narrative," *Commentary* 61 (1976), 63~64.

35. Gordon, 앞의 책 (1980), 53.

36. Gordon, 앞의 책 (1980), 55n. 54; Robert Polzin, *Samuel and the Deuteronomist: A Literary Study of the Deuteronomic History: Part Two: 1 Samuel* (San Francisco: Harper & Row, 1989), 209.

37. 마태복음 27:27~31에서 예수님께 가시 면류관과 더불어 홍포를 입힌 것은 이러한 전통과 깊은 관계가 있음이 분명하다. 열왕기상 11:29~36에서 아히야 선지자가 의복을 찢은 것 도 이런 상징적 전통과 무관하지 않다.

38. Gordon, 앞의 책 (1980), 57.


# 2부


## 1장
### 참고문헌


1. Walsh, John T. "Genesis 2:4b~3:24: A Synchronic Approach," *JBL* 96, 172. 1977.

2. Dorsey, David A. *The Literary Structure of the Old Testament, A Commentary on Genesis-Malachi*. Grand Rapids: Baker Books, 1999.

3. Hamilton Victor P. 「역사서 개론」, 강성열 옮김. 서울: 크리스챤다이제스트, 2005.

4. Bergen, Robert D. *1, 2 Samuel*: NAC 7A. Broadman & Holman Publishers, 1996.

5. 김지찬. 「요단강에서 바벨론 물가까지: 구약 역사서의 문예적−신학적 서론」. 서울: 생명의 말씀사, 1999.



## 3장
1. John Bright, *A History of Israel*, 4th ed. (Louisville: John Knox Press, 2000), 185.

2. 필립 세터트웨이트, 고든 맥콘빌, 「역사서 성경이해시리즈 4」, 김덕중 옮김 (서울: 성서유니온, 2008), 193.

3. "이스라엘 온 족속이 여호와를 사모하니라"(2절)는 '이스라엘 온 집이 여호와를 향하여 탄식하니라'로도 번역할 수 있다. 이 경우 문맥상 블레셋의 압제로 인한 탄식을 의미한다.

4. J. P. Fokkelman, *Narrative Art and Poetry in the Books of Samuel*, vol. 4, Studia semitica Neerlandia 31 (Assen: Van Gorcum, 1993), 296.

5. Ralph W. Klein, *1 Samuel* (Dallas: Thomas Nelson, 1983), 66.

6. 이스라엘은 이곳에서 사울을 이스라엘의 왕으로 제비를 뽑는다(10:17). 미스바에서 여호와를 간절히 찾았던 이스라엘 백성들이 동일한 장소에서 여호와를 거부하고 인간 왕을 세우는 아이러니를 보여 준다(10:17).

7. 혹은 정결 의식의 한 과정으로 이해할 수도 있다.

8. Ralph W. Klein, 앞의 책, 67.

9. 사무엘상 7:10과 사사기 4:15은 공히 '혼란에 빠뜨리다'는 의미로 히브리어 '하맘'(הָמַם)이라는 단어를 사용한다.

10. John Bright, 앞의 책, 186.

11. 빅터 해밀턴, 「역사서 개론」, 강성열 옮김(서울: 크리스챤다이제스트, 2001), 292.

12. 여호와 하나님은 질투하시는 하나님이시다. 질투는 자신의 언약 백성을 향한 하나님의 사랑의 감정이다.

13. Bruce Birch, *The 1st and 2nd Books of Samuel*, The New Interpreter's Bible (Nashville: Abingdon Press, 1998), 1226.

14. 그렇지만 소사사들의 경우 제사장들이 사사의 직분을 담당했을 가능성은 있다. 사무엘상 4:18은 제사장 엘리가 40년간 사사로 활동했다고 보도한다.

15. 어떻게 해서 두 사람이 한 성읍 브엘세바에서 동시에 사사로 임명되었는지도 분명치 않다.

16. 17하절은 '너희는 그(왕)의 봉신(封臣)이 될 것이다'로 해석할 수도 있다.

17. 버치(Bruce Birch)는 이스라엘의 왕에 대한 요구가 바벨론 포로로 향하는 시작이었다고 본다. Bruce Birch, 앞의 책, 1028.


## 4장
### 특주

'마짜'(מצא 찾다, 발견하다; to find). 9~10장에 13번 나오는 단어이다. 이와 관련된 '비케쉬'(בקש 찾다; to seek)와 함께 그 용례를 찾아보면 다음과 같다.

9:3 암나귀를 찾아라 – 비케쉬; 9:4 사울이 암나귀를 찾지 못함(2회); 9:8 사환의 손에 돈이 있음(찾아짐); 9:11 물을 길으러 나오는 소녀들을 만남(찾음); 9:13 곧 선견자를 만날(찾을) 것(2회); 9:20 암나귀들을 찾음; 10:2 두 사람을 만날(찾을) 것 또는 찾으러(비케쉬) 갔던 암나귀를 찾음; 10:3 세 사람을 만나리니(찾으리니); 10:7 기회를 따라(네 손이 찾는 대로) 행하라; 10:16 나귀를 찾음; 10:21 사울을 찾았으나(비케쉬) 찾지 못함.

이상에서 보듯이 찾는 대상은 나귀, 사람, 돈, 기회(손) 등이다. 처음부터 실패하지 않고 찾은 것은 사람들(소녀들, 두 사람, 세 사람)과 돈이고, 처음에는 실패했지만 나중에 찾은 것은 암나귀와 사울이다. 전자는 하나님이 사울을 인도하고 그에게 확신을 주는 일이 순적하게 이루어졌음을 보여 주며, 후자는 암나귀와 사울의 유사성에 주목하게 한다. 잃은 암나귀와 잃은 왕 사울을 찾는 일은 여호와께 물어야만 해결된다(9:9; 10:22). 사울과 백성이 찾아서 찾아진 것이 없다(9:4; 10:21). 하나님의 도우심을 받을 때에만 찾을 수 있다.

## 5장

1. 그러나 시편이라고 할지라도 서로 연관된 덩어리들이 있을 수 있다. 예를 들면 아삽시, 고라시, 순례자의 노래(시 120~134편)와 같은 것이다. 이런 것들은 각 시편이 의미 있는 것이지만 그 덩어리 자체의 전통이 가지는 의미 속에서 각 시편을 파악하는 것이 의미가 있을 것이다. 그럼에도 시편의 독립성은 구약의 다른 책들 속의 각 장들의 독립성보다 훨씬 더 근본적인 것이다.

2. 대표적인 문학적, 신학적 연구로는 V. Phillips Long, *The Reign and Rejection of King Saul: A Case for Literary and Theological Coherence*, SBL 118 (Atlanta: Scholar, 1989)이 있다.

3. '언약'의 네 가지 용례에 대해서는 다음 자료를 참고하라. 송제근, 「오경과 구약의 언약신학」(서울: 두란노, 2000). 언약의 용례의 구분은 하나님 나라와 언약 이해에 매우 중요한 사항이다

4. 다음 자료에 근거하여 약간의 필요한 내용을 추가하였다. J. Robert Vannoy, "Covenant Renewal at Gilgal.:A Study of Samuel 11:14~12:25," *Ph.D. thesis of Free University in Amsterdam* (Cherry Hill: Mack Pub. 1977). 그 필요한 내용이란, 배노이가 하지 못한, 오경에 대한 본인의 연구[송제근, 「시내산언약과 모압언약」(서울: 솔로몬, 1998)]에 근거한 것이다.

5. 언약(조약) 갱신에서 언제든지 나타나는 이 사항은 이전 역사에서 어떻게 언약 관계가 진행되어 왔던가를 소개한다. 여기서 약한 당사자의 무능과 범죄를, 반면에 강한 당사자의 은혜의 시여를 대조적으로 소개한다.

6. 이미 선포한 10:25의 내용에 이것은 포함되는 것이다. 거기서는 구체적인 제도와 규례들을 선포하였고("나라의 제도를 백성에게 말하고"), 그것을 법적인 문서(covenant document)로 기록("책에 기록하여") 보관("여호와 앞에 두고")하였다.

7. 참고 송제근, 「시내산언약과 모압언약」, 앞의 책, 3, 7. 10:17~27에서 언약적 회집의 모습이 잘 드러난다. 1) 정해진 장소에서("미스바"), 2) 공적으로 언약의 강한 당사자 앞에 회집되며("여호와 앞에 모으고"), 3) 공적인 해산("백성을 각기 집으로 보내매"). 이와 유사한 모습을 여호수아 24장에서도 볼 수 있다. 송제근, "여호수아서의 신학-언약 공동체의 역사,"「그말씀」(1999년 3월호); "여호수아 22~24장을 어떻게 설교할 것인가,"「그말씀」(1999년 4월호);「오경과 구약의 언약신학」(서울: 두란노, 2000).

8. 이것은 '암행어사'의 권위를 부여할 때, '마패'라는 권세(또는 권능) 또한 부여해야 하는 것과 같다. 예수님의 경우도 하늘로써 하나님의 아들이라는 권위가 부여됨과 동시에 성령의 권세(또는 권능)가 입히는 경험을 하셨는데, 이것과 비교해서 생각할 수 있다.

9. 물론 가장 엄밀한 의미에서의 최종 맥락은 신·구약을 포괄하는 것이다. 또 이것은 보다 궁

극적으로 각 시대의 설교와 연관된다. 그러나 이런 점은 이 글의 한계를 훨씬 뛰어넘는 것이 므로 생략하려고 한다.

10. 어려운 문제인 열왕기하 22~23장의 사건 보고에 대한 연구는 이 글의 논의에서 밝힐 수 없는 너무 방대한 문제이므로 여기서는 다룰 수 없다.

11. 이 점은 앞부분의 역사서, 여호수아서에서도 볼 수 있다. 즉 여호수아가 전쟁을 거의 대부분 승리로 이끌고 나서, 개인적인 권면을 할 때나(수 23장) 세겜에서 제2차 언약 갱신을 할 때에(수 24장) 승전에 도취한 점은 거의 표현되지 않고 비판적인 전망과 경고로 이어진 것과 유사하다고 할 수 있을 것이다.

12. 참고 송제근, 「시내산언약과 모압언약」.

13. 참고 송제근, "여호수아 22~24장을 어떻게 설교할 것인가," 앞의 책.

14. 특별히 길갈인 이유가 무엇인지 밝혀지지 않았다. 그러나 "거기서 나라를 새롭게 하자"는 사무엘의 선포는 이스라엘 백성의 원초적인 출발인 여호수아 5장에서 하나님 나라의 씨가 그 땅에서 하나님의 자녀로서의 증거물인 할례를 행하며 시작했던 것을 의식했다고 추론할 수 있다.


## 11장

1. 송제근, "새 제도(왕 제도)의 출범식: 길갈 언약 갱신(삼상 11~12장의 주해와 적용)," 「그말 씀」(2000년 10월호). 물론 최근의 신문학비평의 영향으로 여러 학자들이 다중의 의미에 대해서 연구하곤 했지만, 체계적이며 단계적으로 범위를 확대하면서 연구하지는 않았다. 비교 H. W. Hertzberg, *I & II Samuel*, OTL (London, 1964); D. M. Gunn, *The Fate of King Saul: An Interpretation of a Biblical Story*, JSOTSS 14 (Sheffield, 1980).

2. H. W. Hertzberg, 앞의 책, 217; D. M. Gunn, 앞의 책, 122; D. M. Gunn, *The Story of King David: Genre and Interpretation*, JSOTSS 6 (Sheffield, 1978); W. Brueggemann, *The Land. Place as Gift, Promise, and Challange in Biblical Faith*, OBT (Philadelphia, 1977), 167~68.

3. 여기서 말하는 '언약'을 일반적인 정의로 이해해서는 안 된다. 이것은 1) 인격 당사자[여호와 (YHWH)와 이스라엘] 간에, 2) 서로를 향해 공적 관계를 (여호와는 이스라엘의 하나님, 이스라엘은 여호와의 존귀한 백성), 3) 법적으로(정해진 공간과 시간) 맺는 것을 말한다.

4. 송제근, 「오경과 구약의 언약신학」(서울: 두란노, 2000).

5. 일반적으로 '신현'(theophany)이라고 잘못 정의된 대부분의 구약의 내용들은 인격 당사자가 언약을 맺기 위해서 서로 자신의 존재를 있는 그대로 내보이는 인격 당사자의 공적 대면의 성격을 지닌다(official meeting between covenant partners).

6. 이런 힘은 두 가지로 사용되었다. 하나는 언약 당사자가 범죄 하였을 경우 하나님의 심판의 징조로, 다른 하나는 여기와 같이 언약 당사자가 외부의 공격을 받았을 경우 그것을 보호하는 표현으로써 사용되었다. 즉 공동체 내부를 향한 하나님의 전쟁과 공동체 외부를 향한 언약적 전쟁을 수행하시는 것이다.

7. 예를 들면 창세기 16:1에서도 사라의 생산하지 못함과 갑자기 하갈을 소개하는 것은 독자에게 이전의 상황에 대한 객관적인 정보를 주는 것만이 목적이 아니다. 무엇보다도 사라의 심

정 속에 일어나는 주관적인 애타는 갈구 가운데 발견된 대안을 소개하는 심리적인 묘사인 것이다. 즉 자신은 아이를 낳지 못한다는 답답함을 가지다가 바로 옆에 있는 대안인 하갈을 씨받이 여인으로 사용하는 그 당시의 일반적인 수단을 구사하는 것을 소망을 가지고 고려하는 주관적인 관심을 나타낸다.

8. 여기서 우림만 언급되었으나 둠밈도 포함된 것으로 생각된다. 간략하게 말하기 위해 둠밈을 생략했을 것이다.

9. 우선 오경에서 초혼자를 금지시키거나(신 13:1~5; 18:9~14), 이방인들이 섬기는 신을 연구하는 것을 금지할 때에(신 12:29~31), 서양의 영향을 받은 현대인이 가진 바와 같이 존재론적인 관심에서 설명하지는 않는다. 즉 이방의 신들은 존재하지 않는 것이니 그것을 섬길 필요가 없다는 식으로 설득하지는 않는데, 이것은 고대인이 가진 기능적 관심이 아니었기 때문이다. 마찬가지로 여기서도 현대인의 관심을 따라서 이 사무엘이 진짜인가 가짜인가를 조명하지는 않는다. 여기서 우리는 현대인의 관심을 따라 불필요하게(적어도 고대인에게는) 추론해 볼 뿐이다.

10. 물론 이 표현이 단순히 죽는다는 의미일 가능성이 많다.

11. 본인이 이 본문을 다루는 것을 아는 현대의 독자는 오랫동안 문제되었던 것을 '그가 어떻게 다루는가 보자'라는 심정으로 이 대목에만 서둘러서 눈을 고정시키고 읽을 수 있다. 물론 이것이 한국 교회에서 중요한 신학적 문제가 된다는 것을 잘 알고 있다. 그러나 그런 현대적이고 과학적인 관심보다 정작 중요한 것은 전체 맥락 속에서 이 사건의 의미 또는 기능인 것이다. 오히려 우리의 현대적 관심을 절대적인 것으로 취급하는 편견에서 벗어나 고대적인 관심을 가질 때에 본문의 의미는 더 명확하게 살아날 것이다.

12. 일반적으로 귀신들이 사자의 음성을 변조하여서 매체가 되는 사람을 통해서 나타나는 것은 잘 알려져 있다. 아마 이 엔돌의 신접한 여자의 음성이 사무엘의 것으로 변조되어 사울을 책망한 것 같다.

13. D. M. Gunn, 앞의 책, 23~31. 115~31.

14. D. M. Gunn, 앞의 책, 31. "An artist is one who can hold two irreconcilable views together and still function".

15. 이것은 창세기 6장에서도 나타난다. 인간의 심각한 타락에 대해서 하나님이 인간을 지으셨음을 한탄하시는 신인동형론적인 애통함을 표현하셨다(창 6:6~7). 이 애통함은 홍수 심판을 내리는 결정적인 원인이 되었다(창 6:13).

16. 티슬턴(A. Thiselton)의 말이 이 경우에 적당할 것이다. "at the heart of the Christian faith is the biblical understanding of God as one who chooses in sovereign freedom to constrain that freedom by graciously entering into the constraints imposed upon action by undertaking covenantal promise." R. Lundin, C. Walhout, & A. C. Thiselton, *The Promise of Hermeneutics* (Grand Rapids, 1999), 5.

**P. 33**
헤세드 חֶסֶד

**P. 40, 42**
헤렘 חרם

**P. 43, 44**
카보드 כבד

**P. 44**
바트 벨리알 בַּת־בְּלִיַּעַל
베네 벨리알 בְּנֵי בְלִיַּעַל

**P. 48**
헤칼 아도나이 הֵיכַל יְהוָה

**P. 53**
바트 벨리알 בַּת־בְּלִיַּעַל

**P. 55**
자카르 זכר
샤알 שׁאל

**P. 72**
아론 אֲרוֹן

**P. 78**
이쉬에누 יְשִׁיעֵנוּ

**P. 81**
이카보드 אִיכָבוֹד

**P. 85**
쩨바오트 צְבָאוֹת
판토크라토르 παντοκρατωρ

**P. 86**
사바오트 σαβαωθ
두나메온 δυναμεων

**P. 87**
차바 צְבָא
마아르코트 מַעֲרכֹת
퀴리오스 톤 두나메온
κυριος των δυναμεων

P. 88
엘리욘 עֶלְיוֹן

P. 91
케루빔 כְּרוּבִים

P. 92
헤칼 הֵיכַל

P. 94
코 아마르 야웨 כֹּה אָמַר־יְהוָה
네움 야웨 נְאֻם יְהוָה

P. 102
킷세 כִּסֵּא

P. 105
카이 에피 톤 바실레이아 휘몬
    καὶ ἐπὶ τὸν βασιλέα ὑμῶν
라카크 לָקַח

P. 113, 116
쇼페트 שׁוֹפֵט

P. 114, 123
나비 נביא

P. 116
샤파트 שׁפט

P. 149, 155
아하브 אָהַב

P. 153, 154
헤세드 חֶסֶד

P. 154
카라트 כָּרַת

P. 225
체바오트 צְבָאוֹת

P. 226
감 카아스 바아부르 하레이마
    גַּם־כַּעַס בַּעֲבוּר הַרְעִמָה

P. 227
미데 알로타 מִדֵּי עֲלֹתָהּ
라아 רָעַע

P. 228
마라 מָרָה
바카 בָּכָה

**P. 270, 280**

쇼페트 שֹׁפֵט


**P. 270**

하맘 הָמַם


**P. 272**

샬롬 שָׁלֹם


**P. 280**

미쉬파트 함멜렉 מִשְׁפַּט הַמֶּלֶךְ
미쉬파트 מִשְׁפַּט
미쉬파트 함메루카 מִשְׁפַּט הַמְּלֻכָה
미쉬파트 야웨 מִשְׁפַּט יְהוָה


**P. 281**

라카크 לָקַח
아사르 עָשַׂר


**P. 304**

헤세드 חֶסֶד


**P. 309**

파하드 야웨 פַּחַד YHWH


**P. 343**

하람 חרם

**헤렘** חֵרֶם


**P. 346**

카라 קרע


**P. 350**

라이티 רָאִיתִי


**P. 353**

마아스 מאס
하카탄 הקטן


**P. 393**

헤세드 חֶסֶד


**P. 431**

에메트 אמת
헤세드 חֶסֶד


**P. 440**

루아흐 엘로힘 라아 רוּחַ־אֱלֹהִים רָעָה


**P. 441**

야웨 יהוה
엘로힘 אלהים

**P. 457**

아도나이 체바오트 יְהוָה צְבָאוֹת
샤울 שָׁאוּל
샤알 שְׁאֹל


**P. 462**

아이티아 αιτια


**P. 463**

웨 야렙 엘 리비 וַיָּרֶב אֵת־רִיבִי
랍 엣-리비 헤르파티 רָב אֵת־רִיב חֶרְפָּתִי


**P. 464**

하맘 הָמַם
마짜 מָצָא
비케쉬 בִּקֵּשׁ

<br>
<br>

＊ ת, ס, צ, ן 는 원칙적으로 'ㅎ', 'ㅆ', 'ㅊ', '부'로 음역했으나, 필자가 'ㅋ', 'ㅅ', 'ㅉ', '우'를 선호한 경우 필자의 의견을 존중했습니다.

＊ יהוה 는 필자에 따라 '야웨'(혹은 '야훼')나 '아도나이'로 표기했습니다.